Fremdsprachenlehrerausbildung

GIESSENER BEITRÄGE ZUR FREMDSPRACHENDIDAKTIK

Herausgegeben von Lothar Bredella, Herbert Christ,
Michael K. Legutke, Franz-Joseph Meißner
und Dietmar Rösler

Karl-Richard Bausch / Frank G. Königs /
Hans-Jürgen Krumm (Hrsg.)

Fremdsprachen-lehrerausbildung

Konzepte, Modelle, Perspektiven

Arbeitspapiere der 23. Frühjahrskonferenz
zur Erforschung des Fremdsprachenunterrichts

gnV Gunter Narr Verlag Tübingen

Bibliografische Information der Deutschen Bibliothek

Die Deutsche Bibliothek verzeichnet diese Publikation in der Deutschen Nationalbibliografie; detaillierte bibliografische Daten sind im Internet über <http://dnb.ddb.de> abrufbar.

Gedruckt auf säurefreiem und alterungsbeständigem Werkdruckpapier.

Internet: http://www.narr.de
E-Mail: info@narr.de

Druck: GAHMIG Druck, 35440 Linden
Printed in Germany

ISSN 0175-7776
ISBN 3-8233-6043-4

Inhaltsverzeichnis

Vorwort

Die 23. Frühjahrskonferenz zur Erforschung des Fremdsprachenunterrichts fand vom 19.-21. Februar 2003 im Schloss Rauischholzhausen statt, einer Tagungsstätte der Justus-Liebig-Universität Gießen.

Angesichts der aktuellen Diskussionen um eine Reform der universitären Ausbildungsstrukturen allgemein, vor allem aber der Lehrerausbildung, auch und gerade im Kontext der Ergebnisse internationaler Bildungsstudien, hatte die vorangehende Konferenz beschlossen, in diesem Jahr die Fremdsprachenlehrer(aus)bildung in den Mittelpunkt der Diskussion zu stellen. Damit sollte ein konstruktiver Beitrag zu dieser Diskussion mit dem Ziel geleistet werden, die Reform der Fremdsprachenlehrerausbildung voranzutreiben.

Den Teilnehmern der Veranstaltung wurden vorab – den Gepflogenheiten der Frühjahrskonferenz folgend – Leitfragen übersandt, die als Grundlage für ihre Statements dienen sollten. Die Leitfragen lauteten:

1. ***Welche inhaltlichen Stärken und Schwächen – ggf. unter Bezug auf Ihr Bundesland und Ihre eigenen Erfahrungen – sehen Sie in der aktuellen Lehrerausbildung in Deutschland?***

2. ***Derzeit werden unterschiedliche organisatorische und zeitliche Formate diskutiert, die bei der Reform der Lehrerausbildung zum Einsatz kommen sollen (z.B. gestufte Studiengänge etc.). Wie schätzen Sie diese Formate in ihrer Bedeutung für eine Verbesserung der Lehrerausbildung ein?***

3. ***Aus welchen Erkenntnissen der Erforschung des Lehrens und Lernens fremder Sprachen lassen sich Ihrer Meinung nach Vorschläge für eine Reform der Fremdsprachenlehrerausbildung ableiten bzw. wo liegen bereits Modelle vor?***

Die vorab eingereichten Statements, die einen Umfang von 6-8 Seiten haben sollten, bildeten die Grundlage für die Diskussion in Rauischholzhausen.

Der vorliegende Band dokumentiert die Statements, die nach der Diskussion auf der Frühjahrskonferenz bei Bedarf von den Autorinnen und Autoren überarbeitet wurden.

Veranstalter und Teilnehmer danken auch in diesem Jahr dem Präsidenten der Justus-Liebig-Universität sowie dem vor Ort verantwortlichen Ehepaar Bergendahl sehr herzlich für die gewährte Gastfreundschaft. Den Herausgebern der „Giessener Beiträge zur Fremdsprachendidaktik" danken wir sehr herzlich für ihre Bereitschaft, die Publikation in diese Reihe aufzunehmen.

Die 23. Frühjahrskonferenz war die erste, an der einer ihrer Mitbegründer und langjähriger Mitveranstalter, Prof. em. Dr. Herbert Christ, auf eigenen Wunsch nicht mehr für die Organisation und Durchführung verantwortlich zeichnete. Veranstalter und Teilnehmer danken ihm herzlich für alle Initiativen, Mühen, Vorschläge und Ideen, die er stets mit dem ihm eigenen Engagement eingebracht hat, nicht zuletzt auch bei der Konzipierung und Erstellung der Dokumentationsbände. Wir freuen uns, dass er auch zukünftig in gewohnter und bewährter Weise an den fachlichen Diskussionen der Frühjahrskonferenz teilnimmt.

Bochum, Marburg und Wien im Sommer 2003

K.-Richard Bausch Frank G. Königs Hans-Jürgen Krumm

Anmerkung:
Aus Platzgründen und um der besseren Lesbarkeit willen wurde auf Doppelungen von Bezeichnungen, z.B. auf die maskuline und feminine Benennung von Personen, verzichtet. Die maskuline Form wird immer im generischen Sinne verwendet.

Fritz Abel

„Fachdidaktik ist ... eine Aufgabe aller an der Lehrerbildung beteiligten Vertreter eines Faches.“[1]

1. Bevor gemäß den Leitfragen auf Stärken und Schwächen der Regelungen eingegangen wird, die den Rahmen der Tätigkeit des Verfassers bilden, soll nach dem Ziel der Ausbildung gefragt werden. Wer ist eine gute Fremdsprachenlehrerin, ein guter Fremdsprachenlehrer?

1.1.1 Eine sowohl praktische wie reflektierte Kenntnis der Fremdsprache und der in der Schule vorherrschenden Erstsprache ist für Fremdsprachenlehrer ebenso unverzichtbar wie eine gleichermaßen auf systematischen kontrastiven Studien und längerer eigener Erfahrung beruhende Kenntnis der fremden Sprachgemeinschaft.[2] Das selbstverständliche Ziel der Lehrerausbildung, dass man lernt zu lehren, setzt vor allem Vertrautheit mit den Unterrichtsgegenständen voraus. Das wird nur selten gebührend herausgestellt. Die Aneignung der genannten Kompetenzen erfordert im Zeitalter der internationalen Mobilität einen Arbeitsaufwand, der schwer überschätzt werden kann. Es ist unglaublich, mit welcher Verblendung auch Personen mit ansonsten sicherem Urteil oft die Grenzen fremdsprachlicher und fremdkultureller Kompetenzen verkennen. Jeder deutsche Französischlehrer ist immer wieder genötigt, seine Qualifikation auch vor Muttersprachlern in Anwesenheit seiner Schüler unter Beweis zu stellen. Nur ein kleiner Teil dessen, was er lernen muss, kann durch in Studienordnungen integrierbare Lehrveranstaltungen vermittelt werden.[3] Wichtige Teilkompetenzen, etwa ein hinreichend ausgedehnter Wortschatz, differenzierendes Hörverstehen oder die Vertrautheit mit in der fremden Sprachgemeinschaft üblichen Argumentationsmustern, werden bestenfalls durch ausdauerndes Selbststudium verfügbar. Die Lehrveranstaltungen können nur Anregungen geben und dafür sorgen, dass das Selbststudium nicht planlos ausufert, sondern tatsächlich auf mögliche Gegenstände des künftig zu erteilenden Unterrichts bezogen ist. Es versteht sich von selbst, dass Pflichtkomponenten der Ausbildung durch eine erkennbare Funktion für den künftigen Beruf legitimiert sein müssen.

---

[1] Der damalige Bayerische Staatsminister für Unterricht und Kultus Hans Maier (1975, 23) bei der Errichtung der mit der Lehrerausbildung beauftragten Fachbereiche der Universität Augsburg am 26.4.74. Man weiß spätestens seit Christmann (vgl. Abel 1996, 198 ff.), dass der Konflikt zwischen ihrem Monopol in der Fremdsprachenlehrerausbildung und ihrem Wissenschaftsverständnis die deutschen Neuphilologien von Anfang an begleitet. Der Rahmen dieses Beitrags lässt weder historische Rückblicke noch Verweise auf den aktuellen Missbrauch des Monopols zu. Wer letzteres sucht, findet Belege in Abel 1997, 44. Auch die Lehrerfortbildung wird ebenso ausgeklammert wie die allgemeine Problematik der Lehrerausbildung. Vgl. dazu Terhart 2001 und den noch immer kaum weniger aktuellen *tour d'horizon* von Weber 1975.

[2] (1) Der Verfasser hat über die Konsequenzen dieses Postulats im Hinblick auf polyzentrische Sprachgemeinschaften und international gebrauchte Sprachen noch nicht genug nachgedacht. Er betont regelmäßig die Bedeutung der internationalen Frankophonie für die soziale Metakompetenz der Lehrer und Schüler, sieht aber dennoch in den Bewohnern der Französischen Republik die wichtigsten „Adressaten“ des deutschen Französischunterrichts. (2) Die sog. Landeskunde im Fremdsprachenunterricht muss von der Welt der Schüler ausgehen und zu ihr zurückführen. Die Forderung kontrastiver Studien schließt ein, dass die Lehrer auch lernen, in der Fremdsprache fundiert von der Welt der Schüler zu sprechen.

[3] Gegen den Ansatz von Bludau u.a. 1978, 161 ff. Vgl. auch Bludau u.a. 1973.

1.1.2 Neben dem soeben bestimmten fachwissenschaftlichen Ziel der Fremdsprachenlehrerausbildung ist eine im engeren Sinn didaktische Ausbildung unabdingbar. Es kann kein Zweifel daran bestehen, dass niemand eine Fremdsprache unterrichten sollte, der sich nicht auch theoretisch und praktisch mit den Bedingungen des Lernens und Lehrens fremder Sprachen auseinandergesetzt hat. Der Verfasser misst auch in dieser Ausbildungskomponente einer einzelsprachlichen Ausrichtung besonderes Gewicht bei. Wer die französische Aussprache deutscher Schüler korrigiert, muss gelernt haben, auf andere Erscheinungen zu achten als jemand, der die englische oder spanische Aussprache korrigiert. Entsprechendes gilt für praktisch alle Lerninhaltsbereiche, vom Wortschatz und der Grammatik bis zur Verarbeitung nationaler Vorurteile.[4] Es ist unbestreitbar, dass es daneben auch allgemein fremdsprachendidaktische Sachverhalte gibt. Die Frage, wie etwa Sprachkenntnisse eingeübt oder als Ergebnis des Unterrichts „gemessen" werden können, findet zu manchen Fertigkeitsbereichen für verschiedene Sprachen durchaus analoge Antworten. Es spricht gleichwohl vieles dafür, dass auch Lehrer, die für den Unterricht mehrerer Sprachen ausgebildet werden, mit solchen Fragen jeweils in sprachspezifischer Weise vertraut gemacht werden.[5]

1.1.3 Die Wissenschaftlichkeit der Fremdsprachenlehrerausbildung ergibt sich für den Verfasser in Übereinstimmung mit der traditionellen Selbstauffassung der deutschen Universität im Wesentlichen aus der Einübung der Forschung. Unsere Studierenden lernen nicht nur, Lücken ihres eigenen Wissens zu schließen, sondern erfahren auch aktiv, wie man durch Forschung die Grenzen des insgesamt verfügbaren Wissens erweitern kann. Diese Ausrichtung des Studiums darf nicht zur Disposition gestellt werden. Wer nicht zu forschen gelernt hat, ist stärker der Gefahr ausgesetzt, die Unstetigkeit des Fortschritts zu verkennen und Moden für neue Erkenntnisse zu halten. Ziel der Lehrerausbildung ist ja auch die Befähigung zur begründeten Veränderung der Unterrichtspraxis.[6] Verantwortliche Innovationen setzen Forschungserfahrungen voraus.

1.2.1 Obgleich sie wohl noch in keiner Prüfungsordnung so festgeschrieben sind, dürften die bisher besprochenen Erfordernisse der Fremdsprachenlehrerausbildung weithin konsensfähig sein. Für Postulate, die sich aus der pädagogischen Absicht des Unterrichts ergeben, ist das weniger zu erwarten. Über Bildungswert ist so viel „gefaselt" worden, dass die meisten Fremdsprachendidaktiker sich nunmehr Äußerungen zu dieser Thematik verbieten.[7] Die Problematik wird wohl am besten durch eine Anekdote beleuchtet. Der Verfasser stieß vor einigen Jahren im Nachlass eines erfolgreichen und allem Anschein nach auch recht glücklichen Menschen auf folgende Sätze:

---

[4] Über die mangelhafte Beschreibung sprachlicher Lerninhalte im Unterricht und in den Lernmitteln wird immer wieder geklagt.

[5] Einerseits wegen der materiellen Unterschiede zwischen den Sprachen, aber auch, weil es kaum zwei Fremdsprachen gibt, die in schulsprachenpolitischer Hinsicht den gleichen Status haben. Überschneidungen im Lehrangebot verschiedener Fachvertreter sind zudem generell zu befürworten. Es ist gut, dass künftige Englisch- und Französischlehrer z.B. auch Sprach- und Literaturwissenschaft nicht nur fachübergreifend studieren, sondern durch Kontraste in den Äußerungen ihrer Lehrer zu eigenen Nachforschungen herausgefordert werden.

[6] So schon Abel 1982, 4 zur 2. Frühjahrskonferenz.

[7] Wer spricht noch von der mit dem Fremdsprachenlernen verbundenen impliziten Werteerziehung wie der Gewöhnung an Ausdauer und intelligente Arbeit? Mit expliziten moralischen Urteilen verbundene Werte wie Mündigkeit oder Umweltbewusstsein können dagegen als kaum bedachte Schlagworte noch Konjunktur haben und inflationär entwertet werden.

> „Meinen Charakter verdanke ich vor allem meinen Eltern. Sie lehrten uns ... Was mich von meinen Geschwistern unterscheidet, ist im wesentlichen das Werk meines Griechischlehrers N.M. und meines Deutsch- und Französischlehrers T.R.S. Durch sie habe ich das Glück entdeckt, das die Teilhabe an der Kenntnis schöner Texte verschaffen kann. Krösus und Solon bei Herodot, Athena und die anderen Frauen der Odyssee, erhabene Worte vor dem Tod in der Ilias, Antigones Widerstand, die Ironie des Sokrates, der Dichter am Hof von Ferrara, Stifters *Turmalin*, das Europa des Novalis, Pflicht und Ehre im *Cid*, Harpagons Unmenschlichkeit, Pascals Wette, Baudelaires bunte Vokale, das „Glück" des Sisyphus und tausend ähnliche Erinnerungen haben mein Bewusstsein nie mehr verlassen. Durch N.M. und T.R.S. entdeckte ich, dass es jenseits von weltanschaulichen Ängsten und der Sorge vor materieller Not eine andere Welt gibt. Es hat eine Weile gedauert, bis mir ein ähnliches Glücksgefühl anderswo begegnete."

Die zitierten Sätze erinnerten den Verfasser an die eigene, zwiespältige Schulzeit. Die lateinischen unregelmäßigen Verben verzehrten in der 6. Klasse fast den letzten Rest kindlicher Lebensfreude. Auch danach noch wurde vor allem im Fremdsprachenunterricht „gesiebt" und zuweilen leichtfertig über Lebenschancen entschieden. Insgesamt brachte jedoch auch ihm nichts so viel bleibenden Gewinn wie die Arbeit an fremdsprachigen literarischen Texten, deren Sinn nicht sofort offenkundig war. Das gilt wohl auch für seine Mitschüler. Mathematische und naturwissenschaftliche Formeln, Geschichtszahlen und die meisten fremdsprachlichen Vokabeln wurden gewiss schneller vergessen.

1.2.2 Stellt die glückliche Teilhabe an der Kenntnis schöner Texte das höchste Lehrziel dar, auf das hin Fremdsprachenlehrer ausgebildet werden müssen? Man zögert vor einer bejahenden Antwort. Gerade heute. Geographische Distanz ist fast bedeutungslos geworden. Staatsgrenzen werden (legal oder illegal) mit Leichtigkeit überwunden. Die vielsprachige Menschheit lebt im globalen Dorf. Und Nähe erzeugt mehr Reibung als Distanz. Künftige Generationen brauchen zur Lösung der unvermeidlichen Konflikte mehrsprachige und mehrkulturelle Kompetenzen, die nicht nur durch Kontakte implizit erworben werden können, sondern auch explizit und planvoll gefördert werden müssen. Das ist ganz unbestreitbar. Darf man da noch wagen, dem pädagogischen Ziel eines durch literarische Texte vermittelten *bonheur en commun* Zeit und Arbeit zu widmen? Ist derlei nicht bestenfalls eine unverbindliche Zugabe zum Unterricht auf der Oberstufe des Gymnasiums? Unangebracht oder faules Alibi in anderen Schularten und der Erwachsenenbildung?

1.2.3 Die Antwort scheint klar. Dennoch kann ein Blick nach Frankreich Zweifel aufkommen lassen. Gewiss, Voraussagen über die Zukunft wären vermessen und sogar die Gegenwart ist sehr undurchsichtig. Wie steht es wirklich mit dem von großen Minderheiten beanspruchten *droit à la différence*? Für das allgemeine Bewusstsein gilt aber noch immer, dass man durch die Schule, nicht durch Geburt Franzose wird und dass ein demokratisches Schulwesen allen Bürgern das „Glück der Teilhabe" an gemeinsamen Werten schenken muss, auch den Farbigen, für welche die Formel „nos ancêtres les Gaulois" nun wirklich nicht gelten kann. Niemand verlässt die Grundschule, ohne explizit mit den Werten der Republik konfrontiert worden zu sein und ohne sie auch implizit in literarischen Werken[8] anschaulich erfahren zu haben. Und niemand erhält das Abschlusszeugnis des für alle verpflichtenden *Collège*, der nicht durch die Lektüre zahlloser literarischer

[8] V.a. in den Fabeln von La Fontaine, 1621-1695 [!].

Texte „erzogen“ worden wäre.[9] Wer in Frankreich postulieren wollte, „wertvolle“ Literatur sei nur etwas für Abiturienten, wäre schnell dem Vorwurf ausgesetzt, ein schlechter Demokrat zu sein. Wenn man die oben gestellte Frage, was denn einen guten Fremdsprachenlehrer ausmache, auf die Anforderungen an deutsche Französischlehrer beschränkt, so wäre zumindest aus landeskundlichen Gründen zu fordern, dass sie mit dem Wertesystem der französischen Literatur so weit vertraut sein müssen, wie es zum Verständnis der aktuellen französischen Kultur nötig ist. Inwieweit darüber hinaus im Fremdsprachenunterricht Erziehung durch Literatur stattfinden sollte, muss jeder Lehrer für sich selbst entscheiden. Das angeführte Zitat und der Verweis auf das französische Demokratieverständnis sollten jedoch daran hindern, eine entsprechende „philologische“ Qualifizierung der Lehrer[10] vorschnell als überholt und reaktionär abzutun.

2. Auch nach dem Versuch einer Eingrenzung der Ausbildungsinhalte kann noch nicht zu der Leitfrage nach den Stärken und Schwächen der aktuellen Fremdsprachenlehrerausbildung übergegangen werden. Zunächst muss unterstrichen werden, wie begrenzt unser Wissen ist. Der Verfasser ist allenfalls mit den Ausbildungsbedingungen der bayerischen Gymnasiallehrer für das Fach Französisch einigermaßen vertraut. Die Bundesländer (Rheinland-Pfalz, Baden-Württemberg), in denen er vor der Berufung nach Bayern studiert hat, geprüft wurde und geprüft hat, haben ihre Ausbildungsordnungen längst verändert. Wahrscheinlich kennt kein Kollege die aktuellen Verhältnisse in mehr als vier der sechzehn deutschen Länder. Auch die im Folgenden herangezogenen Erfahrungen mit der französischen Deutschlehrerausbildung beziehen sich im Kern auf die Zeit vor 1968 und sind Mitte der 90er Jahre nur in nicht repräsentativer Weise aktualisiert worden. Dazu kommt, dass Äußerungen über Stärken und Schwächen einer Ausbildung eigentlich voraussetzen, dass man weiß, welche Leistungen aufgrund der Ausbildung erbracht werden. Diesbezüglich muss – wie schon in den Stellungnahmen zu den drei letzten Frühjahrskonferenzen[11] – erneut daran erinnert werden, dass die Ergebnisse des Unterrichts bislang praktisch unbekannt sind. Die üblichen negativen Urteile stellen einstweilen noch Gemeinplätze dar. Eine Zeit, in der man mit den Resultaten des Fremdsprachenunterrichts zufrieden war, hat es in Deutschland wohl nie gegeben. Zugleich gesteht der Verfasser gern ein, dass er in den zahlreichen Schulen, in denen er Unterrichtseinheiten durchgeführt hat, bei Lehrern und Schülern in sprachpraktischer und landeskundlicher Hinsicht durchweg erfreuliche Leistungen antraf. Dieser Befund kann sich freilich leicht auch dadurch erklären, dass Unterrichtseinheiten eines Hochschullehrers naturgemäß nur in Klassen willkommen sind, deren Lehrerinnen und Lehrer ihrer Sache besonders sicher sind.

[9] Es versteht sich von selbst, dass darüber andere wichtige Bildungsziele vernachlässigt werden und oft Überdruss unbeabsichtigte Wirkungen des Unterrichts begünstigt.

[10] Der Titel des Beitrags, seine Abschnitte 1.1.1-3, 3.3.1 und 5 sowie die erste Fußnote belegen hoffentlich klar genug, dass damit nicht der unbedachten Fortsetzung eines konventionellen Literaturstudiums das Wort geredet wird.

[11] Zuletzt Abel 2003, 9: „Solange niemand weiß, was realistischerweise erwartet werden darf, bleibt der Unterricht unverbindlich. Ineffizienz kann noch nicht einmal festgestellt, geschweige denn überwunden werden. Die Erarbeitung von Lehrwerken und Lehrplänen gleicht einer Wanderung im Nebel.“

3.1 Das bisherige Niveau der *sprachpraktischen* Ausbildung der bayerischen Französischlehrer für das Gymnasium verdient im Wesentlichen wohl eine sehr positive Bewertung, soweit das Ergebnis durch landesweite anonyme schriftliche Prüfungen (Hinübersetzung, Herübersetzung, Aufsatz) ermittelt wird. Es muss jedoch angefügt werden, dass die Angemessenheit der Aufgabenstellung für eine Lehramtsprüfung nicht immer offenkundig war und die sprachpraktische Sperrklausel durch die wesentlich mildere Beurteilung der mündlichen Leistungen an den einzelnen Universitäten zuweilen ausgehebelt wird. Der Verzicht auf die Hinübersetzung in der im Herbst 2002 erlassenen neuen Prüfungsordnung ist zu bedauern. Die mündlichen Kompetenzen werden nach der neuen Ordnung indirekt dadurch beträchtlich aufgewertet, dass alle mündlichen Prüfungen, auch jene in den Fachwissenschaften und der Fachdidaktik, künftig überwiegend in der Fremdsprache abgehalten werden müssen, was auch Folgen für die Unterrichtssprache der Lehrveranstaltungen haben dürfte.

3.2 Auch im Hinblick auf die abgekürzt als *landeskundlich* zu bezeichnenden Kompetenzen stellt die neue Prüfungsordnung einen wichtigen Schritt nach vorn dar. Erstmalig wird ein landeskundlicher Leistungsnachweis während des Studiums gefordert - in einer Weise („sprachpraktisch-landeskundlicher *Ober*kurs“), die eigentlich eine gestufte Beschäftigung mit der Landeskunde im Grund- und im Hauptstudium impliziert. Das Ergebnis dieser Studien wird nicht nur durch eine etwas aufgewertete mündliche Prüfung sanktioniert, sondern auch durch die neue Konzeption des fremdsprachigen Aufsatzes im Staatsexamen, für den ebenfalls eine landeskundliche Thematik vorgeschrieben ist. Der obligatorische[12] Altfranzösischschein überlebte die Novellierung der Prüfungsordnung übrigens nur als auch kulturwissenschaftlich orientierter Nachweis des Studiums der Sprachgeschichte.[13]

3.3.1 Die mit einem sehr hohen Koeffizienten versehene *fachwissenschaftliche Klausur* kann nach der alten und der neuen Fassung der bayerischen Lehramtsprüfungsordnung für das Fach Französisch auf dem Gymnasium als landesweit anonyme Prüfung in der Sprach- oder der Literaturwissenschaft geschrieben werden. Es stellt eine große Schwäche dar, dass bisher den schulischen Französischunterricht erkennbar betreffende Aufgaben fast nicht gestellt wurden. Vielen Fachwissenschaftlern ist ihre Nähe zu für die Planung und Analyse des Französischunterrichts erheblichen Fragestellungen offensichtlich nicht bewusst.[14] Dabei führt jeder Blick in die Lern- und Lehrbücher fast unvermeidlich zur Entdeckung von Passagen, deren Bewertung in einer fachwissenschaftlichen Aufgabe durchaus den vertieften Nachweis sprach- bzw. literaturwissenschaftlicher Kompetenz gestattet. In Übereinstimmung mit dem als Titel dieses Beitrags gewählten Zitat muss insofern entschieden für eine Veränderung der Themenstellung und der die Prüfung vorbereitenden Lehrveranstaltungen plädiert werden. Daneben ist freilich auch an mit der Wissenschaftstradition der deutschsprachigen Romanistik verbundene Chancen zu erinnern, die bislang im schulischen Französischunterricht meist ignoriert werden. Die au-

[12] N.B.: Einen Leistungsnachweis in der Landeskunde gab es bisher nicht.

[13] Eine starke landeskundliche Komponente der Fremdsprachenlehrerausbildung ist auch wegen der hier (vgl. Abschnitt 1.2.1-3) der Literatur zugeordneten Funktion nötig. Die unzureichende Kenntnis der realen Welt verfälscht den Blick auf die Literatur.

[14] Das verwundert nicht, wenn man bedenkt, dass nur weniger als ein Zehntel der prüfungsberechtigten Hochschullehrer in dem Fach, das sie prüfen, selbst die zweite Lehramtsprüfung abgelegt haben. Ein unhaltbarer Zustand. Vgl. in Abschnitt 6 die bessere französische Praxis.

ßerhalb der deutschsprachigen Gebiete wenig übliche verbundene Erforschung der verschiedenen romanischen Sprachen, Literaturen und Kulturen und eine dementsprechende universitäre Lehre können sich auf ein legitimes Erkenntnisinteresse berufen. Das Abrücken von diesem Ansatz würde gerade nach der Wiederentdeckung des verbundenen Erlernens von Fremdsprachen einen unschätzbaren Verlust bedeuten. Eine auch synchronisch argumentierende vergleichende romanische Sprachwissenschaft ist zur Umsetzung des Konzepts der Mehrsprachigkeitsdidaktik unverzichtbar. Die Tatsache, dass die neue bayerische Prüfungsordnung für das Fach Französisch auf dem Gymnasium die Kenntnis einer weiteren romanischen Sprache fordert, ist insofern als Vorzug zu sehen.

3.3.2 Eine *mündliche fachwissenschaftliche Prüfung* findet nur in dem nicht bereits schriftlich geprüften Fach statt. Diese den Kandidaten gewährte Erleichterung stellt für die „abgewählten" Kollegen verständlicherweise ein Ärgernis dar. Über die Relevanz der Gegenstände der mündlichen Prüfungen als Teil einer Lehramtsprüfung sind keine Aussagen möglich. Es gibt sicher große Unterschiede zwischen den Prüfern. Im Schriftlichen wird bislang v.a. Sprachwissenschaft gewählt.

3.4 Als in der bayerischen Lehramtsprüfungsordnung 1978 für die Gymnasiallehrer eine *fachdidaktische Pflichtkomponente* im Umfang von vier Semesterwochenstunden mit *einer* scheinpflichtigen Veranstaltung und einer 20-minütigen mündlichen Prüfung im Staatsexamen eingeführt wurde, stellte dies eine als revolutionär empfundene Neuerung dar, obwohl die fachdidaktische Prüfung nur ein Fünfzehntel der Fachnote erbringt. Die Neufassung der Prüfungsordnung von 2002 hat den Anteil der Fachdidaktik nicht wesentlich erweitert. Die mündliche Prüfung wurde auf 30 Minuten ausgedehnt. Sie bringt nunmehr ein Elftel der Fachnote. Dieser Zustand wäre selbst dann unbefriedigend, wenn wie vorstehend wiederholt postuliert, die fachwissenschaftlichen Lehrveranstaltungen generell durch eine erkennbare Funktion für den künftigen Beruf legitimiert wären. Solange das nicht der Fall ist, muss der Status der Fachdidaktik als offenkundige Schwäche der bayerischen Fremdsprachenlehrerausbildung für das Gymnasium bezeichnet werden.[15] Es ist kaum nachzuvollziehen, warum im sog. nicht vertieften Staatsexamen für künftige Realschullehrer die Fachdidaktik über eine (landesweit anonyme) verpflichtende schriftliche und eine ebenfalls obligatorische mündliche Prüfung ein Viertel der Fachnote erbringt, während im vertieften Studium der Gymnasiallehrer die Fachdidaktik nur mit weniger als einem Zehntel der Fachnote zu Buche schlägt. Dennoch sollte auch der Ertrag der bescheidenen fachdidaktischen Komponente des Gymnasiallehrerstudiums nicht unterschätzt werden. Es wurde verschiedentlich dokumentiert, wie im „Augsburger Ansatz der Französischdidaktik" die Vorgaben der Prüfungsordnung umgesetzt werden. Die zweistündige Einführungsveranstaltung des Grundstudiums (seit 1978 in französischer Sprache) wird in zwei Optionen angeboten, die gemeinsam das im Staatsexamen geforderte Überblickswissen abdecken und deshalb oft beide besucht werden, zumal die entsprechenden Kenntnisse auch in die Zwischenprüfung (mit obligatorischer Fachdidak-

[15] Noch schwerwiegender ist, dass neben rund vierzig Professorenstellen für romanische Sprach- und Literaturwissenschaft in Bayern nur ein einziger Lehrstuhl für Französischdidaktik eingerichtet wurde. An den meisten Universitäten wird die Disziplin von Angehörigen des Mittelbaus vertreten, die zur Forschung im Rahmen ihrer Dienstaufgaben weder berechtigt noch verpflichtet sind und nicht selten noch andere Gebiete unterrichten.

tik)[16] eingebracht werden können. Wichtiger als dieses modenresistent konzipierte und dennoch immerfort revisionsbedürftige „Kerncurriculum"[17] ist dem Verfasser die scheinpflichtige Lehrveranstaltung des Hauptstudiums (sog. Oberkurs), wo in einer Hausarbeit mit Referat eine begrenzte Forschungsarbeit gefordert wird. Es geht dabei sehr oft um die Analyse aktueller Lehrwerke und Empfehlungen für künftige Werke. Aus dem Oberkursthema entwickelt sich nicht selten ein Schwerpunkt des Staatsexamens.[18]

3.5 Die *schulpraktische Fremdsprachenlehrerausbildung* findet auch in Bayern in der zweijährigen Referendarzeit statt. Nach einer halbjährigen Einführung in einer sog. Seminarschule halten die Referendare während eines Jahres an einer sog. Zweigschule mit halbem Deputat eigenverantwortlichen Unterricht, bevor sie im letzten Ausbildungsabschnitt zur Vorbereitung der zweiten Lehramtsprüfung an die Seminarschule zurückkehren. Es gibt in Bayern keine sog. Studienseminare. Die als Seminarlehrer bezeichneten Fachleiter betreuen Kleingruppen, was insgesamt sicher einer menschlichen Atmosphäre zugute kommt. Man kann auch der Ansicht sein, dass der lange eigenverantwortliche Zweigschuleinsatz nach nur wenigen Unterrichtsversuchen an der Seminarschule eine unübertreffliche „Lehrzeit" darstellt. Bei Referendaren, die nicht, wie die Mehrheit, ein Jahr als *assistant* im Ausland waren und dabei offenere Formen des Sprachunterrichts einüben konnten, besteht allerdings die Gefahr, dass ein aus dem Zwang, in der Zweigschulzeit zu überleben, abgeleiteter Unterrichtsstil das ganze Berufsleben prägen wird.

4. Abschließend noch einige Postulate zur Fremdsprachenlehrerausbildung, die in den Schriften des Verfassers bereits da und dort ausgesprochen wurden.

- Der Verfasser sieht, auch im Kontrast zur französischen Praxis, in der Mehrfach-Fakultas deutscher Sekundarschullehrer eine Stärke unseres Schulwesens. Er empfiehlt die möglichst freie Kombination der Unterrichtsfächer. Die pädagogische Funktion des Unterrichts als verbindendes Moment der Fächer hat nach seiner Meinung einen positiven Einfluss auf die Lehrerpersönlichkeit.
- Der Verfasser befürwortet entschieden den Einsatz von Muttersprachlern als Fremdsprachenlehrer, allerdings unter der selten erfüllten Bedingung, dass ihre Deutschkenntnisse zu dem von deutschen Lehrern in der Fremdsprache zu fordernden Niveau passen und sich bei ihnen die Achtung vor der deutschen Kultur und die Liebe zur eigenen Kultur in etwa die Waage halten. Wo diese Bedingungen nicht erfüllt sind, schaden Muttersprachler mehr als sie nützen.
- Der Verfasser hält die Auslagerung eines Teils der deutschen Fremdsprachenlehrerausbildung in das fremdsprachige Ausland für unabdingbar.
- Es ist aus vielen Gründen wünschenswert, dass die Berufsausbildung von Lehrern deutlich vor ihrem 30. Geburtstag abgeschlossen wird. Dennoch darf man nicht über-

[16] Bundesweit im Gymnasiallehrerstudium wohl ein Unikum.

[17] Vgl. die Merkblätter und Fragenlisten in Michler (Hrsg.), 2002, 131 ff. Die publizierten Kapitel des Grundkurses können ebd., 165 ff. ermittelt werden. Der Verfasser hatte nicht den Eindruck, auf Vorbilder zurückgreifen zu können. Die Kapitel zum Unterricht der Aussprache, der „Landeskunde" und der Literatur sind im Druck.

[18] Zulassungsarbeiten, Promotionen und Habilitationen sind in Bayern in allen Fachdidaktiken seit geraumer Zeit selbstverständlich. Zur Englischdidaktik vgl. Hunfeld - Schröder 1997.

sehen, dass die mit dem Lehrerberuf verbundene Macht ohne eine gewisse Lebenserfahrung nicht angemessen ausgeübt werden kann.

- Unterrichtspraktika in den neueren Sprachen setzen eine Kompetenz in der Fremdsprache voraus, die nach den Erfahrungen des Verfassers bisher allenfalls bei der Vorbereitung des Staatsexamens erreicht wird. Lehrversuche von Praktikanten (mit Ausrutschern wie „Ecris à la table“ oder „Assis sur une banque“) werden von den Schülern als Abwechslung im Schulalltag akzeptiert, sind aber dennoch oft eine unerträgliche Zumutung für alle Beteiligten, auch die Praktikanten selbst.[19] Im Gegensatz zu den Unterrichtspraktika empfiehlt der Verfasser dringend die Teilnahme künftiger Fremdsprachenlehrer am Lehrassistentenaustausch, auch wegen der damit verbundenen Erfahrung im Unterricht der Muttersprache als Fremdsprache.

5. Zur zweiten Leitfrage: Die besprochenen, für den Beruf des Fremdsprachenlehrers erforderlichen Qualifikationen können nicht in Kurzstudiengängen erworben werden. Da die erste Hauptaufgabe der Didaktik in der Eingrenzung des Unterrichtsgegenstandes liegt, wäre es absurd, die fachliche Ausbildung der Lehrer von ihrer didaktischen Ausbildung zu trennen. Es spricht im Gegenteil vieles dafür, die im Fremdsprachenlehrerstudium fortzusetzenden Sprachlernprozesse der Studierenden als Teil ihrer didaktischen Ausbildung zu nutzen und die sprachpraktische, sprachwissenschaftliche und sprachdidaktische Ausbildung der künftigen Lehrer zu verbinden, auch wenn sie verschiedenen Personen anvertraut ist.[20] Im Übrigen hält der Verfasser, wie schon der Titel dieses Beitrags andeutet, mehr Berufsrelevanz in den fachwissenschaftlichen Studienanteilen[21] gegenwärtig für wichtiger als eine verordnete Erhöhung der fachdidaktischen Studienanteile im engeren Sinn. Gegen die Konzentration einer professionalisierten Lehrerausbildung an bestimmten Hochschulen hat der Verfasser keine Bedenken, wenn sichergestellt ist, dass dort auch zahlreiche nicht mit der Lehrerausbildung befasste Fächer in Forschung und Lehre vertreten sind. Hochschulghettos, die keine Gelegenheit zum *studium generale* bieten, sind ihm ein Graus. Eine schulpraktische Ausbildung ohne hinreichende fachliche Qualifikation der ihr Lehrverhalten trainierenden jungen Lehrer verbietet sich von selbst.[22]

6. Zur dritten Leitfrage: Gesicherte Erkenntnisse der Erforschung des Lehrens und Lernens fremder Sprachen, aus denen sich verlässliche Vorschläge für eine Reform der Fremdsprachenlehrerausbildung ableiten lassen, sind dem Verfasser derzeit nicht be-

[19] Nicht ohne Grund finden in manchen Seminarschulen für die Referendare Konversationskurse mit Fremdsprachenassistenten statt. N.B. Die sog. Lehrprobe bedarf als Prüfungsform in der Lehrerausbildung dringend der Evaluierung.

[20] Wer an Übungen zum Korrekturtraining oder Lehrversuchen im Videolabor, wie sie in der Augsburger Französischdidaktik angeboten werden, teilnimmt, zieht daraus nicht nur in sprachdidaktischer Hinsicht Gewinn.

[21] Vgl. auch Konrad Schröders Thesen zur Lehrerausbildung (1995, 664 f.), im allerletzten Heft der *Neueren Sprachen*, wo es heißt: „Die Spaltung des Studiums in eine sog. ‚fachwissenschaftliche' und eine sog. ‚fachdidaktische' Komponente ... ist ... eine Fehlentwicklung“, weil sie die Fachwissenschaftler von der Verpflichtung „entbindet, ihre Themen mit Blick auf die Erfordernisse der Berufspraxis der Lehrer zu reflektieren.“

[22] Vgl. aber die Äußerungen zum Lehrassistentenaustausch in den Abschnitten 3.5 und 4.

wusst. Die traditionelle französische Deutschlehrerausbildung hat für ihn jedoch seit langem in mehrfacher Hinsicht Modellcharakter. Das gilt zunächst für die drei im Prinzip gleichberechtigten Säulen der Ausbildung: Sprache, *civilisation*, Literatur. Jedes dieser drei Gebiete wird im Prinzip in der Fremdsprache unterrichtet. Die Professoren sind gleichzeitig für die sprachpraktische Ausbildung verantwortlich. Die Prüfung für das Zertifikat in Sprachwissenschaft kann mit einer sprachpraktischen Prüfung zur Hinübersetzung verbunden sein, die Prüfung zum Zertifikat in *civilisation* mit einem fremdsprachigen Aufsatz über ein dem jeweiligen *programme* entsprechendes landeskundliches Thema, die Prüfung in Literatur mit der Herübersetzung eines ebensolchen deutschen literarischen Textes. Es ist auch nicht üblich, die germanistische Lehrbefähigung an Gelehrte zu erteilen, die nicht das Lehramtsstudium auf höchstem Niveau (*agrégation d'allemand*) abgeschlossen und fünf Jahre in einer Sekundarschule unterrichtet haben.[23] Schwerwiegende Mängel des französischen Modells liegen nach Meinung des Verfassers einerseits im Fehlen einer Einübung in die Forschung. Selbst für die landesweit zentral durchgeführten Staatsprüfungen, also das höchste Niveau der universitären Lehre, wird vor allem die unmittelbare Bekanntschaft mit den *auteurs du programme* erwartet, nicht eine in eigene Positionen mündende Auseinandersetzung mit aktuellen Kontroversen über sie. Daneben bedauert der Verfasser, dass die französische Deutschdidaktik institutionell insgesamt noch weniger verankert ist als die deutsche Französischdidaktik. Freilich ist einzugestehen, dass die Schulerfahrung der Hochschullehrer auch ihre universitäre Lehre beeinflusst und das französische Schulwesen wenig dazu neigt, den Lehrern Spielräume zu lassen, die durch didaktischen Einfallsreichtum ausgefüllt werden könnten.

Literaturangaben

Abel, Fritz (1982): „Statement zum Tagungsthema". In: Bausch, Karl-Richard/Christ, Herbert/Hüllen, Werner/Krumm, Hans-Jürgen (Hrsg.): *Das Postulat der Lernerzentriertheit: Rückwirkungen auf die Theorie des Fremdsprachenunterrichts. Arbeitspapiere der 2. Frühjahrskonferenz zur Erforschung des Fremdsprachenunterrichts.* Bochum: Seminar für Sprachlehrforschung der Ruhr-Universität, 1-5.

Abel, Fritz (1991): „Was sollen deutsche Schüler im Französischunterricht lernen?". In: *Jahrbuch der Universität Augsburg 1990.* Augsburg: Universität, 143-148.

Abel, Fritz (1996): „Nachruf auf Hans Helmut Christmann". In: *Romanische Forschungen* 108, 194-201.

Abel, Fritz (1997): „Aufgaben der Französischdidaktik – der Augsburger Ansatz". In: Altenberger, Helmut (Hrsg.): *Fachdidaktik in Forschung und Lehre.* Augsburg: Wißner, 13-45.

Abel, Fritz (2003): „Eine wichtige Etappe auf dem Weg zur transparenten Zertifizierung von Fremdsprachenkenntnissen, – nicht mehr". In: Bausch, Karl-Richard/Christ, Herbert/Königs, Frank G./Krumm, Hans-Jürgen (Hrsg.): *Der Gemeinsame europäische*

[23] Künftige germanistische Hochschullehrer haben in der Regel eine Planstelle in der Schule. Die bei uns das Assistentendasein meist prägende, in vielfacher Hinsicht verheerende Angst vor Arbeitslosigkeit ist ihnen kaum vorstellbar.

Referenzrahmen für Sprachen in der Diskussion. Arbeitspapiere der 22. Frühjahrskonferenz zur Erforschung des Fremdsprachenunterrichts. Tübingen: Narr, 9-21.

Bausch, Karl-Richard/Christ, Herbert/Krumm, Hans-Jürgen (Hrsg.) (1990): *Die Ausbildung von Fremdsprachenlehrern: Gegenstand der Forschung. Arbeitspapiere der 10. Frühjahrskonferenz zur Erforschung des Fremdsprachenunterrichts*. Bochum: Brockmeyer.

Bausch, Karl-Richard/Christ, Herbert/Königs, Frank G./Krumm, Hans-Jürgen (Hrsg.) (1997): *Fremdsprachendidaktik und Sprachlehrforschung als Ausbildungs- und Forschungsdisziplinen. Arbeitspapiere der 17. Frühjahrskonferenz zur Erforschung des Fremdsprachenunterrichts*. Tübingen: Narr.

Becker, Josef/Bergmann, Rolf (Hrsg.) (1975): *Wissenschaft zwischen Forschung und Ausbildung. Ansprachen und Vorträge anlässlich der Errichtung der Philosophischen Fachbereiche I und II der Universität Augsburg*. München: Vögel

Bludau, Michael u.a. (1973): „Die Tätigkeitsmerkmale des Fremdsprachenlehrers. Entwurf einer Taxonomie". In: *Neusprachliche Mitteilungen* 26, 194-198.

Bludau, Michael u.a. (1978): „Zur Ausbildung und Fortbildung von Fremdsprachenlehrern. Überlegungen zu einem Curriculum". In: *Neusprachliche Mitteilungen* 31, 142-165.

Gabel, Petra (1997): *Lehren und Lernen im Fachpraktikum Englisch: Wunsch und Wirklichkeit*. Tübingen: Narr.

Hunfeld, Hans/Schröder, Konrad (Hrsg.) (1997): *Was ist und was tut eigentlich Fremdsprachendidaktik? 25 Jahre Fachdidaktik Englisch in Bayern. Eine Bilanz*. Augsburg: Universität.

Königs, Frank G./Zöfgen, Ekkehard (Koord.) (2002): *Lehrerausbildung in der Diskussion* (= *Fremdsprachen Lehren und Lernen (FLuL)* 31). Tübingen: Narr.

Maier, Hans (1975): „Die neue Lehrerbildung". In: Becker/Bergmann (Hrsg.), 17-25.

Michler, Christine (Hrsg.) (2002): *Ziele und Inhalte des Französischunterrichts in Deutschland. Buts et contenus de l'enseignement du français en Allemagne. Kolloquium anlässlich des 60. Geburtstags von Fritz Abel*. München: Vögel.

Schröder, Konrad (1995): „Thesen zur Lehrerausbildung". In: *Die Neueren Sprachen* 94, 662-666.

Terhart, Ewald (2001): *Lehrerberuf und Lehrerbildung. Forschungsbefunde, Problemanalysen, Reformkonzepte*. Weinheim u.a.: Beltz.

Weber, Erich (1975): „Überlegungen zur Lehrerrolle und zur Lehrerbildung". In: Becker/Bergmann (Hrsg.), 29-50.

Zydatiß, Wolfgang (Hrsg.) (1998): *Fremdsprachenlehrerausbildung – Reform oder Konkurs*. Berlin et al.: Langenscheidt.

Hans Barkowski

Anmerkungen zur Reform der Fremdsprachenlehrerausbildung aus der Sicht eines „Außenseiters“: der Sonderfall Deutsch als Fremd- und Zweitsprache

1. Vorbemerkung

Als Vertreter des Fachs *Deutsch als Fremdsprache (i.F. DaF)*, das nicht bzw. nur in Ansätzen (Deutsch als *Zweit*sprache/i.F. DaZ) zum Fächerkanon der deutschen Schule gehört, kann ich auf Fragen, die den in Deutschland praktizierten bzw. diskutierten „Formaten der Lehrerausbildung“ gelten, kaum bzw. nur tangential eingehen, sofern sie curriculare Fragen sowie allgemeine Fragen der öffentlichen und universitätsinternen Reform der „Studiengangsformate“ – Stichwort: B.A. + M.A. – betreffen. Für die curricularen Fragen besteht eine weitere Einschränkung für die Vergleichbarkeit von DaF mit den an deutschen Schulen angebotenen Fremdsprachen insofern, als Examensorganisation und „Phasenmodelle“ für die Ausbildung von DaF-Lehrenden nicht zutreffen. Zudem haben wir in unserem Fach mit dem Problem zu tun, dass die „Formate“ von DaF-Studienangeboten schon quantitativ eine Spannbreite zwischen 16 (!) und 160 SWS aufweisen, woraus allein sich schon gravierende Folgen für die qualitativen Unterschiede ableiten, so dass von „der“ aktuellen Ausbildungssituation weder ausgegangen noch auf eine solche im Rahmen eines verbindlichen Diskurses orientiert werden kann, zumal in diesem Band sehr allgemein zur „aktuellen Lehrerausbildung in Deutschland“ nachgedacht werden soll, was ich eher als „gut informierter Bürger“ denn als professionell damit Befasster tun könnte (vgl. dazu stattdessen die folgenden Ausführungen zu Leitfrage 3, wo ich auch curriculare Fragen aus der Sicht eines Hauptfach-Magisters in DaF ansprechen werde).

2. Eine Chance für Deutsch als Zweitsprache im Gefolge von PISA?

Aus DaZ-Sicht könnte, mit den Einschränkungen, wie ich sie in der Vorbemerkung formuliert habe, aus der derzeitigen Schulreformdiskussion die Konsequenz gezogen werden, DaZ als Schulfach zu etablieren und im Rahmen von Mehrsprachigkeitskonzepten und -portfolios sowie innerhalb von Konzepten „multilateraler“ interkultureller Erziehung die Kinder aus Migrantenfamilien in ihrer besonderen Bilingualitätsentwicklung zu fördern. Dies würde fraglos auch Veränderungen im Studienangebot nach sich ziehen müssen, die über bloße Fort- und Weiterbildungsangebote für Deutsch-als-Muttersprache-Lehrende an den Schulen hinausgehen. Entsprechende Curricula dazu liegen vor (vgl. Barkowski 2001; Baur/Kis 2002; Reich 2001).

3. DaF-Lehrer-Ausbildung als gestufter Studiengang: wer zu spät kommt, den...

Deutet man die Zeichen der Zeit und den Anpassungsdruck favorisierter und forciert betriebener „zu globalisierender" Modelle der Hochschulausbildung richtig, so werden wir in Deutschland bereits mittelfristig an einer – und sei es top down angeordneten – Umstrukturierung unseres Studienangebots nach dem B.A./M.A.-Modell und entlang modularisierter Kompetenzeinheiten nicht vorbeikommen, unabhängig davon, als wie gut oder schlecht die derzeitigen Formate einzuschätzen sind. Es gilt – für Befürworter wie Gegner dieser m.E. unhintergehbaren Reform oder „Reform" –, das Beste daraus zu machen, selbst wenn es hinter dem gewünschten Besten zurückbleiben sollte (als Potentialis gemeint, nicht als Aufforderung...).

Für das Fach DaF sehe ich, gemessen an einer grundständigen Ausbildung als Hauptfach mit Magisterabschluss, keine zwingenden Gründe für eine Reform dieses Formats und kann auch noch keine Vision anbieten, das dazu entwickelte und nach Qualität und Quantität aus meiner Sicht sachlich erforderliche Curriculum in zwei getrennte – und je für sich qualifizierende – Studienabschlüsse aufzuteilen, zumal es selbstredend Unfug wäre, einfach nur Grundstudium und Hauptstudium in B.A.-Studiengang und M.A.-Studiengang „umzurubeln". Den B.A. dagegen so anzulegen, dass er eine Qualifikation zertifiziert, der keinerlei marktgängiges berufliches Tätigkeitsfeld entspricht, mag machbar sein, sinnvoll dagegen wäre dies im Interesse einer gesellschaftlich zu Buche schlagenden Veränderung sicherlich nicht.

Mit der ebenfalls denkbaren Variante, B.A. und M.A. nach Parametern wie Theorie, Praxis und Forschung – in welcher Abfolge auch immer – curricular zu differenzieren, fiele man m.E. hinter eine Auffassung zurück, die DaF als Handlungswissenschaft begreift, und gerade aus der Interdisziplinarität und dem didaktischen Theorie-Praxis-Verhältnis im lehrenden wie forschenden Umgang mit ihrem Gegenstand ihr Profil entwickelt hat (vgl. Henrici/Koreik 1994): DaF, so verstanden, ist eben etwas anderes als applied linguistics der Germanistik und anderes und mehr als eine Vermittlungsinstanz für sprachdidaktische Rezeptologien, so dass ich mir derzeit weder einen B.A. mit deutlich eingeschränktem Anspruch an wissenschaftlicher Fundierung vorstellen kann noch einen, der curricular so täte, als ließe sich ein DaF-bezogener M.A. einfach auf allgemeine Gegenstände der germanistischen Sprachwissenschaft aufsetzen.

Allerdings haben mich diese Grundüberzeugungen nicht davon abgehalten, gemeinsam mit dem Kollegen Hermann Funk an der Universität Jena einen – vorerst experimentellen – vom DAAD geförderten auslandsorientierten internationalen *Masterstudiengang Deutsch als Fremdsprache* einzurichten, der als Aufbaustudiengang angeboten wird und in dem sich Germanisten mit erstem Hochschulabschluss, also auch mit Bachelor, einschreiben können, so dass wir die derzeit durchaus schwer vermittelbare Situation haben, neben einem Hauptfachmagister DaF einen Aufbau-Master DaF vorzuhalten.

Ein Wort noch zum angebotsorganisatorischen Format der *Module*. Positiv an Modularisierung ist aus meiner Sicht, dass das Format dazu anhält, die umfassende Gesamtkompetenz von Studiengängen in fachlich sinnvolle Teilkompetenzen zu gliedern, durchaus auch im Interesse der studentischen Mobilität, des life-long-learning-Konzepts und biografisch gedehnter individueller Studienabläufe. Ein Problem sehe ich darin, dass insbesondere bei handlungswissenschaftlichen Gegenständen das Modularisierungsschema sich schlecht vereinbaren lässt mit dem Kompetenzprogressionsgedanken, wonach Teilkompetenzen sich in je höherem Komplexitätsgrad in die nächste Kompetenzstufe „potenzieren", die Module also sich nicht einfach nur additiv aufsummieren und je für sich „abgeschlossen" gedacht werden können.

4. Standardisierte fachliche Lernziele und/oder Schlüsselqualifikationen für offene Berufsfelder: die Situation von DaF/DaZ im Hinblick auf den Kerncurricula-Diskurs

Es ist zwar wünschenswert, wenn sich Fachvertreter für definierbare Berufsfelder auf ein Kerncurriculum einigen, das eben jene zentralen Kompetenzen aufzubauen garantiert, die Absolventen entsprechender Studiengänge in ihrer Berufspraxis vorhersehbar brauchen.

Für Studiengänge wie den der „Auslandsgermanistik/DaF u. DaZ" ist dies insofern ein Stück komplizierter, als seine Absolventen nur bedingt in definierte Berufsfelder „einmünden", sondern sich in einem breiten Spektrum germanistischer und kulturbezogener Berufsangebote durchsetzen müssen, in denen – sieht man von einer klassischen germanistischen Lektorentätigkeit oder einer facheinschlägigen Universitätskarriere ab – immer nur Teilkompetenzen ihres Studienfaches zur Anwendung kommen bzw. aus der Sicht der ausschreibenden/einstellenden Branche von Interesse sind. Insofern kommt hier dem Schlagwort von den „Schlüsselkompetenzen" als Berufsqualifikation eine besondere Rolle zu, darunter z.B. solchen wie

- Präsentationskompetenz
- Moderationskompetenz
- Organisations- und Planungskompetenz
- Beratungskompetenz
- Medienkompetenz
- Kooperationskompetenz
- Evaluationskompetenz

Eine der Aufgaben der Zukunft, und zwar der nahen Zukunft, wird demgemäß darin bestehen, die Vermittlung fachwissenschaftlicher Gegenstände mit der Vermittlung ebendieser Schlüsselkompetenzen integrativ zu verschränken. Dies ist nicht zuletzt eine Aufgabe, die mit der Weiterbildung von Hochschullehrern zu tun hat und sich auch strukturell ausdrücken müsste, indem etwa neben Forschungssemestern auch Fortbildungssemester oder doch wenigstens Anrechnung von Fortbildungsveranstaltungen auf Lehrdeputate zugestanden würden.

Wie das Grundsatzpapier und zahlreiche Einzelbeiträge dieses Bandes zeigen – aus der DaF-Perspektive, z.B. – alphabetisch – die Beiträge von Baur, Funk, Krumm, Neuner und Riemer –, verfügen wir durchaus über konsensfähige Beschreibungen der curricularen Grundbausteine sowie einiger konzeptioneller Basis-Orientierungen – z.B. zum Theorie-Praxis-Verhältnis oder zu richtungweisenden neueren Konzepten (z.B. *Mehrsprachigkeit, Lernberatung, forschendes Lernen* – vgl. Neuners Beitrag in dieser Veröffentlichung) oder zur Gestaltung der Praktikaanteile. Auch die z.B. in Jena praktizierten Curricula für den Magister (siehe Anlage) und Master (siehe Beitrag Funk in diesem Band), halte ich nicht in erster Linie für reformbedürftig, auch nach Stand der Forschung nicht: dass dies Verbesserungsmöglichkeiten nicht ausschließt, gilt ohnehin jederzeit.

Dabei zeigen unsere Curriculaübersichten, dass es nach Lage fachlicher Erfordernisse schon im Rahmen eines grundständigen achtsemestrigen Hauptfachs mit Magisterabschluss nicht leicht ist, ein Curriculum zu definieren, das sowohl den Ansprüchen an eine qualifiziert und auf wissenschaftlicher Basis betriebene Berufspraxis genügt als auch ein ausgewogenes Verhältnis zwischen Pflicht- und Wahlangeboten, letztere im Interesse von Schwerpunktbildungen, bereit hält.
Allerdings liegt die Durchsetzung von Kerncurricula auch angesichts der schon benannten unterschiedlichen Formate von DaF-Angeboten in Universitäten – allein schon aus quantitativer Sicht – in weiter Ferne.

5. Anlagen: [sämtliche Texte sind Gebrauchstexte/Informationen des Instituts für Auslandsgermanistik/Deutsch als Fremd- und Zweitsprache an der FSU Jena]

5.1 Curriculum DaF/Magister-Hauptfach

Magisterstudiengang Auslandsgermanistik/DaF/DaZ

Fachkombination (1)

Auslandsgermanistik/DaF/DaZ	HF (80 SWS)
2 nichtgermanistische Fächer	NF + NF (40 + 40 SWS)
1 nichtgermanistisches Fach außerhalb der Philosophischen Fakultät	HF

Legende

G = Grundstudium
H = Hauptstudium
P = Pflicht
W = Wahl

GRUNDSTUDIUM P: 28 SWS; W: 12 SWS

		SWS
G 1	**Einführende Veranstaltung**	
(1)	Einführung in das Fach DaF/DaZ	2 P
G 2	**Synchronische und vergleichende Sprachwissenschaft**	
(1)	Grammatik I (Vorkurs zu gram. Grundbegriffen und ihren Geltungsbereichen)	2

(2)	Grammatik II Wissenschaftliche Grammatiktheorien und ihre Bedeutung für DaF/DaZ - Erfordernisse (setzt Kenntnisse voraus, wie sie in Grammatik I vermittelt werden)	2 P
(3)	Einführung in die Phonetik und Phonologie der deutschen Sprache	2 P
(4)	Einführung in die deutsche Lexikologie	2 P
(5)	Einführung in die Syntax-Theorie	2 P
(6)	Einführung in die linguistische Textanalyse	2 P
G 3	**Germanistische Literaturwissenschaft**	
(1)	Literaturwissenschaftliche Grundlagen aus der Perspektive des Faches DaF	2 P
(2)	Geschichte der deutschsprachigen Literatur	2
G 4	**Theorie und Empirie des Spracherwerbs**	
(1)	Einführung in die Grundlagen des Spracherwerbs: Erstsprache, Zweitsprache, Fremdsprache(n)	2 P
(2)	Einführung in die Fremdsprachenerwerbsforschung	2
G 5	**Methodik und Didaktik der Fremd- und Zweitsprachenvermittlung**	
(1)	Methoden der Fremdsprachenvermittlung – Einführung *(Vorlesung)*	1
(1)	Methoden der Fremdsprachenvermittlung – Einführung *(Seminar)*	2 P
(2)	Aspekte der Vermittlung von sprachlicher Handlungskompetenz	2 P
(3)	Wortschatz und Wortschatzvermittlung	2
(4)	Einführung in die Mediendidaktik und -psychologie	2 P
(5)	Methodik und Didaktik des fremdsprachlichen Literaturunterrichts	2 P
(6)	Einführung in die Fachsprachendidaktik DaF/DaZ	2
(7)	„Grundlagenkompetenz digitale Medien“	2
(8)	Weitere Ansätze und Methoden bei der Vermittlung des Deutschen als Fremd- und Zweitsprache	2
(9)	Unterrichtsplanung – Unterrichtsbeobachtung – Unterrichtsanalyse – Unterrichtspraktikum	2
		SWS
G 6	**Landeskunde und Interkulturelle Begegnung**	
(1)	Die deutschsprachigen Länder aus der Perspektive DaF	2 P
(2)	Die deutschsprachigen Länder aus bezugswissenschaftlicher Perspektive	2
(3)	Weitere landeskundliche Projekte	2
G 7	**Pädagogische und psychologische Grundlagen**	
(1)	Psychologische Modelle des Lernens und Lehrens	2 P
(2)	(Reform)Pädagogische Ansätze und ihre Bedeutung für die Sprachvermittlung	2
(3)	Weitere pädagogische und psychologische Aspekte	2

H 1 Übergreifende Veranstaltung

(1)	Forschungs- und Examenskolloquium incl. Institutionenkunde	2

H 2 Synchronische germanistische und vergleichende Sprachwissenschaft

(1)	Theorien, Verfahren und Ergebnisse des Sprachvergleichs	2
(2)	Pragmalinguistische Modelle der Sprachbeschreibung und -analyse	2
(3)	Weitere Angebote aus der germanistischen Sprachwissenschaft	2

H 3 Germanistische Literaturwissenschaft

(1)	Reflexionen und Konstruktionen des Fremden in der Literatur: Literaturproduktion und -rezeption aus kulturräumlicher Distanz	2 P
(2)	Literaturanalytische und -interpretative Verfahren	2

H 4 Theorie und Empirie des Spracherwerbs

(1)	Zweitsprachenerwerbsforschung: Theorien, Methoden und Untersuchungsergebnisse	2 P
(2)	Ausgewählte Untersuchungsfelder der Fremdsprachenerwerbsforschung: Methoden und Untersuchungsergebnisse	2 P

H 5 Methodik und Didaktik der Fremd- und Zweitsprachenvermittlung

(1)	Unterrichtspraktische Übungen	2 P
(2)	Grammatik III: DaF/DaZ - spezifische Grammatiken und Grammatikkonzepte (nach Grammatik II)	2 P
(3)	Grammatik IV: Übungen zum Umgang mit den grammatischen Eigenschaften des Deutschen bei der Fremd- und Zweitsprachen-Vermittlung (nach Grammatik III) a) in Lehrwerken b) lehrwerksübergreifend als „flexibel einsetzbare Bausteine der Grammatikvermittlung“	2 P
(4)	Rezeptive und produktive Sprachhandlungskompetenz	2
(5)	Mentales Lexikon und Wortschatzarbeit	2
(6)	Vom Laut zum Text: Zur Vermittlung zentraler phonetischer und intonatorischer Muster der deutschen Sprache	2 P
(7)	Analyse und Kritik von Unterrichtsmaterialien (Lehrwerke, Zusatzmaterialien, Sprachlehrfilme)	2 P
(8)	Landeskundliche und kulturelle Inhalte der Sprachvermittlung: Auswahl und unterrichtlicher Einsatz	2 P
(9)	Einführung in die Besonderheiten der Vermittlung des Deutschen als Zweitsprache	2 P
(10)	Unterrichtsplanung mit und ohne Lehrwerk	2 P
(11)	Ausgesuchte Untersuchungsfelder und didaktische Anwendungen im Bereich digitaler Medien	2
(12)	Fach- und berufsspezifische Vermittlung des Deutschen	2 P
(13)	Einführung in Methoden der Sprachstandbestimmung	

	und der Lehr-/Lernerfolgskontrolle	2
(14)	Weitere Ansätze und Methoden bei der Vermittlung des Deutschen als Fremd- und Zweitsprache	2
H 6	**Landeskunde und interkulturelle Begegnung**	
(1)	Theorie und Empirie der interkulturellen Begegnung	2 P
(2)	Landeskunde und cultural studies	2
H 7	**Erziehungswissenschaft/Psychologie**	
(1)	Interaktionsdynamische Aspekte des Unterrichts	2
(2)	(Reform-)Pädagogische Ansätze und ihre Bedeutung für die Sprachvermittlung	2

5.2 Zu unserem Curriculum Master-DaF (Aufbaustudiengang) vgl. Funks Beitrag in diesem Band sowie www.master-daf.de)

5.3 Text zum Praktikum

Informationen zum Unterrichtspraktikum

Das Unterrichtspraktikum ist für alle Studierenden der Auslandsgermanistik/DaF/DaZ im Hauptfach und im Nebenfach *obligatorisch.*
Es sollte im letzten Drittel des Studiums, *nach* dem Absolvieren der *„Unterrichtspraktischen Übungen"/„Unterrichtsanalyse"* möglichst im *Ausland* durchgeführt werden.

1. Anforderungen

mindestens 10 Stunden (à 45 Minuten) Hospitation (und Auswertung)
mindestens 20 Stunden (à 45 Minuten) eigener Unterricht
Dauer – mindestens 3 Wochen

Praktikumsbelege

2.1. Bestätigung/Nachweis über die Mindestanforderungen Hospitation und eigene Unterrichtsaktivitäten

2.2. Beurteilung (schriftlich) des Mentors/Betreuers der jeweiligen Einrichtung

2.3. Praktikumsbericht mit der Darstellung der Rahmenbedingungen des Praktikums:

- Zeit, Ort
- Institution (Aufbau, Lehrziele, Curricula, Situation, Methoden, mediale Ausstattung, Strukturen und Organisationsformen im Bildungswesen des Landes, kulturelle und sonstige Besonderheiten...)
- Lehrende, Mentor

- Lernende (Alter; Geschlecht; Nationalität/en; Muttersprache; Sprachkönnensstand in der Zielsprache; weitere Fremdsprachen; höchster Bildungsabschluss; Lernmotivation; Lerngewohnheiten/Lernstile; Lerndauer, Einstellungen, Normen, Werte und Erfahrungen; Sonstiges...)
- Ablauf des Praktikums, bei Einbeziehung der Hospitationen und des eigenen Unterrichts
- Wertung des Praktikumsplatzes (qualitativer und quantitativer Einsatz, Betreuung und Unterstützung , Kontakte, institutionelle und fremdkulturelle Erfahrungen...)
- Kontakte, Kontaktadressen

2.4. Umfassende Darstellung und didaktisch-methodische Diskussion einer gehaltenen Unterrichtseinheit (siehe „Hinweise zur ausführlichen Dokumentation einer Unterrichtsstunde“) bei Einbeziehung fachwissenschaftlich-methodischer Literatur

Literaturangaben

Baur, Rupprecht S./Kis, Martha (2002): „Lehrerausbildung in Deutsch als Fremdsprache und Deutsch als Zweitsprache“. In: *Fremdsprachen Lehren und Lernen (FLuL)* 31, 123-150.

Barkowski, (2001): „Curriculumentwicklung und Lehrziele Deutsch als Zweitsprache“. In: Helbig, Gerhard/Götze, Lutz/Henrici, Gert/Krumm, Hans-Jürgen (Hrsg.): *Deutsch als Fremdsprache. Ein internationales Handbuch* Bd. 2. Berlin/New York: de Gryuter, 810-827.

Henrici, Gert/Koreik, Uwe (1994): „Zur Konstituierung des Faches Deutsch als Fremdsprache. Eine Einleitung und Bestandsaufnahme“. In: dies. (Hrsg.): *Deutsch als Fremdsprache. Wo warst du, wo bist du, wohin gehst du?* Baltmannsweiler: Schneider, 1-42.

Reich, Hans H. (2001): „Entwicklungen des Unterrichts in Deutsch als Fremd- und Zweitsprache in Deutschland“. In: Helbig, Gerhard/Götze, Lutz/Henrici, Gert/Krumm, Hans-Jürgen (Hrsg.): *Deutsch als Fremdsprache. Ein internationales Handbuch* Bd. 1. Berlin/New York: de Gryuter, 56-68.

Rupprecht S. Baur

Lehrerausbildung in Deutsch als Fremdsprache[1]

1. Deutsch als Fremdsprache und Deutsch als Zweitsprache als Profil an deutschen Universitäten

Aus historischen und gesellschaftspolitischen Gründen gibt es in Deutschland eine Zweiteilung des Faches „Deutsch als Fremdsprache" in Deutsch als Fremdsprache (DaF) und Deutsch als Zweitsprache (DaZ). Aus der Sicht der Ausbildung von DaF- und DaZ-Lehrer stellt sich die Frage, inwiefern eine Trennung oder Verbindung von DaF und DaZ in der Ausbildung sinnvoll ist und inhaltlich gerechtfertigt erscheint. Im Handbuch ‚Deutsch als Fremdsprache' werden die Unterschiede in der Ausbildung folgendermaßen charakterisiert:

> „Eine Ausbildung für *Deutsch als Fremdsprache* bezieht sich auf die Vermittlung des Deutschen im nichtdeutschsprachigen Ausland, während eine Lehrerausbildung in *Deutsch als Zweitsprache* auf einen Unterricht in deutschsprachiger Umgebung vorbereitet." (Neuner 2001, 31)[2]

Wir meinen, dass die Trennung in dieser eindeutigen Zuweisung nicht existiert.

Ohne dass wir den Anspruch auf Vollständigkeit erheben wollten, zeigt die grobe Übersicht in Tab. 1,

a) dass DaF in starkem Maße auch im Inland angeboten wird und

b) dass DaF durch Mobilität und Partnerschaften auch im schulischen Bereich an Bedeutung gewinnt, der gemeinhin als Domäne von DaZ angesehen wird (vgl. Baur/Chlosta 2000).

Es sei noch angemerkt, dass der Bereich der vorschulischen Sprachkurse für Migrantenkinder und der propädeutischen Kurse für Seiteneinsteiger *qua definitionem* zwar dem Bereich DaZ zugeordnet werden muss, aber trotzdem weitgehend den Prinzipien des frühen Fremdsprachenlernens folgt, da viele Kinder die Kurse ohne Vorkenntnisse in der deutschen Sprache besuchen.

Tabelle 1: Tätigkeitsfelder von DaF und DaZ

	Schule (Kinder und Jugendliche)	**Erwachsenenbildung**
DaF	• deutsche Lehrer in deutschen Auslandsschulen oder in ausländischen Schulen mit DaF (z.T.	• Sprachlehrer im Ausland an Hochschulen (z.T. über DAAD), Goethe-Instituten, Sprachenschu-

[1] Die vorliegende Darstellung basiert auf der Untersuchung und Publikation von Baur/Kis 2002.

[2] Vgl. allerdings auch Reich (2001, 65), der im Handbuch DaF darauf hinweist, dass die Grenzen von DaF und DaZ fließend sind.

	über ZfA) • alle Schulstufen einschließlich Früh- beginn und bilingualem Lernen • Schulaustauschprojekte (deutsche Lehrer in ausländischen Partner-schulen, ausländische Schüler in deutschen Klassen im Inland) • Sprachassistenten an Schulen im Ausland (z.T. über den PAD)	len, in Firmen • Sprachlehrer im Inland an Hoch-schulen, an Goethe-Instituten, Weiterbildungsinstitutionen, Sprachenschulen, in Firmen und Betrieben
DaZ	• Lehrer für Migrantenkinder in Schulen • vorschulische DaZ-Kurse • propädeutische DaZ-Kurse • Förderunterricht für Migranten-kinder außerhalb von Schule	• Sprachlehrer im Inland an Goe-the-Instituten, Weiterbildungsin-stitutionen, Sprachenschulen, in Firmen und Betrieben

Weitere differenzierende Merkmale zwischen DaF- und DaZ-Lernern, die möglicherweise zu Unterschieden in der Ausbildung führen könnten, werden in der Spracherwerbssituation, der Schichtzugehörigkeit und der sprachlichen Sozialisation der Lerner gesehen (vgl. Glück 1991, Neuner 2001).

Um die verschiedenen Adressatengruppen angemessen bedienen zu können, bedarf es in jedem Fall wichtiger Grundqualifikationen, über die DaF- und DaZ-Lehrer verfügen müssen. Schweckendieck/Tietze (1994) nennen Kenntnisse und Fähigkeiten, die sie für DaZ-Kursleiter fordern: sprachsystematische Kenntnisse des Deutschen und methodisch-didaktische Kompetenzen wie Fähigkeit zur Binnendifferenzierung/Individualisierung beim Unterricht stark heterogenen Lernergruppen, Fähigkeit zur Durchführung von Sprachstandsanalysen und -diagnosen, Fähigkeit der Lehrer, Lernstrategien und Lerntechniken zu vermitteln, Fähigkeit zur Analyse und zum Herstellen von Unterrichtsmaterialien, Kenntnis der Zweitsprachenerwerbsmodelle, Fähigkeit, Übungs- und Sozialformen geeignet einzusetzen (auch Projektarbeit) und Fähigkeit, didaktisch orientierte Sprachvergleiche durchführen zu können (Schweckendiek/Tietze 1994,39).

Es ist sicher nicht möglich, in dieser Aufzählung exakt zwischen DaZ- und DaF-spezifischen Fähigkeiten zu unterscheiden. In welcher Differenziertheit diese Gebiete jeweils adressatenspezifisch gefüllt werden müssen, ist eine Diskussion, die im Fach noch geführt werden muss.

2. Studienprofile in der DaF-Ausbildung

Baur und Kis (2002) haben die Studienangebote in DaF und DaZ an deutschen Universitäten untersucht und folgende Ausrichtungen festgestellt:

An 45 deutschen Hochschulen wird in irgendeiner Form ein Studium DaF/DaZ angeboten, wobei die DaF-Angebote dominieren. An den meisten Hochschulen werden mehrere Studiengänge angeboten, wobei es sich bei DaZ in der Regel um Zusatzstudiengänge handelt, bei DaF um grundständige Magisterstudiengänge, Magister-Nebenfach-Studiengänge, B.A.- und M.A.-Studien- gänge sowie Zusatzstudiengänge und Zusatzqualifikationen.

Fünf unterschiedliche Studienangebote existieren in Greifswald und Hamburg, in Kassel sind es sogar sieben. Durch differenzierende Studienangebote versucht man offensichtlich, gezielt unterschiedliche Adressatengruppen anzusprechen und zu gewinnen. In den Magisterstudiengängen gab es schon immer eine Tendenz, unterschiedliche Profilbildungen innerhalb ein und desselben Studiengangs zu ermöglichen, teilweise geschah das einfach durch die Wahl eines entsprechenden Themas in der Magister-Arbeit. Dieser Anspruch, durch eine DaF-Ausbildung breit zu qualifizieren, findet sich häufig in den Ausbildungszielen und Berufsperspektiven, die in der Studienordnung genannt werden. Als Beispiel mag hier der Magisterstudiengang DaF in Augsburg dienen. Als Berufsfelder, auf die der Studiengang vorbereitet, werden u.a. genannt:

- Mitarbeit in einem Verlag, der deutsche Literatur im Ausland vertreibt, der deutsche Fach- und Sachbücher für ausländische Leser aufbereitet oder dgl.
- Autor von Lehrbüchern für „Deutsch für Ausländer"
- Deutschlandreferent in einem ausländischen Industriebetrieb
- Personalberater in einem deutschen Unternehmen im Ausland
- Entwicklungshelfer, auch Kirchliche Hilfsdienste in der dritten Welt
- Auswärtiger Dienst, DAAD
- Mitarbeit im Goethe-Institut
- Sozialarbeit (mit Gastarbeitern), z.B. „Ombuds-Mann" für Ausländer in Deutschland
- Deutschlehrer an ausländischen Schulen bzw. an Volkshochschulen
- Mitarbeit in einem ausländischen Fremdenverkehrsbüro

(www.philhist.uni-augsburg.de/Faecher/GERMANIS/daf/studium/ordnung.html)

Das Profil „Lehrer für DaF" („Deutschlehrer an ausländischen Schulen bzw. an Volkshochschulen") steht in dieser Berufsfeldbeschreibung erstaunlicherweise nicht im Vordergrund, obwohl man das von den Inhalten des Studiengangs her am ehesten erwarten dürfte. Eine sich in solchen Beschreibungen andeutende Tendenz zu einer breiten beruflichen Qualifizierung wird sich wahrscheinlich mit der Einführung der B.A.-Studiengänge und der Modularisierung der Studien verstärken.[3] Damit sind für DaF zwei widerstreitende Tendenzen zu erkennen: Spezialisierung vs. Polyvalenz.

Einige Studienstandorte versuchen durch Spezialisierungen ein besonderes Profil zu gewinnen. Bayreuth bietet z.B. einen Studiengang an, in dem Literaturforschung und Literaturlehrforschung, Fremdheitslehre (Xenologie) und interkulturelle Kommunikation sowie Kulturkomparatistik einen einzigartigen, in der Fachdiskussion nicht unumstrittenen

[3] Vgl. z.B. die Beschreibung des neu eingeführten B.A. Sprachlehrforschung in Bochum. Vgl. zu dieser Diskussion auch Königs (1998, 199), der im Rahmen der Konturierungsdebatte für das Fach DaF auf die Gefahren einer zu weiten Definition der Tätigkeitsmerkmale hinweist.

Schwerpunkt bilden.[4] Heidelberg, Greifswald, Leipzig, Trier und Würzburg bieten Studien an, für die ausschließlich ausländische Studierende zugelassen werden.[5]

In der nun folgenden Übersicht (Tab. 2) soll gezeigt werden, welche Inhalte[6] von DaF (und DaZ) in welcher relativen Häufigkeit in den Studiengängen angeboten werden.

Tabelle 2

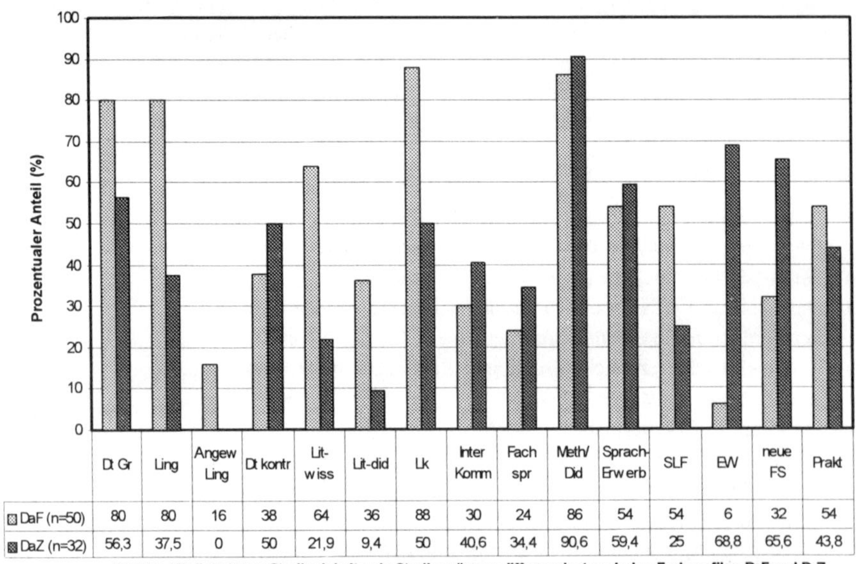

	Dt Gr	Ling	Angew Ling	Dt kontr	Lit-wiss	Lit-did	Lk	Inter Komm	Fach spr	Meth/ Did	Sprach-Erwerb	SLF	EW	neue FS	Prakt
DaF (n=50)	80	80	16	38	64	36	88	30	24	86	54	54	6	32	54
DaZ (n=32)	56,3	37,5	0	50	21,9	9,4	50	40,6	34,4	90,6	59,4	25	68,8	65,6	43,8

Relative Häufigkeit von Studieninhalten in Studiengängen differenziert nach den Fachprofilen DaF und DaZ

[4] Vgl. Henrici (1990), Glück (1989)

[5] Die Einrichtung des Heidelberger Magisterstudiengangs im Jahre 1970 bezeichnet, wie bereits Henrici/Koreik(1992) festgestellt haben, einen Markstein in der Entwicklung des Faches Deutsch als Fremdsprache. Die Isolierung der ausländischen Studierenden in einem eigenen Studiengang wird von Delmas/Stenzig (1977) kritisiert. Dass gemeinsames Lernen von ausländischen und deutschen Studierenden eine wichtige Dimension ist, wird bei den Überlegungen zum Deutschen im europäischen Kontakt (DieK) von Baur/Chlosta (2000) hervorgehoben. Genauere Angaben darüber, in welchen organisatorischen Strukturen die ausländischen Studierenden des Studiums DaF in Greifswald, Leipzig und Würzburg absolvieren, liegen uns dazu nicht vor

[6] Folgende Abkürzungen werden in der Tabelle verwendet: Meth/Did = Methodik/Didaktik, Lk = Landeskunde, Dt Gr = Deutsche Grammatik, Ling = Linguistik, Spr Erw = Theorie des Spracherwerbs, Prakt = Praktikum, Lit wiss = Literaturwissenschaft, neue FS = Erlernen einer neuen Fremdsprache, SLF = Sprachlehrforschung, Dt kontr = Deutsch im Kontrast, Inter Komm = Interkulturelle Kommunikation, EW = Erziehungswissenschaft, Fachspr = Fachsprachen, Lit-did = Literaturdidaktik, Angew Ling = Angewandte Linguistik.

Da wir uns an dieser Stelle auf die Ausbildung im Fach DaF konzentrieren wollen, sollen die Unterschiede zwischen den Ausbildungsinhalten DaF vs. DaZ nicht weiter thematisiert werden. Auffallend ist, dass es keine Studieneinheit gibt, die in allen Ausbildungen obligatorisch wäre. Obwohl man sicherlich die Meinung vertreten kann, dass unterschiedliche Studienschwerpunkte und Profile an verschiedenen Standorten wichtig sind und erhalten bleiben sollten, scheint es im Fach keine absolut obligatorischen Kernbereiche für ein Studium DaF zu geben. Denn kein Studienbereich erreicht einen Wert von 100 Prozent. Die höchsten Werte mit 88 Prozent erreicht die Landeskunde, gefolgt von der Methodik/Didaktik mit 86 Prozent. Diese Zahlen bedeuten aber, dass es Ausbildungen gibt, in denen keine Veranstaltungen zur Methodik/Didaktik absolviert werden müssen. Nur knapp die Hälfte der Ausbildungen verlangen ein obligatorisches Praktikum, d.h. man kann DaF-Lehrer werden, ohne jemals Fertigkeiten in diesem Bereich erworben zu haben. Dass grammatische und linguistische Veranstaltungen angeboten werden, erscheint selbstverständlich, dass aber das Deutsche im Kontrast zu anderen Sprachen nur mit 34 Prozent vertreten ist, zeigt, dass wesentliche Elemente in vielen Ausbildungen fehlen bzw. von den Betreibern der Studiengänge anscheinend nicht für wesentlich angesehen werden.

Wir meinen, dass ein großer Teil der aus den Studiengängen gewonnenen Inhalte in jedem DaF-Studium obligatorisch sein müsste. Dazu gehört auch die Auseinandersetzung mit Literatur und Literaturdidaktik, mit Interkultureller Kommunikation, die Kenntnis von Fachsprachen, von Methoden der Leistungsmessung und Kenntnisse von Theorien zum Spracherwerb. Die Beliebigkeit der Anforderungen in den verschiedenen Studiengängen zeigt, dass eine Diskussion im Fach, welche Standards ein Minimum darstellen, um die Lehrbefähigung für DaF zu erhalten, dringend erforderlich ist.

3. Sensibilsierung für die Praxis

Dass eine Ausbildung, die ohne Kontakt zur Praxis erfolgt, mit einem Mangel behaftet ist[7], erscheint unmittelbar einleuchtend. Weniger selbstverständlich erscheint vielleicht der Ausbildungsinhalt „Erlernen einer fremden Sprache", der in 30 Prozent der Ausbildungen gefordert wird. Rückmeldungen von Studierenden belegen, dass ein solcher Ausbildungsteil außerordentlich nützlich ist. Denn durch die Selbsterfahrung beim Lernen einer fremden Sprache wird bei (künftigen) Lehrern sowohl die Lernerperspektive (Wie lerne ich? Wie fühle ich mich als Lernern in der Lerngruppe? Was für Schwierigkeiten habe ich?) als auch die Lehrperspektive (Wie würde ich unterrichten? Was finde ich gelungen, was weniger gelungen?) angesprochen. Diese bewusste Sprachlernerfahrung ist für DaF- und DaZ-Lehrer auch deswegen so wichtig, weil sie als Muttersprachler eine Sprache unterrichten, für deren Besonderheiten und Schwierigkeiten sie nicht sensibilisiert sind.[8] – In den meisten Ausbildungen ist der fremdsprachliche Teil der Ausbildung

[7] Duxa (2001, 23) macht darauf aufmerksam, dass die methodischen Fähigkeiten nur durch die Integration von unterrichtspraktischen Erfahrungen vermittelt und erworben werden können. Diese würden in der universitären Ausbildung häufig vernachlässigt. – Die Qualität des Praktikums selbst kann an dieser Stelle nicht weiter diskutiert werden. Ein Praktikum sollte vorbereitet und begleitet werden.

[8] Dies gilt natürlich nicht für Studierende, die das Deutsche als Fremdsprache erlernt haben, wohl aber durchaus für Lerner des Deutschen als Zweitsprache.

auf einen Nachweis über Fremdsprachenkenntnisse reduziert. Wir plädieren jedoch nachdrücklich für eine Selbsterfahrung, bei der Lernerperspektive und Methodenreflexion als Elemente der Ausbildung angesteuert werden (vgl. Baur 2000, Krumm bereits 1973).

Dem Erlernen fremder Sprachen und dem damit verbundenen Sprachkontrast verdanken wir die wichtigsten Einsichten über das, was die spezifischen Eigenschaften einzelner Sprachen sind. Für das Lehren einer fremden Sprache allgemein und für das Lehren der eigenen Muttersprache als Fremdsprache im Besonderen sind systematische Sprachvergleiche deshalb eine unabdingbare linguistische Grundlage für didaktisch-methodische Entscheidungen. Nur wenn ein DaF-Lehrer für kategoriale Systeme von Sprachen verschiedenen Typs sensibilisiert ist, kann er die Transfermechanismen und Lernschwierigkeiten von Lernern verschiedener Herkunftssprachen verstehen. Auch dieser Einheit messen wir deshalb für die Professionalisierung einer DaF- und DaZ-Lehrerausbildung einen hohen Stellenwert bei. Um die gewünschten Reflexionsprozesse zu unterstützen, empfehlen wir, das Erlernen einer (neuen) fremden Sprache mit dem Führen eines Lernertagebuchs zu verbinden.

Das insgesamt reichhaltige DaF-Angebot an den verschiedenen Studienstandorten in Deutschland sollte dennoch nicht über die Tatsache hinwegtäuschen, dass im Hinblick auf eine professionelle Lehrerausbildung die Standards sehr unterschiedlich definiert sind. Das gilt sowohl im Hinblick auf die obligatorischen Studienanteile wie auch im Hinblick auf die Studienvolumina. Durch Festlegung essentieller Ausbildungsbereiche und eines Mindestumfangs des Studiums sollte deshalb versucht werden, Qualitätskriterien und Standards in der Lehrerausbildung von DaF (und DaZ) zu definieren.[9]

Literaturangaben

Ammon, Ulrich (1991): *Die internationale Stellung der deutschen Sprache*. Berlin/New York: de Gruyter.

Apeltauer, Ernst (1996): *Lernen aus Erfahrung*. Baltmannsweiler: Schneider.

Baur, Rupprecht S. (2000): „Deutsch als Fremdsprache – Deutsch als Zweitsprache – Deutsch als Muttersprache. Felder der Begegnung". In: *InfoDaF* 5, 467-482.

Baur, Rupprecht S. (2001): „Deutsch als Fremdsprache-Deutsch als Zweitsprache". In: Helbig, Gerhard/Götze, Lutz/Henrici, Gert/Krumm, Hans-Jürgen (Hrsg): *Handbuch Deutsch als Fremdsprache. Ein internationales Handbuch*. Bd. 1. Berlin/New York: de Gruyter, 617-628.

Baur, Rupprecht S./Chlosta, Christoph (2000): „Deutsch im europäischen Kontakt als Aufgabe der Lehrerbildung". In: Wolff, Armin/Tanzer, Harald (Hrsg.): *Sprache – Kultur – Politik (=Materialien Deutsch als Fremdsprache* 53). Regensburg: Universität, 101-124.

[9] Vgl. Königs (1993, 201) der ebenfalls „einen gemeinsamen Sockel" für das Fach DaF fordert.

Baur, Rupprecht/Kis, Marta (2002): „Lehrerausbildung in Deutsch als Fremdsprache und Deutsch als Zweitsprache." In: *Fremdsprache Lehren und Lernen (FLuL)* 31, 123-150.

Clahsen, Harald/Meisel, Jürgen/Pienemann, Manfred (1983): *Deutsch als Zweitsprache. Der Spracherwerb ausländischer Arbeiter.* Tübingen: Narr.

Duxa, Susanne (2001): Fortbildungsveranstaltungen in der Weiterbildung und ihre Wirkungen auf das professionelle Selbst der Lehrenden (=Materialien Deutsch als Fremdsprache 57). *Regensburg: Universität.*

Giersberg, Dagmar (2002): *Deutsch unterrichten weltweit. Ein Handbuch für alle, die im Ausland Deutsch unterrichten wollen.* Bielefeld: Bertelsmann.

Glück, Helmut (1989): „Meins und Deins = Unsers? Über das Fach ‚Deutsch als Fremdsprache' und die ‚Interkulturelle Germanistik'". In: Zimmermann (Hrsg.), 57-92. (Wiederveröffentlicht in Henrici/Koreik 1994)

Glück, Helmut (1991): „Deutsch als Fremdsprache und als Zweitsprache: eine Bestandsaufnahme". In: *Zeitschrift für Fremdsprachenforschung (ZFF)* 2, 12-63. (Wiederveröffentlicht in Henrici/Koreik 1994)

Helbig, Gerhard/Götze, Lutz/Henrici, Gert/Krumm, Hans-Jürgen (Hrsg.) (2001): *Deutsch als Fremdsprache. Ein internationales Handbuch.* Berlin/New York: de Gruyter.

Henrici, Gert (1990): „Interkulturelle Germanistik à la Bayreuth. Anmerkungen aus der Sicht eines Vertreters des Faches Deutsch als Fremdsprache". In: *Mitteilungen des Deutschen Germanistenverbandes* 1, 38-44. (Wiederveröffentlicht in Henrici/Koreik 1994)

Henrici, Gert (1992): „Die Kontur des Faches Deutsch als Fremdsprache. Ein Vorschlag". In: *Deutsch als Fremdsprache* 2, 67-71. (Wiederveröffentlicht in Henrici/Koreik 1994)

Henrici, Gert/Koreik, Uwe (1994): „Zur Konstituierung des Faches Deutsch als Fremdsprache. Eine Einleitung und Bestandsaufnahme". In: Henrici/Koreik (Hrsg) 1994, 1-42.

Henrici, Gert/Koreik, Uwe (1994): *Deutsch als Fremdsprache. Wo warst Du, wo bist Du, wohin gehst Du?* Baltmannsweiler: Schneider.

Königs, Frank G./Burck, Susanne (1997): *Informationsbroschüre zu den Studiengängen DaF/DaZ in der Bundesrepublik Deutschland.* Leipzig (mimeo).

Königs, Frank G. (1998): „Bewährt oder Auf Bewährung? Gedanken zur Angemessenheit von Studiengängen für Deutsch als Fremdsprache im Kontext der Konturierungsdebatte". In: *Deutsch als Fremdsprache* 4, 199-204.

Krumm, Hans-Jürgen (1973): *Analyse und Training fremdsprachlichen Lehrverhaltens.* Weinheim: Beltz.

Krumm, Hans-Jürgen (1978): „Sprachvermittlung und Sprachlehrforschung Deutsch als Fremdsprache". In: *Jahrbuch Deutsch als Fremdsprache* 4, 87-101. (Wiederveröffentlicht in Henrici/Koreik 1994)

Landesinstitut für Schule und Weiterbildung (Hrsg.) (1987): *Lehreraus- und -fortbildung im Bereich Ausländerpädagogik.* Soest: Verlag für Schule und Weiterbildung.

Mahler, Gerhart (1974): *Zweitsprache Deutsch - Die Schulbildung der Kinder ausländischer Arbeitnehmer.* Donauwörth: Auer.

Meyer-Ingwersen, Johannes et al. (1977): *Zur Sprachentwicklung türkischer Schüler in der Bundesrepublik.* Kronberg: Scriptor.

Neuner, Gerhard (1993): „Regionale und regionalübergreifende Perspektiven der Deutschlehrerausbildung in Europa". In: Neuner, Gerhard (Hrsg.): *Regionale und Regionalübergreifende Perspektiven der Deutschlehrerausbildung in Europa.* Kassel: Universität, 14-31.

Oomen-Welke, Ingelore (1996): „Von der Nützlichkeit der vielen Sprachen, auch im Deutschunterricht". In: Peyer, Ann/Portmann, Paul R. (Hrsg.): *Norm, Moral und Didaktik – Die Linguistik und ihre Schmuddelkinder.* Tübingen: Niemeyer, 291-316.

Reich, Hans H. (1980): „Deutschlehrer für Gastarbeiterkinder. Eine Übersicht über Ausbildungsmöglichkeiten in der Bundesrepublik". In: *Materialien Deutsch als Fremdsprache* 15, 187-213. (Wiederveröffentlicht in Henrici/Koreik 1994)

Reich, Hans H.(1982a): „Zum Unterricht in Deutsch als Fremdsprache". In: Hohmann, Manfred (Hrsg.): *Unterricht mit ausländischen Kindern.* München: Oldenburg,149-184.

Reich, Hans H. (1982b): „Das Berufsfeld des Lehrers für ausländische Schüler in der Bundesrepublik Deutschland". In: Ehnert, Rolf (Hrsg.): *Einführung in das Studium des Faches DaF.* Frankfurt/Main et al.: Lang, 29-42.

Reich, Hans H. (2001): „Entwicklungen des Unterrichts in Deutsch als Fremd- und Zweitsprache in Deutschland". In: Helbig/Götze/Henrici/Krumm (Hrsg), 56-68.

Schweckendieck, Jürgen/Tietze, Ulrike (1994): „Die Seminare zur Kursleiterqualifizierung im Bereich DaF". In: *Deutsch lernen* 1, 33-42.

Weinrich, Harald (1979): „Fremdsprache Deutsch – Konturen eines neuen Faches". In: *Materialien Deutsch als Fremdsprache* 14, 15-35. (Wiederveröffentlicht in Henrici/Koreik 1994)

Zimmermann, Peter (Hrsg.) (1991[2]): *„Interkulturelle Germanistik". Dialog der Kulturen auf deutsch?* Frankfurt/Main et al.: Lang.

Karl-Richard Bausch

„Zu einer wirksamen Lehrveranstaltung gehört eine Didaktik, die verwirklicht, worüber gesprochen wird."
(Mitglied einer NRW-Experten-Kommission 1999)

Konsekutive Fremdsprachenlehramtsstudiengänge: eine neue Sackgasse oder eine echte Chance für eine Professionalisierung?

1. Drei Thesen zur Situation

1. These:
Die traditionelle grundständige Fremdsprachenlehrerausbildung hat sich bis heute nicht aus ihrer philologischen Wissenschaftsimmanenz lösen können[1]. Fach- bzw. fremdsprachendidaktische und schulpraktische Studieneinheiten werden in der Regel den aus ihr resultierenden Lehrangeboten lediglich additiv beigestellt; eine Integration wurde vielerorts nicht einmal erörtert, und die Stundenkontingente blieben – wo immer möglich – auf ein Minimum limitiert (vgl. auch die überwiegende Anzahl der Beiträge in Bausch/Christ/Krumm 1992)[2].

Das Fazit war und ist: Die traditionellen Ausbildungskonzepte sind curriculartheoretisch dem generalistischen Modell verpflichtet, dem per definitionem keine systematischen Berufsfeldanalysen bzw. -bezüge zugrunde liegen. Die Beistellung von sog. praxisorientierten Studieneinheiten wird somit aus politischer Sicht häufig als konzeptuell störende „Reparaturen" an einem Ausbildungskonzept verstanden, das in wissenschaftsmethodischer Hinsicht durch fachwissenschaftliche Erkenntnisziele und -interessen dominiert wird[3].

[1] Die folgenden Ausführungen beziehen sich (vorrangig) auf den Hochschultyp von Universitäten, bei denen keine Integration von Pädagogischen Hochschulen stattgefunden hat.
Für eine begründete Diskussion der Fremdsprachenlehrerausbildung wäre es wichtig, stets die Ausbildungskonturen des Hochschultyps, von dem aus vorgetragen wird, offen zu legen.

[2] Ein Vergleich zwischen den in diesem Sammelband enthaltenen Konzepten dokumentiert in eklatanter Weise, wie wenig in den vergangenen 11 Jahren bewegt werden konnte.

[3] In diesem Kontext sei einmal die Frage erlaubt, warum denn nach wie vor Hochschulgesetze festschreiben, dass ausschließlich bei fachdidaktischen Professuren in der Regel drei Jahre Schulpraxis bzw. äquivalente Praxiserfahrung (z.B. in der curricularen Entwicklungsarbeit) als Voraussetzung festgeschrieben sind? Warum werden solche Voraussetzungen nicht gleichermaßen bei linguistischen und/oder literaturwissenschaftlichen Stellenprofilen verlangt?

2. These:
Fachwissenschaftlich dominierte Absolventenprofile auf der Ebene des Ersten Staatsexamens für Lehrämter an Schulen werden längst sowohl im universitären als auch im allgemeingesellschaftlichen Diskurs als unverantwortlicher Anachronismus angeklagt. Das nicht begreifbare Phänomen ist allerdings, dass über Jahrzehnte hinweg eine grundlegende Revision bzw. Neukonzipierung eben nur über die oben angesprochenen minimalistischen „Reparaturen" erfolgen konnte[4].

3. These:
Die Einführung von konsekutiven Fremdsprachenlehramtsstudiengängen bietet m.E. vom Ansatz her die Chance für eine systematische berufsfeldbezogene Neukonzipierung (vgl. jetzt auch Deutsche Gesellschaft für Fremdsprachenforschung 2003). Voraussetzung hierfür ist allerdings, dass sich alle Disziplinen und Bereiche, die an der Gesamtausbildung, also an der ersten und zweiten Phase, beteiligt sind, auf ein *integrativ-kooperatives Grundkonzept* einlassen, das auf dem Fundament einer zuvor durchgeführten Berufsfeldanalyse aufbaut[5].

In diesem Kontext ist flankierend zu prüfen, ob es tatsächlich signifikant zutrifft, dass – wie in jüngster Vergangenheit behauptet wird – Studienanfänger zunächst eine Phase der breiten Orientierung im Sinne einer sog. polyvalent angelegten Bachelor-Phase suchen, und erst dann eine Spezialisierung einleiten wollen[6].

2. Drei Leitprinzipien für ein konsekutives Ausbildungskonzept

Die allgemeinen Vorteile von konsekutiven B.A.-/M.A.-Studiengängen (Internationalisierung, Vergleichbarkeit der Inhalte und Abschlüsse und vor allem Verkürzungen von Studienzeiten) sind gewiss zu begrüßen. Dies gilt selbstverständlich auch mit Blick auf die gestuften Fremdsprachenlehrerausbildungsgänge. Freilich kann es nicht angehen, die „alten" Studieninhalte lediglich mit einer „modernen" Verpackung zu versehen. Deshalb soll – ausgehend von dem oben in der 3. These angesprochenen integrativ-kooperativen

---

[4] Eine unikale Chance zur Neukonzipierung u.a. der Fremdsprachenlehrerausbildungskonzepte wurde im Übrigen nach der Wende vertan:
Die Hektik, mit der die sog. Hochschulerneuerung in den damaligen „Neuen Bundesländern" betrieben wurde, versperrte systematisch die Möglichkeit, einen Augenblick innezuhalten, um die Frage nach dem Transfer von überwiegend fachwissenschaftlich-immanenten Studienkonzepten zu stellen.

[5] Diese Forderung betrifft die Ebene des Ausbildungs*systems*. Auf der *personalen* Ebene, d.h. bei den konkreten Vertretern der beteiligten Disziplinen und Bereichen, muss sich die Überzeugung durchsetzen, dass z.B. eine berufsfeldbezogene Studieneinheit denselben Grad an Wissenschafts- bzw. Forschungsorientierung hat/haben kann, wie eine Vorlesung z.B. zur Metrik der altvenezianischen Lyrik. Ohne einen solchen prinzipiellen Gesinnungswandel werden sich die bekannten Grabenkämpfe unvermindert fortsetzen.

[6] Es liegt auf der Hand, dass die hier referierte Position nichts anderes als eine (politisch) gesetzte Annahme darstellt: sie versucht im Übrigen, den Studienanfänger auszuschließen, der von Beginn seines Studiums an „auf's Lehramt studieren" und dabei vor allem möglichst frühzeitig seine „Lehramtseignung" auf den Prüfstand bringen möchte.

Grundkonzept – im Folgenden versucht werden, die aus meiner Sicht wichtigsten Leitprinzipien für ein berufsfeldbasiertes Ausbildungskonzept zu umreißen[7].

1. Leitprinzip:
Alle an den konsekutiven Fremdsprachenlehrerausbildungsgängen beteiligten Disziplinen und Bereiche[8] sind verpflichtet, ihre Lehrangebote (Module) an den adressatenspezifisch ausgelegten Curricula bzw. Lehrplänen, d.h. also an den Spezifika der entsprechenden fremdsprachlichen Schulfächer und Schulstufen (Sekundarstufe I und/oder Sekundarstufe II) zu orientieren. In der diesbezüglichen Prüfungsordnung ist diese Ausrichtung explizit festgeschrieben. Die vorgelegten Studienangebote werden von einem neu einzurichtenden Ausschuss „überwacht". In diesem Ausschuss sind u.a. auch Fachlehrer aus Modellschulen und insbesondere Fachleiter aus der 2. Ausbildungsphase integriert[9].

Ein weiteres Ziel dieses Leitprinzips besteht darin, das ständige Gerangel um Stundenquantitäten vor allem zwischen Vertretern der Fachwissenschaften, den Fachdidaktiken und der Erziehungswissenschaft durch die gesamthafte Fokussierung auf die Spezifika der jeweiligen schulischen Berufsfelder zu neutralisieren.

2. Leitprinzip:
Schulpraktika werden z.B. über einen sog. Optionalbereich bereits in die Bachelor-Phase aufgenommen; sie werden kooperativ-integriert vorbereitet, durchgeführt und evaluiert. Hierdurch wird sichergestellt, dass Lehramtsstudierende auch in einer grundsätzlich polyvalent ausgelegten Bachelor-Phase bereits sehr früh ihre „Lehramtseignung" überprüfen lassen können.

3. Leitprinzip:
Das Modulangebot auf der Master-Phase ist in dem bereits angesprochenen Sinne durchgängig berufsfeldbezogen anzulegen; integrative Verzahnungen sind zwischen allen daran beteiligten Disziplinen und Bereichen anzustreben: Dies gilt u.a. auch für die schul-

[7] Zum Hintergrund: Auf der Basis eines sog. Expertengutachtens wurde in NRW an den Universitäten Bielefeld und Bochum die traditionelle Lehrerausbildung ersatzlos gestrichen, allerdings mit dem (Ersatz-)Angebot verbunden, in Form eines Modellversuchs ein konsekutives Konzept mit einer grundsätzlich polyvalent ausgelegten Bachelor- und einer professionalisierenden Masterphase auszuarbeiten (Abschluss: „Master of Education"). Trotz der Tatsache, dass es sich hierbei um eine Art von Erpressungsversuch handelte, haben die lehrerausbildenden Fächer der Ruhr-Universität Bochum sich durchgerungen, dies gleichwohl als Chance für eine prinzipielle Reform zu begreifen.

[8] Im Einzelnen sind dies die jeweilige Fachwissenschaft, die Fachdidaktik bzw. Sprachlehrforschung, die Erziehungswissenschaft, die schulpraktischen Studien sowie die jeweilige Fremdsprachenausbildung (Sprachpraxis).

[9] So wird spätestens auf der Ebene dieses Ausschusses, dem allenthalben noch immer praktizierten Prinzip der Willkürlichkeit Einhalt geboten, d.h., es wird verhindert, dass Lehrangebote z.B. zur altvenezianischen Lyrik (vgl. oben Anm. 5) oder zum Erziehungssystem der Volksrepublik China eine reelle Chance in der Obligatorik des Lehrangebots bekommen. Sie können jedoch problemlos ihren Platz im Wahlbereich einnehmen.

praktischen Studien, die Fremdsprachenausbildung sowie für die Findung einer praxisrelevanten Thematik für die Masterarbeit[10].

3. Das Bochumer Modulsystem im Überblick

Auf der Grundlage der skizzierten Leitprinzipien wurde an der Ruhr-Universität Bochum für den sprachdidaktischen Ausbildungssektor der Schulfächer (Sekundarstufe I und II) Englisch, Französisch, Italienisch, Russisch und Spanisch das folgende Modulsystem entwickelt und verabschiedet[11]:

Basismodul:	• Didaktik I und II: Einführung in Basisgegenstände, -fragestellungen und -methoden der Sprachlehrforschung
Aufbaumodule:	• Fremdsprachlicher Unterricht: Lehr- und Lernprozesse • Methoden der Erforschung von Fremdsprachenlehr- und -lernprozessen • Schulpraktische Studien • Berufsbezogene Fremdsprachenausbildung
Vertiefungsmodule	• Fremdsprachenlernprozesse • Methoden der Fremdsprachenvermittlung • Curriculare Entwicklungen für den Fremdsprachenunterricht

Die drei **Vertiefungsmodule** können über die folgenden Standardmodule konkretisiert bzw. operationalisiert werden:

- Zwei- und Mehrsprachigkeitskonzepte für den Fremdsprachenunterricht
- Sprachenpolitik und Fremdsprachenunterricht
- Interkulturelles Lernen im Fremdsprachenunterricht
- Leistungsmessung und Leistungsbewertung für den Fremdsprachenunterricht
- Formen des autonomen Fremdsprachenlernens und -erwerbs
- Fremdsprachenlernen und Neue Medien
- Fachsprachlicher Unterricht: Lehr- und Lernprozesse
- Methoden der Erforschung von Fremdsprachenlehr- und Lernprozessen: Projekte

---

[10] Diese Neuorientierung hat zur Folge, dass es keine „Sammelveranstaltungen" mehr geben wird, in denen – wie bislang üblich – z.B. Magisterstudierende, Lehramtskandidaten und Masterstudierende der Anglistik, der Romanistik etc. gleichermaßen bedient werden; vielmehr muss das Lehrangebot der Master-Phase für Fremdsprachenlehramtsstudiengänge eigenständig ausgewiesen werden.

[11] Im Kontext der diesjährigen Frühjahrskonferenz erscheint es mir wichtig, die inhaltliche (und nicht die studien- bzw. modularorganisatorische) Struktur herauszustellen. Der hier umrissene Überblick ist deshalb auf diese Komponenten begrenzt.
Die Verantwortung für das in diesem Sinne dargestellte modularisierte Lehrangebot wird vom Seminar für Sprachlehrforschung getragen.

Betrachtet man dieses modularisierte (Teil-)Lehrangebot einerseits im Kontext mit den oben in Abschnitt 2 aufgeführten Leitprinzipien und andererseits mit der Festschreibung, dass diese gleichermaßen für alle an der konsekutiven Fremdsprachenlehrerausbildung beteiligten Disziplinen und Bereiche verpflichtend sind, dann könnte m.E. tatsächlich die reelle Chance für eine Öffnung der bisherigen Sackgasse in Richtung auf eine „echte", d.h. professionell begründete Ausbildung entstehen.

Dabei gilt allerdings, dass diese professionell begründeten Ausbildungsprofile keinesfalls als kanonisierte Angebote interpretiert werden dürfen; sie spiegeln vielmehr den zu einem bestimmten Zeitpunkt erreichten berufsfeldbezogenen Erkenntnis-, Methoden- und Vermittlungsstand.

Mit anderen Worten: Berufsfeldbezogene Studienangebote, wie das oben skizzierte, sind stetig zu überprüfen und gegebenenfalls an veränderte oder gar neue gesellschafts- und bildungspolitische Bedarfslagen anzupassen bzw. u.U. neu zu konturieren, d.h., sie sind in diesem Sinne auf der Grundlage curricularer Entwicklungsprinzipien fortzuschreiben (Bausch 2003).

Die beiden folgenden Beispiele sollen in der hier gebotenen Kürze die aufgestellte Forderung konkretisieren [12]:

1. Beispiel:
Die lebensweltliche Vielsprachigkeit der heutigen Gesellschaft ist allenthalben greifbar. Zahlreiche Schulen bilden zwischenzeitlich in dieser Hinsicht vor allem in Ballungsgebieten (hoch-) explosive „Brennpunkte"; die stetige Zunahme der Sprachen ist nahezu unüberschaubar geworden. Das folgende Exempel möge dies illustrieren:

Unter den Dächern der Schulen von Nordrhein-Westfalen waren im Februar 2002 Kinder aus rund 80 unterschiedlichen Herkunftsländern mit ca. 60 verschiedenen (Herkunfts-) Sprachen versammelt; 5 Jahre zuvor, also 1997, waren es gerade mal 20 (Bausch 2001).

Die beispielhaft angeführte, bereits zum Alltag gewordene Realität macht es m.E. unabdingbar, neue unterrichtsmethodisch ausgelegte Studieneinheiten zu entwickeln, die eine gezielte und angemessene Bewältigung solcher komplexen Formen schulischer Vielsprachigkeit möglich machen; dabei müssten m.E. derzeit die beiden folgenden Bereiche vorrangig in den Blick genommen und umgesetzt werden (vgl. auch Bausch/Helbig 2003):

- die Ausbildung einer fundierten vermittlungsmethodischen Kompetenz im Bereich Deutsch als Zweitsprache unter Einschluss von Wissenskomponenten über „andere" bzw. „ferne" kulturspezifische Lern-, Lehr- und Kommunikationstraditionen, die unterschiedliche Herkunftspopulationen in den Unterricht mit- bzw. einbringen;
- die Entwicklung einer didaktisch-methodischen Kompetenz, um die in den Klassenverbänden vorhandene Vielsprachigkeit allen Schülern in ihrer gesamten interkulturellen Komplexität bewusst zu machen und mit Blick auf die Ausbildung von indivi-

[12] Um das Spektrum dieser „neuen" Module deutlich zu machen, habe ich Beispiele mit jeweils unterschiedlicher Reichweite gewählt.

duellen Mehrsprachigkeitsprofilen als Lernpotential (und nicht als Verhinderungswissen) systematisch nutzen zu können.

2. Beispiel:
Im Gefolge der Ergebnisse insbesondere aus den PISA-Studien in Koinzidenz mit dem Erscheinen des Gemeinsamen europäischen Referenzrahmens für Sprachen (Goethe-Institut Inter Nationes 2001) hat eine intensive Diskussion über die Neuentwicklung von Bildungsstandards bzw. Kernlehrplänen eingesetzt. Im Mittelpunkt stehen dabei exemplarisch mit Blick auf den sog. mittleren Schulabschluss die Kernfächer der Sekundarstufe I: Deutsch, 1. Fremdsprache und Mathematik, für die zwischenzeitlich in den Ländern der Bundesrepublik Deutschland als auch auf der Ebene der KMK Entwürfe vorliegen (vgl. z.B. Sekretariat (04.07.2003); Bulmahn et al. (18.02.2003); Landesinstitut für Schule (erscheint 2003)).

Die mit dieser Entwicklung verbundene Abkehr von normorientierten Curricula- und Lehrplankonzepten und die Hinwendung zu kriterien- und aufgabengesteuerten Kompetenzbeschreibungen kann nicht ohne Konsequenzen für eine professionalisierende Fremdsprachenlehrerausbildung bleiben, so dass auch für diesen Bereich neue Modulangebote erarbeitet werden müssen[13]; dabei sind m.E. derzeit die drei folgenden Komponenten vorrangig in den Blick zu nehmen und umzusetzen:

- die Ausbildung einer fundierten Kompetenz zur Lernstandserhebung, -sicherung, zur ergebnisorientierten Unterrichtsentwicklung und -diagnose sowie zur Erstellung adressatenspezifischer Test-, Aufgabentypen und Beurteilungsformen;
- die Entwicklung einer Beratungskompetenz unter Einschluss der Fähigkeit, individualisierte Lernförderungsmaßnahmen adressatenspezifisch einsetzen zu können;
- die Ausbildung einer allgemeinen Kompetenz zur Qualitätssicherung und -entwicklung von Fremdsprachenunterricht.

4. Kurzer Ausblick

Die zuletzt umrissene Einführung von Bildungsstandards und Kernlehrplänen wird m.E. bereits in den kommenden Jahren zu einer Neukonturierung der Ausbildungskonzepte für Fremdsprachenlehrer insgesamt führen; erste Anzeichen vor allem im Bereich der Fremdsprachenausbildung zeichnen sich bereits deutlich ab[14].

---

[13] Die hier angetönte Neuformulierung von Bildungsstandards wird nach meinem Dafürhalten nicht nur den traditionellen Lehrplantypus und vor allem sein Herzstück der unterrichtsmethodischen Prinzipien und Verfahren sowie seine globalistischen, sich jeweils am Konstrukt einer ‚Native Speaker Competence' orientierten Lernzielen obsolet werden lassen, sondern sie wird auch die Abkehr von integrativ-kommunikativen Unterrichtskonzepten zugunsten einer stärkeren Hinwendung zu fertigkeitsbezogenen Teilkompetenzen bewirken.

[14] Gemeint ist die im schulischen und außerschulischen Bildungsbereich immer weiter ausgreifende differenzierte Beurteilung von fremdsprachlichen (Teil-)Kompetenzen auf der Grundlage der Referenzskalen des Gemeinsamen europäischen Referenzrahmens für Sprachen. Gemeint sind aber auch Ansätze zur Entwicklung von Standards für die Lehrerausbildung (vgl. z.B. Arbeitsgruppen beim Landesinstitut für Schule, Soest 2003).

Die wichtigsten Fragen, die auf der Grundlage einer solchen Neuorientierung zusätzlich gelöst werden müssen, sind aus meiner Sicht derzeit die beiden folgenden:

- die Frage nach der Entwicklung eines empirisch abgesicherten Kompetenzmodells, das die Ebenen der Wissens- und Kenntnisstände (z.B. bezüglich von Grammatikregeln) verbindet mit Kompetenz-, Fähigkeits- und Handlungsprofilen (z.B. bezüglich der Differenzierung nach den Fertigkeitsbereichen des Hör- und Leseverstehens sowie des mündlichen und schriftlichen Ausdrucks),
- die Frage nach der Findung und Begründung einer angemessenen Definition für die Operationalsierung des Begriffs ‚(Bildungs-)Standards' mit Blick auf die Entwicklung von ‚Mindest- bzw. Kernstandards'.

Hinzugefügt sei schließlich, dass die lebensweltliche Vielsprachigkeit in unseren Schulen immer nachhaltiger notwendig macht, Konzepte der Fremdsprachenlehrerausbildung grundsätzlich auf eine vermittlungsmethodische Kompetenz der Mehrsprachigkeit hin auszurichten[15], und zwar dergestalt, dass in den herkömmlichen Mehrsprachigkeitsbegriff, der sich ausschließlich aus dem Kanon der traditionellen Schulfremdsprachen herleitet (vgl. z.B. Meißner/Reinfried 1998), die lebensweltlich vorhandene Vielsprachigkeit systematisch integriert werden muss (vgl. Bausch/Helbig 2003).

Literaturangaben

Arbeitsgruppe beim Landesinstitut für Schule: *Standards für die Lehrerausbildung in Schule und Seminar.* Soest (mimeo).

Bausch, Karl-Richard/Christ, Herbert/Krumm, Hans-Jürgen (Hrsg.) (1992): *Die Ausbildung von Fremdsprachenlehrern: Gegenstand der Forschung.* Bochum: Universitätsverlag Brockmeyer.

Bausch, Karl-Richard (2001): „Zu Glanz und Elend der Mehrsprachigkeit in unserer Gesellschaft". In: Pleines, Jochen (Hrsg.): *Sprachenrat im mittleren Ruhrgebiet. Auftaktveranstaltung am 9. Mai 2001.* Bochum, 9-14.

Bausch, Karl-Richard (2002): „Plädoyer für eine Didaktik und Methodik der echten Mehrsprachigkeit". In. Bausch, Karl-Richard et al. (Hrsg.): *Neue curriculare und unterrichtsmethodische Ansätze und Prinzipien für das Lehren und Lernen fremder Sprachen. Arbeitspapier der 21. Frühjahrskonferenz zur Erforschung des Fremdsprachenunterrichts.* Tübingen: Narr, 26-32.

Bausch, Karl-Richard (2003): „Funktionen des Curriculums für das Lehren und Lernen fremder Sprachen". In: Bausch, Karl-Richard/Christ, Herbert/Krumm, Hans-Jürgen (2003): *Handbuch Fremdsprachenunterricht. Vierte, vollständig neu bearbeitete Auflage.* Tübingen: Francke, 111-116.

[15] Im Sinne der Trilinguismus-Deklaration der Europäischen Kommission ist hierbei die Kompetenz in drei Sprachen bzw. in einer Erstsprache und zwei weiteren (Fremd-)Sprachen gemeint (vgl. Europäische Kommission 1995).

Bausch, Karl-Richard/Helbig, Beate (2003): „Überlegungen zu einem integrativen Mehrsprachigkeitskonzept; 14 Thesen zum schulischen Fremdsprachenlernen". In: *Neusprachliche Mitteilungen* 3, 130-137.

Bulmahn, Edelgard et al. (18.02.2003): *Zur Entwicklung nationaler Bildungsstandards. Eine Expertise*. Berlin (mimeo).

Deutsche Gesellschaft für Fremdsprachenforschung (erscheint 2003): *Leitlinien für eine Reform der Fremdsprachenlehrerausbildung.* http://www.dgff.de/Reform%20Lehrerausbildung.pdf.

Europäische Kommission, Generaldirektion XXII (1995): *Lehren und Lernen: Auf dem Weg zur kognitiven Gesellschaft. Weißbuch zur allgemeinen und beruflichen Bildung.* Brüssel/Luxemburg.

Landesinstitut für Schule (Hrsg.) (erscheint 2003): *Kernlehrplan. Englischunterricht der Hauptschule, der Realschule, des Gymnasiums, der Gesamtschule*. Soest.

Meißner, Franz-Joseph/Reinfried, Marcus (Hrsg.) (1998): *Mehrsprachigkeitsdidaktik. Konzepte, Analysen, Lernerfahrungen mit romanischen Fremdsprachen.* Tübingen: Narr.

Sekretariat der Ständigen Konferenz der Kultusminister der Länder in der Bundesrepublik Deutschland (04.07.2003): *Bildungsstandards für die erste Fremdsprache (Englisch/Französisch). Entwurf.* Bonn (mimeo).

Lothar Bredella

Zum Verhältnis von Fachwissenschaft, Fachdidaktik und Unterrichtspraxis

1. Welche inhaltlichen Stärken und Schwächen sehen Sie in der aktuellen Fremdsprachenlehrerausbildung?

Der Abschlussbericht der von der Kulturministerkonferenz eingesetzten Kommission zu Perspektiven der Lehrerbildung in Deutschland betont, dass die verschiedenen Studienelemente aus Fachwissenschaft, Fachdidaktik, Erziehungswissenschaft und Schulpraktika ein Vorteil der bestehenden Lehrerbildung seien. Er fügt aber gleichzeitig hinzu, dass diese einzelnen Studienelemente stärker aufeinander bezogen werden müssen („Ende der Beliebigkeit") und dass sie sich an den Fähigkeiten und Kompetenzen, die später im Berufsfeld „Unterricht" benötigt werden, ausrichten sollen. Da der Abschlussbericht die Schwäche der gegenwärtigen Lehrerbildung darin sieht, dass die einzelnen Studienelemente unverbunden nebeneinander stehen, wird für die universitäre Phase das Folgende gefordert:

1. Erarbeitung eines Kerncurriculums Erziehungswissenschaften und der Fächer/Fachdidaktiken im Lehramtsstudium; Ende der Beliebigkeit für Lehrende und Lernende.
2. Verstärkung der Fachdidaktiken in Forschung und Lehre (Professuren für Fachdidaktik); Fachdidaktiken zu Schnittstellen von fachbezogener und pädagogisch-didaktischer Ausbildung machen (Terhart 2000, 20).

Sicherlich wird man der Forderung nach dem Ende der Beliebigkeit schnell zustimmen. Um jedoch vorschnelle Versprechungen zu verhindern, will ich in den nächsten zwei Teilen die Fragen nach dem Verhältnis von Theorie und Praxis sowie von Fachwissenschaft und Fachdidaktik etwas näher betrachten.

2. Zum Verhältnis von Theorie und Praxis

In dem bereits erwähnten Abschlussbericht der Kultusministerkonferenz wird gefordert, die Praxisferne des Studiums zu überwinden: „Die Konzentration auf Fachlichkeit behindere die didaktisch-methodische Qualifizierung, die Fachstudien der universitären Phase selbst seien nicht hinreichend an den Fachinhalten des Unterrichts orientiert, die Verwissenschaftlichung der Ausbildung führe zu einer beträchtlichen Praxisferne [...]" (ibid., 27). Diese Kritik ist sicherlich berechtigt, aber was bedeutet „Praxisferne"? Ist ein literaturwissenschaftliches Seminar, in dem literarische Texte gelesen werden, die die zukünftigen Lehrer möglicherweise nicht mit ihren Schülern lesen können, praxisfern? Ist ein fachdidaktisches Seminar, in dem verschiedene Lesetheorien diskutiert werden, praxisfern? Sind nur die Seminare, in denen gelehrt wird, was die zukünftigen Lehrer auch direkt anwenden können, praxisnah? In seinem Aufsatz „Literaturdidaktik im Spannungsfeld von Literaturwissenschaft, Schule und Bildungs- und Lerntheorien" betont Klaus-

Michael Bogdal, dass eine fachliche Verengung und die seit den 1960er Jahren geforderte Praxisorientierung nicht im Sinne der Didaktik ist: „Sie muss im Gegenteil an einer breiten, literaturhistorisch orientierten und zugleich methodisch innovativen, die ästhetischen Dimensionen ihres Gegenstandes umfassenden Ausbildung interessiert sein“ (Bogdal 2002, 14). Die Gefahr einer Verengung darf jedoch nicht dazu führen, die Frage nach der Relevanz der jeweiligen Veranstaltung für die Ausbildung der Lehramtsstudenten auszublenden, und man darf sich auch nicht mit sehr allgemeinen fachunspezifischen Schlüsselqualifikationen zufrieden geben, mit denen oft die Beliebigkeit von Lehrinhalten gerechtfertigt wird.

Für das Verhältnis von Theorie und Praxis muss zunächst die Frage geklärt werden, wie man sich die Beziehung zwischen beiden Bereichen vorstellt. Nach der in unserer Zeit vorherrschenden Auffassung ist Praxis der Ort, an dem das in der Theorie erworbene Wissen umgesetzt wird. Eine solche Auffassung ist an dem Modell der Technik bzw. der Produktion von Waren ausgerichtet. Man plant sorgfältig, um die adäquaten Mittel effizient für die Herstellung bestimmter Produkte einsetzen zu können. Dieses Modell von Theorie und Praxis führt in der Erziehung leicht zu der Klage, dass eine ‚fortschrittliche‘ Theorie nicht angemessen in der Praxis umgesetzt wird. Wie Werner Delanoy aufzeigt, kommt es dann zu gegenseitigen Vorwürfen zwischen Theorie und Praxis. Aus der Perspektive der ‚fortschrittlichen‘ Theorie erscheint die Praxis ‚rückständig‘, und aus der Perspektive der Praxis erscheint die ‚fortschrittliche‘ Theorie praxisfern, so dass den Referendaren an der Schule geraten wird, alles zu vergessen, was sie an der Universität gelernt haben (vgl. Delanoy 2002).

Eine ganz andere Auffassung von Theorie und Praxis tritt ins Blickfeld, wenn wir uns Entscheidungen und Handlungen im politischen, ethischen und ästhetischen Bereich zuwenden. Praxis ist dann nicht der Ort, an dem theoretisches Wissen zur Anwendung kommt, sondern an dem man sich um kreative Antworten für die Lösung komplexer Aufgaben bemüht.

Theorie kann aber auch als Ort begriffen werden, an dem man in Distanz zur Praxis bestimmte Phänomene erörtert, ohne unter dem Druck der Praxis zu stehen. Praxis wird dann als ein selbstständiger Bereich mit eigenen Gesetzen begriffen. Daher wird von hier aus die Forderung nach mehr Praxisrelevanz im Lehramtsstudium mit Skepsis betrachtet. Peter Vogel sieht in der gegenwärtigen Forderung nach mehr Praxis sogar die Gefahr eines Rückschritts:

> „Die aus der berechtigten Kritik an der bisherigen Lehrerbildung entspringende Forderung nach Praxisbezug, Berufsorientierung, Entwicklung von professioneller Kompetenz im universitären Lehramtsstudium birgt die Gefahr eines historischen Rückschritts im Hinblick auf die Möglichkeit der Rationalität und Reflexivität pädagogischen Handelns in der Schule.“ (Vogel 2002, 62)

Vogel sieht die Forderung nach mehr Praxisrelevanz aber nicht nur deshalb mit Skepsis, weil die Analyse von Praxis selbst ein Wert ist, sondern auch deshalb, weil die Universität nur bedingt praktische Fähigkeiten ausbilden kann:

> „Es ist fahrlässig oder unehrlich, wenn einzelne Lehrende an der Universität vorspiegeln, man könne berufliches Handeln an der Universität lernen, genauso wie es mindestens ein

> Selbstmissverständnis ist, wenn manche Praktiker behaupten, anspruchsvolles professionelles Handeln wäre auf wissenschaftliches Wissen nicht angewiesen“ (ibid., 65).

Vogel verdeutlicht seine Auffassung an einem Beispiel:

> „Im Studium der Schulpädagogik lernt man, dass es unterschiedliche Modelle zur Unterrichtsvorbereitung gibt; im Vergleich der Modelle stößt man auf die zugrunde liegenden Vorstellungen von Bildung, Lernen, Wissen usw. und lernt so, die Voraussetzungen der Modelle zu unterscheiden und zu bewerten – bis hin zu Problemen der Wissenschaftstheorie der Erziehungswissenschaft, also der Frage, wie die Erziehungswissenschaft überhaupt zu ihren Erkenntnissen kommt und was als Beweismittel für ‚Wahrheit' gilt“ (ibid., 64f.).

Eine solche Aufklärung ist noch nicht Praxis, aber schafft die Voraussetzung dafür, Praxis differenzierter zu sehen.

Die Auffassung, dass theoretisches Wissen in der Praxis unmittelbar umgesetzt werden soll, enthält paradoxerweise die Gefahr einer Überbewertung der Theorie und einer Unterbewertung der Praxis. In seinem Buch *Wissen und Können: Grundlagen der wissenschaftlichen Lehrerbildung* hat Frank-Olaf Radke aufgezeigt, dass wir so sehr von der Auffassung, dass Praxis Umsetzung von Wissen ist, geprägt sind, dass uns gar nicht auffällt, wie diese Auffassung das Eigenrecht der Praxis entwertet. Mit Hilfe der auf neuen soziologischen und psychologischen Erkenntnissen beruhenden Curricula sollten in den 1970er Jahren der Unterricht und letztlich auch die Gesellschaft modernisiert werden. Doch bald stellte sich heraus, dass diese Curricula in der Praxis nicht zu dem gewünschten Erfolg führten. Es wurde deshalb eine neue „Verwendungsforschung“ entwickelt, die erklären sollte, „wie das in einem Teilsystem der Gesellschaft, der Wissenschaft, erzeugte Wissen in ein anderes Teilsystem, z.B. in die Schule, übertragen – *transferiert* – werden kann“ (Radke 1996, 37). Dabei entdeckte man, dass man die Lehrenden selbst miteinbeziehen und deren Subjektivität berücksichtigen muss:

> „Den Reformern trat die ‚Subjektivität' der Handelnden als Herzustellende und als zu Überwindende zugleich entgegen, denn was auch immer wissenschaftlich geplant wurde, musste durch das Nadelöhr der Subjektivität und spätestens im Unterricht von einzelnen Subjekten im konkreten Vollzug ihrer alltäglichen Praxis kommunikativ realisiert werden“ (ibid., 39).

Das erscheint auf den ersten Blick wie eine Anerkennung der Praxis und der Subjektivität der Lehrenden; dem ist jedoch nicht so, denn man wendet sich ja nicht den Lehrenden zu, um von ihnen zu lernen, sondern nur, um sie dazu zu bringen, sich nicht mehr den ‚fortschrittlichen' Curricula entgegenzustellen, sondern sie bereitwillig umzusetzen. Die Theorie bzw. die Wissenschaft bleibt nach wie vor „eine Quelle ungetrübter Erkenntnis“ (ibid., 43), und „die (wissenschaftlich) selbstverständliche Annahme der höheren Rationalität (= Dignität) wissenschaftlichen Wissens" (ibid., 46) wird nicht angetastet. Diese Vormachtstellung der Theorie bleibt auch unangetastet, wenn gegenwärtig die Bedeutung der Schulpraktika mit dem Argument gerechtfertigt wird, dass Studierende auf ihre ‚rückständige' Praxis zurückfallen, wenn ihnen nicht im Praktikum die Gelegenheit gegeben wird, die ‚fortschrittlichen' Erkenntnisse der Theorie umzusetzen und anzuwenden.

Diese Kritik an der Theorie bedeutet nicht, dass sie für die Praxis irrelevant sei. Kein professionelles Handeln, sei es in der Medizin, in der Rechtsprechung oder im Lehrerberuf, kann in der Moderne ohne wissenschaftliches Wissen auskommen. Ulrich Oevermann betont nachdrücklich die Rolle wissenschaftlichen Wissens in der Praxis:

> „Professionalisiertes Handeln ist wesentlich der gesellschaftliche Ort der Vermittlung von Theorie und Praxis unter Bedingungen der verwissenschaftlichten Rationalität, das heißt unter Bedingungen der wissenschaftlich zu begründenden Problemlösung in der Praxis." (Oevermann 1996, 80)

Die Bedeutung der Theorie zeigt sich auch darin, dass zum menschlichen Handeln gehört, dass man es begründet: „Soziales Handeln ist prinzipiell, gleichsam als anthropologische Konstante, mit einem allen Menschen auferlegten ‚Sich-Rechtfertigen-Müssen' verbunden, sofern der Handelnde als Subjekt ernst genommen werden soll" (Radke 1996, 114). Was schon für das alltägliche Handeln gilt, gilt erst recht für professionelles Handeln. Lehrer müssen ihr Handeln sowohl vor Schülern als auch vor Eltern und Kollegen begründen:

> „‚Richtig' sind z.B. berufliche Handlungen dann, wenn sie sich – im Nachhinein – als von Konventionen der Profession gedeckt erweisen. Die nachträgliche Explikation und Rekonstruktion der sozialen Handlungsgrammatik stellt für den Handelnden den Versuch dar, die abgelaufenen Handlungen gegenüber relevanten Bezugspersonen zu plausibilisieren, d.h. als regelrecht und folgerichtig erscheinen zu lassen." (ibid.)

Eine solche Fähigkeit erfordert neben wissenschaftlichem Wissen interpretative Kompetenzen. Man kann den jeweiligen pädagogischen Einzelfall nicht einfach unter ein Deutungs- und Erklärungsschema subsumieren, sondern muss ihn im Wechselspiel von Allgemeinem und Besonderem im Sinne des hermeneutischen Zirkels deutend rekonstruieren. Helsper spricht hier von der Antinomie zwischen Subsumption versus Rekonstruktion, die er wie folgt beschreibt:

> „Die Spezifik des Einzelfalles lässt sich keiner abstrakten Regel und keinem technologisierbaren Procedere unterwerfen, sondern bedarf stets einer fallrekonstruktiven Komponente, in der verallgemeinerte Erklärungsmuster und theoretische Wissensbestände auf ihre Fallangemessenheit hin überprüft, revidiert und ausgelegt werden müssen. Hierin liegt die Grenze für jede eindimensionale Vorstellung einer ‚Verwissenschaftlichung' pädagogischen Handelns" (Helsper 1996, 532).

Für die Lehrerausbildung ist die Hinwendung zur Praxis notwendig, aber sie muss auch berücksichtigen, dass Theorien und Reflexionen über Praxis noch nicht selbst Praxis sind. Deshalb ist es für Dirk Rustemeyer wichtig, dass die universitäre Lehrerbildung „wissenschaftliche Kompetenzen nicht zugunsten einer vermeintlich praxisnahen Handlungsorientierung preisgibt" (Rustemeyer 2002, 92).

Die Neugestaltung der Lehrerbildung wird oft mit dem Hinweis auf die Entwicklung zur ‚Wissensgesellschaft' begründet. Der in dieser Begründung enthaltene Wissensbegriff ist jedoch problematisch, weil er das Wissen entwertet, wenn immer wieder betont wird, dass es binnen weniger Jahre veraltet sei, so dass man nur noch lernen solle, *wie* man lernt. Ganz abgesehen davon, dass das Wissen, das zum Sprachenlernen und Verstehen von Texten gehört, nicht binnen weniger Jahre veraltet, wird dieses Wissen in zwischenmenschlichen Beziehungen und in intensiven Auseinandersetzungen mit den jeweiligen

Gegenständen erworben und lässt sich nicht einfach nachschlagen. Rustemeyer weist auf diesen substanziellen Wissensbegriff hin, wenn er sagt:

> „Wissenserwerb hat eine zeitaufwendige, dialogisch-personengebundene, kommunikative Struktur, es zielt auf das Erfassen von Beziehungen und Zusammenhängen und integriert unterschiedliche, kognitive wie ästhetische Wahrnehmungsformen. Es ist nicht technisch substituierbar, und es geht nicht in der Inszenierung virtueller Lernumgebungen auf. Im Gegensatz zu einer vordergründigen Praxis- oder Handlungsorientierung ermöglicht es eine kognitive Distanzierung von Praxis und alltagsontologischen Plausibilitäten, es akzentuiert andere Möglichkeiten des scheinbar Selbstverständlichen und befähigt so zu einer argumentativen Bewertung von Handlungs- und Beschreibungsoptionen“ (ibid.).

Dem oberflächlichen Begriff des Wissens entspricht dann die Rolle des Lehrers als eines ‚Lernberaters'.

3. Zum Verhältnis von Fachwissenschaft und Fachdidaktik

Die vorherrschende Auffassung über das Verhältnis von Fachwissenschaft und Fachdidaktik besagt, dass die eine Wissen bereitstellt und die andere Methoden vermittelt, mit denen man ein Teil dieses Wissens an bestimmte Adressaten weitergeben kann. Aber es ist offensichtlich, dass Fremdsprachendidaktik nicht linguistisches und literaturwissenschaftliches Wissen für bestimmte Adressaten auswählt und dieses Wissen adressatengerecht verpackt, sondern dass ihre Aufgabe vielmehr darin besteht, dass Schüler die fremde Sprache sprechen und Texte verstehen lernen. Die Auffassung, dass Fachdidaktik fachwissenschaftliches Wissen vermittelt, ist auch deshalb fragwürdig, weil damit die Frage ausgeblendet wird, warum sich Schüler überhaupt mit diesem Wissen bzw. mit dem jeweiligen Gegenstand beschäftigen sollen. Peter Heintel hat schon vor Jahrzehnten diese Auffassung der Fachdidaktik als Vermittler fachwissenschaftlicher Erkenntnisse kritisiert, weil sie dazu führt, die Frage nach dem Bildungssinn zu ignorieren und Didaktik als „pädagogischen Aufputz"' zu verstehen:

> „Der ewige Dualismus von: hier Wissenschaft, dort pädagogischer Aufputz, hier Fachleute fürs eine, dort fürs andere ist problematisch, wenn nicht falsch und entspricht nur einer zeitgemäßen Trennung von Wissen und Bildung: der eine weiß viel, und der andere sagt ihm, wie es listig und effektiv an den Mann zu bringen ist.“ (Heintel 1972, 249)

Aufgabe der Fachdidaktik ist es nicht, vorgegebenes Wissen weiterzugeben, sondern vielmehr darauf zu achten, wie bestimmte Gegenstände in das Blickfeld und den Erfahrungshorizont der Lernenden gerückt werden, so dass sie bildungsrelevant werden und zur Entwicklung ihrer kognitiven, affektiven, imaginativen, sozialen und ethischen Fähigkeiten beitragen:

> „Nicht von außen sollen die pädagogischen Tricks einem Fach eingeimpft werden, sozusagen als notwendige Immunisierung gegen den schreienden Schüler- und Studentenhaufen, um seinen Sinn, seine gesellschaftliche Bedeutung, kurz seinen Zweck im Menschen sich zu verdeutlichen, ja diese Fragen überhaupt legitim zulassen zu können, muss die Wissenschaft, das Fach in seine eigene pädagogische bildungsmäßige Differenz treten. An ihren spezifischen Inhalten muss sie nachweisen, was ihre Aufgabe an der Menschenbildung jeweils ist oder sein kann, und es ist vergleichsweise eine sekundäre Aufgabe, wie sie dieses Wissen an den Mann bringt.“ (ibid., 244f.)

Für die Didaktik besteht aber nicht nur die Gefahr, dass sie auf die Vermittlung fachwissenschaftlicher Erkenntnisse reduziert wird, sondern auch die, dass sie sich von dem Gegenstand distanziert, um sich nur noch dem Lernenden zuzuwenden. In dem gerade erschienenen Buch *Didaktik – Das Kreuz mit der Vermittlung: elf Einsprüche gegen den didaktischen Betrieb* wirft Andreas Gruschka der Didaktik vor, dass sie in dem Bemühen, für den Lernenden Partei zu ergreifen, den Gegenstand verfälscht:

> „Mit ihrer Parteinahme für die Lernenden veränderten sie [die Didaktiker] unter der Hand das, was sie treuhänderisch lehren sollten. Sie bilden die falschen, nicht die richtigen Vorstellungen von der Sache" (Gruschka 2002, 111).

Für die gegenwärtige Didaktik sei die Vorstellung, dass Lehren und Lernen Spaß machen müsse, so bestimmend, dass die jeweilige Sache aus dem Blickfeld gerate:

> „Immer erscheint als verdächtig irrelevant, was Gegenstand des Unterrichts ist, im Gegenzug dazu wird vor allem bedeutsam, wie Schüler beschäftigt werden können, welche Einstimmung für sie gesucht werden soll und welche Hilfen für sie geschaffen werden müssen" (ibid., 329).

Da Didaktik den „anstrengungslosen Erfolg" verspricht, funktioniert sie nach „dem Modell von Kunden und Dienstleistern" (ibid., 347). In ähnlicher Weise, das sei hier kurz erwähnt, kritisiert Christoph Türcke die Didaktik. Nach seiner Auffassung glauben Didaktiker als professionelle Vermittler über Methoden zu verfügen, mit denen sie die Lernenden, unabhängig von der Sache, motivieren können. Damit gleiche die Didaktik der Reklame, der es ebenfalls nur darum gehe, angenehme Assoziationen für eine bestimmte Ware zu erzeugen (vgl. Türcke 1994, 21).

Gruschkas Kritik ist zugleich erhellend, weil sie eine Gefahr in der Didaktik aufzeigt, und problematisch, weil sie eine unzulängliche Form von Didaktik als das Wesen der Didaktik ausgibt. Damit ignoriert sie, dass für die Didaktik die Beziehung zwischen Gegenstand und Lernenden konstitutiv ist. Bei der Literaturdidaktik wird besonders deutlich, dass der Gegenstand nicht unabhängig vom Leser bzw. von den Lernenden besteht. Kinder, Jugendliche und Erwachsene lesen literarische Texte mit unterschiedlichen kognitiven, affektiven, imaginativen und sozialen Fähigkeiten und unterschiedlichen Interessen und Bedürfnissen. Insofern sind auch besonders psychologische Untersuchungen zum Lesen literarischer Texte für die Literaturdidaktik wichtig. Wenn es um die Begründung für die Lektüre literarischer Texte geht, ist auch zu bedenken, dass Schüler nicht vorrangig zu angehenden Literaturwissenschaftlern erzogen werden sollen, sondern zu Lesern, die sich von literarischen Texten ansprechen lassen und auf sie antworten. Daher ist es auch nicht überraschend, dass für die Literaturdidaktik Psychologie und Philosophie wichtig werden, weil sie nicht einen wissenschaftlich ausgerichteten Leser, sondern den Leser als Laien im Blickfeld haben. Bei den hier angedeuteten Überlegungen zum Verhältnis von Fachwissenschaft und Fachdidaktik muss jedoch berücksichtigt werden, dass es weder *die* Literaturwissenschaft noch *die* Literaturdidaktik gibt, sondern unterschiedliche Richtungen in ihnen, und dass es von diesen abhängt, wie sich jeweils die Beziehungen gestalten.

4. Derzeit werden unterschiedliche organisatorische und zeitliche Formate diskutiert, die bei der Reform der Lehrerausbildung zum Einsatz kommen sollen (z.B. gestufte Studiengänge usw.). Wie schätzen Sie diese Formate in ihrer Bedeutung für eine Verbesserung der Lehrerausbildung ein?

Einem gestuften Studiengang, bei dem zunächst nur Fachwissenschaft studiert wird, um dann in einem Aufbaustudiengang Fachdidaktik und Erziehungswissenschaft hinzuzufügen, liegt die hier kritisierte Auffassung von Didaktik als Vermittlung fachwissenschaftlicher Erkenntnisse zugrunde. Man studiert zunächst die Fachwissenschaften Linguistik und Literaturwissenschaft, um anschließend zu lernen, wie man Wissen aus ihnen auswählt und weitergibt. Aber auf diese Weise lernt man, wie ich aufgezeigt habe, weder Sprachen noch das Verstehen literarischer Texte. Ferner verhindert der gestufte Studiengang, dass Fachwissenschaft und Fachdidaktik in einen Dialog treten, weil die Begründung für ihn gerade darin besteht, dass das Studium in der ersten Phase nicht auf den Lehrerberuf ausgerichtet ist, um angeblich die Studierenden für unterschiedliche Berufsfelder zu qualifizieren.

5. Aus welchen Erkenntnissen der Erforschung des Lehrens und Lernens fremder Sprachen lassen sich, Ihrer Meinung nach, Vorschläge für eine Reform der Fremdsprachenlehrerausbildung ableiten bzw. wo liegen bereits Modelle vor?

Wie ich in Teil 1 aufgezeigt habe, kommt es darauf an, dass sich alle an der Fremdsprachenausbildung beteiligten Disziplinen – Fachwissenschaft, Fachdidaktik, Erziehungswissenschaften und Unterrichtspraxis – darauf besinnen, wie sie dazu beitragen können, dass zukünftige Lehrerinnen und Lehrer ihre Aufgabe möglichst erfolgreich erfüllen. Das bedeutet für Rumpf, dass Lehrerinnen und Lehrer so ausgebildet werden, dass sie in der Lage sind, „allen Widrigkeiten und Verwirrungen des Alltags zum Trotz – eine vitale Beziehung zur Sache und zur Nachdenklichkeit von Kindern und Anfängern aufrechtzuerhalten“ (Rumpf 2002, 57). Mit diesen Worten von Rumpf wird noch einmal betont, dass es der Fachdidaktik nicht in erster Linie darum gehen kann, fachwissenschaftliche Erkenntnisse zu vermitteln, sondern eine intensive Interaktion zwischen Gegenstand und Lernenden zustande zu bringen und zur Reflexion über Lern- und Verstehensprozesse anzuregen (vgl. Teil 3). Eine solche Zielsetzung macht ferner deutlich, dass Praxis nicht die möglichst effiziente Umsetzung theoretischer Erkenntnisse darstellt, sondern einen Raum, in dem Menschen miteinander interagieren, um Lösungen für Probleme und Konflikte zu finden. Insofern gleicht der Unterricht den Vorstellungen von Praxis im politischen, ethischen und ästhetischen Bereich. Praxis hat ihre eigenen Gesetze, was jedoch nicht ausschließt, dass sie in den Fachwissenschaften und Fachdidaktiken analysiert wird, und dass in diesen Vorschläge für die Praxis entworfen werden.

Literaturangaben

Bogdal, Klaus-Michael (2002): „Literaturdidaktik im Spannungsfeld von Literaturwissenschaft, Schule und Bildungs- und Lerntheorien“. In: Bogdal, Klaus-Michael/Korte,

Hermann (Hrsg.): *Grundzüge der Literaturdidaktik*. München: Deutscher Taschenbuch Verlag, 9-29.

Breidenstein, Georg/Helsper, Werner/Kötters-König, Catrin (Hrsg.) (2002): *Die Lehrerbildung der Zukunft – eine Streitschrift*. Opladen: Leske + Budrich.

Combe, Arno/Helsper, Werner (Hrsg.) (1996): *Pädagogische Professionalität*. Frankfurt a.M.: Suhrkamp.

Delanoy, Werner (2002): *Fremdsprachlicher Literaturunterricht: Theorie und Praxis als Dialog*. Tübingen: Narr.

Gruschka, Andreas (2002): *Didaktik. Das Kreuz mit der Vermittlung*. Wetzlar: Büchse der Pandora.

Heintel, Peter (1972): „Didaktik der Philosophie". In: Klein, Hans-Dieter/Oeser, Erhard (Hrsg.): *Geschichte und System. Festschrift für Erich Heintel zum 60. Geburtstag*. München: Oldenbourg, 234-252.

Helsper, Werner (1996): „Antinomien des Lehrerhandelns in modernisierten pädagogischen Kulturen. Paradoxe Verwendungsweisen von Autonomie und Selbstverantwortlichkeit". In: Combe/Helsper (Hrsg.), 521-569.

Oevermann, Ulrich (1996): „Theoretische Skizze einer revidierten Theorie professionalisierten Handelns". In: Combe/Helsper (Hrsg.), 70-182.

Radke, Frank-Olaf (1996): *Wissen und Können – Grundlagen der wissenschaftlichen Lehrerbildung*. Opladen: Leske + Budrich.

Rumpf, Horst (2002): „Verdorrende Wurzeln? Erinnerung an die lebensweltliche Mitgift des Lehrens und Lernens". In: Breidenstein/Helsper/Kötters-König (Hrsg.), 53-60.

Rustemeyer, Dirk (2002): „Neues Lehrerwissen in der ‚Wissensgesellschaft'?". In: Breidenstein/Helsper/Kötters-König (Hrsg.), 87-96.

Terhart, Ewald (Hrsg.) (2000): *Perspektiven der Lehrerbildung in Deutschland*. Weinheim: Beltz.

Türcke, Christoph (1994): *Vermittlung als Gott. Kritik des Didaktik-Kults*. 2. Aufl. Lüneburg: Zu Klampen.

Vogel, Peter (2002): „Die Grenzen der Berufsorientierung im Lehramtsstudium". In: Breidenstein/Helsper/Kötters-König (Hrsg.), 61-66.

Daniela Caspari

Dauerthema „Lehrerbildung" – jetzt doch ein Aufbruch zu grundlegenden Reformen?

1. Stärken und Schwächen der aktuellen Lehrerbildung in Deutschland

Während über die Schwächen der aktuellen Lehrerausbildung[1] in jüngster Zeit in der Fachöffentlichkeit (exemplarisch Zydatiß 1998, Königs 2001, Königs/Zöfgen 2002) wie in der breiteren Öffentlichkeit viel geschrieben und diskutiert wurde, scheinen die Stärken des Ausbildungssystems derzeit kaum wahrgenommen zu werden. Ein Grund hierfür mag darin liegen, dass sich einige der Stärken im internationalen Vergleich als Nachteil erweisen. Ein anderer, dass einige Stärken in der organisatorisch-praktischen Umsetzung in konkreten Studienarrangements kaum noch als solche erkennbar und wirksam werden. Ein dritter, dass diese Stärken nicht für alle Studierenden und Lehrenden gleichermaßen als solche begriffen und genutzt werden bzw. werden können.

Stärken der derzeitigen Lehrerbildung

Trotz dieser generellen Einschränkung betrachte ich folgende Prinzipien der aktuellen Lehrerbildung als Stärken:

1. das 2-Fächer-Prinzip

Auch wenn dies ein wesentlicher Grund für die vergleichsweise langen Studienzeiten ist, sollte an dieser deutschen Besonderheit m.E. festgehalten werden. Die Tatsache, dass die Lehrer an weiterführenden Schulen zwei Fächer unterrichten, ist nicht nur für die Unterrichtsorganisation von Vorteil. Auch viele Lehrer betrachten dies als angenehme, teilweise auch notwendige Abwechslung, vor allem wenn sich im Laufe des Berufslebens ihre Prioritäten verschieben. Außerdem empfinden es viele als besondere Chance, Schüler mit unterschiedlichen Inhalten auf unterschiedliche Weise ansprechen und kennen lernen zu können. Und nicht zuletzt bietet die Gelegenheit, in einer Klasse beide Fächer unterrichten zu können, nicht nur eine pädagogisch wünschenswerte höhere Kontaktzeit, sondern ebenfalls die Möglichkeit zu Fächer verbindendem Unterricht.

2. die Universität als Studienort

Auch wenn die in den meisten Bundesländern vollzogene Integration der Pädagogischen Hochschulen in die Universitäten keine reine Erfolgsgeschichte ist, so hat sie zumindest dazu beigetragen, dass Lehrerbildung heute allgemein als Aufgabe wissenschaftlicher Lehre und Forschung betrachtet wird. Gerade angesichts der zunehmenden Geschwindigkeit gesellschaftlicher wie fachlicher Veränderungen darf dieses

[1] Auch wenn es in diesem Beitrag in erster Linie um die Lehrerausbildung im Sinne der 1. und 2. Phase geht, bevorzuge ich im Folgenden den Begriff der „Lehrerbildung". Damit möchte ich auch terminologisch verdeutlichen, dass es sich hierbei um einen berufslebenslangen Prozess handelt und nicht um eine begrenzte Phase, die mit dem 2. Staatsexamen abgeschlossen ist.

Prinzip nicht leichtfertig zugunsten einer vermeintlich größeren „Praxisorientierung", wie sie z.B. von neu zu gründenden Fachhochschulen erwartet würde, aufgegeben werden. Für einen Verbleib der Lehrerbildung an den Universitäten spricht weiterhin, dass die Studierenden mit einem wissenschaftlichen Studienabschluss größere Chancen auf dem außerschulischen Arbeitsmarkt haben und dass sie die Gelegenheit bekommen, relativ frei inhaltliche Schwerpunkte zu setzen und selbständig zu arbeiten.

3. **die studienbegleitende erziehungswissenschaftliche und fachdidaktische Ausbildung**

   Auch wenn gestufte Studiengänge mit einer ersten ausschließlich fachwissenschaftlich ausgerichteten Phase den meisten ausländischen Ausbildungsmodellen und den Wünschen vieler philologischer Fachwissenschaftler eher entsprechen würden, sollte die frühzeitige Integration der erziehungswissenschaftlichen und fachdidaktischen Ausbildungsanteile in das Fachstudium unbedingt beibehalten werden. Nur so können die von den Studierenden mitgebrachten äußerst wirkmächtigen „subjektiven Theorien" über Lernen, Lehren und Lerngegenstände frühzeitig bewusst gemacht und durch wissenschaftliche Theorien allmählich erweitert, ergänzt und korrigiert werden. Und nur so können die Studierenden frühzeitig fundierte schul- und unterrichtsbezogene Fragestellungen an ihre Studienfächer entwickeln.

4. **die Verantwortung unterschiedlicher Institutionen für die verschiedenen Phasen der Lehrerbildung**

   Auch wenn dieses Prinzip vielfach Reibungsverluste und Kompetenzgerangel provoziert, bietet es die Chance, dass Studierende nicht frühzeitig auf bestimmte Inhalte und Arbeitsweisen festgelegt werden. Stattdessen können (angehende) Lehrer unterschiedliche inhaltliche Schwerpunktsetzungen und unterschiedliche Sichtweisen auf Schule und Unterricht kennen lernen und für sich nutzen.

Schwächen der derzeitigen Lehrerbildung

Wie oben ausgeführt, können sich diese prinzipiellen Stärken je nach Umsetzung in konkrete Studienstrukturen, Erwartungshaltung der Beteiligten oder Bewertungsmaßstab grundsätzlich in Schwächen verwandeln. Auch bei den anderen Schwächen lassen sich, wie schon bei den Stärken, Schwächen inhaltlicher Natur nicht systematisch von anderen, z.B. organisatorischer, institutioneller oder persönlicher Art, trennen.

Für mich lassen sich viele der Schwächen der Lehrerbildung, die ich aus eigener Anschauung aus den Bundesländern NRW, Niedersachsen, Berlin und Hessen kenne, zu zwei Problembereichen zusammenfassen: dem Problem mangelnder Kooperation bzw. Abstimmung und dem Problem mangelnder Professionalität.

Die mangelnde, teilweise sogar fehlende Kooperation wird auf verschiedenen Ebenen sichtbar und wirksam:

- **zwischen den Bundesländern.** Hier behindern die sehr unterschiedlichen Studien- und Ausbildungsordnungen die berufliche und private Mobilität der Studierenden. Erschwerend kommt hinzu, dass die Anerkennung bereits erbrachter Studien- bzw. Referendariatsleistungen oft nicht besonders großzügig gehandhabt wird.

- **zwischen der 1., 2. und 3. Phase der Ausbildung.** Obwohl sich die Erkenntnis vom berufslebenslangen Lernen inzwischen weitgehend durchgesetzt hat, gibt es in der Praxis bisher kaum systematische Ansätze, die verschiedenen Aufgaben- und Lernbereiche und Lernformen den verschiedenen Phasen zuzuordnen. Eine darüber hinausgehende inhaltliche „Feinabstimmung“ fehlt m.W. noch völlig. Oft sind den einzelnen Institutionen selbst die gegenseitigen Erwartungen weitgehend unbekannt oder sie werden sogar ignoriert.
- **zwischen Universität und Prüfungsamt.** Bereits der Vergleich der Studienordnungen und Vorlesungsverzeichnisse mit den entsprechenden Prüfungsordnungen gibt einen Eindruck von den unterschiedlichen, teilweise widersprüchlichen Vorstellungen der beiden Institutionen.
- **zwischen Universität und Schulen.** Obwohl Schul- und Unterrichtspraktika in den Studienordnungen vorgesehen sind, gibt es immer wieder Schwierigkeiten, aufnahmebereite Schulen zu finden. Außerdem haben viele Praktikanten Mühe, Lehrer zu finden, die sie hospitieren und unterrichten lassen.
- **zwischen den einzelnen Fächern und Teilgebieten innerhalb des Studiums.** Das unterschiedliche Selbstverständnis der am Lehramtsstudium beteiligten Fächer führt noch immer zu einer Zersplitterung der Fächer und Inhalte, wobei es den Studierenden weitgehend selbst überlassen bleibt, die notwendige Integrationsleistung zu erbringen.

Die mangelnde Kooperation der verschiedenen Partner dürfte ein wichtiger Grund für die lange Dauer des Studiums und die hohe Abbruchquote sein.

Sie dürfte ebenfalls Ausdruck des zweiten Problembereiches sein, der mangelnden Professionalität der Lehrerbildung. Auch wenn nach wie vor umstritten ist, wie pädagogische Professionalität in institutionalisierten Kontexten angebahnt bzw. ausgebildet werden kann (zur Zusammenfassung der Professionalisierungsdiskussion Terhart 1995), dürfte eine in ihren Zielsetzungen, Strukturen und Elementen aufeinander abgestimmte und für den Studierenden bzw. Referendar transparente Ausbildung Voraussetzung dafür sein, dass er die notwendige Analyse- und (Selbst-)Reflexionsfähigkeit ausbilden und Autonomie gewinnen kann. Zur Konzeption und Einrichtung einer solchen Ausbildung gehört u.a., dass die Universitäten, Fachbereiche und Institute sich explizit auch als Ausbildungsstätten verstehen, dass sich die einzelnen Fächer über Zielkonzepte und Ausbildungsinhalte verständigen und dass die verschiedenen Inhalte und Methoden sowie die Theorie- und Praxisanteile besser miteinander verzahnt werden. Im Bereich der 2. und 3. Phase wäre für eine stärkere Professionalisierung u.a. eine spezifische Aus- und Fortbildung zu fordern, ggf. unter Einbeziehung (kollegialer) Supervision.

2. Einschätzung neuer Formate in der Lehrerbildung

Da in der gegenwärtigen Diskussion um die Lehrerbildung wenig grundsätzlich Neues zu Tage tritt und stattdessen im Wesentlichen altbekannte, schon seit 30 Jahren erhobene Forderungen aufgestellt werden (vgl. Königs 2002, 23), können die neuen Formate eine

Art „heilsamen Zwang“ bedeuten, die Dauer-Reform-Diskussion endlich in konkrete Veränderungen münden zu lassen.

Die zurzeit in der Entstehung bzw. Erprobung befindlichen gestuften Studiengänge bieten dafür m.E. folgende Chancen:

- Indem der Auftrag zur Lehrerbildung als abnehmer- und zielbezogener Ausbildungsauftrag formuliert wird, werden die Institute und Fachbereiche dazu gezwungen, sich mit ihrem Selbstverständnis auseinanderzusetzen.
- Da der Beitrag der Universität als erste Phase eines berufslebenslangen Lernprozesses angesehen wird, wird von den Instituten bzw. Fachbereichen ebenfalls erwartet, dass sie sich inhaltlich und organisatorisch konkret mit der 2. (und 3.) Ausbildungsphase absprechen.
- Um dies leisten zu können, müssen die Institute und Fachbereiche eine inhaltliche Diskussion über die anzustrebenden Abschlussqualifikationen führen und die dafür notwendigen Ziele und Gegenstände der Lehrerbildung benennen.
- Die Modularisierung der Ausbildungsinhalte bietet darüber hinaus die Chance, dass die einzelnen Fächer und Fachrichtungen ihre Lehrveranstaltungen besser miteinander verzahnen. Außerdem kann durch die Anmeldung zu mehrsemestrigen Modulen der Grad der Verbindlichkeit für die Studierenden wachsen.
- Diese höhere Verbindlichkeit kann zusammen mit den studienbegleitenden Prüfungen dazu führen, dass die tatsächliche Studiendauer deutlich sinken wird. In Berlin z.B. absolvieren viele Studierende die notwendigen „Scheine“ in der von den Studienordnungen vorgesehenen Zeit, sie lassen sich anschließend für die Prüfungsphase incl. Vorbereitung aber oft zwei bis drei Jahre Zeit.
- Auch wenn der Effekt der angestrebten Internationalisierung eher gering sein dürfte (vgl. Königs 2002, 28), so dürfte die Bereitschaft der Studierenden zu Auslandsaufenthalten aufgrund der leichteren Anrechenbarkeit von dort erworbenen Studienleistungen deutlich zunehmen.

Angesichts meiner derzeitigen Erfahrungen in einer der Kommissionen zur Studienreform in Berlin sehe ich aber, dass diese Chancen von den an der Lehrerbildung beteiligten Institutionen und Personen ganz bewusst ergriffen werden müssen. Ansonsten besteht weiterhin die Gefahr, dass die bildungspolitischen Vorgaben verwässert oder ignoriert werden, mit dem Ziel, dass alles weitgehend beim Alten bleibt (vgl. auch den Beitrag von Zydatiß in diesem Band).

Diese Beharrungstendenzen dürften vielfältige Ursachen haben, nicht zuletzt die, dass das Berliner Reformvorhaben unter einem enormen Zeitdruck steht. Des Weiteren dürfte der finanzpolitisch ungünstige Zeitpunkt hemmen, denn eine Aufhebung der zurzeit geltenden polyvalenten Struktur (für alle Studiengänge werden prinzipiell die gleichen fachwissenschaftlichen Lehrveranstaltungen angeboten) zugunsten zumindest einiger spezifischer „Lehramts-Lehrveranstaltungen“ in den Fachwissenschaften würde erhebliche zusätzliche Kosten verursachen. Auch in den anderen Bundesländern bleibt abzuwarten, wie die Reformen letztlich in die Praxis umgesetzt und ob sie tatsächlich die angestrebte inhaltliche Verbesserung des Lehramtsstudiums bewirken werden.

Einen sinnvollen Ansatzpunkt für eine weniger aufwändige Verbesserung der Lehramtsstudiengänge stellen m.E. die in den einzelnen Bundesländern höchst unterschiedlich gehandhabten Schul- und Unterrichtspraktika dar. Diese Veranstaltungen sind zumeist der einzige institutionalisierte Theorie-Praxis-Kontakt für die Studierenden innerhalb ihres Studiums und sie werden von ihnen dementsprechend hoch geschätzt, vor allem zur Überprüfung des Berufswunsches und zur ersten Erprobung der Lehrerrolle. Dagegen wird das Potenzial dieser Studienelemente in Hinblick auf die gezielte Anbahnung fachspezifischer Lehr- und Lernkompetenzen bislang viel zu wenig genutzt (vgl. auch Gabel 1997). Daher plädiere ich in der Fremdsprachendidaktik für eine verstärkte Beachtung dieser Studienelemente, sowohl in Form einer institutionenübergreifenden Diskussion über Stellenwert, Zielsetzungen, Formen und Evaluationsmöglichkeiten dieses Ausbildungsabschnittes als auch in Form von empirisch begleiteten Versuchen einer Neukonzeption (wie z.B. in Schocker-v. Ditfurth 2001). Wie das Gießener elektronische Praktikum für DaF-Studierende (vgl. Rösler 2001) und verschiedene Ansätze zur Einbeziehung der Praxis in Forschungs- und Lehrkontexte (vgl. Legutke 2000) zeigen, könnte eine solche Diskussion und Erprobung auch zu ganz neuen Formen und Formaten des institutionalisierten Theorie-Praxis-Kontaktes führen.

Von ganz anderer Seite erhält die Diskussion um die Reform der Lehrerbildung eine neue Dringlichkeit, und zwar von den zurzeit in einigen Bundesländern erarbeiteten neuen Lehrplänen (z.B. NRW und Berlin). Der derzeitige Trend zu Kernlehrplänen mit Regel- bzw. Mindeststandards eröffnet den Kollegien und dem einzelnen Unterrichtenden ganz neue Freiheiten – er gibt ihnen aber auch eine ganz neue Verantwortung und verlangt in der Umsetzung von den Fachlehrern ganz neue Kompetenzen. Dazu gehört z.B., dass sie über eine Konkretisierung der Standards für ihre Schule und für ihre Schüler kollegial entscheiden können, dass sie die Erreichung dieser Standards durch fertigkeitenorientierte Vergleichsarbeiten und Leistungsüberprüfungen sicherstellen können, dass sie die Themen, Inhalte und sprachlichen Mittel, die zur Realisierung von Standards sinnvoll sind, kennen und zuordnen können und dass sie über die unterrichtsmethodischen Kompetenzen zur Realisierung eines prozessorientierten Fremdsprachenunterrichts verfügen. Die Chancen auf eine tiefgreifende Reform des Fremdsprachenunterrichts, die mit den sehr weitgehenden neuen Freiheiten verbunden sind, können m.E. nur dann genutzt werden, wenn in allen Phasen der Lehrerbildung zielgerichtet und konsequent auf eine stärkere Professionalisierung und Eigenverantwortung der Lehrkräfte hingearbeitet wird.

3. Vorschläge für eine Reform der Fremdsprachenlehrerbildung aus Erkenntnissen der Erforschung des Lehrens und Lernens fremder Sprachen

Die m.E. bedeutendsten Ansätze für eine Reform der Fremdsprachenlehrerausbildung finden sich in folgenden drei Forschungsbereichen:

1. in den empirischen und konzeptionellen Forschungen zum Lehrerlernen im weiteren Sinn
2. in den Forschungen zur Mehrsprachigkeit bzw. Mehrsprachigkeitsdidaktik
3. im Bereich der neuen Technologien.

Forschungen zum Lehrerlernen

Am weitesten entwickelt sind die Forschungen zum Lernen von Lehrern. Hier ist ab Mitte der 90er Jahre auch im deutschsprachigen Raum ein erfreuliches Anwachsen der Forschungsaktivitäten zu beobachten. Hierbei wurden mit personenzentrierten, qualitativen Forschungsverfahren wesentliche Voraussetzungen in diesem Bereich erforscht. Beispielhaft seien hier die Arbeit von Appel (2000) zum persönlichen beruflichen Wissen von Englischlehrern genannt, die berufsbiografische Untersuchung von Dirks (2000) zu Professionalisierungsprozessen von Englischlehrern in den neuen Bundesländern und die Untersuchung zum beruflichen Selbstverständnis von Fremdsprachenlehrern von Caspari (2003). Die Ergebnisse dieser Arbeiten belegen, dass es sich beim Wissen, bei den Einstellungen und Annahmen von Fremdsprachenlehrern um hoch komplexe subjektive Theorien handelt, deren Inhalte innerhalb der Berufsgruppe nur teilweise geteilt werden. Zum größeren Teil bestehen sie aus höchst individuellen Konstrukten, die in hohem Maße durch das eigene Lernen als Schüler und durch Auslandsaufenthalte geprägt wurden. Außerdem liegt mit der Arbeit von Duxa (2001) eine qualitative Langzeitstudie zum Lernen in und durch Fortbildungsveranstaltungen vor.

All diese Arbeiten fundieren und bestätigen das Konzept der reflexiven Lehrerbildung (vgl. Wallace 1991). Es legt einen spiralförmigen Lernprozess zugrunde und sucht die mitgebrachten subjektiven Erfahrungen und Überzeugungen (angehender) Lehrer durch theoretischen und praktischen Input und eine entsprechende Erprobung in der Praxis zu revidieren bzw. zu fundieren und zu erweitern. Dieses Konzept geht einher mit einem grundlegenden Perspektivenwechsel in Bezug auf die Lehrerbildung: weg vom „teacher-training“ hin zum „teacher development“ bzw. zum „personal growth“.

Bis jetzt existieren eine Reihe von – zumeist nicht speziell für den Fremdsprachenbereich entwickelten – Verfahren, wie einzelne Teile dieses Konzepts in der Lehreraus-, -fort- und -weiterbildung realisiert werden können. Außerdem wurden eine Reihe von Überlegungen zur Revision herkömmlicher Aus- und Fortbildungsformen angestellt. Leider liegt in der Fremdsprachendidaktik/Sprachlehrforschung bislang erst eine größere Untersuchung vor, die die Wirkung eines entsprechend konzipierten Ausbildungskonzeptes auch empirisch überprüft (Schocker-v. Ditfurth 2001).

Forschungen zur Mehrsprachigkeit bzw. Mehrsprachigkeitsdidaktik

Auch die Forschungen zur Mehrsprachigkeit bzw. Mehrsprachigkeitsdidaktik enthalten m.E. wichtige Anstöße für die Reform der Fremdsprachenlehrerausbildung (vgl. Meißner 2001). Zunächst erhält die alte Forderung, dass jeder Studierende im Verlauf seines Studiums eine weitere Fremdsprache erlernen sollte, eine neue Begründung und Perspektive: Einerseits eröffnet die Dokumentation und Reflexion des eigenen Lernprozesses die Möglichkeit, gezielt zentrale Erkenntnisse der Fremdsprachenlehr- und -lernforschung auf sich selbst anzuwenden und somit theoretisch fundiertes Erfahrungswissen aufzubauen. Dieses Wissen dürfte vor allem im Bereich der Strategien/Lerntechniken sowie im Bereich Sprachbewusstheit und Sprachlernbewusstheit weit über das zumeist unbewusste und wenig entwickelte Wissen aus dem schulischen Fremdsprachenlernen hinausgehen.

Bei diesem Lernen müssten ebenfalls neue Formen der Lern- und Leistungsdokumentation wie z.B. das Portfolio selbst erlebt und erprobt werden können.

Andererseits ermöglicht der Erwerb von Kompetenzen in einer oder mehreren weiteren Sprachen sowie im Bereich DaF, dass die Studierenden das herkömmliche Fächerdenken überwinden und sich statt als Englisch-, Französisch- oder Russischlehrer zunehmend als Fremdsprachenlehrer bzw. Sprachenlehrer zu definieren – eine wichtige Voraussetzung für die Stärkung und Umsetzung der Ansätze zur Mehrsprachigkeitsdidaktik in der Schule.

Außerdem unterstützt der Mehrsprachigkeitsgedanke als Leitziel nicht nur die Forderung nach lebenslangem Lernen – auch für die Lehrenden. Er unterstreicht gleichfalls die Notwendigkeit, dass der Fremdsprachenunterricht in Theorie, Ausbildung und Praxis die vorhandene Mehrsprachigkeit in den Klassen besser berücksichtigt.

Forschungen zum Einsatz neuer Technologien

Die neuen Technologien bieten ebenfalls zahlreiche Anstöße für Veränderungen im Bereich der Fremdsprachenlehrerausbildung (vgl. Rösler 2001, Wolff 2001). Dabei handelt es sich zum einen um ihre Nutzung in der sprachpraktischen Ausbildung, z.B. in E-Mail-Projekten, E-Mail-Tandems oder bei der Recherche von landeskundlichen Informationen im Internet. Zum anderen sind die neuen Technologien Gegenstand des fremdsprachendidaktischen Studiums, z.B. wenn es gilt, den Nutzen bestimmter Lernsoftware oder bestimmter Lernformen wie z.B. Videoprojekten oder elektronischer Klassenkorrespondenzen zu beurteilen. Als Drittes werden die neuen Medien bereits im Studium als reflektiert angewandtes Werkzeug immer wichtiger.

Wie die Beispiele andeuten, bieten die neuen Technologien ebenfalls die Möglichkeit, weitere Ansätze der Lehrerbildung medial zu unterstützen. Dabei denke ich z.B. an Ansätze, für Lehrer aus verschiedenen Ausbildungsphasen gemeinsame Veranstaltungen anzubieten, um Kontakte zu schaffen und Synergieeffekte zu nutzen (vgl. Legutke 2000), oder an Fernstudienprojekte, die eine flexible Weiterqualifizierung ermöglichen (vgl. den Fern-/Kontaktstudiengang „Didaktik des frühen Fremdsprachenlernens“ an der PH Freiburg). Nicht zuletzt könnten durch eine gezielte Nutzung der neuen Technologien Ansätze zur Internationalisierung des Studiums (wie z.B. die Ausbildung zum Europalehrer an der PH Freiburg oder Austauschprojekte im Studium und Referendariat) sowie die Ausbildung für das Sachfach in einer Fremdsprache („BiLi“) wirkungsvoll erweitert und unterstützt werden.

Wie diese Überlegungen zeigen, liegt eine Reihe von aktuellen Ansätzen und Konzepten vor, wie die Fremdsprachenlehrerbildung wirkungsvoll weiterentwickelt werden könnte. Daher ist es umso dringlicher, dass die seit 30 Jahren erhobenen Forderungen in der gegenwärtigen Diskussionsrunde zur Lehrerbildung endlich umgesetzt werden – als Basis für weitergehende Reformen.

Literaturangaben

Appel, Joachim (2000): *Erfahrungswissen und Fremdsprachendidaktik*. München: Langenscheidt-Longman.

Caspari, Daniela (2003): *Fremdsprachenlehrerinnen und Fremdsprachenlehrer. Studien zu ihrem beruflichen Selbstverständnis*. Tübingen: Narr.

Dirks, Una (2000): *Wie werden EnglischlehrerInnen professionell? Eine berufsbiografische Untersuchung in den neuen Bundesländern*. Münster: Waxmann.

Duxa, Susanne (2001): *Fortbildungsveranstaltungen für DaZ-Kursleiter in der Weiterbildung und ihre Wirkungen auf das professionelle Selbst der Lehrenden*. Regensburg: Fachverband Deutsch als Fremdsprache.

Gabel, Petra (1997): *Lehren und Lernen im Fachpraktikum Englisch. Wunsch und Wirklichkeit*. Tübingen: Narr.

Königs, Frank G. (Hrsg.) (2001): *Impulse aus der Sprachlehrforschung. Marburger Vorträge zur Ausbildung von Fremdsprachenlehrerinnen und -lehrern*. Tübingen: Narr.

Königs, Frank G. (2002): „Sackgasse oder Verkehrsplanung? Perspektiven für die Ausbildung von Fremdsprachenlehrern." In: *Fremdsprachen Lehren und Lernen (FLuL)* 31, 22-41.

Königs, Frank G./Zöfgen, Eckhard (Koord.) (2002): „Lehrerausbildung in der Diskussion" (=*Fremdsprachen Lehren und Lernen (FLuL)* 31). Tübingen: Narr.

Legutke, Michael (2000): „Interaktivität in computergestützten Lehr-/Lernumgebungen für zukünftige Englischlehrkräfte. Anmerkungen zu einem laufenden Forschungsprojekt." In: Bausch, Karl-Richard/Christ, Herbert/Königs, Frank G./Krumm, Hans-Jürgen (Hrsg.): *Interaktion. Arbeitspapiere der 20. Frühjahrskonferenz zur Erforschung des Fremdsprachenunterrichts*. Tübingen: Narr, 139-147.

Meißner, Franz-Joseph (2001): „Mehrsprachigkeitsdidaktik im Studium von Lehrenden fremder Sprachen." In: Königs (Hrsg.), 111-130.

Rösler, Dietmar (2001): „Fachwissen, Neue Medien und Projektarbeit in der Ausbildung von Fremdsprachenlehrern – Impulse aus dem Fach Deutsch als Fremdsprache." In: Königs (Hrsg.), 79-92.

Schocker-v. Ditfurth, Marita (2001): *Forschendes Lernen in der fremdsprachlichen Lehrerbildung: Grundlagen, Erfahrungen, Perspektiven*. Tübingen: Narr.

Terhart, Ewald (1995): „Lehrerprofessionalität." In: Rolff, Hans-Guenter (Hrsg.): *Zukunftsfelder von Schulforschung*. Weinheim: Deutscher Studien Verlag, 225-266.

Wallace, Michael J. (1991): *Training foreign language teachers. A reflective approach*. Cambridge: Cambridge University Press.

Wolff, Dieter (2001): „Neue Technologien und die Ausbildung von Fremdsprachenlehrern." In: Königs (Hrsg.), 59-78.

Zydatiß, Wolfgang (Hrsg.) (1998): *Fremdsprachen-Lehrerausbildung: Reform oder Konkurs?* München: Langenscheidt.

Herbert Christ

Fremdsprachenlehrerausbildung im Umbruch

1. An Stelle einer Einleitung: Mehrfacher Umbruch und wachsende Vielfalt der Ausbildungsbedürfnisse

Fremdsprachenlehrern steht heute – anders als in den vergangenen Jahrzehnten – ein *Arbeitsmarkt* offen. Die Ausbildung hat daher Aussicht, nachhaltig auf die Praxis des Fremdsprachenunterrichts einzuwirken, was jahrzehntelang nur bedingt der Fall war. Der Arbeitsmarkt selbst ist aber in einem raschen Wandel begriffen, und dies hat Rückwirkungen auf die konkreten Anforderungen an die Ausbildung.[1]

Der *Fremdsprachenunterricht* ist in neue Dimensionen hineingewachsen; er ist horizontal und vertikal, synchron und diachron in bislang unbekannter Form vernetzt (H. Christ 2002). In den „Überlegungen zu einem Grundkonzept für den Fremdsprachenunterricht", die von der KMK zu einem Beschluss erhoben worden sind (Sekretariat 1994, 3-6), werden folgende „Merkmale und Problemfragen" genannt, die die Entwicklung des Fremdsprachenunterrichts im *vergangenen* Jahrzehnt betreffen: Fremdsprachenunterricht in Grundschulen, bilingualer Unterricht namentlich in Sekundarschulen, Fremdsprachenunterricht in beruflichen Schulen, muttersprachlicher Unterricht („Herkunftssprachenunterricht") für Kinder von Migranten und dessen notwendige Integration in den allgemeinen Unterricht, Lernziel Mehrsprachigkeit, Lernziel interkulturelle Kompetenz, Vorbereitung auf lebensbegleitendes Lernen (s. dazu auch I. Christ 2002, 43-44).

Diese Liste ist aus heutiger Sicht zu erweitern. Vor allem muss der Fremdsprachenunterricht in Hochschulen und in der Weiterbildung berücksichtigt werden (Stichwort: Organisation des lebensbegleitenden Lernens, Lernen für den Beruf). Das selbst bestimmte Lernen, das Nebeneinander von Selbst- und von Fremdkontrolle (z.B. in der Arbeit mit dem Europäischen Portfolio der Sprachen und mit neuen Formen der Überprüfung und Zertifizierung), grenzüberschreitendes Lernen in der persönlichen Begegnung und mit Hilfe der Telekommunikation, Lernen im Tandem dürfen nicht vergessen werden, weil sie das Lehren und Lernen von Fremdsprachen heute wirksam mitbestimmen. *Fazit: Die Ausbildung von Fremdsprachenlehrern muss die neuen Dimensionen des Fremdsprachenunterrichts zur Kenntnis nehmen und berücksichtigen und der Vielfalt der Ausbildungsbedürfnisse Rechnung tragen.*

Die *Bildungseinrichtungen* (Schulen, Hochschulen und Stätten der Weiterbildung) sind in einem strukturellen Wandel begriffen. Die vielerorts angestrebte „Autonomie der Schule" wird eine Profilierung der einzelnen Schulen zur Folge haben (Stichwort: Schulprogramme). Parallele Entwicklungen im Hochschulbereich sind im Gange. Alle Bildungseinrichtungen sind zudem aufgefordert, sich um Qualitätsentwicklung und Qualitätssiche-

[1] Nur einige Beispiele: In Grundschulen werden Fremdsprachen von der ersten und an anderen Orten von der dritten Klasse an unterrichtet. Gymnasiallehrer werden künftig allgemein nur noch 8 Jahrgänge unterrichten usw.

rung zu bemühen (von der Handt 2003). Zu diesem Zweck wird von staatlicher Seite der Versuch gemacht, Bildungsstandards für bestimmte Fächer und bestimmte Jahrgangsstufen zu definieren und ferner so genannte Kerncurricula auszuarbeiten, die die in Aussicht gestellte Autonomie massiv einschränken, wenn nicht gar aufheben. Auch diese Entwicklungen haben Auswirkungen auf den Fremdsprachenunterricht. *Fazit: Die Wandlungen der Bildungseinrichtungen – angestrebte Autonomie und wachsende staatliche Einflussnahme – müssen in der Ausbildung Berücksichtigung finden.*

Diese Bemerkungen machen deutlich, dass Studierende für einen künftigen Fremdsprachenunterricht ausgebildet werden müssen, den sie selbst in ihrer (noch gar nicht so lange zurückliegenden) Schulzeit *nicht* erlebt haben und während ihrer Ausbildung in der Hochschule und im Studienseminar vermutlich auch nur ansatzweise erleben.

Einen weiteren Umbruch produziert die *Lehrerausbildung in der ersten Phase* selbst, indem sie – nicht aus eigenem Antrieb, sondern vom Staat gedrängt und gelenkt (Stichwort: Bologna-Prozess) – neue Formate der Ausbildung erprobt bzw. erproben muss, die zu den alten in eine ungleiche Konkurrenz treten: Sie tragen das Merkmal der Erprobung und damit der Vorläufigkeit (niemand weiß, ob sie nicht binnen kurzem wieder aufgegeben werden müssen), aber sie können sich derzeit im warmen Licht ministerieller Gunst entwickeln.

Konkurrenz in der Fremdsprachenlehrerausbildung ist an sich nichts Ungewöhnliches – es gab sie lange Zeit und es gibt sie zwischen Universitäten und Pädagogischen Hochschulen auch heute. Im Augenblick zeichnet sich aber ab, dass die Ausbildung von Ausbildungsstätte zu Ausbildungsstätte unterschiedlicher sein wird als bisher. Dies muss sich für die Studierenden und die Bildungseinrichtungen nicht negativ auswirken – es könnte sogar ein interessanter Wettbewerb entstehen, der sich letztendlich in einem konkurrierenden Absolventenmarketing auswirkte. Aber auf Vergleichbarkeit und Kompatibilität muss geachtet werden. *Fazit: Bei der Entwicklung neuer Formate der Ausbildung muss – mit Blick auf die Auszubildenden und auf die aufnehmenden Einrichtungen – auf Kompatibilität mit anderen (z.B. herkömmlichen) Ausbildungsformaten geachtet werden.*

Ein fernerhin in dieser Einleitung anzusprechendes Thema ist die *Vielfalt der lehramtsspezifischen und der individuellen Studiengänge*. Künftige Grundschullehrer, Realschullehrer, Gymnasiallehrer, Lehrer für die Weiterbildung usw. müssen auf einen je spezifischen Fremdsprachenunterricht wie auch auf andere von ihnen zu erwartende Tätigkeiten (z.B. als Lernberater, Prüfer, Organisatoren von Schüleraustausch) vorbereitet werden. Die *individuellen* Studiengänge der Studierenden unterscheiden sich darüber hinaus durch eine große Anzahl verschiedener Fächerkombinationen, so dass sich ihre Aufmerksamkeit nur in relativ wenigen Fällen[2] allein auf die künftige Tätigkeit als Fremdsprachenlehrer konzentrieren kann. Und schließlich: Wenn wir von Fremdsprachenlehrerausbildung sprechen, dann denken wir trotz der Perspektive *Mehrsprachigkeit* an die Aus-

[2] Z.B. im Gießener Studiengang „Diplomsprachenlehrer“ für Lehrkräfte in der Erwachsenenbildung oder in den selten gewordenen Fällen, in denen Studierende zwei Fremdsprachenfächer für das Lehramt in Sekundarschulen belegen.

bildung mit Blick auf die Lehre einer bestimmten Sprache[3]. Auch in diesem Sinn ist von der Vielfalt der Ausbildung von Fremdsprachenlehrern auszugehen. *Fazit: Eine einheitliche Fremdsprachenlehrerausbildung ist ebenso wenig denkbar und unter den obwaltenden Umständen wünschenswert wie eine einheitliche Lehrerausbildung. Mir erscheint für jegliche Diskussion der Ausbildung von Fremdsprachenlehrern wichtig, dass die Spezifika der angestrebten Tätigkeiten ebenso in die Überlegungen einbezogen werden wie generelle Fragestellungen zum Lehren und Lernen.*

2. Zur Politik der Ausbildung von Fremdsprachenlehrern[4]

Leitfrage 1 fordert auf, inhaltliche Stärken und Schwächen in der aktuellen Lehrerausbildung (genauer: der aktuellen Ausbildung von Fremdsprachenlehrern) zu benennen. Deren entscheidende Schwäche – um mit diesen zu beginnen (auf die Stärken gehe ich in Kap. 4 ein) – ist eine strukturelle, schon in der Einleitung erwähnte. Alle heutigen Ausbildungsordnungen sind solche für *Lehrer* im Allgemeinen, die sich abgesehen von gewissen, zumeist sporadischen *fachinhaltlichen* Bestimmungen, auf die spezifischen Probleme der Ausbildung von Fachlehrern nicht einlassen. Fremdsprachenlehrer werden nach dem gleichen Muster ausgebildet wie Mathematiklehrer, Geographielehrer, Biologielehrer. Das gilt für die Dauer der Studien, die Konzeption und die Aufeinanderfolge der Studiengangteile, das Format der Prüfungen usw. Man denke nur daran, dass die seit mehr als 100 Jahren vorgebrachte Forderung, Fremdsprachenlehrer sollten einen Teil ihrer Studien in einem Land der studierten Sprache absolvieren, auch im 21. Jahrhundert nicht eingelöst ist. Das gilt ebenso für das keineswegs zufrieden stellend gelöste Problem der Förderung und der Überprüfung der sprachpraktischen Fähigkeiten und Fertigkeiten der Studierenden.

Fremdsprachenlehrer (wie Lehrer anderer Fächer auch) werden in der 1. Phase von Vertretern wissenschaftlicher Disziplinen ausgebildet, die als affin zu den jeweiligen Schulfächern oder zum Lehrberuf erachtet werden. Diese Disziplinen bilden jedoch allesamt weder die Schulfächer noch die Institution Schule als Ganze ab[5]. Das brauchen sie auch nicht; denn sie sind nur als *Dienstleister* im Auftrag des öffentlichen Bildungswesens tätig. Sie müssen nach Lage der Dinge mit anderen Dienstleistern (und das sind Vertreter

[3] S. hierzu die kontroverse Diskussion um so genannte Bereichsdidaktiken und die kritischen Bemerkungen von Zydatiß (in Zydatiß 1998, vor allem 218-230). Ergänzend ist hier jedoch anzumerken, dass der überkommene Begriff der „Zielsprache“ auch in der Lehrerausbildung neu zu bedenken ist (Christ 2001).

[4] Hierunter folgen meine Antworten auf die Leitfragen 1 und 2.

[5] Die Romanistik – sie sei hier exemplarisch genannt – macht schon durch ihre Bezeichnung deutlich, dass sie sich nicht nur für den Französischunterricht zuständig erklärt. Die französische Literaturwissenschaft – als eine Teildisziplin der Romanistik – bedenkt nur ein Teilgebiet, das im Französischunterricht eine Rolle spielen kann. Auch die Erziehungswissenschaft weist durch ihren Namen weit über die Schule hinaus. Die Schulpädagogik (als eine Teildisziplin der Erziehungswissenschaft) nimmt hingegen nur spezifische Probleme der Institution Schule in den Blick. Man vergegenwärtige sich, wie viele Disziplinen nötig sind, um Schulfächer wie Biologie, Geographie oder Geschichte inhaltlich abzubilden. Lehramtskandidaten können sich weder auf irgendeinem der jeweiligen Teilgebiete spezialisieren noch können sie auf einen Gesamtüberblick verzichten. Sie müssen sich in der für das Studium zur Verfügung stehenden Zeit *umfassend* und zugleich *spezifisch* mit den jeweiligen schulfachnahen, „affinen“ Disziplinen beschäftigen. Sie studieren mit einem besonderen Ziel: Sie brauchen ein theoretisch begründetes und für ihre künftige Praxis der Vermittlung ausreichendes Fundament.

anderer Disziplinen) kooperieren. Das ungelöste Problem ist die Konzeption und die Organisation der Kooperation der Dienstleister.

Falsch ist es, wenn die Inhalte der Studien nach Gesichtspunkten der Disziplinen – ihrer Systematik oder Entwicklung folgend – bestimmt werden. Eine Addierung disziplinärer Zugriffe und Erkenntnisse bringt noch kein Ganzes. Eine künftige Grundschullehrerin braucht in linguistischen Veranstaltungen nicht zu lernen, was die Linguistik in Gegenwart und Vergangenheit gelehrt hat, wie ihre Theoriebildung fortgeschritten ist und mit welchen Methoden sie arbeitet, sondern was sie zur Theorie und Praxis des Lehrens und Lernens fremder Sprachen bei Kindern beizutragen in der Lage ist. Für sie ist wichtiger, etwas über Kindersprache und kindliche Sprachentwicklung zu erfahren als Grammatiktheorien kennen zu lernen.

Die Verteilung der Studien auf mehrere Wissenschaftsdisziplinen – für die es nach Lage der Dinge keine Alternative gibt – führt in der Regel dazu, dass die Verantwortung für ein sinnvolles Studium (fast) ganz auf die Studierenden verlagert wird. Denn ein künftiger Fremdsprachenlehrer lernt in der Linguistik, der Literaturwissenschaft, den Landes- und Kulturwissenschaften, der Fremdsprachendidaktik oder der Sprachlehrforschung, der Erziehungswissenschaft, der Psychologie und anderen Disziplinen, ohne dass sein Erkenntnisinteresse auf ein „übergeordnetes Lernziel" ausgerichtet wird. Daneben betreibt er unter vergleichbaren Bedingungen das Studium seines anderen Schulfaches (oder seiner anderen Fächer). Die Studieninhalte werden ihm jeweils nach disziplinären Vorstellungen aufgebaut dargeboten, die beteiligten Disziplinen liefern jeweils für sich Ausbildungsteile, ein Gesamtkonzept wird nicht vorgestellt[6]. An diesem Zustand wird sich auch bei einer neuen Formatierung der Ausbildungsgänge (Leitfrage 2) nichts ändern, wenn nicht die Politik der Ausbildung geändert wird.

3. Auf der Suche nach einem organisierenden Prinzip der Ausbildung von Fremdsprachenlehrern

Es geht in der Tat um die Frage, wie ein gemeinsamer interessenleitender Fokus für die Ausbildung von Fremdsprachenlehrern gefunden werden kann. Er kann sich von der Sache her nur ergeben, wenn man von den Berufs- und Tätigkeitsfeldern[7] künftiger Fremdsprachenlehrer ausgeht. Alle an der Ausbildung beteiligten Einrichtungen und Disziplinen könnten darin einen Leitfaden für die Formulierung ihres Beitrags zur Ausbildung finden.

Auf bildungspolitischer Ebene ist vor einigen Jahren ein erster Versuch gemacht worden, von den *Anforderungen an Lehrkräfte für Schulfremdsprachen* ausgehend *umsetzbare* (und das heißt im förderalen bildungspolitischen Kontext *bescheidene*) Vorschläge für eine Weiterentwicklung der Ausbildung von Fremdsprachenlehrern zu machen. Die Amtschefkonferenz der KMK hat nämlich in ihrer Sitzung vom 17./18. September 1998

[6] Das gilt in gewisser Hinsicht selbst für die Studieninhalte, die die Fremdsprachendidaktik oder die Sprachlehrforschung beisteuern. Auch deren Vertreter laufen Gefahr, ihre *Disziplin* zum Orientierungspunkt des Studiums zu machen und nicht die jeweilige Zielsetzung des Studiengangs.

[7] Über den Sinn des Plurals s. Kap. 1

einen Bericht des „Schulausschusses/Unterausschuss Lehrerausbildung" zustimmend zur Kenntnis genommen, in dem die Ausbildung nach o.g. spezifischen „Anforderungen" überdacht wird (Sekretariat 1998)[8]. Dieses Papier ist entsprechend dem Selbstverständnis und den Aufgaben der KMK keine Verordnung, die unmittelbare Auswirkungen auf konkrete Ausbildungsordnungen haben wird, aber es ist ein Beschlusspapier mit dem Charakter einer Empfehlung, die Fremdsprachenlehrerausbildung mit Rücksicht auf neuere Entwicklungen der Tätigkeitsfelder in der Schule – also von diesen ausgehend – zu verändern und sie den derzeitigen Anforderungen entsprechend zu ergänzen und zu fokussieren.

Berufs- und Tätigkeitsfelder der Fremdsprachenlehrer sind in den vergangenen Jahrzehnten immer wieder untersucht worden, wobei allerdings zuzugestehen ist, dass die Untersuchungen weder konsequent weitergeführt worden sind (zum Zweck der Aktualisierung), noch dass bisher eine breitere methodologische Debatte bezogen auf die Erforschung der Tätigkeitsfelder der Fremdsprachenlehrer stattgefunden hätte. Das entspricht dem Bild der Erforschung der Fremdsprachenlehrer, die vergleichsweise[9] wenig Interesse geweckt haben (hierzu Krumm 2003, 354-355).

Ein viel diskutierter Versuch einer *introspektiven* Beschreibung der Tätigkeiten von Fremdsprachenlehrern ist vor drei Jahrzehnten von einer Kommission des FMF gemacht worden (Bludau et al. 1973). Ich selbst habe durch *Befragung* einen Überblick über Tätigkeitsfelder von Fremdsprachenlehrern in der Weiterbildung zu gewinnen versucht (Christ 1990). In neuerer Zeit wurde das berufliche *Selbstverständnis* von Fremdsprachenlehrern von verschiedenen Seiten erforscht (exemplarisch Caspari 2003).

Die Beschreibung der Berufs- und Tätigkeitsfelder verlangt natürlich auch eine kritische Betrachtung der Aussagen von Richtlinien und Lehrplänen (s. dazu die derzeit in verschiedenen Ländern in Entwicklung befindlichen „Kerncurricula") und sonstiger amtlicher Bestimmungen. Schließlich verpflichtet eine solche Beschreibung zu einer Rückbindung an weitere Felder der Theorie und der gesellschaftlichen Praxis des Lehrens und Lernens fremder Sprachen.

Ein Ausgehen von den Berufs- und Tätigkeitsfeldern erscheint mir prinzipiell angemessen, wenn man die Ausbildung begründen will. Es ist sinnvoll, von den Lehrenden an Hochschulen (und an Studienseminaren, und somit von der Ausbildung insgesamt) zu verlangen,

> „dass sie die Studierenden bei der Entwicklung ihrer praxisbezogenen Reflexions- und Handlungsfähigkeit angemessen begleiten und sie dazu anregen und dabei unterstützen, die vielfältigen pädagogischen, fachdidaktischen und fachwissenschaftlichen Einzelerkenntnisse miteinander in Beziehung zu setzen und in ein zielgerichtetes Erkenntnis- und Handlungsinteresse zu bündeln" (Schocker-v. Ditfurth 2003, 184-185).

[8] Ich zitiere dieses Papier, weil es anders als der gedruckte Abschlussbericht der von der KMK eingesetzten Kommission „Lehrerbildung" (Terhart 2000) die *fachspezifische* Perspektive herausstellt.

[9] Nämlich im Vergleich zu anderen Faktoren und/oder Faktorenbündeln des Lehrens und Lernens fremder Sprachen.

Schocker-v. Ditfurth hat ausgehend von diesen Überlegungen ein Studienkonzept entwickelt und probeweise in die Praxis umgesetzt, in dem das Fachpraktikum zur „organisierenden Mitte" der Fremdsprachenlehrerausbildung wird.[10]

Die Argumente gegen diesen Vorschlag sind durchaus nachvollziehbar: Das Fachpraktikum kann nur punktuelle Einblicke in Berufs- und Tätigkeitsfelder von Fremdsprachenlehrern liefern und exemplarische Einsichten vermitteln. Systematische Fragestellungen und der notwendige Überblick kommen zu kurz. Hinzu kommt, dass das Fachpraktikum – wie immer man es organisiert – immer nur ein Moment im Kontext der gesamten Ausbildung ist. Man denke nur an Terminierung des Fachpraktikums bzw. der Fachpraktika im Verlauf der Studien.

Das Gegenargument ist aber nur dann schlüssig, wenn gezeigt werden könnte, dass in der derzeitigen Studienorganisation die *Inhalte* (und das heißt für künftige Fremdsprachenlehrer: Kenntnis der fremdsprachigen Literaturen, Wissen über andere Zivilisationen im Vergleich zur eigenen, theoretische und praktische Kenntnis der fremden Sprache in System, Norm und Rede, das Wissen über die Vorgänge des Lehrens und Lernens fremder Sprachen) *tatsächlich* umfassend ausgebreitet und vermittelt werden. Das ist offensichtlich nicht der Fall, und man muss sich fragen, ob denn dieses hohe Ziel in einer notwendigerweise begrenzten Studienzeit überhaupt zu verwirklichen ist.

So bleibt das Postulat eines organisierenden Prinzips für die Ausbildung von Fremdsprachenlehrern, das nach Lage der Dinge nur in den künftigen Berufs- und Tätigkeitsfeldern gefunden werden kann. Diese genauer zu beschreiben und aus ihnen präzise *Anforderungen* an die ausbildenden Einrichtungen und die darin teilhabenden Disziplinen zu formulieren, die ihnen als Dienstleiter nachkommen müssen, ist die hier und heute zu bewältigende Aufgabe.

4. Über die Stärken der derzeitigen Aus- und Fortbildung von Fremdsprachenlehrern

Die Leitfrage 1 fordert an erster Stelle dazu auf, die Stärken der derzeitigen Ausbildung von Fremdsprachenlehrern darzustellen. Ich komme erst zu meiner Einschätzung, nachdem ich den Mangel einer Gesamtkonzeption der Fremdsprachenlehrerausbildung beklagt habe. Als eine der Stärken der derzeitigen Ausbildung erscheint mir ungeachtet dieser Schwäche die Zweiphasigkeit von Hochschulstudium und zweiter Phase der Lehrerausbildung. Durch die zweite Phase erhält die Einführung in die Praxis des Lehrens und Lernens in einer realen Situation (und nicht nur in der Situation unverbindlicher Erprobung) auf der Basis vorher erworbener theoretischer Erkenntnisse einen festen Platz.

Eine weitere Stärke des bisherigen Systems ist die Lehrerfortbildung. Ich habe es immer bedauert, dass sie sich nicht als dritte Phase der Lehrerbildung verstehen wollte und als solche auch von der Bildungspolitik (abgesehen von gewissen Ansätzen in den 70er Jahren) nicht verstanden worden ist. Insgesamt ist der Lehrerfortbildung diese Unabhängigkeit jedoch nicht schlecht bekommen. Es bleibt jedoch das Desiderat der Verzahnung

[10] Zum Verlauf und zur Wirkung von Fachpraktika s. auch Gabel 1997.

nicht nur von erster und zweiter Phase, sondern auch der stärkeren Verbindung der beiden Phasen mit der Lehrerfortbildung.

5. Notwendige Forschungen

Im Kapitel 2 sind bereits einige für die Fremdsprachenlehrerausbildung relevante Forschungsansätze und -ergebnisse zitiert und kommentiert worden. Ich zähle in diesem Kapitel stichwortartig weitere notwendige Forschungen auf, die eine Veränderung und Weiterentwicklung der Ausbildung begründen helfen können.

- Forschungen zu Berufsfeldern und Tätigkeitsfeldern von Fremdsprachenlehrern (s. auch Kapitel 2)
- Forschungen zu Strukturen, Inhalten, Abfolge und Evaluation der Ausbildung (fachspezifische Ausbildungsforschung im engeren Sinne)
- Forschungen zur Verzahnung der Ausbildung in der ersten und zweiten Phase und der Funktion und der Wirkung der Fortbildung als berufsbegleitender Ausbildung. (Solche Forschungen können die Basis zur Konzeption von Curricula der Fremdsprachenlehrerausbildung als Ganzer bieten)
- Forschungen zu den Interessen, der Motivation und der Einstellung künftiger Fremdsprachenlehrer sowie zu ihrer Sicht auf die Ausbildung. (Solche Forschungen können von Berichten von Studierenden, Befragungen, Tagebüchern, Logbüchern usw. ausgehen und müssen durch einen systematischen Ansatz und empirische Untersuchungen untermauert werden.)
- Forschungen zum Verbleib und zur Entwicklung von Absolventen, zu ihren Informationsbedürfnissen und ihrer Berufszufriedenheit
- Forschungen zur institutionellen Planung und Lenkung der Ausbildung von Fremdsprachenlehrern im Rahmen der Lehrerausbildung (betr. die erste und die zweite Phase und die Fortbildung). Das sind Forschungen zur praktischen Ausbildungspolitik (s. Kapitel 2)
- Forschungen zur Einschätzung und Bewertung der Fremdsprachenlehrerausbildung durch die „Abnehmer“ (Schüler, Schulleitungen, Schulverwaltungen, Eltern usw.)
- Forschungen zu Inhalten der Fremdsprachenlehrerausbildung (das Angebot in der literaturwissenschaftlichen, linguistischen, landes- und kulturwissenschaftlichen, fremdsprachendidaktischen usw. Ausbildung). In solchen Forschungen werden Kanones festgestellt, die auch einen historischen Vergleich möglich machen.
- Untersuchungen zum forschenden Lernen im Studium (nicht nur im Schulpraktikum).

Es dürfte sich von selbst verstehen, dass diese Forschungen nicht als Voraussetzung für eine Reform des Studiums und der Ausbildung der künftigen Fremdsprachenlehrer verstanden werden sollen, die damit auf einen sehr fernen Zeitpunkt vertagt werden müsste. Man braucht sie jedoch um die Weiterentwicklung und nötige Reformen im Detail begründet verlangen, konzipieren und durchführen zu können. Sie sind auch im Kontext der Qualitätssicherung und Qualitätsentwicklung zu verstehen, von der oben bereits die Rede war.

Es bleibt jedoch als Grundsatz: Eine Reform der Fremdsprachenlehrerausbildung muss sich an den Berufs- und Tätigkeitsfeldern der Fremdsprachenlehrer orientieren.

Literaturangaben

Bludau, Michael et al. (1973): „Die Tätigkeitsmerkmale des Fremdsprachenlehrers. Entwurf einer Taxonomie". In: *Neusprachliche Mitteilungen* 26, 194-198.

Caspari, Daniela (2003): *Fremdsprachenlehrerinnen und Fremdsprachenlehrer – Studien zu ihrem beruflichen Selbstverständnis.* Tübingen: Narr.

Christ, Herbert (1990): *Der Fremdsprachenlehrer in der Weiterbildung. – Eine empirische Untersuchung.* Tübingen: Narr.

Christ, Herbert (2001): „Die Konzepte *Ausgangssprache* und *Zielsprache* im Rahmen der Theorie des Lehrens und Lernens fremder Sprachen". In: Abendroth-Timmer, Dagmar/Bach, Gerhard (Hrsg.): *Mehrsprachiges Europa. Festschrift für Michael Wendt.* Tübingen: Narr, 27-37

Christ, Herbert (2002): „Fremdsprachenunterricht in neuen Dimensionen im 21. Jahrhundert". In: Christiane Neveling (Hrsg.): *Perspektiven für die zukünftige Fremdsprachendidaktik.* Tübingen: Narr, 25-44.

Christ, Ingeborg (2002): „Die Ausbildung von Lehrkräften für Fremdsprachen und bilingualen Unterricht aus der Sicht der Kultusverwaltungen". In: *Fremdsprachen Lehren und Lernen (FLuL)* 31. Tübingen: Narr, 42-63.

Gabel, Petra (1997): *Lehren und Lernen im Fachpraktikum Englisch. Wunsch und Wirklichkeit.* Tübingen: Narr.

Königs, Frank G./Zöfgen, Ekkehard (Koord.) (2002): *Lehrerausbildung in der Diskussion* (= *Fremdsprachen Lehren und Lernen (FLuL)* 31). Tübingen: Narr.

Krumm, Hans-Jürgen (2003): „Fremdsprachenlehrer". In: Karl-Richard Bausch/Herbert Christ/Hans-Jürgen Krumm (Hrsg.): *Handbuch Fremdsprachenunterricht. Vierte, vollständig neu bearbeitete Auflage.* Tübingen: Francke, 352-358.

Meißner, Franz-Joseph et al. (Red.) (2001): „Zur Ausbildung von Lehrenden moderner Fremdsprachen". In: *Französisch heute* 32, 212-227.

Schocker-v. Ditfurth, Marita (2001): *Forschendes Lehren in der fremdsprachendidaktischen Lehrerbildung. Grundlagen, Erfahrungen, Perspektiven.* Tübingen: Narr.

Schocker-v. Ditfurth, Marita (2003): „Vom ignoranten Anfänger zum erfahrenden Experten? Die berufliche Entwicklung angehender Fremdsprachenlehrer/innen im Diskurs der Ausbildungsforschung". In: Legutke, Michael K./Schocker-v. Ditfurth, Marita (Hrsg.): *Kommunikativer Fremdsprachenunterricht: Rückblick nach vorn. Festschrift für Christoph Edelhoff.* Tübingen: Narr, 181-200.

Sekretariat der Ständigen Konferenz der Kultusminister der Länder in der Bundesrepublik Deutschland (1994): *Überlegungen zu einem Grundkonzept für den Fremdsprachenunterricht mit Gutachten zum Fremdsprachenunterricht in der Bundesrepublik Deutschland.* Bonn.

Sekretariat der Ständigen Konferenz der Kultusminister der Länder in der Bundesrepublik Deutschland (1998): *Zur Ausbildung von Lehrerinnen und Lehrern für Fremdsprachen.* Bonn.

Terhart, Ewald (2000): *Perspektiven der Lehrerausbildung in Deutschland. Abschlussbericht der von der Kultusministerkonferenz eingesetzten Kommission.* Weinheim: Beltz.

Von der Handt, Gerhard (2003): „Qualitätssicherung und -entwicklung". In: Bausch, Karl-Richard/Christ, Herbert/Krumm, Hans-Jürgen (Hrsg.): *Handbuch Fremdsprachenunterricht. Vierte, vollständig neu bearbeitete Auflage.* Tübingen: Francke, 390-394.

Zydatiß, Wolfgang (Hrsg.) (1998): *Fremdsprachenlehrerausbildung – Reform oder Konkurs.* Berlin et al.: Langenscheidt.

Hermann Funk

Die Ausbildung von Fremdsprachenlehrenden – vom Regen in die Traufe? Kritische Anmerkungen unter besonderer Berücksichtigung der Praxis Deutsch als Fremdsprache

1. Zum Stand der Fachdiskussion

Nahezu jede Standesorganisation, jedes Fachgremium und jede fachliche Interessenvertretung hat in den letzten Jahren die öffentliche Aufmerksamkeit, die Bildungsfragen zumindest in den Medien nach PISA- und IGLU-Studie entgegengebracht wird, zu Stellungnahmen, Bestandsaufnahmen und Aufrufen genutzt. Nach der Veröffentlichung der Vergleichsstudien zu den Fremdsprachenkenntnissen europäischer Schüler, die in diesem Jahr ansteht, wird sich das wiederholen. Die Frage nach dem Ergebnis von mehr als 1000 Stunden schulischem Englischunterricht wird beispielsweise und zu Recht wieder verstärkt gestellt werden. Der Druck auf die Lehrenden und auf diejenigen, die sie aus- und weiterbilden, wird wachsen.

Die Fülle der Konzepte, Studien, Stellungnahmen und Vorschläge vom Wissenschaftsrat über den Philologenverband, von der DGFF zum Fakultätentag ist unüberschaubar und zeigt: Es fehlt nicht an Konzepten und Ideen. Die Praxis der Ausbildung hat sich, soweit es die Universitäten betrifft, demgegenüber weit weniger verändert als die Aktivitäten von Bildungsplanern und Verbandsvertretern vermuten lassen.

In diesem Beitrag soll keine Bewertung und Gewichtung von Einzelvorschlägen und Reformvorhaben versucht werden. Diesbezüglich verweise ich auf die DGFF-Stellungnahmen. (Zydatiß 1998, Schocker-v.Dithfurt 2001). Meine Kritik und meine Anregungen beziehen sich vor allem auf die Ausbildung von DaF-Lehrenden. Einige neuere strukturelle Entwicklungen in der Organisation der DaF-Studiengänge könnten aus meiner Sicht darüber hinaus durchaus Pilotfunktion haben.

Die Sicht einer Interessenvertretung der Lehrenden und Studierenden: die Fachgruppe Deutsch als Fremdsprache im Fachverband Moderne Fremdsprachen

Im Chor der vielen Stimmen zu den Ausbildungsinhalten von Fremdsprachenlehrenden fehlt bisher eine eindeutige Äußerung der zukünftigen Fremdsprachenlehrenden, sieht man von einzelnen Interessensbekundungen von DaF-Studierenden anlässlich der Studierendentreffen in Kassel, Bielefeld und Wien ab. Worin liegt aber eigentlich das Interesse der Auszubildenden? Es lässt sich in zwei zentralen Punkten zusammenfassen:

1. Das Interesse an einer Ausbildung, die eine hinreichende formale und inhaltliche Qualifikation als Vorbereitung auf die Anforderungen der beruflichen Praxis bietet.
2. Eine berufliche Praxis, in der diese Qualifikation akzeptiert und honoriert wird.

Mit beidem steht es nicht zum Besten, wie die Studierenden spätestens als Praktikanten erfahren. Als Praktikanten wird ihnen zunächst in der Regel eine unzureichende praxisferne Ausbildung attestiert, nur um sie anschließend ungeachtet dessen in eigener Verantwortung im Praktikumsverlauf mit jenen Tätigkeiten zu betrauen, die sie später auch in ihrer Berufstätigkeit ausführen werden. Der zweifelhafte formale und inhaltliche Wert ihrer Ausbildung wird ihnen auf diese Weise gleich mehrfach vor Augen geführt.

Mehr als jede andere Fremdsprachenphilologie war Deutsch als Fremdsprache ein Kind der Praxis, geboren unter anderem aus der Notwendigkeit, Lösungen für ein gesellschaftliches Problem zu finden: die (Zweit)Sprachlosigkeit von Migranten. Trotzdem ist es nicht einmal für den Bereich Deutsch als Fremdsprache gelungen, didaktische Grundkenntnisse und praktische Handlungsfähigkeit in Unterrichtssituationen zum Kern des Faches zu machen. Auf einer ganzen Serie von Tagungen von Fachvertretern, beginnend in Kassel, 1997 (FMF), Leipzig 1998 (FaDaF) und anschließend in den DaF-Konvent-Treffen von München über Bamberg und Jena bis Wien in 2002 konnte bisher kein Konsens unter rund 40 universitären Anbietern von DaF-Lehrenden-Ausbildung erreicht werden. Das Unternehmen „Ausbildungskonsens" erscheint mir auch für die Zukunft chancenlos und sollte durch einen anderen Denkansatz abgelöst werden: Verstärkte Anstrengungen individueller Profilbildung der ausbildenden Institutionen, Transparenz der Profile für Studienbewerber und parallel dazu die Etablierung außeruniversitärer Qualitätssicherungsmaßnahmen für den Bereich der Fremdsprachenlehre. Dazu mehr im dritten Teil des Beitrags. Ausgehend von dieser Interessens- und Diskussionslage ergeben sich eine Reihe von Konsequenzen für die gegenwärtige Debatte und Forderungen nach einer qualitativen Neuordnung von Strukturen und Inhalten der Ausbildung von Lehrpersonal, die hier in sechs Thesen konzentriert werden sollen:

2. Sechs Thesen – ein Beitrag zum Kerncurriculum der Ausbildung von Lehrpersonal

These 1: Lernziel: Didaktische Grundkompetenz: Forderung nach Vermittlung schulunabhängiger didaktischer Schlüsselqualifikationen in allen Fächern

Der gesamtgesellschaftliche Diskurs ist immer mehr geprägt von einer breiten medienverstärkten Diskussion spezieller Wissensbestände und Forschungsergebnisse mit großer gesamtgesellschaftlicher Relevanz. Was in der Debatte um die Nutzung der Kernenergie in den 80er Jahren zum ersten Mal in dieser Konstellation und Breitenwirkung beobachtbar war, hat sich in ähnlicher Breite fortgesetzt in den Debatten um die Gentechnologie und in vielen anderen begrenzteren Spezialdebatten. In unserem engeren Arbeitsfeld stehen jüngst die PISA- und die IGLU Studie sowie der anstehende Vergleich der Fremdsprachenkenntnisse in Europa für diese Entwicklung. Die Debatten weisen in einem Punkt eine ähnliche Konstellation auf: Wissenschaftliche Expertise wird in der einen oder anderen Weise zur Grundlage des öffentlichen Diskurses und zur Begründung politischer Entscheidungen herangezogen. In dieser Schere zwischen zunehmender Spezialisierung und Differenzierung des Wissens einerseits und gewachsenem öffentlichen Interesse an Anwendung und demokratischer Kontrolle des Wissens andererseits wachsen die Vermittlungsprobleme an der Schnittstelle der Kommunikation zwischen Experten und Laien in jeder Wissenschaft aber auch in jedem Berufsfeld, in Industrieunternehmen, öffentlichen Körperschaften, bei politischen Akteuren und in Bildungsinstitutionen.

Fachliche Inhalte sind unter dem curricularen Blickwinkel beruflicher Kompetenz zu definieren. Zur beruflichen Kompetenz gehört aber ebenso untrennbar die Kompetenz zur Vermittlung dieser Expertise an Nicht-Experten. Die folgenden Schlüsselqualifikationen sind daher in Verbindung mit berufsbezogenen Inhalten zu vermitteln[1]. Ihre Relevanz über den unmittelbaren Lehrberuf hinaus ist evident.

- **Präsentationskompetenz**
  Die Fähigkeit, fachliche Inhalte adressatengerecht aufzubereiten und in geeigneter Form zur Initiierung von Lernprozessen zur Verfügung zu stellen.
- **Moderationskompetenz**
  Die Fähigkeit, einen sozialen Lernprozess adressatengerecht, sachgerecht und ergebnisorientiert zu steuern und Partizipation zu organisieren.
- **Organisations- und Planungskompetenz**
  Die Fähigkeit zur ergebnisorientierten Mikro- und Makroplanung von Vermittlungsprozessen auf der Ebene von (Bildungs-)Institutionen und konkreter Adressatengruppen (Kursebene).
- **Beratungskompetenz**
  Die Fähigkeit zu individueller und institutioneller Vermittlung handlungsrelevanten Wissens als Grundlage der Eigensteuerung (Beratung zur Autonomie).
- **Medienkompetenz**
  Die Fähigkeit zum begründeten, technisch kompetenten und zielführenden Einsatz von Medien in einem IT-gestützten Fremdsprachenunterricht auf einem aktuellen technischen und didaktischen Stand.
- **Kooperationskompetenz**
  Die Fähigkeit zur Zusammenarbeit mit Experten und Laien im eigenen Berufsfeld zur Definition und Lösung gemeinsamer Aufgaben.
- **Evaluationskompetenz**
  Die Fähigkeit zur Bewertung eigenen und fremden beruflichen Handelns und seiner Ergebnisse.
- **Forschungskompetenz**
  Die Fähigkeit, praktisches pädagogisches Handeln auf der Grundlage des aktuellen Forschungsstandes zu reflektieren und zu verändern – Lehrende als Forscher in eigener Sache (Schocker-v. Ditfurth 2001)

Die inhaltliche Planung von Studiengangsmodulen sollte diese Zielvorgaben auf allen Ebenen des Lehrens und Lernens reflektieren, beispielsweise

- durch die Anforderungen bei der Präsentation von Referaten und selbst erarbeiteten Lernmaterialien durch Studierende
- den adäquaten Gebrauch von Medien in der Durchführung von Lehrveranstaltungen

[1] Zum Verhältnis fachlicher und fachdidaktischer Inhalte vgl. Königs 2002, Zydatiß 1998.

- durch Seminare, die etwa eine eigene Lernoberfläche im Internet haben
- die aktive Förderung studentischer Kooperationen bei Projekten und Seminararbeiten
- die Ermutigung der Studierenden zur Übernahme von Moderationsaufgaben in Lerngruppen und Plenarphasen
- Anleitungen zur Selbstevaluation und zur Evaluation der Lehrenden.

Schlüsselqualifikationen werden erworben durch aktives selbständiges Handeln in der Ausbildungssituation.

These 2: Die Reform der Form – etwa die Frage B.A./M.A. – ist zweitrangig gegenüber der Reform der Inhalte. Sie kann grundlegende Strukturprobleme nicht lösen aber verstärken.

Für den Anfang muss festgehalten werden: Der Impuls zur Veränderung, zur Reformdebatte der Studienformen kam nicht aus den Universitäten. Die Debatte um die Reform, sprich Stufung der Studiengänge kam nicht aus der Lehrerausbildung, sondern ist ihr von außen aufgezwungen worden. Als (freiwilliger) Mitbegründer zweier Masterstudiengänge an den Universitäten Kassel und Jena mit dem Fokus auf die Ausbildung von Lehrenden halte ich fest, dass die Mehrheit der Fachkollegen diesen Gründungen anfangs – viele bis heute – sehr skeptisch gegenüber standen. Die Einrichtung von Masterstudienangeboten für Studierende in einem Fach, das den Blick vorwiegend auf das Ausland richtet, ist aber sachlogisch und eine angemessene Reaktion auf die Forderungen nach Kompatibilität und internationaler Akzeptanz von Studienangeboten. Sie setzt Standards im postgradualen Bereich, indem sie eine Vielzahl von „Zertifikaten" relativiert, zur Transparenz und internationalen Vergleichbarkeit von Studienform und -inhalten beiträgt und damit die Mobilität fördert – ganz im Sinne des Bologna-Prozesses. In diesem Punkt ist die Frage der formalen Internationalisierung für das Fach Deutsch als Fremdsprache tatsächlich wichtiger als für die anderen Fremdsprachenphilologien in Deutschland.

In der Diskussion um die Modularisierung und Stufung des Studienangebots in einer Philosophischen Fakultät bemerkte ein Kollege kürzlich, er verstehe die Aufregung nicht. Man müsse jetzt nur eine Vorlesung plus Seminar zum Modul erklären und schon sei die Modularisierung erledigt.

Der Wechsel von „Verpackungen" und Etiketten allein bewirkt aber noch gar nichts, wenn die Prinzipien, die hinter ihnen stehen, nicht auch auf die Reform der *Inhalte* der Studiengänge angewendet werden. Im Teil 3 dieses Beitrags gehe ich daher auf die genannten Prinzipien als Grundlage einer Studiengangsplanung ein.

These 3: Fremdsprachendidaktik ist und bleibt keine angewandte Linguistik. Die Vielfalt der relevanten Bezugswissenschaften wird weiter wachsen. Lehrpersonalausbildung ist eine interdisziplinäre Aufgabe.

Der Umgang mit Didaktik-Planstellen in den Fakultäten und Instituten kennzeichnet deren Wertigkeit. In zahllosen Ausschreibungen von expliziten DaF-Professuren in den vergangen 10 Jahren wurde immer wieder deutlich, das DaF von Berufungskommissionen, die mehrheitlich mit Linguisten besetzt sind, als anwendungsbezogene Weiterung der germanistischen Linguistik verstanden wird – jüngstes Beispiel Göttingen (2003). Ohne die Bedeutung der Bezugswissenschaft Linguistik schmälern zu wollen – es kann kaum mehr erwartet werden, dass linguistische Konzepte einen bedeutenderen Ausbildungsbeitrag für Fremdsprachenlehrende leisten als pädagogische und psychologische Forschungsergebnisse. Ihre Bedeutung für die Ausbildung von Sprachlehrenden mag mit der Öffnung der Linguistik in den 90er Jahren wieder gestiegen sein – der Prozess der Ausweitung der relevanten Bezugswissenschaften für das Lehren und Lernen wird sich aber eher fortsetzen. In den Studiengängen werden Formen gefunden werden müssen, die eine modulare curriculare Einbindung anderer Disziplinen in die Ausbildungsaufgabe über enge Fachgrenzen hinweg regeln. Die derzeitigen Fachgrenzen sind für eine qualitative Veränderung von Ausbildungsgängen eher hinderlich. Allerdings:

These 4: Da die Praxis Ausgangs- und Zielpunkt der fachlichen Ausbildung von Lehrenden sein muss, ist eine Auslagerung der Fachdidaktik in fächerübergreifende Didaktische Zentren nicht sinnvoll.

Die Konstruktion Didaktischer Zentren, die derzeit an vielen Universitäten verfolgt wird, hat neben dem Vorteil einer institutionalisierten interdisziplinären Zusammenarbeit auch einen entscheidenden Nachteil: Die Fächer selbst müssen sich durch die Auslagerung nicht mehr der curricularen Frage der Innovation und der Praxisorientierung der Studiums für Lehrende stellen. Das Problem wird vielerorts delegiert. Anwendungsbezug und Praxisrelevanz, die Integration von fachlichen und didaktischen Fragestellungen von Anfang an werden durch ein solches Verfahren erschwert. Den Fächern wird es auf diese Weise potenziell erleichtert, die curricularen traditionellen Fachstrukturen beizubehalten ohne eine Öffnung für Problemstellungen der Praxis – siehe die Stellungnahme des Fakultätentags.

These 5: Schluss mit Praktika als Landverschickung mit Berichtspflicht! Praktika sind elementare Module des Praxisbezugs in jedem Curriculum.

Wo Praxisrelevanz zur curricularen Schlüsselfunktion wird, erhalten Praktika eine zentrale Funktion. Auf zwei Tagungen in Bielefeld und Marburg hat sich der *FaDaF*, unterstützt von der Fachgruppe Deutsch als Fremdsprache im FMF, mit Stellenwert und Konzeption der Praktika in der DaF-Ausbildung auseinander gesetzt. Das Ergebnis ist ein differenziertes Defizitszenario. Das Gewicht, das in den Studiengängen den Praktika beigemessen wird, ist an drei quantitativ bzw. qualitativ beschreibbaren Indikatoren ablesbar:

1. ihr optionaler oder verpflichtender Charakter
2. ihre Anzahl und ihre Dauer
3. die Form ihrer Vorbereitung, Begleitung und Nachbereitung und deren Verankerung im Curriculum.

Der Rückfluss von Ergebnissen von Praktika in die individuelle Studienplanung und die curriculare Gesamtplanung von Ausbildungsgängen muss durch individuelle Beratung und curricular durch entsprechende modulare Veranstaltungsformen gesichert werden. Daher ist zu fordern:

„Während des Studiums ist ein mindestens vierwöchiges obligatorisches Unterrichtspraktikum zu absolvieren, in dem die Praktikanten Unterrichtserfahrungen sammeln und reflektieren sollen. Nachzuweisen sind mindestens 20 Stunden Hospitation und 5 Stunden eigene Unterrichtsversuche. Das Praktikum wird vor- und nachbereitet und in seiner Durchführung von einem Mentor betreut. Über das Praktikum ist ein Praktikumsbericht zu erstellen.“

Die Wertigkeit eines Praktikums im Studium ist über die vergebenen ECTS-Leistungspunkte ermittelbar und überregional vergleichbar. In der Studienordnung des Jenaer Masterstudiengangs für Deutsch als Fremdsprache:

Praktikumsvorbereitung	3 ECTS-Punkte
Praktikumsdurchführung	2 ECTS-Punkte
Praktikumsnachbereitung	3 ECTS-Punkte
Praktikumsbericht	2 ECTS-Punkte

Die Praktikumsinhalte sind:

- grundlegende wissenschaftlich fundierte Kategorien von Unterricht,
- Aspekte der Unterrichtsbeobachtung, des Hospitierens und der Unterrichtsforschung, -beobachtung und -analyse,
- eigene Planung und Erprobung unterschiedlicher Unterrichtsgegenstände bzw. -sequenzen,
- Teilnahme am Praktikumstag und an den Beratungsgesprächen mit den Mentoren,
- Absolvierung des Hospitations- und Unterrichtspraktikums,
- Erstellen eines Praktikumsberichts.

These 6: Schluss mit didaktischen „Billigangeboten“ in grundständigen Studien und postgradualen Ausbildungsgängen.

In Bezug auf den postgradualen Bereich ist dies zunächst quantitativ und qualitativ ein besonderes Problem der Ausbildung in Deutsch als Fremdsprache. Postgraduale Kurzstudiengänge von weniger als 32 SWS (ein Kriterium, das im Bereich der DaF-Ausbildung die meisten postgradualen Zertifikatsangebote betrifft) und Fachstudienangebote mit minimalen begleitenden oder sukzessiven Didaktikangeboten sind ungeeignete Ausbildungsformen. Die Stellungnahme des Fakultätentages zur Lehrerausbildung (Jena, Oktober 2001) lässt erkennen, dass hier mit der Betonung fachwissenschaftlicher Grundlagen einerseits und zusätzlicher didaktischer Module andererseits eher traditionelle Wege beschritten werden sollen, die eine Integration didaktischer und fachlicher Inhalte nicht vorsehen. Die Gefahr des didaktischen „Billigangebots“ erweist sich damit nicht nur als DaF-spezifisches Problem.

3. Vier Entwicklungsleitlinien auf dem Weg zu einer professionalisierten Ausbildung

Kerncurricula und Modularisierung

Bei dem Vorschlag eines Kerncurriculums beziehe ich mich auf eine Vorlage von Will Lütgert, Didaktisches Zentrum der Friedrich-Schiller-Universität Jena, der sinngemäß folgende Eckdaten vorschlägt:

- Koordinierte Kerncurricula zwischen den Fächern und den Bezugswissenschaften der Lehrerausbildung, die ca. 50 % der Ausbildungsinhalte abdecken
- Das Kerncurriculum lässt damit Raum für Eigenentscheidungen der Auszubildenden und für die Profilbildung der ausbildenden Institute (ca. 50% des Studienvolumens). Der Kompetenzaufbau in der Lehrerbildung wird im Wesentlichen durch zwei Faktoren gestützt: die Erfahrung der Wissenschaft und die Erfahrung des Tätigkeitsfelds. Beides muss im Kerncurriculum von Anfang an wirksam werden. Kompetenzentwicklung wird als lebenslanger Prozess verstanden, der die Phasen der Lehrerausbildung umfasst und Ziele für die Weiterbildung definiert.
- Praxissemester statt Kurzpraktika
- Die Kerncurricula werden nicht fach- und universitätsintern definiert, sondern in übergreifender Koordination der an der Aus- und Weiterbildung beteiligten Institutionen. Sie sind damit der Beliebigkeit der Einzelinstitutionen entzogen.
- Ein Monitorverfahren regelt Entwicklung, Evaluation und Akkreditierung der Kerncurricula.

Für die Ausbildung von DaF-Fremdsprachenlehrenden gehen wir derzeit inhaltlich von 10 Modulen eines Basiscurriculums aus, die jeweils durch praxisorientierte Elemente einer Lernzielplanung ausgeführt werden müssen.

M 1 Synchronische und vergleichende Sprachwissenschaft in ihrer Bedeutung für Deutsch als Fremdsprache (*applied linguistics*)
M 2 Theorie und Praxis der Entwicklung fremdsprachlicher Fertigkeiten (Rezeptives und produktives Sprachhandeln)
M 3 Berufs- und fachbezogener Deutschunterricht – Theorie und Empirie
M 4 Multi- und telemediale Lernumgebungen und autonomes Lernen
M 5 Spezielle Felder der Fremd- und Zweitsprachenvermittlung unter besonderer Berücksichtigung berufsbezogener Aspekte
M 6 Theorie und Empirie der Mehrsprachigkeit und der interkulturellen Kommunikation
M 7 Qualitätssicherung und Evaluation/Prüfen und Testen
M 8 Kultur- und sozialwissenschaftliche Aspekte der Landeskunde aus fremdsprachendidaktischer Perspektive
M 9 Lehrmedienforschung/Lehrwerkanalyse und -kritik
M 10 Literaturwissenschaftliche Aspekte der Fremdsprachendidaktik

Qualitätsmanagement und Akkreditierung

Es ist illusorisch anzunehmen, dass ausgerechnet in einer Zeit, in der die Handwerksordnung mit Gesellenbrief und Meisterbrief, den klassischen Instrumenten der Zulassungsbeschränkung und Qualitätssicherung in Deutschland, im Konflikt mit der europäischen Mobilitätsidee zur Disposition steht, neue zulassungsbeschränkende Standards durchgesetzt werden könnten. Trotzdem liegt es in der Logik der Forderung: Wer einen Qualitätsanspruch an Ausbildung vertritt, der mehr als lokale Gültigkeit beansprucht, muss sich in der Konsequenz auch mit der Frage auseinander setzen, wie dieser Anspruch auch universell und nicht nur lokal durchgesetzt werden kann. Bei aller unterschiedlicher Interpretation von Daten – in einem Punkt ist PISA deutlich: Überall dort, wo Schulen erfolgreich arbeiten, arbeiten sie – bei aller Unterschiedlichkeit – in einer Mischung aus lokaler Autonomie und einer Form überregional/nationaler Qualitätssicherung durch kontrollierte Standards. Eine oft geschmähte Analogie legt den gleichen Schluss nahe: die industrielle Fertigung. In denjenigen Bereichen, wo die Ausbildungsstandards aus Kostengründen gesenkt wurden, oder traditionell niedrig waren wie in den USA, wurde erheblich konzeptuell und materiell in den Aufbau von Qualitätsmanagement- und -sicherungssystemen investiert, um die Produktqualität zu sichern (vgl. VDA 2000, Hummel/Malorny 1997). Im Bildungsbereich stehen die Begriffe *Bildungscontrolling* und unabhängige Akkreditierung für eine Entwicklung, in der akademische Traditionen und lokale Instrumente der Qualitätsprüfung Ausbildungsstandards nicht mehr garantieren können. Wie soll man etwa die Ausbildungsqualität von Englischlehrern garantieren, wenn jahrelang Didaktikprofessuren unbesetzt bleiben und niemand daran Anstoß zu nehmen scheint – hier spreche ich aus der Erfahrung in der eigenen Fakultät. Von den Fakultäten jedenfalls in all ihrer Heterogenität ist sicher fachliche Qualität zu erwarten, aber keine qualitätssichernden Maßnahmen in Bezug auf die Lehrerausbildung. Ebenso wenig von finanz- und kompetenzschwachen Landesregierungen, die sich teilweise gerade von der Genehmigungspflicht von Prüfungs- und Studienordnungen verabschieden (Thüringen). Die Veröffentlichung geschieht zukünftig durch die Universitäten in ihrer eigenen Autonomie, die Qualitätskontrolle durch Akkreditierung. Die Leitfragen der Akkreditierungsverfahren der Agenturen bieten detaillierte Anhaltspunkte für ein umfassendes Qualitätsmanagement der universitären Ausbildung. Als Kategorien bieten sich darüber hinaus die Qualitätsprinzipien des *Quality Guide* (Lasnier et al. 2000) an, der neun Prinzipien nennt und seinen CD-ROM-Fragenkatalog in Bezug auf Lehrmaterialien nach diesen Prinzipien unterteilt:

Relevanz, Transparenz, Reliabilität, Attraktivität, Partizipation, Effektivität, Generierungsfähigkeit und Soziales Management.

Für Deutsch als Fremdsprache stellt der seit einigen Jahren regelmäßig tagende DaF-Konvent einen solchen Ansatz einer übergeordneten fachdidaktischen Qualitätskontrolle dar. Universitätsintern wird die fachdidaktische Qualität nur durch Didaktische Zentren und deren Zuständigkeit für die Definition von Kerncurricula der Ausbildung von Lehrpersonal zu garantieren sein, nicht von den Fakultäten selbst. Das im Anhang aufgenommene, vom Jenaer Didaktischen Zentrum vorgeschlagene pädagogische Kerncurriculum zeigt einen möglichen Weg auf.

4. Zum Schluss

Die Frage nach der Bildungs- und/oder Ausbildungsfunktion von Universität ist in ihrer Grundkonstellation Bestandteil der Bildungspolitik und -philosophie seit Basedow, Humboldt, Herbart und Schleiermacher. Zwei neue Aspekte kommen in der gegenwärtigen Diskussion hinzu: Zum einen der Zwang, ökonomische und fiskalische Gesichtspunkte in Bezug auf Ausbildung und Arbeitsmarkt stärker in konzeptuelle und formale Entscheidungen mit einzubeziehen, den man nicht nur verdammen muss. In diesem Punkt unterscheidet sich die gegenwärtige Debatte auch von den Reformdebatten der 70er Jahre, in der viele der jetzt diskutierten Ansätze entwickelt wurden. Der zweite „neue" Aspekt liegt in der Tatsache, dass die Professionalisierung der Didaktik und in der Folge Quantität und Qualität der konkreten wissenschaftlichen Erkenntnisse über Lehr-/Lernprozesse und Ausbildung einen Stand erreicht haben, der sich nur noch unter Leugnung wissenschaftlicher Grundsätze von einer lehrerbildenden Institution ausblenden lässt. Wo dies aber gelingt, wo Didaktik als Additum letztlich als *quantité négligeable* und Praxiserfahrung lediglich als Option erachtet wird, wie es in der Stellungnahme des Fakultätentages deutlich wird, verwirkt die Universität ihr wichtigstes Kapital, den Anspruch auf wissenschaftlich fundierte Ausbildung.

Um zur Handwerksanalogie zurückzukehren: Wie kann ich Qualität erwarten, in einer Ausbildungssituation, in der Auszubildende noch nie und der Ausbilder eventuell zum letzten Mal vor 20 Jahren einen Betrieb von innen gesehen hat?

Literaturangaben

Alderson, John/Beretta, Alberto (eds.) (1992): *Evaluating Second Language Education.* Cambridge: CUP.

Feigenbaum, Armand (1983): *Total Quality Control.* 3. Aufl. New York: Mc Graw-Hill.

Funk, Hermann (2001): „DaF-Ausbildung mit Berufsbezug – Skizze einer inhaltlichen Neuorientierung der Ausbildung von DaF-Lehrenden." In: Bels, Heiko et al. (Hrsg.): *Curriculum 2000. Impulse zur curricularen Neuorientierung der koreanischen Germanistik.* Seoul: Ababel, 60-81.

Funk, Hermann/Neuner, Gerhard (eds.) (1992): *German Language Syllabus for Pre-University Classes, A-Level.* Singapore: Ministry of Education.

Hummel, Thomas/Malorny, Christian (1997): *Total Quality Management. Tips für die Einführung.* 2. Aufl. München und Wien: Hanser.

Königs, Frank G. (2002): „Mehrsprachigkeit? Ja, aber... Lernpsychologische, curriculare und fremdsprachenpolitische Gedanken zu einem aktuellen Thema der Fremdsprachendidaktik". In: *Französisch heute* 1, 22-33.

Lasnier, Jean-Claude et al. (2000): *Quality Guide (CD-ROM).* AGERCEL.

Lynch, Brian K. (1996): *Language Program Evaluation.* Cambridge: CUP.

Lütgert, Will/Hallpap, Peter (Hrsg.) (2002): *Didaktik in Jena: Aufgaben zu Beginn des 21. Jahrhunderts. Beiträge des Zentrums für Didaktik.* ZfD Band 1.

Meißner, Franz-Joseph et al. (2000): „Zur Ausbildung von Lehrenden moderner Fremdsprachen. Ergebnisse einer Reflexionstagung zur Lehrerbildung". In: Königs, Frank G. (Hrsg.): *Impulse aus der Sprachlehrforschung – Marburger Vorträge zur Ausbildung von Fremdsprachenlehrerinnen und -lehrern.* Tübingen: Narr, 159-181.

OECD (1992): *High Quality in Education and Training.* Paris: OECD.

Schocker-v. Ditfurth, Marita (2001): *Forschendes Lernen in der fremdsprachlichen Lehrerbildung.* Tübingen: Narr.

Schocker-v. Ditfurth, Marita (2002): *Unterricht verstehen: Erfahrungswissen reflektieren und den eigenen Unterricht weiterentwickeln.* München: Goethe Institut/Inter Nationes.

Verband der Automobilindustrie e.V. (Hrsg.) (2000): *Vom Qualitätsmanagement zur Business Excellence in der deutschen Automobilindustrie.* Frankfurt: VDA.

Zydatiß, Wolfgang (Hrsg.) (1998): *Fremdsprachenlehrerausbildung – Reform oder Konkurs?* Berlin/München: Langenscheidt.

Zydatiß, Wolfgang (1998a): „Leitvorstellungen einer zukunftsfähigen Fremdsprachenlehrerausbildung in der Bundesrepublik Deutschland". In: Zydatiß (Hrsg.), 1-16.

Zydatiß, Wolfgang (1998b). „Curriculare Konturen einer berufs- und wissenschaftsbezogenen Fremdsprachenlehrerausbildung". In: Zydatiß (Hrsg.), 271-351.

Anhang: Vorschlag eines Kerncurriculums der Erziehungswissenschaften der Friedrich-Schiller-Universität (Lütgert)

Phase 1

- Entwicklung im Kindes- und Jugendalter
- Moderne Kindheiten und Jugend als Bedingungsfaktoren
- Schulisches Lernen
- Lerntheorien als Grundlagen für die Modellierung von Unterricht
- Schule als gesellschaftliche Institution
- Historische Entwicklung und gesellschaftliche Funktion des modernen Bildungswesens
- Unterrichten: Bilden und Erziehen
- Allgemeine Didaktik: ihrer Dimensionen, Modelle und Felder
- Lernprozesse begleiten, reflektieren, erforschen
- Praktika: Pädagogik vor Ort

Phase 2

- Kinder- und Jugendwelten
- Exploration der Lebenserfahrungen und -perspektiven von Kindern und Jugendlichen, die sie aus dem Unterricht kennen
- Unterricht analysieren und planen
- Dimensionen, Modelle und Felder der praktischen Unterrichtsanalyse und -planung

- Lernumwelten gestalten
- Materiale, räumliche, zeitliche, soziale und didaktische Gestaltungsformen des Unterrichts
- Lernprozesse diagnostizieren, bewerten, beurteilen
- Schüler und Eltern beraten
- Lehrer sein

Phase 3:

- Erziehen und pädagogisch handeln
- Klassenlehrer sein
- Lehren und Lernen
- Formen äußerer und innerer Differenzierung
- Fachlicher und überfachlicher Unterricht
- Projekte und andere Formen handlungsorientierten Unterrichts
- Lehrpläne, Schulbücher, neue Informationstechnologien
- Diagnostizieren, beraten, beurteilen
- Fördern und Auslesen: Noten geben
- Anforderungen an Vertrauenslehrer
- Entwickeln, organisieren, managen
- Mit Kollegen, Eltern und der Öffentlichkeit kooperieren
- Schulleben gestalten
- Mit Schulkonflikten umgehen
- Forschend beobachten und theoriegestützt reflektieren
- Den eigenen Unterricht reflektieren, erforschen, Supervision
- Lernbiographien von Schülern erheben
- Lehrerrolle

Claus Gnutzmann

Konsekutive Studiengänge in der Lehrerausbildung: Potenzial für einen längst fälligen Neubeginn

1. Welche inhaltlichen Stärken und Schwächen – ggf. unter Bezug auf Ihr Bundesland und Ihre eigenen Erfahrungen – sehen Sie in der aktuellen Lehrerausbildung in Deutschland?

Wohl kaum ein anderes Land investiert so viel Zeit und Geld, um seine Lehrer für die schulische Erziehung seiner Kinder zu qualifizieren: In Deutschland dauert ein durchschnittliches Universitätsstudium in einem gymnasialen Studiengang ungefähr 12 Semester (eher mehr), bei einem Fremdsprachenstudium addiert sich häufig ein weiteres Jahr für einen Auslandsaufenthalt, entweder als Student an einer Universität oder als Sprachassistent an einer Schule. Daran schließt sich das zweijährige Referendariat an (mittlerweile gelegentlich auf 18 Monate reduziert), so dass sich die Ausbildungszeit im Schnitt schnell auf neun Jahre summiert. Berücksichtigt man, dass auch zukünftige Lehrer und Lehrerinnen in ihrer Jugend gelegentlich eine Klasse wiederholt haben und bei den männlichen Vertretern der Wehr- oder Zivildienst hinzukommt, dann beginnt die eigentliche Berufstätigkeit nicht selten im Alter von dreißig Jahren oder gar darüber. Das ist zweifellos eine äußerst lange Vorbereitungs- und Ausbildungszeit für eine berufliche Tätigkeit. Aber ist sie deshalb auch gründlich und effektiv? Es erscheint nicht unangebracht, hier gewisse Zweifel zu haben, besonders bei einem Vergleich des Durchschnittsalters von Absolventen der Lehrerausbildung in anderen europäischen Ländern.[1] Die Kritik an der in vielen Bundesländern dominanten philologisch orientierten Lehrerbildung bezog sich in der Vergangenheit (und zum Teil noch heute) vor allem auf ihren mangelnden theoretischen und praktischen Schulbezug. Das ist im Grunde nicht allzu verwunderlich, denn insbesondere „die ‚etablierten' neu-philologischen Fachbereiche unserer Universitäten stehen in der Tradition der Philosophischen Fakultäten des 19. Jahrhunderts und wollen vor allem Wissenschaftler, Philologen, ausbilden, aber keine Fremdsprachenlehrer" (Gnutzmann 1995, 31). Die Kritik des mangelnden Schulbezugs wurde natürlich nicht nur von Seiten der universitären Fachdidaktik und entsprechender Lehrer- und anderer Interessenverbände artikuliert, sie kam vor allem auch von den Studierenden selbst; denn seit Mitte der 70er-Jahre studierte man auch im gymnasialen Lehramtsstudiengang, um später Lehrer zu werden, obwohl die meisten Absolventen aufgrund fehlender Stellen zunächst einmal ihren Beitrag zum bis dahin nicht bekannten Phänomen Lehrerarbeitslosigkeit leisteten. Als kleines Kuriosum sei hier angeführt, dass ein Großteil der Studierenden der Philologien in der Zeit bis in die frühen 70er-Jahre dezidiert nicht Lehrer wer-

[1] In Ländern, in denen das Referendariat unbekannt ist wie in Großbritannien oder auch Finnland, in denen es keine Wehrpflicht gibt und in denen eine konsekutive Studienstruktur konsequent umgesetzt wird, kann sich die Dauer der Lehrerausbildung leicht um die Hälfte reduzieren. Dabei soll offen bleiben, ob die Absolventen in diesen Ländern genauso gut oder nur halb so gut wie in Deutschland qualifiziert sind. Es geht zunächst einmal nur darum, diesen Sachverhalt im Kontext der Europäischen Union zur Kenntnis zu nehmen. Gerade in Deutschland scheint dieser Aspekt der europäischen Dimension der Lehrerausbildung bisher nur unzureichend beachtet worden zu sein.

den wollten, sondern Journalist, Lektor, Übersetzer, Künstler etc., aber tatsächlich dann in der Schule ihr Brot verdienten. Seit einigen Jahren ist das Thema „Lehrerausbildung in der Diskussion“, generell und in der Fremdsprachendidaktik, dort beispielsweise dokumentiert durch den Untertitel des 17. Fremdsprachendidaktikerkongresses in Koblenz über „Fremdsprachen lehren und lernen“ (Hermes/Schmid-Schönbein 1998)[2], und so war jüngst auch der Themenschwerpunkt des 31. Bandes von *Fremdsprachen Lehren und Lernen* (Königs 2002) betitelt.

1998 war es endlich in Niedersachsen so weit: Die Diskussion der Lehrerausbildung hatte zumindest zu einem Zwischenergebnis geführt. Eine neue Prüfungsordnung für das Lehramtsstudium trat in Kraft, die PVO-Lehr I[3]. Nachdem bis dahin der Anteil der Fachdidaktik in den gymnasialen Studiengängen bei zwei SWS für das gesamte Studium lag, war es jetzt möglich – je nach örtlichen Ausgangsvoraussetzungen und Arrangements in den Seminaren und Fachbereichen der Universitäten – diesen Anteil auf 6 bis 10 SWS zu steigern. Analog dazu nahm der Anteil der Fachwissenschaften in dem Lehramtsstudiengang an Grund-, Haupt- und Realschulen (GHR) ebenfalls zu, und sogar die Regelstudienzeit dieses Studiengangs wurde um ein Semester erhöht, so dass man durchaus davon sprechen kann, dass die ehemals „entgegengesetzten“ Studiengänge („fachwissenschaftlich basiert“ vs. „pädagogisch-fachdidaktisch basiert“) sich aufeinander zubewegt haben. Im Hinblick auf eine Professionalisierung des Lehrerberufs sind diese strukturellen Veränderungen zunächst einmal als positiv einzustufen: Die Absolventen des GHR-Studiengangs können mit einer solideren und breiteren fachlichen Basis in ihrem späteren Unterricht aufwarten, und zukünftige Gymnasiallehrer haben die Möglichkeit, sich jetzt auch verstärkt fachdidaktisch auf ihr späteres Berufsfeld vorzubereiten. In der vor ein paar Monaten revidierten Version der PVO-Lehr I wird Studierenden des gymnasialen Studiengangs jetzt „sogar“ erstmals die Möglichkeit eröffnet, die Zulassungsarbeiten zum Staatsexamen auch über ein fachdidaktisches Thema zu schreiben, war doch bis dato das Privileg der Themenvergabe den Vertretern der Fachwissenschaften vorbehalten. Es scheint somit den Autoren der Prüfungsordnung gelungen zu sein, die im Fall der Gymnasiallehrerausbildung fehlende theoretische Reflexion, aber auch praxisbezogene Vorbereitung von Unterricht auszugleichen, und im Fall der GHR-Lehrerausbildung das vorher eher schwache fachliche Fundament der zukünftigen Fremdsprachenlehrer zu stärken. Nachdem die strukturellen und quantitativen Rahmenbedingungen somit als förderlich für das spätere Tätigkeitsfeld Schule charakterisiert werden können, stellt sich nun die Frage nach der faktischen Umsetzung in der universitären Lehre. Auch wenn das folgende Zitat aus dem Bericht eines Studenten (4. Semester) über sein im letzten Sommer abgeleistetes und von mir betreutes Fachpraktikum nicht verallgemeinerbar ist, so ist es sicherlich auch nicht untypisch. Die Passage entstammt dem Abschlusskapitel des Praktikumsberichts, in dem die Studierenden den Ertrag und Stellenwert des Fachpraktikums im Hinblick auf ihr bisheriges, aber auch auf den sich nach dem Praktikum anschließenden Teil des Studiums sowie auf ihren späteren Beruf reflektieren sollen:

---

[2] Weiterhin vor allem Bildungskommission NRW (1995) sowie aus jüngerer Zeit Königs (2001), Terhart (2000), Tenorth (2001).

[3] PVO-Lehr = *Verordnung über die Ersten Staatsprüfungen für Lehrämter im Land Niedersachsen*. Vom 15. April 1998 (Nds.GVBl. S. 399), geändert am 11. Juli 2000 (Nds.GVBl. S. 155) und 17. Oktober 2002 (Nds.GVBl. Nr. 29/2002 S. 415).

> „Das Fachpraktikum war endlich einmal wieder ein richtungsgebendes Signal, ein motivationsspendendes Ereignis, eine Konkretisierung des Studienzieles. Das Lehramtsstudium mit seiner Fülle an Teilgebieten macht auf mich einen fragmenthaften, ziellosen Eindruck. Man sieht sich immer wieder in Seminaren, die weder Überblick noch Einblick oder gar Perspektive bieten können, da sie nicht mit dem oftmals zufälligen Studienplan zusammenwirken. Wollte man allen Teilbereichen wirklich gerecht werden, man müsste ganz ‚anders' studieren, was bei einem begrenzten Studienangebot vor allem „länger" bedeuten würde. So sind mir Erlebnisse tieferer Erkenntnisse im Studium viel zu dünn gesät. Dazu kommt die unerreichbare Ferne der Schule, die als Perspektive im Großteil der Lehrveranstaltungen keine Rolle spielt. So gesellt sich zur fachlichen Unzufriedenheit in den Teilfächern der Mangel einer erkennbaren Zielsetzung." (Märgner 2002, 44)

Aber vielleicht ist es zu früh, schon jetzt die möglicherweise mit der neuen PVO-Lehr I intendierten und auch von den Studierenden erhofften Veränderungen zu erwarten. Andererseits, so scheint es, liegt die Ursache wahrscheinlich gar nicht so sehr in der bisher nicht ausreichend vorhandenen Zeit, sondern in der fehlenden Bereitschaft der Beteiligten, ihre jeweiligen Fach- und Macht-Interessen den sachlichen Belangen einer Lehrerbildung und -ausbildung[4] unterzuordnen. Es sieht eher danach aus, dass dieses Problem strukturell in der gegenwärtigen Form der Lehrerausbildung angelegt ist, denn tatsächlich wird diese zu einem nicht unerheblichen Teil von den Spezialisierungs- und Forschungsinteressen der Hochschullehrer bestimmt und führt konsequenterweise zu folgendem, auch noch heute größtenteils zutreffenden Resultat: „Die Spezialisierung in den fremdsprachlichen Philologien hat aus studentischer Sicht zu einer Parzellierung geführt – und sich auf die Lehrerausbildung vorwiegend negativ ausgewirkt. Seminarscheine addieren sich, ohne dass für die Studierenden ein systematischer Zusammenhang ihres Studiums erkennbar wird. Sollte man nicht stattdessen Veranstaltungsformen und -inhalte finden, in denen zum Beispiel Linguistik und Sprachdidaktik stärker miteinander verbunden werden" (Gnutzmann 1995, 31)? Des Weiteren könnte in solchen Veranstaltungsverbünden, seit kurzem Module genannt, auch ein Lehr- und Methodentraining stattfinden, das im Falle der Fremdsprachen ebenfalls die Möglichkeit der Anwendung und Verbesserung der sprachpraktischen Kompetenz vorsehen könnte.

2. Derzeit werden unterschiedliche organisatorische und zeitliche Formate diskutiert, die bei der Reform der Lehrerausbildung zum Einsatz kommen sollen (z.B. gestufte Studiengänge etc.). Wie schätzen Sie diese Formate in ihrer Bedeutung für eine Verbesserung der Lehrerausbildung ein?

Auch wenn die traditionelle Form der Lehrerausbildung prinzipiell für eine Modularisierung eigentlich hätte offen sein sollen bzw. immer noch offen sein sollte, so ist es andererseits eine Tatsache, dass das Konzept der Modularisierung erst im Zusammenhang mit der Einführung von BA/MA-Studiengängen einen festen Platz in der Diskussion um eine Reform der Lehrerausbildung gefunden hat. Vor dem Hintergrund der vorher genannten

[4] Unter Lehrer*bildung* soll hier vor allem der Erwerb von Wissen und Fähigkeiten verstanden werden, die den zukünftigen Lehrern nicht unmittelbar in ihrem Unterricht zugute kommen, die aber geeignet sind, Lehrenden „Souveränität" zu vermitteln, mit der sie vielleicht etwas „über den Dingen" stehen. Lehrerbildung kann auch in der Lehrerfortbildung zum Tragen kommen. Im Vergleich hierzu thematisiert der Begriff Lehrer*ausbildung* den konkreteren Teil der zukünftigen Berufstätigkeit.

– sowie vieler anderer – Erfahrungen erscheint die These von der Reformunfähigkeit des gegenwärtigen Systems der Lehrerausbildung durchaus plausibel. Durch die Einführung eines konsekutiven Modells der Lehrerausbildung, das von klar definierten Studienzeiten (drei Jahre BA plus zwei Jahre Masters-Studium bzw. ein Jahr im Fall von GHR) ausgeht, werden die der Mehrheit der heutigen Generation eher angemessenen Voraussetzungen geschaffen, ein erstes Studium in einem absehbaren zeitlichen Rahmen zu absolvieren und bei Interesse, Fähigkeiten und entsprechendem Bedarf an Lehrern ein zweites anzuschließen. Der Mehrheit der heutigen Studierenden ist der Weg eines traditionellen Studiums mittlerweile zu lang geworden, der erste Studienabschluss, sei es das Diplom, der Magister oder im Falle der zukünftigen Lehrer das Staatsexamen als unabdingbare Voraussetzung für eine beginnende Berufstätigkeit ist psychologisch viel zu weit entfernt vom Startpunkt, so dass das Studienziel nicht selten erst „auf Umwegen" bzw. überhaupt nicht erreicht wird. Zweifellos ist das vielfach von den Befürwortern bzw. Verteidigern des gegenwärtigen Ausbildungssystems ins Feld geführte Argument des unter Studierenden weit verbreiteten und für sie zur Finanzierung des Lebensunterhalts notwendigen Jobbens als Begründung für eine überlange Studienzeit nicht von der Hand zu weisen. Die Perspektive eines langen Studiums mag bereits Studienanfänger, die nicht selten schon in ihrer Schulzeit Nebenverdiensttätigkeiten nachgegangen sind – sei es aus Kompensation zur Langeweile des Schulunterrichts und/oder zur Erfüllung materieller Wünsche – dazu verführen, diese „Gewohnheit" auch mit dem Beginn ihres Studiums fortzusetzen. Diese Gewohnheit ist bei vielen Studierenden so verfestigt, dass sie mittlerweile sogar eine höhere Priorität einnimmt als das Studium.[5] Dass die Lehre im Rahmen der Lehrerausbildung, aber nicht nur dort, im Allgemeinen einen erheblich geringeren Status als die Forschung (oder auch Tätigkeiten in der akademischen Selbstverwaltung) einnimmt, davon legt die Geschichte von Berufungsverfahren ein beredtes Zeugnis ab. Die an den ehemaligen pädagogischen Hochschulen bei Berufungsverfahren geübte Praxis, Kandidaten eine „Unterrichtsstunde" abhalten zu lassen, wurde von Universitätsvertretern in der Vergangenheit vielfach als unwissenschaftliches Kuriosum betrachtet. Immerhin scheint sich das Kriterium einer „Lehrprobe" auch seit einiger Zeit zumindest bei der Besetzung von fachdidaktischen Professuren an Universitäten durchgesetzt zu haben. In den Fachwissenschaften hingegen gilt dieses Kriterium zur Feststellung der pädagogischen Eignung von Hochschullehrern jedoch noch immer eher als Ausnahme.

Wenn es den an der Lehrerausbildung beteiligten Fachwissenschaftlern und Fachdidaktikern, in Zusammenarbeit mit den Grundwissenschaften gelingt, die Möglichkeiten des Modularisierungskonzepts in der Ausbildung von Fremdsprachenlehrern im Hinblick auf inhaltliche, fachdidaktische und praktische Anteile in ausgewählten Bereichen aufeinander abzustimmen und miteinander zu verbinden, dann könnten den Studierenden sehr wahrscheinlich einige Zusammenhänge und Einsichten in das Lehramtsstudium vermittelt werden, auf die sie bisher im Allgemeinen vergeblich gewartet haben. Allerdings ist im Sinne einer Lehrerbildung auch darauf zu achten, dass ein ausreichender Freiraum zur Verfügung steht, innerhalb dessen sich die Studierenden ihre eigenen Interessensschwerpunkte schaffen können.

[5] Eine nicht untypische studentische Aussage bei Terminvereinbarungen ist ja bekanntermaßen „Da kann ich nicht, da muss ich arbeiten".

Die *Empfehlungen zur Weiterentwicklung der Lehrerbildung in Niedersachsen* (Arbeitsgruppe Lehrerbildung der Wissenschaftlichen Kommission 2002, 36) sehen zwar weiterhin die „institutionelle Anbindung der Fachdidaktiken an die Fächer" vor, zielen inhaltlich aber auf eine andere Entwicklung ab, nämlich auf ein gemeinsames Kerncurriculum für die Grundwissenschaften und die Fachdidaktiken. Dieses aus vier Themenblöcken bestehende – auch für den Gymnasialbereich gültige – Kerncurriculum[6] läuft auf eine Abkoppelung der Fachdidaktiken von den Fachwissenschaften hinaus, eine zwar als „Innovationsschritt für die universitäre Lehrerausbildung" deklarierte Forderung, die aber hinsichtlich der Aufgabenfelder zukünftiger Gymnasiallehrer (Vermittlung von Sprach- und Sprechkompetenz, sprachlichem Wissen, Literatur, Landeskunde) als in hohem Maße problematisch angesehen werden kann. Die Tatsache, dass die Arbeitsgruppe vorrangig von Erziehungswissenschaftlern und den Erziehungswissenschaften verbundenen Fachdidaktikern besetzt war, mag die Empfehlung eines so beschaffenen Kerncurriculums erklären. Sie könnte aber auch als ein Indikator für eine Entwicklung gesehen werden, in der die bisherige, philologisch basierte Lehrerausbildung in eine dezidiert pädagogisch basierte umgekehrt würde. Am Beispiel des eben analysierten Kerncurriculums lässt sich festhalten, dass mit der Einführung konsekutiver Studiengänge in der Lehrerausbildung zwar eine notwendige, aber noch keine hinreichende Bedingung für eine Verbesserung derselben geschaffen wird.

3. Aus welchen Erkenntnissen der Erforschung des Lehrens und Lernens fremder Sprachen lassen sich Ihrer Meinung nach Vorschläge für eine Reform der Fremdsprachenlehrerausbildung ableiten bzw. wo liegen bereits Modelle vor?

Wie in den beiden vorangehenden Teilen deutlich geworden ist, sehe ich das BA/MA-Modell im Vergleich zum traditionellen Modell der Lehrerausbildung vor allem als eine strukturelle Innovation, das Studium in kürzerer Zeit und mit größeren Einsichten für die Studierenden zu absolvieren. Aufgrund dieser Ausgangssituation kann ich mir schwer vorstellen, dass es fremdsprachenspezifische Forschungsergebnisse gibt oder geben könnte, die insbesondere für dieses Modell sprechen, da die oben vorgetragenen Argumente sich ebenso auf andere Lehramtsfächer übertragen lassen. Ich möchte in diesem Zusammenhang jedoch zwei Bereiche ansprechen, die mit einem BA/MA-Modell effizienter umgesetzt werden können, da zu klar definierten, aber aus der Sicht der Studierenden gleichzeitig variablen Zeitpunkten ihre Realisierung möglich ist. Der erste Bereich bezieht sich auf den für zukünftige Fremdsprachenlehrer unabdingbaren längeren Auslandsaufenthalt (möglichst ein Jahr). Den zweiten, die Qualifikation zum bilingualen Sachfachlehrer, sollte man zumindest partiell mit dem Auslandsaufenthalt verbinden. Die Frage des obligatorischen Auslandsaufenthaltes gehört zu den mit am längsten diskutierten Fragen der Lehrerausbildung. Ich erinnere mich etwa an meine eigene Studienzeit

---

[6] Beim den vier Themenblöcken des „Kerncurriculum Grundwissenschaften und Fachdidaktiken" handelt es sich um die folgenden: (I) Bildung, Erziehung, Gesellschaft, (II) Lernen, Verstehen, Entwicklung, (III) Schule, Unterricht, Lehrerberuf, (IV) Lernplanung, Lerndiagnose, Beratung/Beurteilung. Eine stärker die fachliche Seite des Fremdsprachenunterrichts, in diesem Fall des Englischunterrichts, berücksichtigende Sichtweise liegt den Beiträgen zum *Kerncurriculum Oberstufe* (Tenorth 2001) für das Fach Englisch zugrunde (vgl. exemplarisch die Beiträge von Klippel, Schröder und Zydatiß).

Mitte bis Ende der 60er-Jahre, in der mit Hinweis auf die vom Grundgesetz garantierte freie Wahl des Wohnortes gegen einen verpflichtenden Auslandsaufenthalt argumentiert wurde. Immerhin hat die im vergangenen Herbst novellierte PVO-Lehr I jetzt zumindest einen dreimonatigen Auslandsaufenthalt festgeschrieben. Ein zeitlich und inhaltlich klar konturiertes BA/MA-Studienmodell böte z.B. Studierenden die Möglichkeit, nach dem zweiten Studienjahr ein Semester bzw. nach örtlichen Gegebenheiten zwei Trimester im Ausland zu studieren und im danach folgenden Semester das BA-Studium in Deutschland abzuschließen. Angesichts der immer stärker werdenden Bedeutung des bilingualen Sachfachunterrichts – zugegebenermaßen vor allem mit Englisch als Unterrichtssprache[7] – sollte man den Studierenden empfehlen, auch ihr Sachfach, also das zweite Unterrichtsfach, an der ausländischen Universität zu studieren. Zweifellos gehört die Beherrschung der Fachinhalte, u.a. festzumachen an der Fachterminologie, sowie die Beherrschung der mündlichen und schriftlichen Diskursgewohnheiten im Fachgebiet zu den essenziellen Voraussetzungen für die Erteilung von bilingualem Sachfachunterricht. In der sich dem BA anschließenden Masters-Phase wäre Gelegenheit, die im Ausland (und natürlich an der Heimatuniversität) erworbenen Fachkenntnisse theoretisch und anwendungsbezogen zu vertiefen und zu erweitern. Zu entsprechenden Modulen zusammengefasste Lehrveranstaltungen zum Spracherwerb/Bilingualismus/Sprachlerntheorien, zur Entwicklung von Lehr- und Lernmaterialen für das Sachfach, zur Planung und Analyse von bilingualem Sachfachunterricht, ein Begleit- und Nachbereitungsseminar zum Fachpraktikum sowie ein Forschungsseminar zu theoretischen und empirischen Fragen des bilingualen Sachfachunterrichts wären – bei Vorliegen entsprechender fachlicher und im Ausland insbesondere erworbener fachsprachlicher Voraussetzungen – geeignet, bei einer so angestrebten Verknüpfung von BA- und MA-Phasen die erforderlichen fachdidaktischen Grundlagen von zukünftigen bilingualen Sachfachlehrern in Kooperation mit Vertretern der Fachdidaktiken der Sachfächer im Rahmen eines klar strukturierten Curriculums bereitzustellen.

Für die zeitliche Platzierung und die Ausgestaltung von Auslandsaufenthalten (z.B. Studium, Sprachassistent, Praktikum) bei einem BA/MA-Studium bieten sich eine Reihe von Möglichkeiten an, z.B. der bereits erwähnte Studienaufenthalt nach dem zweiten Studienjahr, eine Tätigkeit als Sprachassistent nach dem zweiten Jahr oder nach Abschluss des BA-Studiums. Bei entsprechender Planung und Vorhandensein der notwendigen Ressourcen sollte auch ein Auslandaufenthalt im postgradualen Masters-Studiengang denkbar sein.

Im Hinblick auf den europäischen Bildungs- und Ausbildungskontext sowie unter Berücksichtigung der mit der traditionellen Form der Lehrerausbildung nicht unbedingt als positiv einzustufenden Erfahrungen bietet das Modell der konsekutiven Studiengänge in der Lehrerausbildung ein bisher nicht vorhandenes Potenzial, zukünftige Lehrer erfolgreicher (mit Blick auf den tatsächlich erreichten Abschluss), schneller und auf der Grundlage des Modularisierungskonzeptes auch mit größeren Einsichten in das Zusammenwirken von inhaltlichen, fachdidaktischen wie auch pädagogischen Faktoren auszustatten.

---

[7] Thürmann (2000, 475) nennt eine Gesamtzahl von 307 Schulen, von denen 216 Englisch als Unterrichtssprache verwenden; die in demselben Artikel aufgeführte Übersicht (Thürmann 2000, 477) zur Entwicklung bilingualer Schule zeigt deutlich, dass der Anteil englischsprachigen Sachfachunterrichts überproportional angestiegen ist.

Literaturangaben

Bildungskommission NRW (1995): *Zukunft der Bildung - Schule der Zukunft. Denkschrift der Kommission "Zukunft der Bildung – Schule der Zukunft" beim Ministerpräsidenten des Landes Nordrhein-Westfalen.* Neuwied: Luchterhand.

Gnutzmann, Claus (1995): „Linguistik und Fachdidaktik in der anglistischen Lehrerausbildung“. In: *Anglistik* 6, 31-35.

Helbig, Beate/Kleppin, Karin/Königs, Frank (Hrsg.) (2000): *Sprachlehrforschung im Wandel. Beiträge zur Erforschung des Lehrens und Lernens von Fremdsprachen. Festschrift für Karl-Richard Bausch zum 60. Geburtstag.* Tübingen: Stauffenburg.

Hermes, Liesel/Schmid-Schönbein, Gisela (Hrsg.) (1998): *Fremdsprachen lehren lernen – Lehrerausbildung in der Diskussion.* Dokumentation des 17. Kongresses für Fremdsprachendidaktik, veranstaltet von der Deutschen Gesellschaft für Fremdsprachenforschung (DGFF). Koblenz, 6.-8. Oktober 1997.

Königs, Frank G. (Hrsg.) (2001): *Impulse aus der Sprachlehrforschung. Marburger Vorträge zur Ausbildung Fremdsprachenlehrerinnen und -lehrern.* Tübingen: Narr.

Königs, Frank G./Zöfgen, Ekkehard (Koord.) (2002): *Lehrerausbildung in der Diskussion* (=*Fremdsprachen Lehren und Lernen (FLuL)* 31). Tübingen: Narr.

Klippel, Friederike (2001): „Englischunterricht in der gymnasialen Oberstufe: Rahmenbedingungen und Entwicklungsmöglichkeiten eines Kernfachs“. In: Tenorth (Hrsg.), 195-211.

Märgner, Jan (2002): „Bericht zum Fachpraktikum Englisch“. TU Braunschweig, Englisches Seminar, Manuskript.

Schröder, Konrad (2001): „Thesen zur überfälligen Reform des Englischunterrichts der gymnasialen Oberstufe und zu einem fachspezifischen Kerncurriculum“. In: Tenorth (Hrsg.), 162-194.

Tenorth, Heinz-Elmar (Hrsg.) (2001): *Kerncurriculum Oberstufe: Mathematik – Deutsch – Englisch.* Expertisen – im Auftrag der Ständigen Konferenz der Kultusminister. Weinheim: Beltz.

Terhart, Ewald (Hrsg.) (2000): *Perspektiven der Lehrerbildung in Deutschland.* Abschlussbericht der von der Kultusministerkonferenz eingesetzten Kommission. Weinheim: Beltz.

Thürmann, Eike (2000): „Zwischenbilanz zur Entwicklung der bilingualen Bildungsangebote in Deutschland“. In: Helbig/Kleppin/Königs (Hrsg.), 473-497.

Zydatiß, Wolfgang (2001): „Gesellschaftliche Herausforderungen für den Englischunterricht und Empfehlungen für seine Reform“. In: Tenorth (Hrsg.), 212-229.

Ingrid Gogolin

Fremdsprachenlehrerausbildung

0. Vorbemerkung

Es ist durchaus recht erfreulich, dass der Lehrerbildung augenblicklich viel Aufmerksamkeit zugewendet wird. Weniger erfreulich allerdings sind die Anlässe, die Begleitumstände und der Tenor mancher Debatten. Geredet wird von gescheiterter Lehrerbildung, und für das Scheitern wird tendenziell denjenigen Bereichen, die faktisch die geringsten Anteile an ihr haben, die Schuld zugewiesen (vgl. als ein Beispiel Weiler 2003). Empirische Untersuchungen darüber, ob die gegenwärtige Lehrerbildung erfolgreich ist oder nicht, gibt es hingegen kaum; zu den Ausnahmen von dieser Regel im deutschsprachigen Raum gehört die materialreiche Studie von Oser und Oelkers (dies. 2000), die die Lage in der Schweiz untersucht haben. Für gescheitert erklärt wird die Lehrerbildung auch gern mit indirekter Beweisführung. Beliebt ist beispielsweise die Berufung darauf, dass die deutsche Schülerschaft in internationalen Schulleistungsvergleichsstudien – TIMSS, PISA, IGLU – schlecht abschneidet. Diese öffentliche Stimmungslage veranlasst mich, zwei Andeutungen über Kurzschlüsse in derartiger Beweisführung meinem Beitrag vorweg zu stellen.

- Wie fundiert ist, empirisch betrachtet, der Schluss von einer tatsächlichen oder vermeintlichen Misere der Schule auf Missstände der Lehrerausbildung? Über den Zustand der Schule kann hier nichts ausgeführt werden; dazu ist an anderen Stellen Gelegenheit. Klar ist aber, dass die Lehrerausbildung schon seit langem auf diesen Zustand relativ einflusslos ist. Die langjährige Lehrereinstellungspolitik ist, so kann ich unterstellen, allgemein bekannt – ebenso wie das daher rührende Faktum, dass das Durchschnittsalter in Lehrerkollegien inzwischen höher liegt als 50 Jahre. Der überwiegende Teil der frisch Ausgebildeten mündet also keineswegs in eine reguläre praktische Ausübung des Lehrberufs an einer Schule ein. Wie verbesserungsbedürftig die Lehrerausbildung auch immer sei: Die Ursachen für missliche, unbefriedigende Zustände in Schulen müssen zu erheblichen Teilen ganz woanders liegen.
- Wie fundiert ist es, die erziehungswissenschaftlichen und fachdidaktischen Anteile der Ausbildung für die behauptete Misere der Lehrerbildung verantwortlich zu machen? Es ist gewiss nicht zu verwunderlich, dass beinahe jeder Mensch ein Mitspracherecht über die Qualität dieser Ausbildung empfindet – legitimiert allein dadurch, dass ein jeder einmal erzogen wurde und die Schule erlebt, gelegentlich erlitten hat. Aber die so fundierte Urteilskraft ist begrenzt. Legt man zum Beispiel prüfbare Daten über Wert und Nutzen einer akademischen Ausbildung zugrunde, so kommt die Lehrerbildung nicht schlecht weg. Den – gewiss wenigen – Verbleibsstudien nach beispielsweise, die die Erziehungswissenschaft vorzuweisen hat, sind Absolventen pädagogischer Ausbildungen weniger als die anderer geistes- und sozialwissenschaftlichen Studiengänge von Arbeitslosigkeit betroffen (vgl. Otto 2000). Was immer also der Wert und Nutzen einer solchen Ausbildung genau sein mag: Nicht von der Hand zu weisen ist, dass sie eine gewisse Lebens- und Berufstüchtigkeit zumindest nicht verhindert.

Ungeachtet dessen ist nicht zu leugnen, dass die Lehrerbildung Verbesserungen verdient und dass die Erziehungswissenschaft und die Fachdidaktiken das ihre dazu beizutragen haben. In meinem Beitrag gehe ich zunächst auf ein grundlegendes Strukturproblem der Lehrerbildung ein, aus dem sich aus erziehungswissenschaftlicher Sicht ein besonderer Nachteil für die Qualität der Ausbildung ergibt. Sodann stelle ich einen praktischen Reformansatz vor, den ich für chancenreich dafür halte, eine Verbesserung der Lehrerbildung zu erreichen: den Ansatz zur Reform der Lehrerbildung in Hamburg. Zum Abschluss wird – unkommentiert – ein konkreter Vorschlag für ein Kerncurriculum präsentiert, das im Rahmen der Hamburger Lehrerbildungsreform für die Ausbildung von Fremdsprachenlehrern erarbeitet wurde.

Mein Beitrag stützt sich also weitgehend auf „work in progress" – diesmal nicht aus der Forschungswerkstatt, sondern aus dem Lehrerbildungsreform-Labor.

1. Strukturelle Stärken und Schwächen der gegenwärtigen Lehrerbildung

Zu den größten Stärken der Lehrerbildung in Deutschland gehört, dass sie akademisch fundiert ist. Sie ist als wissenschaftliche Ausbildung heute (mit wenigen Ausnahmen) an Universitäten loziert – und zwar unabhängig vom erwarteten institutionellen Einsatzort der Absolventinnen und Absolventen. Dieses starke, positive Merkmal der deutschen Lehrerausbildung hat sich prinzipiell bewährt (vgl. Radtke 1999). Besonders deutlich wird dies, wenn man in der international vergleichenden Bildungsforschung die Ausbildungssysteme anderswo in den Blick nimmt. Insbesondere in Umbruchsgesellschaften kann in der Praxis beobachtet werden, dass eine stärker „handwerkliche", weniger auf wissenschaftlicher Basis durchgeführte Ausbildung bei der praktischen Ausübung des Lehrberufs ihre Defizite entfaltet. Sichtbar wird dies zuerst, wenn sich durch gesellschaftliche und kulturelle, ökonomische und technische Entwicklungen hohe Innovationsansprüche an den Beruf stellen. Dies aber ist nach Lage der Dinge in modernen, hochgradig technisierten und differenzierten Gesellschaften allenthalben der Fall. Die Ansprüche an Innovationskompetenz im Lehramt sind auf der Grundlage von schnell veraltendem, rezeptologischem Anwendungswissen nicht einlösbar. Hierfür bedarf es vielmehr der theoriegeleiteten analytischen, diagnostischen und konstruktiven Kompetenzen als Grundqualifikationen für den Lehrberuf.

In der aktuellen Kritik an der Lehrerbildung wird vielfach darauf verwiesen, dass ihr ein akademischer Ort fehle (so z.B. vom Wissenschaftsrat oder der Expertenkommission NRW). Die Universitäten, so wird dort festgestellt, hätten sich der Aufgabe der Lehrerbildung nicht ernstlich angenommen. Hiermit ist auf ein strukturelles Defizit verwiesen – und zugleich auf Mängel, die sich bei der Umsetzung der Idee eingeschlichen haben, die Lehrerbildung in die Universitäten einzubinden. Hierzu einige Andeutungen (vgl. ausführlicher Böllert/Gogolin 2002).

Etabliert worden ist seit den 1970er Jahren eine universitäre Lehrerausbildung, die aus den Komponenten Fachwissenschaft – üblicherweise mit dem Studium zweier Unterrichtsfächer –, Fachdidaktiken und einem erziehungs- und gesellschaftswissenschaftlichen Grundlagenstudium besteht; das Letztere wird zuweilen auch Begleitstudium genannt. Die Didaktiken und das erziehungswissenschaftliche Grundlagenstudium sollten dabei so etwas wie eine Scharnierfunktion übernehmen. In ihren Beiträgen zur Ausbildung sollte sich der Berufsbezug bündeln; hier sollte gleichsam wie in einem Wassertropfen sicht- und erlernbar gemacht werden, was die professionelle Ausübung des Lehrberufs eigentlich ausmacht.

Diese auf den ersten Blick recht charmante Idee ist praktisch an vielem gescheitert. Ein bedeutender Anlass des Scheiterns ist es, dass die Kernmomente des Lehrberufs – jene Momente also, die die professionelle Kompetenz bestimmen – an den Rand der Ausbildung gelagert wurden. Die Wissenschaftlichkeit der Lehrerausbildung wird gleichsam abgerechnet über die in den so genannten Fachwissenschaften absolvierten Ausbildungselemente; dort sind auch die größeren Anteile der Ausbildung abzuleisten. Diese aber gewinnen ihr Selbstverständnis ausdrücklich nicht daraus, dass Beziehungen zwischen dem gelehrten Gegenstandsfeld und der Art und Weise gestiftet werden, wie man etwas aus dem Feld erlernt oder wie dieses Lernen angeleitet oder organisiert werden könnte. Den Referenzrahmen bietet vielmehr – legitimerweise – die Systematik des jeweiligen Faches. Die Fachsystematik jedoch gibt für Lehr- und Lernzusammenhänge nur in Grenzen Anhaltspunkte her. Dass und wie ein mathematisches Gesetz funktioniert, ist kaum hinweisgebend dafür, ob und warum es zum Bildungskanon gehören soll oder wie – falls ja – es im schulischen Lehrprozess dargeboten werden soll, damit es lernbar wird und bildend wirkt. Darüber hinaus sind die Systematiken der Fächer, selbst wenn sie gleichen Namens sind, in Universität und Schule keineswegs deckungsgleich (vgl. hierzu z.B. Lange 2002). Ohne Zweifel benötigen die künftigen Lehrkräfte fundiertes fachliches Wissen – aber daraus speist sich nur ein Teil der Berufskompetenz, nicht ihr Ganzes.

Hieraus folgt,

- dass die Anforderungen, die speziell an den Lehrerberuf gestellt sind, bei der Bestimmung von Themen und Gegenständen der sog. fachwissenschaftlichen Studienteile berücksichtigt werden müssten,
- dass die erziehungswissenschaftlichen und fachdidaktischen Grundlagenstudien die Lehrerausbildung insgesamt deutlicher profilieren müssten, als das bis dato der Fall ist.

Freilich wären einige Hürden zu überwinden, damit dies realisiert werden könnte. Unabhängig davon, ob man der Erziehungswissenschaft und den Fachdidaktiken die innere Qualität zutraut, diese Leistung zu erbringen, gibt es strukturelle Hindernisse, die davor errichtet sind. Dazu gehört zunächst das schon erwähnte rein quantitative: Den größten Zeitanteil an der Lehramtsausbildung besitzen die fachwissenschaftlichen Ausbildungen. Von Erziehungswissenschaft und Fachdidaktik werden in einigen Bundesländern und Studiengängen nur einzelne Semesterwochenstunden bestritten; sie kommen in günstiger Lage höchstens auf 30% des Studiums.

Ein weiteres Hindernis besteht darin, dass die Erziehungswissenschaft und die Fachdidaktiken mit einem heimlichen Zusatzauftrag in den Universitäten etabliert worden sind. Sie besitzen einen disziplinendurchdringenden, traditionelle Fächergrenzen übergreifenden Arbeitsauftrag, der dem üblichen Selbstverständnis der Disziplinen zuwiderläuft.[1] Die deutschen Universitäten sind traditionell stark versäult konzipiert; in der Regel bestimmen die Fachgrenzen auch die Grenzen des Diskurses. Mit der – angesichts der Berufsaufgaben sinnvollen – Anlage der Ausbildung als Mehr-Fächer-Studium ist faktisch das implizite Ansinnen einer Innovation des Versäulungsprinzips der Universitäten verbunden gewesen. Zugleich sind Erziehungswissenschaft und Fachdidaktiken, bei denen die Umsetzung dieses Ansinnens in erster Linie angelagert ist, als schwache Bereiche etabliert worden. Sie wurden mit schlechter Grundausstattung versehen (vgl. Otto 2000) und diffus loziert. Dass sie an der heimlichen Innovationsaufgabe offensichtlich gescheitert sind, ist angesichts der Umstände nicht besonders verwunderlich.

Die erziehungs- und sozialwissenschaftlichen Zulieferer zur Lehrerausbildung und die Fachdidaktiken haben sich auf diese Weise zur institutionalisierten akademischen Heimat der Lehrerausbildung nicht entwickeln können; dahingestellt sei, ob sie sich dazu entwickeln wollten. Sie haben statt dessen, über die Universitäten verstreut, ihr Eigenleben entfaltet – nicht zuletzt, um nicht ständig den Konjunkturen zum Opfer zu fallen, die sich durch das Auf und Ab des Lehrerbedarfs ergeben. Die so genannten Fachwissenschaften haben sich zur Heimat der Lehrerausbildung nicht entwickeln wollen, weil sie – durchaus legitimerweise – anderen Rationalen folgen als denen, die sich aus Lehr- und Lernzusammenhängen ergeben. Für die Lehrerausbildung ist es fatal, dass die Letzteren den starken, die Ersteren den schwachen materiellen und institutionellen Rückhalt in den Universitäten besitzen. Die intendierte Stärkung der Lehrerbildung, die mit dem Akt der Einbindung in die Universitäten verbunden war, hat durch die Art und Weise der Realisierung zugleich ihre Schwächung bedeutet. Die Verbesserung der Lehrerausbildung ist mithin nicht nur eine Frage anderer Inhalte, sondern erfordert auch Strukturreformen – freilich solche, deren positive Wirkungen absehbar wären.

2. „Neue Formate" der Lehrerbildung

Zur Reform der Lehrerbildung liegen neuerdings zahlreiche Vorschläge vor, bei deren Betrachtung man unweigerlich déjà-vu-Erlebnisse hat. Eine spezielle Ausbildung für die Lehrertätigkeit gibt es seit der Wende vom 18. zum 19. Jahrhundert. Sie kommt zustande, weil eine allgemeine Unterrichtspflicht sich durchzusetzen beginnt, die in einem öffentlichen, zunehmend staatlich verantworteten Bildungswesen realisiert werden soll. Hiermit eröffnete sich einerseits ein Quantitätsproblem; es wurde eine große Zahl von Kräften benötigt, die das Unterrichten der wachsenden Schülermenge übernehmen. Andererseits entstand das Problem der Qualität und ihrer Kontrolle (vgl. hierzu und zum Folgenden Böllert/Gogolin 2002; Oelkers 2001). Das vorherige „Schulmeistern", die Weitergabe von aus handwerklich-zünftlerischer Praxis oder von aus geistlichen Berufen abgeleiteten Fertigkeiten und Kenntnissen, wurde nicht länger als adäquat betrachtet, da auf diesem

[1] Hier berufe ich mich auf das Verständnis von „Disziplin", wie es z.B. Egon Becker (vgl. 1998, 43) definiert hat: „Eine Disziplin braucht

- ein soziales Substrat (die ‚scientific community' mit spezifischen Karrieremustern),
- einen spezifischen Kommunikationszusammenhang (z.B. über Konferenzen und Publikationen),
- einen kognitiven Komplex (Gegenstandsbereich, Problembestand, akzeptiertes Wissen, Forschungsmethoden etc.)."

Wege die gesellschaftlichen Erwartungen an das Ergebnis von institutionalisierten Bildungsprozessen nicht erfüllt werden konnten. Eine an die Verberuflichung der Lehrertätigkeit von Beginn an geknüpfte Hoffnung ist es also, dass die spezielle Qualifizierung zur besseren Wirksamkeit des Unterrichts und zur verbesserten Gestaltung der Bildungsinstitutionen selbst beitragen möge. Komplementär dazu gehört die Klage über die schlechte Qualität der Schulbildung gleichfalls zu den Dauerthemen der Debatten über den Lehrerberuf.

Die Praxis der Realisierung von Ansprüchen an die Lehrerbildung besteht bis heute vor allem darin, Zielkataloge zu verfassen, die als Ausweis für eine „gute Ausbildung" gelten. Die Kontrolle der Ausbildungsqualität geschieht durch den Akt der Abschlussprüfung(en). Angesichts der Dauerklage über die schlechte Ausbildungsqualität ist es erstaunlich, wie gering demgegenüber traditionell die Investitionen in die Prüfung der Frage sind, wie wirksam spezifische Kenntnisse oder Fähigkeiten – deren genauere Benennung über die Zeiten wechselt – bei der Ausübung des Berufs sind. Seit Beginn ihrer Etablierung erlebt die Lehrerbildung im deutschsprachigen Raum, dass Reformen ohne systematische Kontrolle ihrer Effekte stattfinden. Kontroversen über Inhalte der Lehrerbildung und die passenden Formen und Orte ihrer Vermittlung sind traditionell von allgemeinen weltanschaulichen oder pädagogischen Überzeugungen durchzogen. Systematische Information aber – etwa über die Qualität der Lehrerarbeit –, aus der sich die Wirksamkeit der Ausbildung ablesen ließe, gibt es kaum (vgl. Terhart 2000, 25; Oser/Oelkers 2001).

Es ist also weitgehend spekulativ, einem der Ansätze zur Reform der Lehrerbildung, die zur Zeit diskutiert werden, die gewünschte Besserung zuzutrauen, aber es sei dennoch gewagt.

Systematisch unterscheidbar sind am Anfang des 21. Jahrhunderts zwei Ansätze zur Reform der Lehrerbildung: ein auf die weitere grundständige Ausbildung setzender, in dem die gegebenen Strukturen aufgegriffen und weiterentwickelt werden; ein anderer, der die Strukturveränderung in den Vordergrund stellt und dabei dem – freilich relativ diffus in die hiesige Landschaft übersetzten – so genannten angelsächsischen Modell von Bachelor- und Masterstudiengängen folgt. Aus meiner Sicht spricht das meiste für eine weiterhin grundständige Lehrerbildung (vgl. die in DGFE 2001 vorgetragenen Argumente; siehe auch Terhart 2000; Lange 2002), aber selbstverständlich nichts gegen die Erprobung anderer Strukturen – wenn sie denn systematisch evaluiert würden.

Das Hamburger Modell der Reform der Lehrerbildung gehört zu jenen, die an der vorhandenen Struktur ansetzen und ihre Weiterentwicklung intendieren (vgl. Keuffer/Oelkers 2000). Das Modell hat folgende Grundzüge (ebd., 12ff):

Es wird davon ausgegangen, dass die Wahrnehmung einer „Krise" der Lehrerbildung vor allem aus den veränderten Bedingungen rührt, unter denen der Lehrberuf wahrgenommen werden muss. Diese Lage erfordere, dass die Ausbildung zu diesem Beruf als ständige Lernaufgabe konzipiert werden müsse. Der Schlüssel für die Verbesserung der Lehrerbildung sei Personalentwicklung: also die kontinuierliche Qualifizierung des Personals für neue Anforderungen. Daher sei die Lehrerausbildung als Einheit zu betrachten – mit der

Konsequenz, dass ihre bisher getrennten Phasen eng verzahnt werden. Universitätsausbildung und Ausbildung der zweiten Phase müssten einander ergänzende Inhalte erhalten; der Übertritt in das Berufsleben sei als Berufseingangsphase zu gestalten; die permanente Weiterbildung müsse stärkeres Gewicht erhalten – die Kommission empfahl ein Obligatorium in der Fortbildung von Lehrkräften (ebd., 13).

Zur Realisierung dieser Vorstellung empfahl die Kommission die Neugestaltung der Organisation der Lehrerbildung. Errichtet werden solle eine durch gemeinsame Zielsetzungen und Leistungsvereinbarungen verbundene Leitungsstruktur, in der alle Beteiligten an der Lehrerbildung mitwirken – Universität, Studienseminar und Lehrerfortbildung. Für die inhaltliche Gestaltung wurde die Entwicklung von Kerncurricula je Unterrichtsfach empfohlen, die erneut unter Beteiligung aller an der Lehrerbildung Mitwirkenden zustande kommen sollen. Die Realisationsform dafür sind „Sozietäten" pro Unterrichtsfach, in denen Vertreterinnen und Vertreter der Erziehungswissenschaft, der jeweiligen Fachwissenschaft, der Fachdidaktik, der „Zweiten Phase" und der Lehrerfortbildung gemeinsam über die Kerncurricula beraten und entscheiden. Die Entwicklung der Kerncurricula wurde Ende 2002 abgeschlossen; ihre Implementation und die Evaluation ihrer Wirksamkeit beginnen 2003.

Eine Besonderheit des Hamburger Modells ist es, dass drei „prioritäre Themen" definiert wurden, deren Studium für die Studierenden aller Unterrichtsfächer und Studiengänge verbindlich ist, weil davon ausgegangen wird, dass sie für den Lehrberuf unabhängig vom Ort und Inhalt seiner Ausübung relevant sind und es auch mittelfristig bleiben. Die Themen lauten: „Medien und neue Technologien"; „Schulentwicklung"; „Kulturelle und soziale Heterogenität". Die zu diesen Themen vermittelte Qualifizierung soll auf zwei Wegen geschehen: zum einen dadurch, dass sie als Dimension des übrigen Studienangebots beachtet werden – man könnte dies neudeutsch auch „mainstreaming" nennen –, und zum anderen durch speziell den Themen zugeeignete Lehrveranstaltungen in der Erziehungswissenschaft bzw. den Fachdidaktiken. Die Konzeptionen für diese Studienangebote werden ebenfalls von so genannten Sozietäten entwickelt, in denen Vertreterinnen und Vertreter der „drei Phasen" der Lehrerbildung versammelt sind. Deren Aufgaben sind, Hinweise darauf zu geben, was unter dem jeweiligen Thema als Dimension der übrigen Kerncurricula zu verstehen ist, und darüber hinaus Modelle für die einem Thema speziell zugedachten Anteile der Ausbildung zu entwickeln. Hierbei kann es sich um Elemente von Lehrveranstaltungen handeln (vgl. als ein Beispiel die Lehrveranstaltung „Bildung in der Einwanderungsgesellschaft" im Kerncurriculum Erziehungswissenschaft, präsentiert unter www.ingrid-gogolin.de).

Das prioritäre Thema „Kulturelle und soziale Heterogenität" bietet zahlreiche Anknüpfungspunkte für die Gestaltung der Lehrerbildung in den sprachlichen Fächern. Als Beispiel für den Stand der Arbeit an diesem Thema den Entwurf einer „Checkliste" vor, die von der Sozietät für dieses Thema entwickelt wurde. Damit soll den für die Unterrichtfächer zuständigen Sozietäten eine Prüfung ihrer Kerncurricula unter dem Gesichtspunkt ermöglicht werden, ob das prioritäre Thema als Dimension hinreichend berücksichtigt wurde.

Leitfragen für andere Sozietäten (Entwurfsfassung, Stand September 2002)[2]

„Von der Hamburger Kommission Lehrerbildung wurde den drei „prioritären Themen" die Doppelfunktion zugewiesen, einerseits Gegenstand der Lehrerbildung zu sein, andererseits als Dimension der Gestaltung von Lehr- und Lernprozessen generell zu fungieren. Aus dieser Verortung ergibt sich, dass Anforderungen an die Kerncurricula aller Teile des Lehramtsstudiums – also Erziehungswissenschaft und Fachdidaktik sowie Fachwissenschaft – zu stellen sind. Die folgenden Stichpunkte sollen dazu dienen, solche Anforderungen ermitteln zu können.

A. Anforderungen an Fachwissenschaft und Fachdidaktik

(1) Generelle Bildungsvoraussetzungen

Die Wahrnehmungs- und Verarbeitungsweisen von Lerngegenständen sind abhängig von den konkreten Lebensbedingungen der Lernenden: der sozio-ökonomischen Lage ihrer Familien; der kulturellen und weltanschaulichen Tradition, in der sie aufwachsen; der psychischen und physischen Kondition, in der sie sich befinden, und ihrem Geschlecht.

- Welche Konsequenzen hat diese Bedingung des Lernens für die Inhalte, die in Ihrer Fachrichtung vermittelt werden sollen?
- In welchen Teilen der Ausbildung und auf welche Weise erfahren die Studierenden von diesen Konsequenzen?
- In welchen Teilen der Ausbildung und auf welche Weise werden die Studierenden dazu befähigt, die spezifischen Bildungsvoraussetzungen, die Lernende mitbringen, zu ermitteln und einzuschätzen?
- In welchen Teilen der Ausbildung und auf welche Weise werden die Studierenden befähigt, heterogene Bildungsvoraussetzungen in Lerngruppen im Unterricht zu berücksichtigen?

(2) Bildungsziele

Ein allgemeines Bildungsziel in einer kulturell und sozial pluralen, demokratischen Gesellschaft ist „interkulturelle Kompetenz". Diese beinhaltet die Fähigkeiten zur Anerkennung von Verschiedenheit und zu gelassenem, angemessenem Umgang mit Vielfalt. Dieses Ziel kann nur erreicht werden, wenn jeder Unterricht dazu beiträgt, einen verstehenden und (selbst-)reflexiven Umgang mit Informationen oder Personen, mit Wahrnehmungen oder Einschätzungen pflegen zu können. Zum Ergebnis von Lernprozessen muss es gehören, die „relative Gültigkeit" des erlangten Wissens oder Könnens zu kennen, zum Perspektivwechsel und zum Austausch über Perspektiven imstande zu sein.

- Auf welche Weise ist das Gegenstandsfeld Ihres Faches von diesen Anforderungen tangiert und welche spezifischen Konsequenzen ergeben sich daraus für die Inhalte des Unterrichts?

---

[2] Der folgende Text ist zitiert aus dem Entwurf der Sozietät „Kulturelle und soziale Heterogenität"; der Gesamttext und weitere Informationen zum Reformprozess sind dem „Hamburger Bildungsserver" zu entnehmen.

- In welchen Teilen des Studiums und auf welche Weise erfahren die Studierenden Ihres Faches von diesen Konsequenzen?
- Welche Strategien und Methoden zur Berücksichtigung dieser Konsequenzen beim Unterrichten lernen Ihre Studierenden kennen?
- In welchen Teilen des Studiums und auf welche Weise lernen die Studierenden, die Ressourcen zu erkennen, kontinuierlich zu beobachten und zu fördern, die die einzelnen Lernenden aufgrund ihrer Lebenslage in den Unterricht mitbringen und die zur Erreichung der Ziele beitragen können?

(3) Lernprozesse unter den Bedingungen von Mehrsprachigkeit

Etwa ein Drittel der Schülerschaft wächst nicht einsprachig mit Deutsch auf, sondern zwei- oder mehrsprachig. Dies beeinflusst die Wahrnehmungs- und Verarbeitungsweisen jeder sprachlich gegebenen Information; es bringt zudem eine (wachsende) Heterogenität der Deutschkenntnisse mit sich, die in einer Lerngruppe versammelt sind. Aber auch die meisten einsprachig aufwachsenden Kinder haben ein „Mehrsprachigkeitsproblem" zu bewältigen, denn die Sprache der Schule hat ihre eigenen, von der Alltagssprache deutlich zu unterscheidenden Gesetzmäßigkeiten.

Jedes Lehren und Lernen ist auch sprachbasiert. Daher muss jeder Unterricht die sprachlichen Anforderungen, die das Lernen der Sache stellt, mit vermitteln. Dabei geht es besonders um die strukturelle Gestalt von Fachsprachen; eher nachrangig ist fachspezifische Terminologie.

- Welche sprachlichen Anforderungen stellt das Lernen der Inhalte, die in Ihrer Fachrichtung vermittelt werden?
- In welchen Teilen der Ausbildung und auf welche Weise erfahren die Studierenden von diesen Anforderungen?
- In welchen Teilen der Ausbildung und auf welche Weise werden die Studierenden befähigt, die (fach-)sprachlichen Bildungsvoraussetzungen, die Lernende mitbringen, zu ermitteln und einzuschätzen? (Zu bedenken ist dabei, dass sprachliches Lernen inner- und außerhalb der Schule stattfindet, so dass Lernentwicklung und Lernfortschritte nicht durch Unterricht allein kontrollierbar sind, sondern immer wieder Vergewisserungen über das Erreichte erforderlich sind).
- In welchen Teilen der Ausbildung und auf welche Weise werden die Studierenden befähigt, heterogene sprachliche Bildungsvoraussetzungen in Lerngruppen im Unterricht zu berücksichtigen?"

Soweit der Auszug aus dem Entwurf: die Leitfragen, anhand derer die übrigen Sozietäten ihre Kerncurricula prüfen sollen. Verfolgt wird die Absicht, dass das prioritäre Thema „Kulturelle und soziale Heterogenität" als Dimension der Ausbildung nicht aus den Augen verloren wird. Arbeitsstand im Frühjahr 2003 ist es, dass die Sozietäten die ihnen vorliegenden Leitfragen prüfen und zunächst zurückmelden, ob sie aus „fremder" Sicht verständlich, nachvollziehbar sind. Komplementär dazu prüft eine Arbeitsgruppe, ob die Kerncurricula der Fächer in geeigneter Weise auf die Anforderungen eingegangen sind, die sich aus der Perspektive des „prioritären Themas" stellen. Dieser Prozess soll im

Sommer 2003 abgeschlossen werden; danach beginnt die Implementation und Evaluation der Kerncurricula.

3. Ein vorliegendes Modell als Beispiel

Nachfolgend werden Auszüge aus einem Kerncurriculum für die Fremdsprachenlehrerausbildung präsentiert – ebenfalls „work in progress" –, das in Kenntnis und unter Berücksichtigung der Leitfragen zum prioritären Thema „Kulturelle und soziale Heterogenität" entwickelt wurde. Dieses bleibt von mir unkommentiert; eine sachkundige Debatte aus Sicht der Sprachlehrforschung ist erwünscht und wird zur Weiterentwicklung dieses Ansatzes konstruktiv beitragen.

Auszug aus: Universität Hamburg, Sozietät 19 „Neue Fremdsprachen in der Schule"
Fassung vom Dezember 2002
KernCurriculum Fachdidaktik Türkisch

A Gliederung
1. Vorbemerkungen; 2. Ziele und Grundsätze; 3. Organisation; 4. Kompetenzbereiche, Inhalte und Standards

1. Vorbemerkungen

Das KernCurriculum formuliert Ziele, Grundsätze, Inhalte und Standards für eine Ausbildung von Lehrerinnen und Lehrern für das Fach Türkisch. Von zentraler Bedeutung ist dabei ein Zugang zum Umgang mit einer Fremdsprache in der Schule, die gleichzeitig für eine große Gruppen von Schülerinnen und Schülern lebensweltlich gegebene Kommunikations- und Familiensprache ist. Es geht um die Berücksichtigung der lebensweltlichen Zweisprachigkeit von Schülerinnen und Schülern sowie der gesellschaftlichen Mehrsprachigkeit.

Für den Unterricht in einer Zielsprache, die von einem Anteil von Schülerinnen und Schülern als Erst- oder Zweitsprache beherrscht wird, in der sie aber ggf. nicht oder nur ansatzweise alphabetisiert worden sind, stellt sich eine veränderte Sprachlern- und -lehrsituation, die neue didaktische Konzeptionen und Methoden, insbesondere Differenzierungsformen, erfordert und eine vertiefte Ausbildung im Bereich der (Zweit-) Spracherwerbsforschung voraussetzt.

Weiterhin wird als Aufgabe des Studiums des Lehramtes Türkisch betrachtet, die besondere Lernsituation von Schülerinnen und Schülern zu berücksichtigen, die die Verkehrssprache Deutsch als Zweitsprache erwerben oder erworben haben und Türkisch als weitere Fremdsprache lernen; d.h. in der fachdidaktischen Ausbildung sollen die besonderen Fähigkeiten dieser Schülerinnen und Schüler – z.B. metalinguistische Kompetenzen –, aber auch ihre ggf. vorhandenen spezifischen Unterstützungsbedürfnisse berücksichtigt werden.

Weiterhin muss das KernCurriculum dem Umstand Rechnung tragen, dass im Unterrichtscurriculum der Schulen bisher Geschichte und Kulturen der Türken und der Turkvölker nicht verankert sind und bei den Studierenden des Lehramtsfaches Türkisch entsprechende Kenntnisse nicht oder nur ansatzweise erwartet werden können. Von daher ist es ebenfalls Aufgabe des Studiums, hierzu ein eigenständiges Ausbildungsmodul anzubieten.

Das KernCurriculum berücksichtigt neben dem Fach Türkisch in den weiterführenden Schulen auch die Bedeutung dieser Sprache als Herkunftssprache im herkunftssprachlichen Unterricht oder als Partnersprache im bilingualen Unterricht von Grundschulen.
[...]

2. Allgemeine Ziele und Grundsätze

Das KernCurriculum differenziert Kompetenzbereiche, Inhalte und Standards aus, die den Kern und die obligatorische Grundlage für die universitäre fachdidaktische Ausbildung darstellen.

Das KernCurriculum für das Lehramt Türkisch weist fünf große Kompetenzbereiche aus, zu denen die einzelnen in den an der Lehrerbildung beteiligten Institutionen verschiedene Inhalte beitragen sowie Standards formuliert haben:

1. Sprachkompetenz und Sprachpraxis
2. Sprachsystematik
3. Literatur und Textanalyse
4. Geschichte und Kultur
5. Sprachvermittlung

[...]

3. Organisation

Das KernCurriculum umfasst zwei Lehrveranstaltungen: eine zweistündige sprachübergreifende Vorlesung und ein zweistündiges, jeweils sprachspezifisches Proseminar. Die weiteren Lehrveranstaltungen (ein dreistündiges Hauptseminar, ein Vertiefungsseminar sowie ISPs [Integrierte Schulpraktika, I.G.]) gelten als vertiefend bzw. forschungsorientiert. Die Vorlesung wird mit einer Klausur abgeschlossen. Der Leistungsnachweis im Proseminar erfolgt durch aktive Teilnahme sowie eine schriftliche Hausarbeit oder vergleichbare Leistungen.

[...]

4. Kompetenzbereiche, Inhalte, Standards

Sprachsystematik	**Inhalte**	**Standards**
16-20 Std.	• Zweit- und Fremdspracherwerb • Grammatiklernen und -lehren • Wortschatz und Bedeutungsvermittlung • gesprochenes und geschriebenes Türkisch • kontrastive Analyse des Türkischen • Fehleranalyse	• Überblickswissen zum Zweit- und Fremdspracherwerb • türkische Grammatik lernerspezifisch und kontrastiv aufbereiten • lexikalische und semantische Spezifika des Türkischen auf ihre didaktische Bedeutung erkennen • Fehler in ihrer Funktion für den Spracherwerb erkennen

Literatur und Textanalyse	**Inhalte**	**Standards**
10-12 Std.	• Literaturdidaktik • Methoden der Textanalyse • Methoden der Medienanalyse • neue Medien in der Zweit- und Fremdsprachendidaktik • Landeskunde Türkei und türkische Migration in Europa	• Ansätze und Theorien der Zweit- und Fremdsprachendidaktik im Überblick • Methoden der Text- und Medienanalyse im Überblick kennen; einen Bereich vertiefen • Landeskunde interkulturell aufbereiten

Geschichte und Kultur	**Inhalte**	**Standards**
2 Std.	Landeskunde Türkei und türkische Migration in Europa	Landeskunde interkulturell aufbereiten

Sprachvermitt-lung	Inhalte	Standards
24-28 Std.	• Bedingungen und Voraussetzungen von Lernern im Zweit- und Fremdsprachunterricht • Didaktische Ansätze der Zweit- und Fremdsprachendidaktik • Interdisziplinarität von Fremd-, Zweitsprachdidaktik und Sprachlehrforschung • Leistungsbeurteilung und Unterrichtsevaluation • (Schul-)Sprachenpolitik • Didaktische Bedingungen des herkunftssprachlichen Unterrichts • Koordination von herkunftssprachlichem Unterricht und Deutschunterricht • Modelle bilingualen Lernens • Türkisch in der mehrsprachigen Grundschule • Umgang mit Fehlern	• sprachliche und kulturelle Heterogenität als Grundvoraussetzung von Türkischunterricht erkennen • relevante methodisch-didakti-sche Konzepte kennen • Anschlussfähigkeit an Fragestellungen von Nachbardisziplinen herstellen • zweit- und fremdsprachenspezifische Methoden der Leistungsmessung und Unterrichtsanalyse im Überblick kennen • Bewusstsein für den Zusammenhang von Fremd- und Zweitsprachenunterricht und Sprachenpolitik entwickeln • Rahmenbedingungen und didaktische Besonderheiten des herkunftssprachlichen Unterrichts und Modelle der Koordination mit dem Deutschunterricht kennen
	• Lehrwerke und Medien	• Modelle bilingualen Unterrichts kennen und sachbezogen aufbereiten können • Fehler diagnostizieren und Methoden ihrer Beseitigung kennen • türkische Lehrwerke und Medien analysieren können

Soweit der vorliegende Vorschlag.

Deutlich geworden sollte sein, dass die Reform der Lehrerbildung in Hamburg ein ehrgeiziges Unternehmen ist – mit allen Chancen, auch der des Scheiterns. Vorerst aber sei gestattet, mit pädagogischem Optimismus in die Erprobung und Evaluation einzutreten –

kritische und konstruktive Anmerkungen aus der Leserschaft dieses Beitrags wären höchst willkommen.

Literaturangaben

Die Auszüge aus den Arbeiten der Sozietäten zur Reform der Hamburger Lehrerbildung sind vorerst nicht veröffentlichten Dokumenten entnommen. Ihre Weiterentwicklung kann auf dem „Hamburger Bildungsserver“ verfolgt werden: http://lbs.hh.schule.de/

Becker, Egon (1998): „Therapien gegen das Veralten der Universitäten“. In: Olbertz, Jan-Hendrik (Hrsg.): *Zwischen den Fächern, über den Dingen. Universalisierung versus Spezialisierung akademischer Bildung*. Opladen: Leske + Budrich, 35-71.

Böllert, Karin/Gogolin, Ingrid (2002): „Stichwort: Professionalisierung“. In: *Zeitschrift für Erziehungswissenschaft (ZfE)*, 5 (3), 367-383.

Deutsche Gesellschaft für Erziehungswissenschaft (DGFE) (2001): *Stellungnahme zur Lehrerbildung*. www.dgfe.de. DGFE-aktuell.

Keuffer, Josef/Oelkers, Jürgen (2000): *Reform der Lehrerbildung in Hamburg. Abschlussbericht der von der Senatorin für Schule, Jugend und Berufsbildung und der Senatorin für Wissenschaft und Forschung eingesetzten Hamburger Kommission Lehrerbildung*. Weinheim/Basel: Beltz.

Lange, Hermann (2002): „PISA: Und was nun? Bildungspolitische Konsequenzen für Deutschland“. In: *Zeitschrift für Erziehungswissenschaft (ZfE)*, 5 (3), 455-471.

Oelkers, Jürgen (2001): „Die historische Konstruktion ‚Lehrerbildung'“. In: Oser/Oelkers (Hrsg.), 37-65.

Oser, Fritz (2001): „Modelle der Wirksamkeit in der Lehrer- und Lehrerinnenausbildung“. In: ders./Oelkers (Hrsg.), 67-96.

Oser, Fritz/Oelkers, Jürgen (Hrsg.) (2001): *Die Wirksamkeit der Lehrerbildungssysteme. Von der Allrounderbildung zur Ausbildung professioneller Standards*. Chur/Zürich: Rüegger.

Otto, Hans-Uwe et al. (Hrsg.) (2000): *Datenreport Erziehungswissenschaft*. Hrsg. im Auftrage der Deutschen Gesellschaft für Erziehungswissenschaft. Opladen: Leske + Budrich.

Radtke, Frank-Olaf (Hrsg.) (1999): *Lehrerbildung an der Universität. Zur Wissensbasis pädagogischer Professionalität. (Dokumentation des Tages der Lehrerbildung an der Johann-Wolfgang-Goethe-Universität 16. Juni 1999)*. Frankfurt/Main: Fachbereich Erziehungswissenschaft der Johann-Wolfgang-Goethe-Universität.

Terhart, Ewald (2000): *Perspektiven der Lehrerbildung in Deutschland. Abschlussbericht der von der Kultusministerkonferenz eingesetzten Kommission*. Weinheim/Basel: Beltz.

Weiler, Hans (2003): „Bildungsforschung und Bildungsreform – von den Defiziten der deutschen Erziehungswissenschaft.“ In: Gogolin, Ingrid/Tippelt, Rudolf (Hrsg.): *Innovation durch Bildung*. Opladen: Leske+Budrich, 181-203.

Adelheid Hu

Überlegungen zur aktuellen Situation der Fremdsprachenlehrerausbildung

1. Welche inhaltlichen Stärken und Schwächen – ggf. in Bezug auf Ihr Bundesland und Ihre eigenen Erfahrungen – sehen Sie in der aktuellen Lehrerausbildung in Deutschland?

Die Lehrerausbildung hat im Laufe der letzten Jahrzehnte einen Prozess der Akademisierung, aber auch der Pädagogisierung durchlaufen (vgl. Terhart 2001, 91 ff.). Charakteristisch für diesen Prozess sind vor allem die Integration der Pädagogischen Hochschulen in die Universitäten in den 70er-Jahren und damit die Akademisierung der damaligen Volksschullehrerausbildung, zum anderen die Stärkung der erziehungswissenschaftlichen und fachdidaktischen Anteile für die Gymnasiallehrerausbildung. Beide Entwicklungen kann man als grundsätzlich positiv beurteilen. Auch ist im internationalen Vergleich das institutionelle und formale Niveau der Lehrerausbildung in Deutschland hoch. Die derzeitigen Rahmenbedingungen sind also keineswegs schlecht.

Dennoch zeigt sich immer wieder, dass Kurskorrekturen notwendig sind. Im Laufe der Zeit haben sich struktur-, traditions- und institutionsbedingte Schwachpunkte herauskristallisiert, die es zu verbessern gilt. Außerdem haben sich die Herausforderungen an Lehrer im Allgemeinen, insbesondere aber auch an Fremdsprachenlehrer deutlich geändert. So werden oftmals, um zwei Beispiele zu nennen, in der öffentlichen Bildungsdebatte überzogene Ansprüche an den Lehrerberuf im Sinne von Aggressionsfläche bzw. Hoffnungsträger zu Zeiten gesellschaftlicher Veränderungen und kultureller Verunsicherungen herangetragen; für Fremdsprachenlehrer stellt z.B. die veränderte Rolle von Sprachen aufgrund von Migration und Internationalisierung eine große Herausforderung dar. Hier zunächst stichwortartig allgemeine Problempunkte:

- **Mangelnde Integration der einzelnen Studienanteile und Ausbildungsphasen**: Die fachwissenschaftlichen, erziehungswissenschaftlichen und fachdidaktischen Anteile stehen relativ unverbunden nebeneinander. Die Lehrangebote sind fächerübergreifend, oft sogar auch fachintern, wenig koordiniert, was bei den Studierenden ein fragmentiertes „Inselwissen" zur Folge haben kann. Staatsprüfungen verlangen ebenfalls eine Vielzahl mehr oder weniger unverbundener Prüfungsthemen und verstärken von daher noch die Tendenz zu bruchstückhaftem Wissen. Die „zweite Phase" des Referendariats steht ihrerseits wiederum unverbunden, und zwar inhaltlich, kulturell und personal, neben der ersten Ausbildungsphase. Im schlimmsten Fall wird das in der ersten und in der zweiten Phase erlangte Wissen jeweils gegeneinander ausgespielt.
- **Diskrepanz zwischen theoretischem Wissen und praktischem Können:** Theoretisches Wissen wird oftmals nicht zu praktischem Handlungswissen weiterentwickelt. So kommt z.B. eine Fachleiterin zum folgendem Urteil: „Studierende können wun-

derbare Referate über handlungsorientierten Unterricht halten. Eunuchenwissen. Sie wissen, wie es geht, sind aber unfähig, es zu tun" (Janssen 2002).

- **Das Phänomen der „Konstanzer Wanne"** (vgl. Terhart 2001, 20 f.): Bei Lehramtsstudenten sind zu Beginn des Studiums „konservative" Einstellungen zu schulischem Lehren und Lernen stark ausgeprägt, die im Laufe des Studiums zugunsten „liberaler" und innovativer Einstellungen abnehmen. Aufgrund von ersten Kontakten mit der Berufspraxis (auch Praktika) steigen sie jedoch schnell wieder an, so dass sich das Bild einer Wanne ergibt. Die Frage ist von daher, wie innovative Ansätze *nachhaltig* in die Schule gelangen können.
- **Fehlende Eignungstests zu Beginn des Studiums:** Nicht wenige Studierende beginnen aus Verlegenheit und Mangel an guten Alternativen ein Lehramtsstudium, obwohl sie für diesen Beruf wenig geeignet sind und oftmals dementsprechend das Studium vorzeitig abbrechen.
- **Zu geringe fachdidaktische Anteile**: Im Verhältnis zu den fachwissenschaftlichen und erziehungswissenschaftlichen Anteilen im Studiengang ist die Zahl der fachdidaktischen Lehrveranstaltungen verschwindend gering.
- **Mangelnde Begleitung der Berufseinstiegsphase sowie systematische/ obligatorische Fortbildung:** Gerade diese überaus wichtigen Bausteine der „dritten Phase" der Ausbildung sind oftmals nicht obligatorisch bzw. fallen Sparplänen zum Opfer.

Speziell im Kontext von Fremdsprachenlehrerausbildung (hier Perspektive Französischlehrerausbildung) kommen als problematische Punkte hinzu:

- kein obligatorischer längerer Aufenthalt in Ländern, in denen vorwiegend die Unterrichtssprache gesprochen wird
- zu viele Lehrveranstaltungen auf Deutsch
- keine systematische Verankerung von kultur- und landeswissenschaftlichen Anteilen
- keine systematische methodisch-didaktische Reflexion der universitären Sprachpraxis
- unreflektiertes Auseinanderklaffen von Hochschuldidaktik und geforderter schulbezogener Didaktik und Methodik (z.B. Umgang mit Literatur in literaturwissenschaftlichen Seminaren und literaturdidaktischen Prinzipien für die Schule, vgl. Hermes 1998, 123 ff.)

2. Derzeit werden unterschiedliche organisatorische und zeitliche Formate diskutiert, die bei der Reform der Lehrerausbildung zum Einsatz kommen sollen (z.B. gestufte Studiengänge etc.). Wie schätzen Sie diese Formate in ihrer Bedeutung für eine Verbesserung der Lehrerausbildung ein?

Ich skizziere im Folgenden drei Modelle und kommentiere sie kurz. Auf die Situation in Hamburg gehe ich etwas näher ein, da sie mir z.Z. am meisten vertraut ist. Andere, neben diesen drei Alternativen diskutierte Optionen (Auslagerung an Fachhochschulen, Deregulierung („training on the job") diskutiere ich hier nicht.

Beispiel Bochum: An der Ruhr-Universität Bochum verläuft die Lehrerausbildung neuerdings in gestuften Studiengängen, und zwar nach dem sogenannten „Y-Modell“: Zukünftige Lehrer wie auch alle diejenigen, die andere berufliche Laufbahnen anstreben, studieren zunächst einen identischen BA-Studiengang; dieser umfasst zwei Fächer und ist rein fachwissenschaftlich ausgerichtet; allerdings ist ein Fünftel des Studiengangs zentral organisiert und umfasst den sogenannten „Optionalbereich“, der „Schlüsselqualifikationen“ herausbilden will (Fremdsprachen, Präsentation, Argumentation, Informationstechnologien, interdisziplinäre Studieneinheiten, Berufspraktika). Danach sind zwei Optionen möglich, entweder der „Master of Education“ (Weiterführung der fachwissenschaftlichen Studien + Fachdidaktik + Erziehungswissenschaft) oder der „Master of Art“ (rein fachwissenschaftliche Vertiefung)

Kommentar: Dieses Modell ist unter arbeitsmarktpolitischen Aspekten (flexibles Reagieren auf die jeweilige Situation des Arbeitsmarkts durch die sogenannte „Polyvalenz“ des BA-Abschlusses) sowie unter dem Gesichtspunkt der Internationalisierung von Studiengängen sicherlich bedenkenswert (vgl. Behler 2001). Einzuwenden ist jedoch zweierlei. Im Hinblick auf den Aspekt der Internationalisierung sieht in vielen Ländern die Philosophie konsekutiver Studiengänge die berufsqualifizierende Phase auf der BA-Ebene vor, die wissenschaftlich-forschungsbezogene Qualifizierung dann danach in der Master-Phase. Bei diesem Modell hingegen scheint der Berufsbezug während der BA-Phase eher diffus zu sein. Ein anderer kritischer Aspekt scheint mir darin zu bestehen, dass die m.E. zu Recht geforderte frühe Verzahnung von Fachwissenschaften und Fachdidaktik kaum oder gar nicht mehr möglich ist. Auch scheinen die fachdidaktischen Anteile in der MA-Phase relativ gering zu sein, zumindest aber nicht deutlich aufgewertet. Ob also mit der neuen Struktur eine qualitative Verbesserung geschaffen wird, ist fraglich.

Beispiel Bielefeld: Auch hier verläuft die Lehrerausbildung in gestuften Studiengängen: Von Beginn an existieren allerdings zwei mögliche Wege: In der BA-Phase kann entweder ein Kernfach und ein Nebenfach studiert werden. In dem Fall muss dann in der MA-Phase vorrangig Erziehungswissenschaft studiert und das Nebenfach weitergeführt werden. Die andere Option besteht darin, sich von Anfang an für ein schulbezogenes Studium zu entscheiden: Kernfach ist in dem Fall das spätere Unterrichtsfach und Erziehungswissenschaft als Nebenfach. In der MA-Phase wird dann ausschließlich das zweite Unterrichtsfach studiert. Zu erwähnen ist, dass der MA für Grund-, Haupt- und Realschullehrer nur 2 Semester umfasst.

Kommentar: Dieses Modell scheint auf den ersten Blick einen explizit lehrerberufsorientierten Studiengang zu ermöglichen. Man müsste allerdings hier genauer in Erfahrung bringen, wie es um die fachdidaktischen Anteile sowie die Ausrichtung des erziehungswissenschaftlichen Nebenfachstudiums bestellt ist. Bei einem kürzlich in Hamburg gehaltenen Vortrag zur Lehrerausbildung in Bielefeld kritisierte zumindest der Bielefelder Erziehungswissenschaftler K.-J. Tillmann, dass aus Gründen der Polyvalenz das erziehungswissenschaftliche Nebenfachstudium wenig schulbezogen sei. Fragwürdig scheint mir auch, dass Erziehungswissenschaft und Fachdidaktik nie durchgängig belegt werden können, sondern nur entweder während der BA- oder aber während der MA-Phase.

Beispiel Hamburg: In Hamburg hat man sich bislang für eine Reformierung der bestehenden Rahmenstrukturen auf der Grundlage der KMK-Empfehlung (vgl. Terhart 2000) entschieden. Die grundständige Lehrerausbildung an der Universität, die Zweiphasigkeit und die Staatsexamina sollen erhalten bleiben. Allerdings soll durch eine deutlich veränderte und innovative Ausgestaltung dieser Rahmenstrukturen eine weitreichende Reform der Lehrerbildung in Angriff genommen werden (für eine ausführliche Darstellung der Hamburger Lehrerbildungsreform vgl. Keuffer/Oelkers 2001). Einige der wichtigsten Zielsetzungen sind folgende:

- Entwicklung lehramtsbezogener Kerncurricula (stärkere Steuerung, Ende der Beliebigkeit, Koordinierung, Anschlussfähigkeit zwischen Fächern, Fachdidaktiken und Erziehungswissenschaft)
- Einrichtung eines Zentrums für Lehrerbildung und Schulforschung
- Abstimmung zwischen der ersten, zweiten und dritten Phase
- systematische Begleitung der Berufseingangsphase
- Entwicklung von „Standards" professionellen Handelns
- Verstärkung der Praxisanteile im Studium
- prioritäre Themen (Heterogenität, Neue Medien, Schulentwicklung) als verbindliche Querthemen für alle Fächer
- Reform des Prüfungswesens

Um diese Ziele zu erreichen, hat man seit Mai 2001 eine Lenkungs- und eine Projektgruppe sowie (seit Oktober 2001) 28 fach- oder zumindest fächergruppenbezogene sogenannte *Sozietäten* gegründet. Zur Veranschaulichung des Prozesses sei die Arbeit der Sozietät 18 (Englisch, Französisch und Spanisch) kurz vorgestellt: Insgesamt haben bislang zehn Sitzungen stattgefunden. Mitglieder der Sozietät sind zwei gewählte Vertreter der jeweiligen Fachwissenschaft (jeweils ein Literaturwissenschaftler und ein Linguist), der Fachdidaktik, des Studienseminars sowie der Lehrerfortbildung. Ziel war bislang die Entwicklung fachspezifischer Kerncurricula, die ab dem 1.2.03 im Studienseminar und ab WS 2003 an der Universität erprobt werden (sollen). Bis 2004 soll dann das Prüfungswesen – entsprechend der Kerncurricula – auch durch die Arbeit in den Sozietäten reformiert werden. Die Arbeit in den Sozietäten sowie in den ebenfalls stattfindenden Workshops im Plenum kann hier nicht im einzelnen dargestellt werden, obwohl durch diese sehr konkrete Form des Zusammentreffens von Vertretern der einzelnen Studien- und Ausbildungsbereiche die unterschiedlichen Selbstverständnisse und Ansprüche, aber auch die „allergischen Punkte" und Verletzlichkeiten besonders deutlich wurden. Festhalten will ich hier nur, dass die Erstellung von *verzahnten* Kerncurricula bislang in den meisten Fällen nicht wirklich gelungen ist. Was inzwischen vorliegt, sind hingegen Kerncurricula der Fachwissenschaften (Englisch, Französisch, Spanisch), der Fremdsprachendidaktik sowie des Studienseminars, die – zumindest bislang – lediglich additiv ein Ganzes bilden.

Trotz zum Teil zäher Diskussionen und zeitweiligen Ansätzen von Frontenverhärtung ist die Arbeit insgesamt dennoch positiv zu beurteilen: Gegenseitige Wahrnehmung, Ins-Gespräch-Kommen, Verstehen der unterschiedlichen Positionen, der partialen Interessen und zugrundegelegten Wissenschaftskonzepte, erste Ansätze von Kooperation – diese Prozesse müssen eindeutig als konstruktiv und absolut notwendig gesehen werden. Auch geht die Arbeit ja noch weiter: So sollen demnächst sprachspezifische Arbeitstreffen stattfinden, in denen, etwa für Französisch, z.B. deutlichere inhaltliche Koordinierung, Kooperationsmöglichkeiten und Ansätze von Modularisierung diskutiert und realisiert werden sollen.

Aber auch irritierende und fragwürdige Aspekte dieses Reformprozesses seien benannt: So empfinden insbesondere viele Fachwissenschaftler und Fachdidaktiker die geforderte einheitliche Struktur (gewünscht ist eine tabellarische Darstellung) und die Terminologie der Kerncurricula („Themenbereiche“, „Inhalte“, „Standards“) sowohl als einengend wie auch rückschrittlich und fühlen sich an Lernzielkataloge vergangener Zeiten erinnert. Der Beliebigkeit von Inhalten werde zwar entgegengewirkt, hingegen sei selbstbestimmtes Lernen und Studieren durch die deutliche Tendenz der Verschulung kaum noch möglich. Besonders irritierend allerdings sind Umstände, die sich von politischer Seite her parallel zu den im großen und ganzen konstruktiven Arbeit der Kommission Hamburger Lehrerbildung ergeben haben: So wurde zeitgleich mit dem Reformprozess das Referendariat um 6 Monate gekürzt, 61 von insgesamt 131 Seminarleiterstellen gestrichen, die Berufseingangsphase radikal dezimiert (sie sollte ursprünglich das kürzere Referendariat ausgleichen), das Obligatorium der Fortbildung aus Kostengründen gestrichen und die Besoldung der Grundschullehrer abgesenkt. Hinzu kommt die Tatsache, dass der zuständige Senator auf öffentlichen Veranstaltungen immer positiver von konsekutiven Studiengängen und Modellen der Deregulierung spricht. Es bleibt also abzuwarten, inwieweit das groß angelegte und m.E. im Großen und Ganzen positiv zu beurteilende Reformprojekt tatsächlich zu einer Reform führt und nicht aus sparpolitischen Gründen gleichzeitig untergraben und ausgehöhlt wird.[1]

3. Aus welchen Erkenntnissen der Erforschung des Lehrens und Lernens fremder Sprachen lassen sich Ihrer Meinung nach Vorschläge für eine Reform der Fremdsprachenlehrerausbildung ableiten bzw. wo liegen bereits Modelle vor?

Da es bei dieser Frage offensichtlich nicht um erziehungswissenschaftlich orientierte fachübergreifende Lehrerwissensforschung, Professionalisierungsforschung etc. gehen soll, sondern um Erkenntnisse der Fremdsprachenforschung im engeren Sinne, möchte ich – aus Platzgründen hier nur in stichwortartigen Thesen – auf drei Forschungsrichtungen/ Erkenntnisse verweisen, die innerhalb der Fremdsprachenlehrerausbildung stärker beachtet werden sollten:

- die Tatsache, dass ein Großteil der Lernenden zwei- oder mehrsprachige Biographien mitbringt, dass sich von daher der Fremdsprachenunterricht in der sprachlichen Land-

[1] Anfang Februar (nach dem Verfassen dieses Textes) erschien der sogenannte „Dohnanyi-Bericht“, d.h. der Bericht der Kommission zur Strukturreform der Hamburger Hochschulen unter Vorsitz von Klaus von Dohnanyi (http://www2.erzwiss.uni-hamburg.de/aktuell/Strukturreform.htm). Hier wird explizit ein konsekutives Modell der Lehrerbildung favorisiert. Außerdem wird ein „Zentrum für Lehrerbildung“ vorgeschlagen, das deutlich von der erziehungswissenschaftlichen Forschung abgekoppelt sein soll und zugunsten praktisch-pädagogischer Erfahrung wenig erziehungswissenschaftlich-theoretische Anteile in der Ausbildung anbieten soll. Der heftig und kontrovers diskutierte Bericht zeigt in aller Deutlichkeit die Diskrepanzen zwischen der Zielsetzung der Hamburger Kommission Lehrerbildung, den Vorstellungen des Fachbereichs Erziehungswissenschaft und den politisch gewünschten Modellen.

schaft neu positionieren muss und auf neuen Prämissen aufzubauen hat, sollte auch in der Fremdsprachenlehrerausbildung einen wichtigen Aspekt darstellen (vgl. z.B. Hu 1998; Hu (in Vorbereitung)).

- die in den letzten Jahren deutliche Stärkung von soziokulturellen, kulturwissenschaftlichen und anthropologischen Ansätzen zum Sprachenlernen und -lehren (vgl. exemplarisch Schwerdtfeger 1996) sollte sich auch in der Lehrerausbildung wiederfinden: eine engere Verzahnung von sprachlichen, kulturellen und sprachpolitischen Ebenen, ein deutliches Miteinbeziehen emotionaler Aspekte (Vorurteile, Stereotypisierungen, Fremdheitszuweisungen, sprachpolitische Aspekte) sowie Reflexionen über die kulturspezifischen Konzepte von Lehrerhandeln, Lehrerrolle und Lehrerausbildung (für den deutsch-französischen Kontext vgl. dazu Lüsebrink 2003, 53) sollten in den Lehrveranstaltungen einen entsprechenden Raum einnehmen.
- transnationale Lehrerbildung im europäischen Kontext: Die bereits existierenden Ansätze, für den deutsch-französischen Kontext z.B. das deutsch-französische Hochschulkolleg, die deutsch-französische Hochschule, integrierte transnationale Studiengänge (vgl. Denk 2002), sollten insbesondere für den Bereich der Fremdsprachenlehrerausbildung weiter ausgebaut werden. Stärkere grenzüberschreitende Zusammenarbeit im Bereich der Schul- aber auch Hochschuldidaktik, eine Annäherung der Prüfungstraditionen, Reformen bezüglich der beamtenrechtlichen Regelungen usw. – all dies sind Problemfelder, die noch viel Engagement erfordern. Die z.Zt. diskutierten Modelle zur Lehrerausbildung müssten unter dieser Perspektive stärker als bisher geschehen grenzüberschreitend in europäischem Kontext diskutiert werden.

Literaturangaben

Behler, Gabriele (2001): „Gestuftes Lehrerstudium (Pro).“ In: *Die Zeit*, 26.6.2001.

Denk, Rudolf (2002): „Anmerkungen zu integrierten transnationalen Studiengängen in der Lehrerbildung: Beispiel Oberrhein“. In: Berntzen (Hrsg.): *Forum Lehrerbild: Qualität und Professionalisierung. Reformansätze im europäischen Kontext.* Tagungsdokumentation Münster, ZKL-Texte 23, 34-46.

Hamburger Hochschulen (2003): *Bericht der Kommission zur Strukturreform der Hamburger Hochschulen.* http://www2.erzwiss.uni-hamburg.de/aktuell/Strukturre-form.htm

Hermes, Liesel (1998): „Literarische Rezeptionsprozesse von Studierenden im Grundstudium.“ In: Hermes/Schmid-Schönbein (Hrsg.), 123-134.

Hermes, Liesel/Schmid-Schönbein, Gisela (Hrsg.) (1998): *Fremdsprachen lehren lernen – Lehrerausbildung in der Diskussion.* Dokumentation des 17. Kongresses für Fremdsprachendidaktik, veranstaltet von der Deutschen Gesellschaft für Fremdsprachenforschung in Koblenz, 6.-8. Oktober 1997.

Hu, Adelheid (1998): „Wie werden zukünftige Fremdsprachenlehrerinnen und -lehrer derzeit auf den Unterricht in multilingualen und multikulturellen Klassen vorbereitet?“ In: Hermes/Schmid-Schönbein (Hrsg.), 135-144.

Hu, Adelheid (in Vorbereitung): *Schulischer Fremdsprachenunterricht und migrationsbedingte Mehrsprachigkeit.* Tübingen: Narr.

Janssen, Bernd (2002): „Raus aus der Uni! Die Lehrerausbildung darf keine Nebensache sein – ein Plädoyer für wissenschaftliche Pädagogische Hochschulen." In: *Die Zeit*, 23.5.2002.

Keuffer, Josef/Oelkers, Jürgen (Hrsg.) (2001): *Reform der Lehrerbildung in Hamburg. Abschlussbericht der von der Senatorin für Schule, Jugend und Berufsbildung und der Senatorin für Wissenschaft und Forschung eingesetzten Hamburger Kommission Lehrerbildung.* Weinheim/Basel: Beltz.

Königs, Frank G. (Hrsg.) (2001): *Impulse aus der Sprachlehrforschung. Marburger Vorträge zur Ausbildung von Fremdsprachenlehrerinnen und -lehrern.* Tübingen: Narr.

Königs, Frank G. (2002): „Sackgasse oder Verkehrsplanung? Perspektiven für die Ausbildung von Fremdsprachenlehrern". In: *Fremdsprachen Lehren und Lernen (FLuL)* 31, 22-41.

Lüsebrink, Hans-Jürgen (2003): „Französisch-deutsche Kulturbeziehungen. Erfolgsbilanz und Problemfelder". In: *Französisch heute* 34 (1), 48-57.

Schwerdtfeger, Inge Christine (1996): „Ansätze für eine anthropologische Begründung der Didaktik des Unterrichts Deutsch als Fremdsprache. In: *Info DaF* 23, 430-442.

Terhart, Ewald (2000): *Perspektiven der Lehrerbildung in Deutschland. Abschlussbericht der von der Kulturministerkonferenz eingesetzten Kommission.* Weinheim/Basel.

Terhart, Ewald (2001): „Gestuftes Lehrerstudium. (Contra)". In: *Die Zeit*, 26.6. 2001.

Terhart, Ewald (Hrsg.) (2001): *Lehrerberuf und Lehrerbildung. Forschungsbefunde, Problemanalysen, Reformkonzepte.* Weinheim/Basel: Beltz.

Karin Kleppin

Neue Anforderungen an die Fremdsprachenlehrerbildung oder *business as usual*?

1. Formate der aktuellen Fremdsprachenlehrerbildung in der Diskussion

Die Diskussion zur Fremdsprachenlehrerbildung kommt mittlerweile schon sehr ‚in die Jahre'. Fachdidaktiker und Sprachlehrforscher beschäftigen sich seit langem mit Fragen der aktuellen Fremdsprachenlehrerbildung, ihren Stärken und Schwächen und mit Reformvorstellungen (zu einer neueren Diskussion vgl. Bausch et al. 1997; Hagge et al. 1998; Königs/Zöfgen 2002).

Eine Reihe von (Reform)vorschlägen taucht immer wieder in der Diskussion auf, wie etwa eine einphasige Lehrerbildung oder zumindest eine starke Verzahnung der beiden Ausbildungsphasen, die immer noch weitgehend voneinander getrennte Bereiche darstellen (vgl. u.a. Wissenschaftsrat 2001). Einige Vorschläge wurden in die Praxis umgesetzt, in Zusatzstudiengängen und Zertifikaten, mit denen man neuen Anforderungen gerecht werden wollte, wie etwa bilinguale Zusatzstudiengänge oder auch DaZ-Zertifikate für Lehrer im Beruf. Diese Neuerungen haben allerdings die (Fremdsprachen)Lehrerbildung nicht von Grund auf reformiert.

Zudem stellt sich die erste Ausbildungsphase an vielen Hochschulen völlig diffus dar: An einigen Hochschulen wird bzw. wurde schon im Grundstudium eine methodisch-didaktische Ausbildung angeboten (wie z.B. bei der abgeschafften Fremdsprachenlehrerausbildung in Bochum). An anderen Hochschulen wird diese Ausbildung erst im Hauptstudium vorgenommen (wie z.B. in Leipzig).

Die zweite Ausbildungsphase, das Referendariat, ist dagegen in weiten Teilen bisher (noch) weitgehend gleich strukturiert. Veränderungen haben sich hier vor allem aus ökonomischen Gründen ergeben wie z.B. in Nordrhein-Westfalen, wo Referendare mittlerweile jährlich eingestellt werden und wo sie nach einem halben Jahr selbstständig unterrichten. Ihre Betreuung durch – dafür nicht ausgebildete – Mentoren und eine reduzierte Betreuung durch die entsprechenden Fachleiter (z.B. nur noch fünf anstelle der bisher zehn Hospitationen) stellt keine Qualitätssicherung im vollen Umfang dar.

Nicht nur in der Fachdiskussion besteht Einigkeit darüber, dass insbesondere die beiden unten genannten Schwächen immer noch bestehen und diese zu beheben sind:

1) Die **Beliebigkeit** von Studieninhalten bei der Lehrerausbildung. Die Entwicklung von Mindeststandards (vgl. Klieme et al., 2003) im Bereich der Lehrerausbildung ist als Zeichen zu werten, diesem Manko entgegenzuwirken. Als Eckpfeiler für die Setzung von Mindeststandards bei einer von der Frühjahrskonferenz geforderten grundständigen wissenschaftlichen Ausbildung für alle Schulstufen (vgl. z.B. Frühjahrskonferenz zur Erforschung des Fremdsprachenunterrichts 2002) sind einige, unumgänglich not-

wendige, aufeinander zu beziehende Bereiche zu nennen, die im Folgenden nur kurz unter dem Blickwinkel ihrer Relevanz für mögliche Arbeitsfelder eines zukünftigen Fremdsprachenlehrers betrachtet werden sollen:

- **Sprachpraktische** Ausbildungsmodule: Sicherlich ist ein Ziel das Erreichen einer fremdsprachlichen Kompetenz, die eine Kommunikation auf hohem Niveau in unterschiedlichen Kommunikationssituationen erlaubt. Dabei ist nicht zu vernachlässigen, dass Fremdsprachenlehrer vor allem auch in der Unterrichtssituation in der Fremdsprache handeln müssen. Solche Tätigkeiten wie Erklären, Korrigieren, Auffordern, Aufgaben stellen, Evaluieren etc. müssen – zwar nicht grundsätzlich – aber auch in der Fremdsprache möglich sein.

  Des Weiteren wäre das Erlernen einer weiteren Fremdsprache – zumindest in geringem Ausmaß – als eine Möglichkeit in die Ausbildung einzubeziehen, einen Anlass für eine wissenschaftliche Selbstreflexion über Sprachlernprozesse zu bieten. Darüber hinaus könnte das Erlernen einer weiteren Fremdsprache dazu dienen, Verfahren aus der Mehrsprachigkeitsdidaktik (vgl. z.B. Meißner/Reinfried 1998) zunächst selbst zu erproben und ihren Einsatz im Unterricht zu reflektieren – wie etwa inter- und intralinguales Suchen nach bekannten Mustern, Hypothesenbilden, Überprüfen mit Unterstützung des Lehrers, Abgrenzen gegenüber anderen Sprachen und Interferenzen voraussehen.

- **Fachwissenschaftliche** Ausbildungsmodule: Neben linguistischen und literaturwissenschaftlichen Ausbildungsmodulen sollten – weitaus stärker als bisher – landeskundliche und kulturwissenschaftliche Ausbildungsinhalte einbezogen werden. Dabei ist eine Verkürzung allein auf berufsrelevante Bereiche bei fachwissenschaftlichen Ausbildungsmodulen möglicherweise im Hinblick auf eine Studienzeitverkürzung verführerisch; doch ist zu bedenken, dass Berufsrelevanz nicht nur im Hinblick auf die aktuelle Situation und den aktuellen Bedarf zu interpretieren ist.

- **Erziehungswissenschaftliche** Ausbildungsmodule: Es ist zu berücksichtigen, dass sowohl in schulischen als auch außerschulischen Bereichen in den letzten Jahren große Veränderungen stattgefunden haben. Das Wissen um und das Umgehen mit Problemen von Jugendlichen tangiert immer stärker den Fremdsprachenunterricht. Lerner aus den unterschiedlichsten Kulturen befinden sich in einer Gruppe, was zu Problemen aber auch zu besonderen Chancen führen kann, indem der Fremdsprachenunterricht als Ort interkulturellen Lernens, mehrsprachiger Lernerfahrungen und als Umfeld wahrgenommen wird, in dem nicht nur Sprachbewusstheit angeregt und zum Gegenstand der Reflexion gemacht werden kann, sondern in dem auch kooperatives Handeln über unterschiedliche Verfahren (gemeinsame Projekte, interkulturelle Spiele) anzustoßen ist.

- **Fremdsprachendidaktische** Ausbildungsmodule: Fremdsprachendidaktische Ausbildungsmodule können weder ein Training noch Tipps und Rezepte für eine spätere Unterrichtspraxis bieten. Vielmehr muss an Hochschulen die Fähigkeit zur theoriegeleiteten Reflexion über das Fremdsprachenlehren und -lernen entwickelt werden (zu Beispielen von Lehrveranstaltungstypen vgl. Königs in diesem Band). Ebenfalls sollten Forschungsergebnisse nachvollzogen werden können, damit zukünftige Fremdsprachenlehrer mögliche ‚neue Modetrends' durchschauen und mit

Bezug auf ihre Relevanz für den Fremdsprachenunterricht analysieren können. Darüber hinaus ist m.E. zu berücksichtigen, dass sich der Beruf eines Fremdsprachenlehrers verändert: Dies liegt nicht nur an neuen Erkenntnissen und Forschungsergebnissen, sondern auch an unterschiedlichen Berufsfeldern, die mit dem Lernen und Lehren von Fremdsprachen zu tun haben (zu einem Beispiel s. unter 3.).

- **Hospitations- und Lehrpraktika:** Von besonderer Bedeutung ist bei diesen Modulen die wissenschaftliche Begleitung durch Dozenten an den Hochschulen. Der Blick von außen z.B. auf den Fremdsprachenunterricht in der Schule muss geschult werden, und die Verarbeitung der eigenen Praxisversuche machen Lehrpraktika erst sinnvoll für die Lehrerausbildung. Dies kann durch Beobachtungsaufgaben und gegenseitige Beobachtungen, durch einen Erfahrungsaustausch, über das Führen von Ausbildungsportfolios etc. geleistet werden. (vgl. z.B. Ehnert/Königs 2000; Schocker-v. Ditfurth 2000).

2) Die **Endgültigkeit** der Lehrerbildung mit Abschluss der zweiten Ausbildungsphase. So werden z.B. Lernziele, die sich selbst in den Kultusbehörden und den entsprechenden Richtlinien durchgesetzt haben, durch dafür nicht ausgebildete Fremdsprachenlehrer nicht umgesetzt wie etwa interkulturelles Lernen, Lernen mit Unterstützung der Neuen Medien auch auf der Basis von Lernplattformen, Einsatz und Training von Lernstrategien, Förderung von Lernerautonomie. Daraus folgt, dass eine Weiterbildung nach der ‚Grundausbildung' verpflichtend und karriererelevant werden muss.

Von der traditionellen Lehrerbildung in den modernen Fremdsprachen ist die Ausbildung im Bereich DaF und DaZ – zum großen Teil zu Recht – abgekoppelt; denn hier sind die Berufsfelder keinesfalls auf die Institution Schule hin ausgerichtet. Die Studiengänge DaF und DaZ sehen zwar in der Regel eine Praktikumsausbildung (Hospitations- und Lehrpraktika) vor (vgl. Ehnert/Königs 2000). Doch bieten diese Praktika bei weitem nicht die Möglichkeiten, die in der traditionellen Lehrerbildung mit der zweiten Ausbildungsphase institutionalisiert sind. So erhalten viele DaF/DaZ-Lehrer ihre ‚praktische Ausbildung' häufig *‚on the job'*.

2. Neue Formate = Verbesserung der Fremdsprachenlehrerbildung?

Selbst wenn man nicht davon ausgehen kann, dass Bezeichnungen wie BA und MA grundsätzlich über Universitäts- und Ländergrenzen hinweg eine Vergleichbarkeit garantieren (vgl. auch Königs 2002), so zeichnet sich doch der Trend ab, dies als herausragende Begründung bei der Einführung gestufter Studiengänge anzuführen. Positiv wird sich dabei – im Zuge der Globalisierung des Arbeitsmarktes – zumindest herausstellen, dass Studienabgänger ihren Studienabschluss auch im Ausland als bekannt voraussetzen können; dies war z.B. bei einer Bezeichnung ‚1. Staatsexamen' nicht der Fall. Auch die Begründung, dass sich die Studienabbrecherquote durch die Einführung eines BAs reduzieren ließe, kann m.E. greifen. Studierende scheinen darüber hinaus das Modell anzunehmen; dies zeigen z.B. die Einschreibungen in die BA-Studiengänge. Doch welche generellen Auswirkungen die gestuften Studiengänge auf die (Fremdsprachen)Lehrerbildung haben, dazu liegen bisher noch zu wenige Erfahrungen vor. Mittlerweile existieren unterschiedliche Modelle an einigen Universitäten. Diese reichen von einem integrierten Modell, bei dem schon im BA eine Festlegung auf die spätere Berufspraxis eingeplant ist (z.B. Greifswald), über ein optional integratives Modell, bei dem zumindest im Optionalbereich ein Schulpraktikum zu absolvieren ist, bis hin zu einem konsekutiven Modell, das vorrangig als Fachstudium konzipiert ist und die Lehrerbildung in die MA-Phase auslagert (z.B. Erfurt). Ein Modell, in dem schon im BA mit einem ‚sich selbst überprüfenden Blick' auf die spätere Berufspraxis studiert wird, scheint m.E. unumgänglich; denn sonst würde ein schon seit langem viel beklagtes Defizit (s. auch Hagge et al. 1998) in das neue Modell übernommen: Studierende stellen in dem momentan existierenden Modell manchmal erst recht spät fest, dass sie den Lehrerberuf nicht ergreifen möchten bzw. sich dazu nicht befähigt fühlen. Ein BA, in dem also ein reines Fachstudium durchführbar ist und in dem weder Praktika noch ein Modul wie etwa eine Einführung in das Lernen und Lehren fremder Sprachen besucht werden muss, scheint mir daher kontraproduktiv zu sein.

Gestufte Ausbildungsgänge können für die Fremdsprachenlehrerbildung eine besondere Chance darstellen: Eine Stufung könnte für die Fremdsprachenlehrerbildung auch über den Studiengang Sprachlehr- und -lernforschung erfolgen und somit z.B. einen ‚Seiteneinstieg' – ausgehend von einer für Fremdsprachenlehrer relevanten Fachrichtung – bieten. Der BA kann allgemeine Fragen des Lehrens und Lernens einer Fremdsprache behandeln (vgl. auch den BA Sprachlehrforschung in Bochum). Eine Spezialisierung in der Sprachlehrforschung auf unterschiedliche Institutionen, auf unterschiedliche Adressatengruppen oder unterschiedliche Lern- und Lehrformen ist dann im MA anzustreben. Dabei können weitere – bisher noch nicht verwirklichte – Module oder MA-Studiengänge angestrebt werden (z.B. Sprachlernberater (auf Distanz) für selbstgesteuertes Lernen, DaZ-Lehrer für Zugewanderte). Bedenkenswert wäre auch eine Ausbildung zum Fremdsprachenlehrer für Mehrsprachigkeitskonzepte.

3. Neue Anforderungen an die Fremdsprachenlehrerbildung: Das Beispiel ‚Lernberatung'

Im Folgenden möchte ich auf einen speziellen Bereich in der Lehrerbildung eingehen und die Forderung nach einem Ausbildungsmodul zur Lernberatung begründen; denn es handelt sich hierbei um einen Bereich, der immer wieder erwähnt wird, bei dem allerdings nicht darüber nachgedacht wird, wie und wo denn Lernberatungskompetenzen erworben werden können.

So betrachtet z.B. die von der Kultusministerkonferenz eingesetzte Kommission Lehrerbildung in ihrem Abschlussbericht „die gezielte Planung, Organisation, Gestaltung und Reflexion von Lehr-Lern-Prozessen als Kernbereich der Kompetenz von Lehrern. Dieser übergeordneten Aufgabe entsprechen die Kompetenzen *Unterrichten, Erziehen, Diagnostizieren – Beurteilen – Beraten ....*" (Terhart 2000, 15). Ebenso trifft man in der fremdsprachendidaktischen Fachliteratur auf Hinweise, man solle bei der Lehrerbildung neben der traditionellen Ausrichtung auf das Lehramt z.B. auch solche praxisbezogenen Aufgaben wie die Sprachlernberatung im Blick haben (vgl. z.B. Knapp-Potthoff 1997, 94; Königs 1997, 104). Insbesondere im Rahmen der Diskussion zu selbstgesteuertem Lernen wird dann die Bedeutung der Beratung als begleitende Unterstützung auf dem Wege zu mehr Lernerautonomie hervorgehoben. Dabei wird dem Berater weniger die Rolle desjenigen zugesprochen, der analysiert und dann entsprechende Maßnahmen vorschlägt; vielmehr solle der Berater Reflexionen über den Lernprozess anregen, damit der Lerner Kontrolle über das eigene Lernen – das Lernmanagement, die kognitiven Prozesse und den Lerninhalt – ausüben kann (vgl. z.B. Benson 2001, 47ff.; Brammerts/Calvert/Kleppin 2001; Kelly 1996; Little 1997; Riley 1997; Vieira 1997; Voller/Martyn/Pickard 1999).

Schon bei diesen sehr kurzen Bemerkungen dürfte erkennbar sein, dass sich die Forderung nach der Entwicklung von Beratungskompetenz auch aus Erkenntnissen und neueren Tendenzen in der Fremdsprachendidaktik ableiten lässt. Eine Ausbildungsnotwendigkeit besteht, selbst wenn wohl die meisten der bisher tätigen Berater ihre Ausbildung noch *'on the job'* erhalten.
Die Ausbildung müsste mindestens zu folgenden Bereichen erfolgen (vgl. z.B. auch Riley 1997, 128ff.):

- Für Sprachlernberatung relevantes Hintergrundwissen
  Hier geht es um Spezialwissen über Spracherwerbsprozesse, das in Verbindung mit Wissen über selbstgesteuertes Lernen zu bringen ist (z.B. individuelle Variablen beim Fremdsprachenlernen, Formen selbstgesteuerten Lernens).

- Konzepte zur Beratung, Lernberatung und Sprachlernberatung
  Notwendig wäre es z.B. zu erkennen, dass Sprachlernberatungen andere Formen und Verhaltensweisen nach sich ziehen als z.B. psychologische Beratungen.

- Praktische Erfahrungen mit Beratungssituationen

  Dazu gehört z.B. eine Ausbildung in sinnvollen Fertigkeiten und Techniken (z.B. offene Fragen, aktives Zuhören, evaluierendes Feedback), über die die Reflexion über das Lernverhalten und über mögliche Verhaltensveränderungen angeregt werden können. Diese Ausbildung muss durch (selbst)reflexive Tätigkeiten, durch Simulationen, Beratungsversuche, Hospitationen bei Sprachlernberatern etc. begleitet werden.

Basierend auf Überlegungen zu einer professionalisierenden Ausbildung (vgl. Kleppin, 2003) wurde am Herder-Institut der Universität Leipzig in den Studiengängen Deutsch als Fremdsprache (Hauptfach, Nebenfach, Aufbaustudium) ein fakultatives Ausbildungsmodul zur Lernberatung eingerichtet. Dieses Modul steht auch den Lehramtstudierenden der Philologien offen und schließt mit einem vom Herder-Institut verliehenen Zertifikat ('Lernberater/in für selbstgesteuertes Fremdsprachenlernen') ab. Dabei wird nicht auf ein besonderes Berufsziel hin ausgebildet, sondern im Hinblick auf Beraterkompetenzen. Ein Masterstudiengang ist angestrebt, doch kann ein Zertifikat eine Vor- und Erprobungsphase für einen Masterstudiengang darstellen und ist zudem – bei einem 'neuen' Berufsziel – wesentlich flexibler zu handhaben als ein Studiengang.

Voraussetzungen für die Verleihung des Zertifikats sind folgende nachzuweisende Leistungen:

- eine selbstreflexive Dokumentation eigener Erfahrungen mit selbstgesteuertem Lernen (z.B. Arbeit im face-to-face- oder im e-Tandem, Arbeiten mit Lernsoftware, selbstgesteuertes Lernen im Zielland);
- eine selbstreflexive Dokumentation eigener Beratungserfahrungen als Lerner;
- eine selbstreflexive Dokumentation eigener Beratungserfahrungen als Berater;
- je ein Leistungsschein in drei fachdidaktischen Seminaren, die z.B. individuelle Variablen beim Lernprozess, selbstgesteuertes Lernen und Lernerautonomie, Lernstile und Lernstrategien zum Thema haben. Mindestens ein Seminar muss sich direkt auf das Thema Lernberatung beziehen.

Bei den beiden selbstreflexiven Dokumentationen können die Teilnehmer auf gegenseitige Beratungen beim Lernen einer Fremdsprache zurückgreifen. Die Teilnehmer suchen sich zum Teil eigenständig Beratungssituationen wie z.B. bei der Nachhilfe, bei Selbstlernern, als zusätzliches Angebot in anderen Abteilungen der Philologie, bei ‚Tandem Leipzig', bei Praktikumsstellen. Momentan hat sich eine Verzahnung mit einem ‚Studierstrategienkurs' ergeben, der innerhalb des Projektes „Entwicklung eines Gesamtkonzeptes für ein TestDaF-basiertes studienbegleitendes Beratungs- und Kurskonzept"[1] entwickelt und erprobt wird. Dabei werden Beratungsaktivitäten von den zukünftigen Lernberatern übernommen und durch eine Dozentin sowie durch *peers* beobachtet; Selbstreflexionen werden schriftlich festgehalten, die Selbstreflexionen werden in das Beratungsseminar unter Nutzung einer eLearning-Umgebung eingebracht, diskutiert, selbst- und fremdevaluiert; weitere Verhaltensweisen werden entwickelt und können in der Beratung wieder ausprobiert werden.

Eine Anerkennung der Leistungen erfolgt *ad personam*. Bisherige Erfahrungen zeigen, dass eine Nachfrage besteht, obgleich dieses Modul neben den traditionellen Studienleistungen anspruchsvolle und recht zeitintensive Zusatzleistungen erfordert.

4. Fazit

Gestufte Studiengänge können – vor allem auf Grund ihrer modularen und damit auch flexiblen Ausrichtung – m.E. dabei helfen, seit langem beklagte Defizite in der Fremdsprachenlehrerbildung zu beheben.

Eine völlige Neuordnung mag – so ist zu hoffen – verhindern, dass nur an einigen Punkten ‚herumgedoktert' wird, ohne die gesamte Ausbildung zu überdenken, an existierende Rahmenbedingungen, Erfordernisse und aktuelle Forschungsergebnisse anzupassen und neue Berufsfelder mit einzubeziehen. Daher sollten Fachdidaktiker auch die Chancen wahrnehmen, die sich hier eröffnen.

[1] Projektleitung: Karl-Richard Bausch, Beate Helbig, Karin Kleppin und Grit Mehlhorn.

Literaturangaben

Bausch, Karl-Richard/Christ, Herbert/Königs, Frank G./Krumm, Hans-Jürgen (Hrsg.) (1997): *Fremdsprachendidaktik und Sprachlehrforschung als Ausbildungsdisziplinen.* Tübingen: Narr.

Benson, Philip (2001): *Teaching and Researching Autonomy in Language Learning.* London: Longman.

Brammerts, Helmut/Calvert, Michael/Kleppin, Karin (2001): „Ziele und Wege bei der individuellen Lernberatung." In: Brammerts, Helmut/Kleppin, Karin (Hrsg.): *Selbstgesteuertes Sprachenlernen im Tandem. Ein Handbuch.* Tübingen: Stauffenburg, 53-60.

Ehnert, Rolf/Königs, Frank (Hrsg.) (2000): *Die Rolle der Praktika in der DaF-Lehrerbildung.* Regensburg: Dr. Joachim Kuns.

Frühjahrskonferenz zur Erforschung des Fremdsprachenunterrichts (2002): „Erklärung zur Ausbildung von Fremdsprachenlehrerinnen und Fremdsprachenlehrern". In: *Zeitschrift für Fremdsprachenforschung (ZFF)* 13 (1), 148.

Hagge, Helmut P./Schröder, Konrad/Tesch, Felicitas/Vollmer, Helmut J./Wolff, Dieter/Zydatiß, Wolfgang (1998): „22 Thesen zur Reform der universitären Fremdsprachenlehrerbildung". In: Zydatiß, Wolfgang (Hrsg.): *Fremdsprachen-Lehrerbildung: Reform oder Konkurs.* München: Langenscheidt, 89-102.

Kelly, Rena (1996): „Language counselling for learner autonomy: the skilled helper in self-access language learning". In: Pemberton, Richard/Li, Edward/Or, Winnie W.F./Pierson, Herbert D. (eds.): *Taking control: Autonomy in language learning.* Hong Kong: Hong Kong University Press, 93-114.

Kleppin, Karin (2003): Sprachlernberatung: Zur Notwendigkeit eines eigenständigen Ausbildungsmoduls. In: *Zeitschrift für Fremdsprachenforschung (ZFF)* (14) 1, 71-85.

Klieme, Eckhard et al. (2003): *Expertise zur Entwicklung nationaler Bildungsstandards.* Berlin: Bundesministerium für Wissenschaft und Forschung (BMWF).

Königs, Frank G. (1997): „Kritische Analyse: ja – Defaitismus: nein!" In: Bausch/Christ/Königs/Krumm (Hrsg.), 101-108.

Königs, Frank G. (2002): „Sackgasse oder Verkehrsplanung? Perspektiven für die Ausbildung von Fremdsprachenlehrern". In: *Fremdsprachen lehren und lernen (FLuL)* 31, 22-41.

Königs, Frank G./Zöfgen, Ekkehard (Koord.) (2002): *Lehrerbildung in der Diskussion* (= *Fremdsprachen Lehren und Lernen (FLuL)* 31). Tübingen: Narr.

Knapp-Potthoff, Annelie (1997): „Schule, Hochschule, Fremdsprachenwerkstatt und andere Orte des Fremdsprachenlernens und des Lernens über Fremdsprachenlernen". In: Bausch/Christ/Königs/Krumm (Hrsg.), 93-100.

Little, David (1997): „Language awareness and the autonomous learner". In: *Language Awareness* 6 (2/3), 93-104.

Meißner, Franz-Joseph/Reinfried, Marcus (1998): *Mehrsprachigkeitsdidaktik. Konzepte, Analysen, Lehrerfahrungen mit romanischen Fremdsprachen.* Tübingen: Narr.

Schocker-v. Ditfurth, Marita (2000): *Forschendes Lernen in der fremdsprachlichen Lehrerausbildung. Grundlagen, Erfahrungen, Perspektiven.* Tübingen: Narr.

Riley, Philip (1997): „The guru and the conjurer: aspects of counselling for self-access". In: Benson, Phil/Voller, Peter (eds.): *Autonomy & independence in language learning* London: Longmann, 114-131.

Terhart, Ewald (Hrsg.) (2000): *Perspektiven der Lehrerbildung in Deutschland. Abschlussbericht der von der Kultusministerkonferenz eingesetzten Kommission.* Weinheim: Beltz.

Verband der Volkshochschulen von Rheinland-Pfalz (Hrsg.) (2001): *Grundlagen für Sprachkursleitende an Volkshochschulen in Rheinland-Pfalz. II. Lernberatung und Lernhilfen.* Mainz: Autor.

Vieira, Flávia (1997): „Pedagogy for autonomy: exploratory answers to questions any teacher should ask". In: Müller-Verweyen, Michael (Hrsg.): *Neues Lernen – Selbstgesteuert – Autonom. Standpunkte zur Sprach- und Kulturvermittlung 7.* München: Goethe-Institut, 53-72.

Voller, Peter/Martyn, Elaine/Pickard, Valerie (1999): „One-to-one counselling for autonomous learning in a self-access centre: final report on an action learning project". In: Cotteral, Sara/Crabbe, David (eds.): *Learner autonomy in language learning: Defining the field and effecting change.* Frankfurt a.M.: Lang, 111-126.

Wissenschaftsrat (2001): „Empfehlungen zur künftigen Struktur der Lehrerbildung". In: *DRS* 5065. Berlin 16.11.01.

Friederike Klippel

Fremdsprachenlehrerausbildung: eine Stärken-Schwächen-Analyse

Der Blick in die Zeitung zeigt, dass das Thema „Lehrerausbildung" gegenwärtig wieder einmal Konjunktur hat. Dies hängt zum einen mit dem blamablen Abschneiden deutscher Schüler in internationalen Vergleichstests (TIMSS, PISA) zusammen, zum anderen aber auch mit den vielfältigen Bemühungen der Bildungspolitik und des Wissenschaftsmanagements, die deutschen Hochschulen durch Einrichtung neuartiger Studiengänge und durch qualitätssichernde Maßnahmen den europäischen Entwicklungen des sog. Bologna-Prozesses anzupassen. Man schätzt die trotz Überlast in den deutschen Universitäten erbrachten Ausbildungsleistungen vielfach als unzureichend im internationalen Wettbewerb ein, wenngleich gerade im Hinblick auf die Lehrerbildung diese Ansicht nicht unbedingt gerechtfertigt ist. Insofern bilden bestimmte Zielvorstellungen der Qualität von Schule und Unterricht und eine Überschätzung der Ausbildungsgänge anderer Länder neben den strukturellen Überlegungen zu einer Hochschulreform die Antriebsfedern der allgemeinen Debatte. Die öffentliche Diskussion um die Lehrerausbildung ist eng verknüpft mit einer neuen Aufmerksamkeit für den Lehrerberuf. Diese wiederum gründet sicherlich zum Teil auf dem bereits bestehenden oder drohenden Lehrermangel. Der Generationenwechsel in Schulen und Hochschulen lässt zudem die Chance für durchgreifende Veränderungen günstig erscheinen.

Die Diskussion der Lehrerausbildung richtet sich zum ersten auf deren institutionelle Verankerung. Immer wieder werden Stimmen laut, die die Verlagerung der Lehrerausbildung für mehrere oder wenigstens einzelne Schularten an Fachhochschulen oder neu zu gründende Pädagogische Hochschulen fordern. Gegenwärtig wird beispielsweise in Bayern darüber gestritten, ob die Berufschullehrerbildung an den Universitäten verbleiben soll.

Ein zweiter Bereich der Lehrerbildungsdebatte betrifft die Studienorganisation, und zwar sowohl die Wahl des Studienmodells (konsekutives Bachelor- und Masterstudium oder herkömmliches Zwei-Fächer-Lehramtsstudium mit Staatsexamensabschluss) als auch die Integration von Praxisphasen in Form von Praxissemestern oder Praktika. Allerdings werden nur ganz selten Forderungen nach einer Rückkehr zur einphasigen Lehrerbildung nach den in Niedersachsen in den siebziger Jahren und in der ehemaligen DDR erprobten Modellen erhoben. Strukturelle Überlegungen werden nicht nur hinsichtlich der Studienorganisation der jetzigen ersten Phase angestellt, sondern auch mit Blick auf eine bessere Verflechtung aller drei Phasen der Lehrerbildung: Studium, Referendariat und berufliche Weiterbildung während der Berufstätigkeit. Daher erscheint es angebracht, von Lehrerbildung und nicht von Lehrerausbildung zu sprechen, sobald mehr als das Lehramtsstudium gemeint ist.

Die dritte Diskussionsebene schließlich umgreift inhaltliche und dadurch meist fachbezogene Fragen des Studiums. Hier geht es vor allem um die Gewichtung und Vernetzung der einzelnen Bestandteile innerhalb des Fachstudiums und deren Relation zu den erziehungs- und verhaltenswissenschaftlichen Anteilen, den sog. Grundwissenschaften, daneben aber auch um das Verhältnis von Theorie und Praxisbezug innerhalb der Fächer. Es muss jedoch festgestellt werden, dass diese Diskussion in erster Linie von den Fachdidaktiken und von Teilen der Erziehungswissenschaft vorangetrieben wird. Die Sachwissenschaften im engeren Sinne, also Literatur-, Sprach- und Kulturwissenschaften der neueren Philologien in unserem Fall, äußern sich bislang kaum zu diesen Fragen. Das hängt damit zusammen, dass die Lehrerbildung in diesen Kreisen oft nicht als genuine und wichtige Aufgabe der Universitäten angesehen wird. Man möchte sich vielmehr auf die in wissenschaftlicher Hinsicht vermeintlich interessierteren Magisterstudierenden konzentrieren.

Die zur Vorbereitung der Frühjahrskonferenz 2003 verschickten Leitfragen beziehen sich auf fachinhaltliche und studienorganisatorische Aspekte. Gesellschaftspolitische und bildungspolitische Hintergründe bleiben ausgeblendet, müssten in der Diskussion aber berücksichtigt werden. Denn die Lehrerbildung ist als Teil des deutschen Bildungswesens in vielfacher Weise mit Bedingungen verknüpft, die über die rein fachliche Diskussion weit hinausgehen: Sei es das Beamtentum und die Gehaltsstruktur der Lehrerschaft, was gewisse Konsequenzen für Ausbildungsort und -dauer, aber auch die Ausflaggung von Abschlüssen hat, sei es die Aufgabe der Universitäten, sich dem Prozess der Angleichung von Studienverläufen und Bewertungsmaßstäben in Europa anzupassen, sei es die Reform des Schulwesens. Dazu treten allgemeine gesellschaftspolitische Entwicklungen, wie die Neubestimmung dessen, was schulische Bildung in sozialer, pädagogischer und fachlicher Hinsicht leisten sollte, welche Funktionen Lehrer, welche dagegen die Eltern vorrangig erfüllen sollten, wie stark sich Anforderungen von Politik und Wirtschaft in schulischen Curricula und Abschlüssen spiegeln sollten und vieles mehr.

Dennoch ist die Aufgabe der mit der Lehrerbildung in bestimmten fachlichen Zusammenhängen befassten Fachdidaktik vorrangig in der fachbezogenen Ausbildungsforschung zu sehen. Und hier sind in den vergangenen zehn Jahren eine ganze Reihe von wichtigen Arbeiten erschienen, die sich u.a. mit der universitären Phase (Bosenius 1992; Schocker-von Ditfurth 2001), mit der Rolle des Praktikums (Gabel 1997), mit der Entwicklung von Erfahrungswissen in Ausbildung und beruflicher Praxis (Appel 2000), mit institutionellen und konzeptionellen Zukunftsfragen (Zydatiß 1998; Themenheft von „Fremdsprachen Lehren und Lernen" 2002, dort insbes. Schröder und Königs) befassen. Zusammen mit der breiten erziehungswissenschaftlichen Ausbildungsforschung, von der hier stellvertretend nur Terhart (2000, 2002) und Blömeke (2002) genannt seien, liegt somit eine tragfähige wissenschaftliche Basis vor, die es uns möglich macht, in ein konkreteres Stadium der Erörterungen einzutreten und inhaltliche Setzungen innerhalb unterschiedlicher organisatorischer Modelle zu diskutieren.

Ein erster Schritt dazu ist die Verständigung darüber, was man als Stärken und Schwächen des gegenwärtig gültigen Ausbildungssystems ansieht. Dazu mag die folgende Tabelle einen Überblick geben. Soweit dies möglich ist, sind Stärken und Schwächen einander zugeordnet, um zu zeigen, dass man vieles von zwei Seiten sehen kann.

Stärken	Schwächen
universitäre Ausbildung für alle Lehrämter (Ausnahme Baden-Württemberg)	geringe Verzahnung von Universität und Schule
breit angelegtes Zwei-Fächer-Studium	wenig Koordination zwischen den Fächern und innerhalb der Fächer, z.T. geringe Wahlmöglichkeit bei der Fächerkombination
ausgedehntes Studium, um ausreichendes fachliches und didaktisch-methodisches Wissen zu erwerben	Verzettelung und wenig zielstrebiges Studieren ohne weiteres möglich
Integration von Sachwissenschaft, Fachdidaktik und Erziehungswissenschaften	gelegentlich zu geringe Berücksichtigung der Fachdidaktik in Studium und Prüfungen (vgl. Kupetz et al. 2001)
Schulform- bzw. Schulstufenbezug des Lehramtsstudiums	oft wenig Rücksicht auf diesen Bezug in den Fach- und Erziehungswissenschaften
Integration von Praxisphasen in das Studium	a) vielfach ungenügende Betreuung und Aufarbeitung dieser Praxiserfahrung durch die Universität b) meist keine gezielte Ausbildung der Praktikumslehrer
Erwerb wichtiger Schlüsselqualifikationen im Lehramtsstudium und dadurch polyvalenter Abschluss	fehlende internationale Anerkennung für das Staatsexamen
Vermittlung soliden Fachwissens	geringer Berufsfeldbezug dieses Wissens
Vertretung der wissenschaftlichen Fachdidaktik auf Professorenebene	a) geringe personelle Ausstattung und ungenügende Akzeptanz der Fachdidaktik b) fehlender wissenschaftlicher Nachwuchs c) Abbau und Rückstufung fachdidaktischer Professuren
vielfältige und breite fachdidaktische Forschung sowie Einbindung von Studierenden in Forschungsaktivitäten	fachdidaktische wissenschaftliche Abschlussarbeiten sind nicht an allen Universitäten möglich
gemeinsame Veranstaltungen für Magister- und Lehramtsstudierende in Fachwissenschaften und Fachdidaktiken	a) ungenügende Differenzierung der Studiengänge aufgrund der Überfüllung der Universitäten und ständigen Reduzierung der Ressourcen

	b) Magisterstudiengänge in Fachdidaktik nicht überall angeboten c) Einschätzung der Lehramtsstudierenden als weniger wissenschaftlich interessiert und kompetent
keine Zugangsbeschränkung	a) ein Lehramtsstudium zieht nicht die besten Abiturienten an b) oftmals geringe Identifikation mit der getroffenen Berufswahl
vielfältige Möglichkeiten der Studienortwahl	kein verpflichtendes Auslandsjahr bzw. Auslandssemester für angehende Fremdsprachenlehrkräfte
Drei-Phasen-Modell	kaum inhaltliche Koordination und Verzahnung der drei Phasen
gesicherte Arbeitsplätze für Lehrer	kein Zwang zur Fortbildung für Lehrkräfte
praxisorientierte zweite Phase der Ausbildung	keine Ausbildung der Ausbilder der zweiten Phase, daher oft „Meisterlehre"
Studierende besitzen Lebenserfahrung und Organisationskompetenz durch häufige Nebentätigkeit während des Studiums	Berufsanfänger im Lehrberuf sind relativ alt

Verbesserungen durch organisatorische Maßnahmen?

Nur ganz wenige der in der Tabelle aufgeführten Schwächen der jetzigen Ausbildungsstrukturen und -inhalte lassen sich durch eine konsekutive Studienorganisation in Bachelor- und Masterstudium abbauen. So wäre zum ersten der Abschluss eines Master (of Education?) international sicher eher anerkannt, als es das jetzige Staatsexamen ist. Ein weiterer möglicher Vorteil des konsekutiven Modells könnte darin liegen, dass Studierende, die in der MA-Phase erkennen, dass sie doch nicht für den Lehrberuf geeignet sind, dann über einen vermarktbaren BA-Abschluss verfügen. Alle anderen Defizite im Hinblick auf die fehlende Koordination der Inhalte, die zu schwach ausgeprägte Berufsfeldorientierung, die ungenügende Einbindung der Praxis, alles das kann, muss aber in einem modulartig aufgebauten konsekutiven Lehramtsstudium nicht automatisch besser sein.

Denn eine Studienorganisation mit verpflichtenden Kernmodulen und optionalen Wahlmodulen, wie sie etwa in Bochum im BA/MA verwirklicht wird, ließe sich durchaus auch im jetzigen – ja auch durch die Zwischenprüfung bereits zweigeteilten – Studium realisieren. Inwieweit Sachwissenschaftler und Fachdidaktiker in Forschung und Lehre kooperieren, hängt bislang von örtlichen Gegebenheiten und den betreffenden Personen ab. Daran wird sich vermutlich auch in BA/MA Studiengängen nichts ändern.

Als eine erhebliche Verschlechterung gegenüber dem traditionellen deutschen Lehramtsstudium sehe ich die konsekutive Studienorganisation für Lehrer an, wenn sie sich am englischen Modell orientiert, d.h. Fachstudium und pädagogisch-fachdidaktische Ausbildungsabschnitte voneinander trennt. Wer im Bachelor-Studiengang nur die Fachwissenschaften seiner beiden Fächer studiert, hat es in der Master-Phase schwer, inhaltliche und didaktisch-methodische Perspektiven in dieses Fachwissen im Nachhinein zu integrieren. Gerade der ständige Wechsel der Perspektiven im jetzigen System kann außerordentlich bereichernd wirken und Reflexivität fördern. Zudem besteht bei einer Ausgliederung der Fachdidaktiken allein in die MA-Phase eine gewisse Gefahr der Abkoppelung der Fachdidaktiken aus den Fachdisziplinen. Dann ist der Schritt nicht mehr weit zu separaten Erziehungswissenschaftlichen Fakultäten, mit denen das Zwei-Klassen-System der „echten“ Wissenschaft in den Philologien und der rein „praktischen“ Anwendungslehre der Didaktiker und Schulpädagogen an unseren Universitäten wieder eingeführt würde.

Es ist nicht zu erwarten, dass gestufte Studiengänge die Lehrerbildung verbessern werden, da die jetzigen Schwächen nicht durch die Studienstruktur verursacht werden, sondern sich aufgrund von gesellschaftlichen, wissenschaftlichen und persönlichen Einstellungen zur Lehrerbildung, zur Fachdidaktik und zum Lehrerberuf, aufgrund von staatlich festgesetzten Anteilen an Prüfungen und damit verknüpfter Gewichtung der Bereiche, aufgrund von fehlenden Ressourcen etwa zur guten Praktikumsbetreuung und schließlich auch wegen des Fehlens eines alle drei Phasen der Lehrerbildung übergreifenden Konzepts ergeben. Einstellungen lassen sich nur durch Überzeugungsarbeit und (wissenschaftlichen) Nachweis von Qualität verändern; ein höherer Anteil berufsqualifizierender, fachdidaktischer Anteile in Studium und Prüfungen kann nur auf der hochschul- und bildungspolitischen Ebene erstritten werden; eine bessere personelle und sachliche Ausstattung der lehrerbildenden Fächer ist von der gesamtwirtschaftlichen Entwicklung und wiederum den bildungspolitischen Setzungen der Länder und des Bundes abhängig; ein übergreifendes Konzept der drei Phasen der Lehrerbildung schließlich muss in Kooperation von Wissenschaft, Seminaren und Lehrerfortbildungseinrichtungen erarbeitet werden, die Veränderung der Studienstrukturen ist dafür letztlich unerheblich.

Verbesserungen durch inhaltliche Festlegung: Kerncurricula

Seit einigen Jahren wird im Hinblick auf die schulische (Tenorth 2001) und die universitäre (Aus)Bildung (Deutsche Gesellschaft für Erziehungswissenschaft (DGfE) 2001) immer wieder die Idee mehr oder weniger verbindlicher Kerncurricula in die Debatte geworfen. Dabei speisen sich diese Überlegungen aus unterschiedlichen Motivationsquellen. Während es in der Schule eher um eine „Entrümpelung“ übervoller Lehrpläne und die Rückbesinnung auf das Wesentliche geht, haben Kerncurricula in universitären Studiengängen vor allem den Zweck, die zuweilen bestehende Beliebigkeit des Lehrangebots und der Veranstaltungsbelegung durch eine stärkere Führung und Stufung zu reduzieren. Erste Entwürfe liegen auch für die Fremdsprachenlehrerausbildung vor (vgl. einige Beiträge in diesem Band sowie die Grundlagen des Lehramtsstudiums im Fach Englisch an der LMU (Ludwig-Maximilians-Universität) München, die auf einem gemeinsamen Themenplan aller bayerischen Englischdidaktiker basieren).

Grundsätzlich stellt sich die Frage, welche Gesichtspunkte für die Ausgestaltung eines Kerncurriculums in der Lehrerbildung zentral sein sollten – die Systematik der am Ausbildungsgang beteiligten Wissenschaftsdisziplinen oder das letztendlich angestrebte Kompetenzprofil der Lehrkräfte, aus dem die notwendigen Ausbildungsinhalte abgeleitet werden können. In jedem Fall müssen fachliche, erziehungswissenschaftliche und fachdidaktische Elemente aufeinander bezogen und miteinander abgestimmt werden. Aus pragmatischen und wissenschaftshistorischen Gründen ist zu vermuten, dass die Fachwissenschaften die Systematik der Disziplin zugrunde legen, wohingegen Fachdidaktik und die verhaltenswissenschaftlichen Fächer stärker auch Kompetenzziele berücksichtigen. Nimmt man die zu erwerbenden Kompetenzen stärker in den Blick, dann müssen Kerncurricula nicht nur Themenkataloge zu den zu erwerbenden Wissensbeständen enthalten, sondern auch handlungsorientierte Veranstaltungsformen für die Einübung methodischer Kompetenzen.

Weiterhin ist zu überlegen, welcher Anteil des Lehramtsstudiums insgesamt durch ein Kerncurriculum festgelegt und wie viel Spielraum zur individuellen Schwerpunktbildung den Studierenden gewährt wird. Je höher der Anteil des verpflichtenden Curriculums desto größer ist auch der Zwang auf Seiten der Lehrenden, bestimmte Themen regelmäßig anzubieten, und desto geringer folglich die Freiheit in der Lehre. Wenn man das Lehramtsstudium in dieser Weise stärker verschult und – das liegt nahe – auch modularisiert, so liegen die Vorteile für die Studierenden, die Universitäten, die Ausbilder der zweiten Phase und nicht zuletzt das Schulwesen klar auf der Hand: Anforderungen werden transparent, Studienpläne müssen genau koordiniert und auch inhaltlich abgestimmt werden, die Qualitätssicherung wird erleichtert, Prüfungen können studienbegleitend erfolgen, und der universitäre Abschluss garantiert ein Grundwissen in klar bestimmten Teilbereichen, auf das in der Zweiten Phase aufgebaut werden kann. Diesen Vorteilen stehen in der Phase der Entwicklung von Kerncurricula einige Hindernisse entgegen, die vor allem in der vielfach unüblichen inhaltlichen Kooperation zwischen Fachdidaktik und Fachwissenschaft, aber auch zwischen den Fächern und erziehungswissenschaftlichen Disziplinen liegen. Vermutlich wird es zunächst zu einer Vielzahl von unterschiedlichen Konzeptionen an einzelnen Universitäten kommen, was ja keineswegs von Nachteil ist.

Für die Weiterentwicklung der deutschen Lehrerbildung und unsere Wettbewerbsfähigkeit im internationalen Vergleich ist der Schritt zu Kerncurricula sinnvoll, und das vor allem dann, wenn sich die Ausbildungsforschung der Evaluation unterschiedlicher Studienkonzepte annimmt. Auch wenn man das gegenwärtig gültige zweiphasige Ausbildungssystem für gar nicht so schlecht hält, heißt das ja nicht, dass man es nicht verbessern könnte. Anregungen für eine solche Verbesserung können auch aus der Fremdsprachenforschung selbst kommen.

Das Anregungspotential der Fremdsprachenforschung für die Reform der Lehrerbildung

In der Lehrerausbildungsforschung spielt der berufsbiografische Ansatz (Terhart 2002) eine zunehmend bedeutsame Rolle. Er geht aus von einem nie abgeschlossenen Prozess der Kompetenzentwicklung im Beruf und spitzt sich auf die Frage zu: Was muss eine Lehrkraft in dem jeweiligen Stadium der Berufstätigkeit wissen und können? Das heißt auch, dass Lehrer nie „fertig" sind, man also nicht auf einen wie auch immer zu definierenden endgültigen Kompetenzstand hin ausbildet, sondern die Dynamik des Weiterlernens im Beruf einbeziehen muss. Das Ziel der Ausbildung in der ersten Phase liegt daher darin, junge Lehrer fit für den Berufseinstieg zu machen und die Basis für das Weiterlernen im Beruf zu legen.

In der Fremdsprachenausbildung ist die Situation ganz ähnlich. Auch das Fremdsprachenlernen besitzt eine potentiell lebenslange Perspektive; der schulische Fremdsprachenunterricht vermag nicht mehr (und nicht weniger) als Wissens- und Könnens-Fundamente in der Fremdsprache zu schaffen, Lerntechniken zu vermitteln, *language awareness* zu initiieren, Sprachlernmotivationen aufzubauen und zu erhalten sowie für interkulturelles Lernen zu sensibilisieren. Wenn man davon ausgeht, dass das Erlernen einer fremden Sprache sich nicht grundsätzlich vom Erlernen anderer komplexer Fertigkeiten und Wissensbestände unterscheidet, dann erscheint es mir als ein legitimer Schritt, die Lehrerbildung einmal durch die Brille der Fremdsprachenforschung zu betrachten und einzelne theoretische Konzepte und in der Fremdsprachenforschung der letzten Jahre untersuchte Phänomene auf das Lehrenlernen zu übertragen. Dabei verwende ich die sprachlehr- und sprachlerntheoretischen Begriffe als knappe Signale, die von allen Fremdsprachendidaktikern verstanden werden, ohne sie erneut zu explizieren. Natürlich kann im Rahmen eines solchen Kurzbeitrags die vermutete teilweise Parallelität zwischen Fremdsprachenlernen und Unterrichten lernen nicht in alle Richtungen verfolgt und aufgezeigt werden. Die folgende Liste ist daher eher als Abbild eines vorläufigen und spontanen Nachdenkens zu sehen und nicht als systematische „Durchdeklination". Dennoch soll im Sinne des „Querdenkens" angerissen werden, welche Denkanstöße die Lehrerbildung aus der Fremdsprachenforschung gewinnen könnte.

FREMDSPRACHEN-FORSCHUNG	LEHRERBILDUNG
accuracy and fluency	„Korrektheit" gilt nicht als zentrales Prinzip unterrichtlichen Verhaltens, da die Bandbreite der akzeptablen inhaltlichen und methodischen Möglichkeiten sehr viel größer ist als im Sprachenlernen; „Flüssigkeit" im Sinne von gewandtem, raschem Handeln ist für Lehrkräfte jedoch ein wichtiges Ziel ➔ das Studium sollte daher weniger feste Stundenmuster als vielmehr die Bandbreite der unterrichtlichen Optionen und deren wissenschaftliche Begründung ins Zentrum rücken und den Erwerb von *fluency* des Lehrerhandelns mit gutem Gewissen der Berufspraxis überlassen

Akkulturation	das Vertrautwerden mit der Schulkultur aus der neuen Perspektive des Lehrens ähnelt dem Prozess der Akkulturation ➔ das Studium muss ein Bewusstsein für diesen Prozess schaffen, um es den späteren Lehrkräften zu ermöglichen, die Freiräume zu nutzen und sich von den Zwängen der Schule nicht entmutigen zu lassen
ganzheitliches Lernen	Unterrichten lernt man nicht in Vorlesungen ➔ gerade im fachdidaktischen Studium sollten Studierende in universitären Veranstaltungen innovative Lernformen an sich selbst erleben, um aus eigener Lernerfahrung dann in der Schule traditionelle Pfade verlassen zu können
individuelle Faktoren	eine Lehrerpersönlichkeit bildet sich über einen längeren Zeitraum aus; dazu sollte die Fähigkeit zur Selbstreflexion entwickelt werden, um Stärken und Schwächen zu erkennen; der Einfluss individueller Faktoren auf die Qualität der Lehrerarbeit ist noch nicht endgültig empirisch geklärt, wenngleich kognitive Faktoren wohl wichtiger sind als affektive (vgl. Weinert/Helmke 1996) ➔ das Studium sollte daher Wahlmöglichkeiten enthalten, um die fachliche und pädagogische persönliche Schwerpunktbildung zu unterstützen
integrative und instrumentelle Motivation	der Wunsch, Lehrer werden zu wollen, ist Motor des Lernens in der Ausbildung (integrative Motivation) für hoffentlich zahlreiche Studierende eines Lehramts; die instrumentelle Motivation befördert den Erwerb prozeduraler Fertigkeiten des Unterrichtens ➔ das Studium sollte zunächst die integrative Motivation auf- und ausbauen helfen, und zwar durch sensible Einleitung des Perspektivenwechsels (Schüler- zu Lehrerperspektive), durch eine positive Sicht des Lehrberufs und der Lehrertätigkeiten, ehe schrittweise von der Beobachtung zum eigenen Tun die instrumentelle Motivation zum Unterrichten ins Zentrum rückt
top-down and bottom-up processing	Lehrkräfte brauchen beides: ein Verständnis für die lerntheoretischen Grundlagen (Sprachlernprozesse, interkulturelles Lernen etc.) und die Phänomenologie des Fachunterrichts (Stundentypen, Interaktionsmuster, Evaluationsszenarien) ebenso wie ein sekundenschnelles angemessenes Reagieren auf konkrete Klassenzimmersituationen ➔ eine sinnvolle Verschränkung von Theorie und Praxis im Studium ist daher dringend erforderlich

Man könnte die Anwendbarkeit noch weiterer in der Fremdsprachendidaktik wichtiger Phänomene auf die Lehrerbildung diskutieren, etwa das Verhältnis von explizitem und impliziten Lernen und von deklarativem und prozeduralem Wissen, das Konzept der Authentizität, das Phänomen des *culture shock* sowie die Rolle des Übens und die Bedeutung der unterschiedlichen Fertigkeiten des Unterrichtens. Solche Gedankenspielereien mögen auf den ersten Blick läppisch erscheinen, sie gestatten aber, einen allen wohl vertrauten Ausbildungsgang aus einem ungewohnten und anregenden Blickwinkel zu betrachten. So wie die physikalische und zoologische Forschung für einige Fremdsprachendidaktiker in jüngerer Zeit zu andersartigen und neuen Einsichten in den Fremdsprachenlernprozess geführt hat, so erscheint mir auch die grenzüberschreitende Reflexion von Fremdsprachenerwerb und Erwerb von Lehrkompetenz als potentiell fruchtbar.

Fazit

Unser gegenwärtiges System der Lehrerbildung erscheint strukturell vernünftig, es ist inhaltlich jedoch noch weit davon entfernt, das zu erreichen, was zu erreichen wäre. Es wird daher darauf ankommen, alle Anstrengungen zu bündeln, um in Kooperation mit interessierten Erziehungswissenschaftlern und Kollegen aus den Fachwissenschaften an den Universitäten, mit Vertretern der zweiten und dritten Phase sowie der Bildungsbürokratie ein Gesamtkonzept der Lehrerbildung zu entwerfen, anstatt uns auf immer neue, mit neuen Problemen behaftete Experimente einzulassen. Im internationalen Vergleich steht die deutsche Lehrerbildung keineswegs schlecht dar; im Gegenteil, in wissenschaftlicher Breite und fachdidaktischer Ausrichtung kann sie sich mit der Ausbildung in vielen Ländern Europas durchaus messen.

Genauso wichtig wie eine inhaltliche Weiterentwicklung des Lehramtsstudiums ist jedoch das Bemühen um eine Aufwertung des Lehrerberufs. Wir müssen wieder die besten und motiviertesten jungen Menschen dafür gewinnen, als Lehrer in die Schule gehen zu wollen. Erst dann wird sich auch das Bild von Schule und Lehrertätigkeit in der öffentlichen Wahrnehmung ändern. Erst dann werden die Universitäten die Lehrerbildung genauso ernst nehmen wie die Ausbildung der Juristen und Mediziner.

Literaturangaben

Appel, Joachim (2000): *Erfahrungswissen und Fremdsprachendidaktik.* München: Langenscheidt-Longman.

Blömeke, Sigrid (2002): *Universität und Lehrerausbildung.* Bad Heilbrunn: Klinkhardt.

Bosenius, Petra (1992): *Fremdsprachenstudium und Fremdsprachenberuf. Ein Beitrag zur Analyse von Lehr-Lern-Prozessen in Institutionen tertiärer Bildung.* Münster: Waxmann.

Deutsche Gesellschaft für Erziehungswissenschaft (=DGfE): „Empfehlungen für ein Kerncurriculum Erziehungswissenschaft". In: *Erziehungswissenschaft* 12, 20-31.

Gabel, Petra (1997): *Lehren und Lernen im Fachpraktikum Englisch. Wunsch und Wirklichkeit.* Tübingen: Narr.

Königs, Frank (2002): „Sackgasse oder Verkehrsplanung? Perspektiven für die Ausbildung von Fremdsprachenlehrern“. In: *Fremdsprachen Lehren und Lernen (FLuL)* 31, 22-41.

Kupetz, Rita/von Schönburg, Gabriela/Segermann, Krista/Siebold, Jörg (2001): „Der Anteil der fremdsprachlichen Fachdidaktik in den Prüfungs- und Studienordnungen für Lehrämter“. In: *Zeitschrift für Fremdsprachenforschung (ZFF)* 12, 147-163.

Schocker-von Ditfurth, Marita (2001): *Forschendes Lernen in der fremdsprachlichen Lehrerbildung. Grundlagen, Erfahrungen, Perspektiven.* Tübingen: Narr.

Schröder, Konrad (2002): „Lehrerausbildung in der Diskussion“. In: *Fremdsprachen Lehren und Lernen (FLuL)* 31, 10-21.

Tenorth, Heinz-Elmar (Hrsg.) (2001): *Kerncurriculum Oberstufe. Mathematik – Deutsch – Englisch.* Weinheim: Beltz.

Terhart, Ewald (Hrsg.) (2000): *Perspektiven der Lehrerbildung in Deutschland.* Weinheim: Beltz.

Terhart, Ewald (2002): „Was müssen Lehrer wissen und können?“. In: Breidenstein, Georg/Helsper, Werner/Kötters-König, Catrin (Hrsg.) (2002): *Die Lehrerbildung der Zukunft – eine Streitschrift.* Opladen: Leske + Budrich, 17-23.

Weinert, Franz Emanuel/Helmke, Andreas (1996): „Der gute Lehrer: Person, Funktion oder Fiktion?“. In: *Zeitschrift für Pädagogik* 34. Beiheft, 223-233.

Zydatiß, Wolfgang (Hrsg.) (1998): *Fremdsprachenlehrerausbildung – Reform oder Konkurs?* München: Langenscheidt.

Frank G. Königs

Reform der Fremdsprachenlehrerausbildung: Jetzt oder nie!

1. Die Rahmenbedingungen

Dass Universitäten relativ schwerfällige Körperschaften sind, weiß nicht nur derjenige, der in ihnen arbeitet. Veränderungsprozesse lassen sich kaum über Nacht einleiten, geschweige denn umsetzen. Die Erfahrung zeigt, dass diejenigen Veränderungen, die ausschließlich ‚von innen' kommen (sollen), besonders langwierig sind, denn ihnen geht in der Regel ein langer Abstimmungsprozess innerhalb der universitären Hierarchie- und Gremienstruktur voraus. So erklärt sich z.B., dass Veränderungen in der Lehrerausbildung insgesamt zwar häufig angedacht und vorgeschlagen, vielerorts aber nur partiell und zumeist mit großen Abstrichen umgesetzt worden sind. Wo dies gelungen ist, hat dies nicht selten zu Orchideen geführt, deren Überleben in bestimmten Abständen immer wieder im inneruniversitären Kampf neu gesichert werden musste. Und manche Orchideen haben nur eine kurze Lebensdauer (gehabt). Dabei wissen wir alle, dass gute Argumente im Bemühen um eine Verbesserung der Lehrerausbildung zwar häufig mit fachlichen Ergebnissen abgesichert werden konnten und können, dass die Einsicht in diese Ergebnisse aber keineswegs bei allen Beteiligten – insbesondere außerhalb eines engeren Fachzirkels – zu den gleichen Schlussfolgerungen geführt haben oder führen.

Die derzeitige Situation ist demgegenüber verändert: Die Lehrerausbildung ist durch internationale Bildungsstudien in das Bewusstsein einer breiten, auch nichtfachlichen Öffentlichkeit gelangt. Neben der Presse haben sich insbesondere Bildungspolitiker dieses Themas angenommen. Dabei führen sie zumeist die Reformgutachten (z.B. Terhart 2000), vor allem aber Studien wie *TIMSS (Third International Mathematics and Science Study)* und *PISA (Programme for International Student Assessment)* im Munde und leiten aus deren Ergebnissen die Notwendigkeit ab, die Lehrerausbildung zu reformieren. Damit wächst der Druck auf die Universitäten, ihre Ausbildungskonzepte zu überdenken und zu reformieren, und dieser Druck könnte heilsam sein, weil er möglicherweise die entscheidende Grundlage dafür bietet, die an und für sich schwerfälligen universitären Entscheidungsprozesse zu beschleunigen, bisweilen sogar auszuhebeln. Dass die erwähnten Studien dabei allenfalls partiell und sehr eingeschränkt die notwendigen empirischen Fakten bereitstellen oder weitreichende Schlüsse, vor allem aber Ursachenzuschreibungen für die vermeintliche Misere erlauben, mutet da schon beinahe seltsam an. Immerhin manifestiert sich auf diesem Weg ein relativ breiter Konsens in der Absicht zu einer tiefgreifenden Reform, wenngleich die Richtung dieser Reform bundesweit gesehen alles andere als einheitlich ist.

Selbst bei diesen scheinbar so günstigen Rahmenbedingungen kann man berechtigte Zweifel hegen, ob wir eine derart intensive Diskussion über eine Reform der Lehrerausbildung derzeit hätten, wenn nicht zeitgleich über andere Studiengangsmodelle auch jenseits der Lehrerausbildung intensiv nachgedacht und öffentlich gestritten würde: Die von Seiten der Politik favorisierte Idee, den Studienbetrieb auf Bachelor- und Masterstudiengänge umzustellen, treibt derzeit nahezu alle Fächer um und an, die an deutschen Universitäten gelehrt werden. Dass diese Idee für viele Fächer positive Impulse haben kann und wohl auch haben wird, kann man mit guten Gründen annehmen. Für die Lehrerausbildung sehe ich diese positiven Effekte indes allenfalls in der Tatsache, dass engagierte und auf wissenschaftlichen Erkenntnissen beruhende Reformbemühungen eine größere Chance auf Realisierung haben, weil auf diese Weise tiefgreifende Veränderungen überhaupt erst auf einer breiteren Ebene als nur der unmittelbaren Ebene eines Faches (oder eines Teils von ihm) diskutiert und von den Entscheidungsträgern wahrgenommen werden (können).

2. Gegen den Bachelor und für die Modularisierung

An anderer Stelle habe ich die Argumente zusammengetragen, die aus meiner Sicht gegen die Einführung von Bachelor- und Masterstudiengängen in der Lehrerausbildung sprechen (vgl. ausführlicher Königs 2002). Die Hauptargumente sind:

- Leitendes Argument für eine Reform der Lehrerausbildung muss das spätere Berufsfeld sein. Lehrer sind ausgebildete Fachleute für das Lehren und Lernen ihres Faches, haben also bereits in der ersten Phase ihrer Ausbildung ein klares Berufsprofil vor Augen, auf das hin die Ausbildung zu orientieren ist. Damit unterscheidet sich die Lehrerausbildung von zahlreichen anderen Fächern, die sich nicht durch eine derartig deutliche Orientierung an einem Berufsfeld auszeichnen.
- Gerade angesichts dieses Berufsfeldbezuges muss gefragt werden, was denn das mögliche Berufsfeld unterhalb des Lehrers sein kann. Anders gefragt: Wenn das Bachelor-Modell auf Masterebene die Voraussetzung für den Lehrerberuf ist, wozu befähigt dann der Bachelor? Besteht nicht gerade hier die Gefahr, schon im Ansatz die notwendige Berufsfeldorientierung gleich im Ansatz unzulässig zu verwässern oder gar zu verhindern?
- Bachelor- und Masterstudiengänge sollen zu einer Internationalisierung der Ausbildungsgänge führen. Übersehen wird bei diesem Argument, dass bereits heute die Bachelor- und Mastermodelle in vielen Ländern allenfalls im Namen, keineswegs aber in den vermittelten Kompetenzen vergleichbar sind.
- Wie soll z.B. das angelsächsische System mit einem dreijährigen, in Trimestern organisierten Studiensystem, entsprechenden Stundenzahlen, z.T. handverlesenen und begrenzten Teilnehmerzahlen und damit zusammenhängender intensiver Betreuung durch alle Lehrenden auf die deutsche (Massen-)Universität übertragen werden? Großbritannien selbst sieht das wohl auch als Problem, denn laut Pressemitteilung der HRK vom 27. Januar 2003 weigert man sich dort, deutsche Bachelor-Abschlüsse als solche anzuerkennen. Und auch das kurze Zeit später veröffentlichte Dementi zu dieser Weigerung hat nicht ausgereicht, die entstandene Unsicherheit bezüglich der Anerkennung auszuräumen, wie Presseveröffentlichungen immer wieder zeigen oder zumindest andeuten. Würde man in Deutschland ein ähnliches System einführen wollen, müssten nicht nur Zulassungsbeschränkungen eingeführt und eine zeitlich andere Organisationsform des Studiums mitgedacht werden. Es müsste gleichzeitig überlegt werden, wie die ökonomischen Bedingungen für die Studierenden gestaltet werden können, die dann viel weniger Zeit hätten, in der vorlesungsfreien Zeit ihren Lebensunterhalt zu verdienen, und die in einigen Bundesländern (z.B. Hessen) eingeführte

Haushaltszuweisung an die Universitäten auf der Grundlage der vorhandenen Studierendenzahlen (in der Regelstudienzeit!) müsste entweder sofort über den Haufen geworfen werden oder würde die Universitäten geradezu (über-)lebensunfähig machen!

- Dort, wo angedachte Bachelor- und Masterstudiengänge zu einer Einführung des Ein-Fach-Lehrers führen, geben sie ein wichtiges und in der Praxis erfolgreiches Element der bisherigen Lehrerausbildung in Deutschland auf, nämlich die Tatsache, dass wir Lehrer für mindestens zwei Fächer ausbilden. Wo diese Modelle zu Zwitter-Lösungen führen, bei denen angehende Lehrer in eineinhalb Fächern ausgebildet werden sollen, muss man sich ernstlich fragen, wie diese Lücke sinnvoll kompensiert, vor allem von wem dieser Missstand eigentlich verantwortet werden soll.
- Ob die angestrebte Studienzeitverkürzung, gegen die man im Grundsatz in den Fällen nichts haben kann, wo das Fehlen von Studienzeitbegrenzungen zu exorbitant langen Studienzeiten führt, durch eine Absenkung der Anforderungen erkauft werden soll, ja erkauft werden darf, muss sehr kritisch hinterfragt werden: Zum einen gehören die Lehramtsstudierenden nur partiell zu den Langzeitstudierenden (und das dürfte hier je nach studierten Fächern noch einmal differenziert zu betrachten sein); zum anderen kann das Argument, dass die abnehmende Neigung vieler Studierender zur langfristigen Auseinandersetzung mit einem Inhaltsfeld nicht allen Ernstes ins Feld geführt werden, denn wie sollen eben jene Studierende dann ein Berufsleben lang – auch als Lehrer – durchhalten?

Es wird angesichts dieser Argumentation nicht verwundern, wenn ich den Bachelor- und Mastermodellen für die Lehrerausbildung kaum etwas Positives abgewinnen kann. Nun stellt sich in diesem Zusammenhang – fast möchte man sagen: wieder einmal – ein interessantes Ergebnis des föderalen Systems der Bundesrepublik ein: Die Entwicklung in den einzelnen Bundesländern verläuft höchst uneinheitlich. Bisweilen geben Landesregierungen durch Erlass die Einführung der Bachelor- und Masterstudiengänge für die Lehrerausbildung vor und machen die weitere Existenz universitärer Standorte für die Lehrerausbildung von der fristgerechten Umsetzung abhängig. Damit geraten die Hochschulen in eine nicht zu übersehende Zwickmühle: Eine Weigerung gefährdet den Standort für die Lehrerausbildung, eine Umsetzung bringt neben den oben erwähnten grundsätzlichen Bedenken auch praktische Probleme mit sich; so ist z.B. kaum geklärt, aus welchen Ressourcen die zeitweise zu erbringenden doppelten Lehrleistungen nach alter und neuer Ordnung bestritten werden sollen. Dies legt natürlich den Verdacht nahe, dass der Ministerialbürokratie vorschwebt, bestehende Ausbildungssegmente einfach linear zu kürzen, ohne die inhaltliche Strukturierung – z.B. in Form von Modulen – konsequent weiterzudenken. Ein bekanntes Beispiel für ein auf diesem Weg produziertes Verhalten findet sich im *ZEIT*-Beitrag von Terhart (2001) dokumentiert: Darin argumentiert der Autor mit guten Gründen gegen gestufte Studiengänge für die Lehrerausbildung, erklärt dann aber am Ende, dass seine damalige Universität – die Ruhr-Universität Bochum – die gestuften Studiengänge aufoktroyiert bekommen hat und dass man es damit versuchen wolle, nicht zuletzt, um den Ausbildungsstandort Bochum für die Lehrerausbildung zu (er-)halten.

So kritisch ich einerseits gegenüber den Bachelor- und Masterstudiengängen für die Lehrerausbildung eingestellt bin, so sehr kann ich andererseits der damit häufig verbundenen Modularisierung etwas abgewinnen. Die Organisation des Studiums in Modulen schafft inhaltliche Verbundsysteme, die dazu beitragen, die organisatorische Trennung zwischen den Ausbildungssegmenten zugunsten inhaltlich begründeter und thematisch gefasster Ausbildungseinheiten zu überwinden. Für die Fremdsprachenlehrerausbildung lässt sich damit eine partielle Überwindung der Trennung in Linguistik, Literaturwissenschaft, Sprachpraxis, Fachdidaktik und Erziehungs- und Gesellschaftswissenschaftliches Lehramtsstudium herbeiführen. Damit eröffnet sich die Chance zu einer integrativen Verzahnung wichtiger Ausbildungselemente und natürlich auch zu einer stärker berufsfeldbezogenen Veränderung der Gewichte zwischen den Ausbildungssegmenten. Damit eröffnen sich gleichzeitig andere Formen der Zertifizierung, als sie bislang üblich sind und verbunden damit eine stärkere, durch die Studierenden selbst zu verantwortende Profilbildung innerhalb der ersten Phase der Lehrerausbildung.

3. Die Situation in Hessen

Die bis Ende März 2003 in Hessen amtierende Regierungskoalition hatte auf einen Oktroy gestufter Studiengänge für die Lehrerausbildung verzichtet. Die für die Universitäten zuständige Ministerin hatte auch Zweifel angemeldet, ob angehende Lehrer durch Bachelor- und Masterstudiengänge angemessen ausgebildet werden können. Allerdings sind alle lehrerausbildenden hessischen Hochschulen aufgefordert, neue Ausbildungskonzepte zu entwerfen, mit deren Hilfe insbesondere die Diagnosekompetenz angehender Lehrer gesteigert werden soll. Und Ende Januar 2003 flatterte den Universitäten eine Verordnung ins Haus, derzufolge alle Studiengänge bis Ende 2004 zu modularisieren sind, noch mit der Ergänzung, dass diese Modularisierung unabhängig von der möglichen Einführung gestufter Studiengänge erfolgen solle; ausdrücklich ausgenommen sind Fächer wie Jura und Medizin – die Lehrerausbildung wird nicht explizit genannt. Gleichzeitig befürworten die politischen Entscheidungsträger die Entwicklung von Kerncurricula, mit deren Hilfe die Fächer dazu gezwungen werden sollen, die berufsfeldrelevanten Ausbildungsinhalte auch tatsächlich zum unverzichtbaren Bestandteil der Ausbildung zu machen. Dabei hat sich die alte Landesregierung zweier organisatorischer Maßnahmen bedient: Zum einen wurden im Einklang mit dem Hessischen Hochschulgesetz aus dem Jahre 2000 an allen lehrerausbildenden Universitäten Gremien etabliert, die für die Lehrerausbildung der jeweiligen Hochschule eine besondere Zuständigkeit haben, die z.T. bis zur Beteiligung an Berufungen und Besetzungen lehramtsrelevanter Stellen geht. Zum anderen wurde von den beiden zuständigen Ministerien – dem Ministerium für Wissenschaft und Kunst und dem Kultusministerium – eine so genannte „Expertenkommission" eingesetzt, die im Januar 2003 ihre „Empfehlungen zur Aktualisierung der Lehrerausbildung" vorgelegt hat[1]. Diese Empfehlungen sprechen sich für eine verstärkte Berufsfeldorientierung der Lehrerausbildung aus, messen den Schulpraktischen Studien eine besondere Bedeutung bei und empfehlen außerdem die Erarbeitung von Kerncurricula. Sieht man von einigen Grundsatzpositionen ab – z.B. gegen gestufte Studiengänge in der Lehrerausbildung – , so ist der Bericht an den entscheidenden Stellen wenig konkret. Er empfiehlt zwar eine stärkere Berücksichtigung der fachdidaktischen und erziehungswissenschaftlichen Ausbildungsanteile, macht aber keine Aussagen zu einzelnen Fächern und auch nicht zum Verhältnis zwischen den einzelnen Fachsegmenten, und zwar weder in qualitativer noch in quantitativer Hinsicht. Damit ist den einzelnen Universitäten ein

[1] Im Netz abrufbar unter: http://www.kultusministerium.hessen.de

nicht unerheblicher Gestaltungsspielraum gegeben, den es im Laufe des Jahres 2003 jeweils standortspezifisch und konzeptuell zu füllen gilt. Inhaltlich enthält das Gutachten kaum etwas, was wir nicht auch schon aus der Terhart-Kommission wussten (Terhart 2000). Es bleibt abzuwarten, wie die seit April 2003 im Amt befindliche Regierung, insbesondere die neue Spitze im zuständigen Ministerium sich in Fragen der Lehrerausbildung positionieren wird.

Abzuwarten bleibt auch, wie mit dem ‚Instrument' der Kerncurricula umgegangen wird. Kann es dazu genutzt werden, die Fächer dazu zu bringen, die Lehrerausbildung gegenstandsbezogener als bislang zu gestalten und damit zur gewünschten Professionalisierung beizutragen, wird man das Instrument sicherlich begrüßen können. Führt es allerdings dazu, die Ausbildung auf ein wie auch immer definiertes Minimum zu reduzieren, dann sollte man dieses Instrument lieber aus der Hand legen. Hier ist sicher noch viel Diskussionsbedarf, zumal nicht alle Fächer und Fachsegmente, die an der Lehrerausbildung beteiligt sind, ihre Positionen diesbezüglich bereits artikuliert und begründet haben. Die Deutsche Gesellschaft für Erziehungswissenschaft DGfE stellt hier sicher eine – durchaus positive – Ausnahme dar.

4. Der Fall Marburg – oder das Modell Marburg?

Für die Philipps-Universität Marburg stellt sich die Situation derzeit wie folgt dar: Entsprechend dem Hochschulgesetz wurde im Jahre 2002 eine Ständige Kommission für Lehrerausbildung gegründet, in der alle 23 lehramtsausbildenden Fächer vertreten sind. Diese Kommission hat bislang u.a. eine Bestandsaufnahme der Marburger Lehrerausbildung aus der Sicht der Fächer selbst vorgenommen (die nicht sehr ergiebig ist) und führt zur Zeit eine Befragung sowohl der Marburger Lehramtsstudierenden als auch der Absolventen, der Studienreferendare, der Studienseminare und der Schulen im Marburger Umkreis zu grundsätzlichen Fragen, Mängeln und Stärken der (Marburger) Lehrerausbildung durch[2]. Gleichzeitig hat sie damit begonnen, für einzelne Fächer und Fächergruppen Kerncurricula erarbeiten zu lassen. Je nach Fächern sind die Arbeiten unterschiedlich weit fortgeschritten. Einige Fächer haben ihre diesbezüglichen Arbeiten abgeschlossen, andere sperren sich noch, z.T. mit dem Argument, dass alles, was im Lehrangebot vorhanden sei, Bestandteil eines zukünftigen Kerncurriculums sei. Für die fremdsprachlichen Fächer – soweit es sich um die modernen Fremdsprachen einschließlich Deutsch als Fremdsprache handelt – liegt ein weitgehender Konsens bezüglich der kerncurricularen Inhalte vor sowie ein abgestimmter Vorschlag, der den Beschluss der Gesamtkommission zur Modularisierung einer zukünftigen Lehrerausbildung konkretisiert. Die Merkmale dieses Konzepts, das in der Anlage dokumentiert ist, lassen sich in der gebotenen Kürze wie folgt zusammenfassen:

[2] Die bislang vorliegenden Ergebnisse der Befragung von mehreren Hunderten von Studierenden, Referendaren, Schulleitern, Ausbildern und Mentoren in Hessen weisen u.a. eine breite Unzufriedenheit mit dem zu geringen Anteil der Fachdidaktik aus sowie mit einer kaum gegebenen Transparenz zahlreicher universitärer Ausbildungsabschnitte bezogen auf ihre Bedeutung für den Auf- (und auch Aus-)bau von Berufskompetenz.

- Die sprachwissenschaftlichen Grundmodule sollen so organisiert werden, dass es dort, wo es möglich ist, sprachübergreifende Einführungsveranstaltungen gibt, die dann in weiteren Veranstaltungen sprachspezifisch ‚heruntergebrochen' und vertieft werden.
- Für die Literaturwissenschaft wird derzeit noch über mögliche Kernmodule, deren Inhalte und Organisation nachgedacht.
- Die Sprachpraxis wird sich an internationalen Standards zu orientieren haben. Dabei bietet der Europäische Referenzrahmen zwar eine Orientierung an, muss aber – nicht zuletzt vor dem Hintergrund der überwiegend kritischen Diskussionen auf der letzten Frühjahrskonferenz (vgl. die Beiträge in Bausch et al. 2003) – konkretisiert und verändert werden. Dabei werden zu den angegebenen Stundenvolumina in den Fällen Propädeutika treten, in denen bestimmte Eingangskompetenzen nicht erreicht werden. Außerdem sollte zum sprachpraktischen Modul auch das Erlernen einer neuen Fremdsprache unter besonderer Berücksichtigung der Vermittlung von Strategiewissen und Beratungskompetenz zählen.
- Die fremdsprachendidaktischen Module sind jenseits von Kernmodulen so angelegt, dass sie mit sprachwissenschaftlichen – und zukünftig nach Möglichkeit auch literaturwissenschaftlichen – Inhalten organisch zusammengeführt werden. Das bedeutet, dass nach den Grundmodulen die organisatorische Trennung zwischen Sprach-, Literatur-, Landeswissenschaften, Fremdsprachendidaktik und Erziehungs- und Gesellschaftswissenschaften soweit wie möglich einem integrativen Modulverständnis weichen soll.
- Die fremdsprachendidaktischen Module verstehen sich u.a. als eine Art Brücke zwischen einerseits fachwissenschaftlichen sowie andererseits erziehungs- und gesellschaftswissenschaftlichen Inhalten. Damit sollen Allgemeine Didaktik und Fremdsprachendidaktik stärker inhaltlich aufeinander bezogen werden; gerade hier lag in der Vergangenheit ein nicht unerhebliches sowohl konzeptuelles als auch ausbildungspraktisches Manko (vgl. z.B. Königs 2001; Stübig 2002; Stübig/Stübig 2003).
- Die erziehungs- und gesellschaftswissenschaftlichen Module sollen stärker berufsfeldbezogen akzentuiert werden und dabei auch stärker als in der Vergangenheit Fragen der Kindheits- und Jugendentwicklung in ihrer Bedeutung für die Schule aufnehmen (vgl. dazu Wissenschaftlicher Beirat für Familienfragen 2002).
- Die Anzahl der Schulpraktischen Studien soll sich erhöhen, da neben das allgemein erziehungswissenschaftliche Praktikum auch für jedes Fach ein stärker fachdidaktisches Praktikum treten soll.
- Die Wahlpflichtmodule, deren Katalog noch offen ist, sollen den Studierenden ermöglichen, ihr eigenes Profil bereits während der Ersten Phase der Lehrerausbildung zu entwickeln. Die Zertifizierung soll über Lehramtsportfolios laufen.
- Das Modell nimmt eine leichte Steigerung der Ausbildungsvolumina nicht nur in Kauf, sondern hält diese Steigerung auch für wünschenswert. Die beteiligten Disziplinenvertreter haben dem auch bereits weitgehend zugestimmt. Die genaue Austarierung der Studienumfänge für die einzelnen Module ist noch nicht erfolgt.
- Einige Module – nicht nur das Praxis-Modul – sollen gemeinsam mit Vertretern der Zweiten Phase durchgeführt werden. Vorgespräche haben ergeben, dass die Vertreter der Zweiten Phase dem zwar grundsätzlich aufgeschlossen sind, allerdings auch be-

fürchten, dass eine zu enge Verzahnung zu einer Auflösung der Zweiten Phase führen könnte. Hier ist noch Abstimmungsbedarf gegeben.

Gewiss wird man bei dem vorliegenden Modell noch Verbesserungen anbringen können, und zweifelsohne wird man sich auch das eine oder andere aus fremdsprachendidaktischer Sicht noch wünschen. Andererseits beinhaltet es aber auch seitens der „Fachwissenschaften" nicht unerhebliche Zugeständnisse, die dokumentieren, welche ursprünglichen Ansprüche bereits zugunsten einer berufsfeldbezogeneren Fremdsprachenlehrerausbildung aufgegeben worden sind. Dass dies überhaupt möglich wurde – zumal an einer Universität wie der der Marburger, die bislang nicht durch ein intensives fachdidaktisches Ausbildungsprofil auf sich aufmerksam gemacht hat – kann man mit den o.g. Rahmenbedingungen erklären. Daraus abzuleiten, dass alle Fächer Ähnliches vorhaben oder sich darauf einigen können, wäre sicher zu weitgehend, nicht zuletzt, weil das Verständnis von dem, was fachdidaktische Ausbildungsinhalte leisten können und sollen, fachspezifisch und aufgrund anderer Fachtraditionen nicht so ohne Weiteres vergleichbar ist oder vergleichbar gemacht werden könnte. Und klar ist auch, dass alle beteiligten Fächer Kompromisse werden eingehen müssen[3]. Aber es ist – so meine ich – ein Anfang, und es gilt, das Eisen zu schmieden, solange es durch die politischen Entscheidungsträger noch heiß gehalten wird. Sollte das Eisen schnell erkalten, ohne geschmiedet worden zu sein, erscheint auf längere Sicht eine berufsfeldbezogene Veränderung der Fremdsprachenlehrerausbildung kaum denkbar. Das dürfte nicht nur für Marburg gelten!

Literaturangaben

Bausch, K.-Richard/Christ, Herbert/Königs, Frank G./Krumm, Hans-Jürgen (Hrsg.) (2003): *Der Gemeinsame europäische Referenzrahmen für Sprachen in der Diskussion. Arbeitspapiere der 22. Frühjahrskonferenz zur Erforschung des Fremdsprachenunterrichts.* Tübingen: Narr.

Königs, Frank G. (2001): „Aufbruch zu neuen Ufern? – Ja, aber wo geht's da lang? Überlegungen zur Neustrukturierung der Ausbildung von Fremdsprachenlehrern". In: Königs, Frank G. (Hrsg.), *Impulse aus der Sprachlehrforschung – Marburger Vorträge zur Ausbildung von Fremdsprachenlehrerinnen und -lehrern.* Tübingen: Narr, 9-37.

Königs, Frank G. (2002): „Sackgasse oder Verkehrsplanung? Perspektiven für die Ausbildung von Fremdsprachenlehrern". In: *Fremdsprachen lehren und lernen (FLuL)* 31, 22-41.

Stübig, Frauke (2002): „Reicht kommunikative Kompetenz allein? Über den Zusammenhang von Fremdsprachen Lehren und Bildung". In: *Fremdsprachen lehren und lernen (FLuL)* 31, 92-105.

Stübig, Frauke/Stübig, Heinz (2003): „Allgemeine Didaktik und Fachdidaktik(en). Anmerkungen zu einem ‚desolaten' Verhältnis". In: Bernhard, Armin/Kremer, Armin/Rieß, Falk (Hrsg.): *Kritische Erziehungswissenschaft und Bildungsreform. Pro-*

[3] So haben sich inzwischen veränderte Anteile gegenüber einer auf der Frühjahrskonferenz vorgelegten Fassung ergeben, nachdem auch die der Fremdsprachendidaktik durchaus zugewandten Fachwissenschaftler beschlossen haben, ihre jeweiligen Anteile nicht weiter zu reduzieren.

grammatik – Brüche – Neuansätze. Band 1: Theoretische Grundlagen und Widersprüche. Baltmannsweiler: Schneider Verlag Hohengehren, 265-284.

Terhart, Ewald (Hrsg.) (2000): *Perspektiven der Lehrerbildung in Deutschland. Abschlussbericht der von der Kultusministerkonferenz eingesetzten Kommission.* Weinheim/Basel: Beltz.

Terhart, Ewald (2001): „Contra Gestuftes Lehrerstudium". In: *Die ZEIT* 31, 67.

Wissenschaftlicher Beirat für Familienfragen (2002): *Die bildungspolitische Bedeutung der Familie – Folgerungen aus der PISA-Studie.* Stuttgart: Kohlhammer.

Ausbildung von Gymnasiallehrerinnen und -lehrern („Marburger Modell“)
[exemplifiziert am Beispiel der modernen Fremdsprachen] (Stand 19. März 2003)

Semester	Pflichtmodule				
1.-3.	**M1** **Sprachwissenschaftliches Grundmodul I** *SW/SP* 12 ECTS	**M5** **Literaturwissenschaftliches Grundmodul I** *LW/SP* 12 ECTS	**M4** **Lehren und Lernen von X als Fremdsprache** *FD/SP* 12 ECTS	**M10** **Erziehungswissenschaftliches Grundmodul** *EW* 6 ECTS	**M12** **Lehren, Lernen, Unterrichten** *EW/FD* 12 ECTS
4.-6.	**M2** **Sprachwissenschaftliches Grundmodul II** *SW* 12 ECTS	**M6** **Literaturwissenschaftliches Grundmodul II** *LW* 10-12 ECTS	**M8** **Literaturwissenschaftliches Aufbaumodul II: Literaturtheorie und Methodik/Fachdidaktik** *LW/FD* 10-12 ECTS	**M11** **Informationsverarbeitung in der Wissensgesellschaft** *EW/FD* 6 ECTS	**M13** **Erziehung, Interaktion, Kommunikation** EW 6 ECTS
5.-8.	**M3** **Sprachwissenschaftliches Aufbaumodul: Funktionale Sprachwissenschaft in interkultureller und historischer Perspektive** *SW/SP* 10-12 ECTS	**M7** **Literaturwissenschaftliches Aufbaumodul I: Literaturgeschichte** *SW/SP* 10-12 ECTS	**M9** **Fremdsprachendidaktisches Grundmodul** *FD* 6 ECTS	**M14** **Diagnose, Sprachstandsmessung, Testen und Lernberatung** *EW/FD* 4 ECTS	**M15** **Praxis-Modul** *FD* 14 ECTS

Anmerkung: Die Sprachpraxis hat in diesem Modell kein eigenes Modul, sondern ist in das (Kern)Curriculum Sprachwissenschaft/Literaturwissenschaft/Fremdsprachendidaktik integriert.

Legende: EW=Erziehungswissenschaft, FD=Fachdidaktik, LW=Literaturwissenschaft, SP=Sprachpraxis, SW= Sprachwissenschaft.

Semester	Wahlmodule			
5.-8.	**W1** **Fremdsprachendidaktisches Aufbaumodul** *FD* 4 ECTS	**W2** **Literaturdidaktik** *LW/FD* 4 ECTS	**W3** **Schule und Schulentwicklung** *EW/FD* 4 ECTS	**W4** **Fremdsprachenlernen aus interkultureller Perspektive** *EW* /SP 4 ECTS
5.-8.	**W5** **Historische Aspekte von Schul- und Bildungssystemen im internationalen Vergleich** *EW* 4 ECTS	**W6** **Sonderformen des Fremdsprachenlernens** *FD* 4 ECTS	**W7** **Varietäten- und Fachsprachenlinguistik** *SW/FD* 4 ECTS	**W8** **Curriculumentwicklung für den Fremdsprachenunterricht** *EW/FD* 4 ECTS

Legende: EW=Erziehungswissenschaft, FD=Fachdidaktik, LW=Literaturwissenschaft, SP=Sprachpraxis, SW= Sprachwissenschaft.

Englisch Lehramt an Gymnasien

Sprachwissenschaft	Literaturwissenschaft	Fremdsprachendidaktik	Sprachpraxis
M1 *SW/SP* **Grundlagen der (englischen) Sprachwissenschaft** (6 SWS/12 ECTS) - UE Introduction to Linguistics (4) - UE Phonetics/Phonology (4) - UE Grammar I (4)	**M5** *LW/SP* **Einführung in die anglistische/ amerikanistische Literaturwissenschaft** (8 SWS/12 ECTS) - UE Introduction to the Study of English Literature (4) - VL Überblicksvorlesung engl./am. Literatur (+Tutorium o.ä.) (4)	**M4** *FD/SP* **Lehren und Lernen von Englisch als Fremdsprache** (4-6 SWS/12 ECTS) - VL und MS oder nur SE II aus den Gebieten Grammatik-(Syntax, Morphologie) Wortschatz- oder Textarbeit (8) - UE Grammar II oder III oder Vocabulary Exercises (4)	Der Kern der Sprachpraxis ist in das (Kern)Curriculum Sprachwissenschaft/Literaturwissenschaft/Fremdsprachendidaktik integriert. - UE Phonetics/Phonology (4) - UE Grammar I (4) - UE Landeskunde GB/US (4) - UE Landeskunde GB/US (historisch orientiert) (4) - UE Grammar II oder III oder Vocabulary Exercises
M2 *SW* **Theoretische und deskriptive (englische) Sprachwissenschaft** (4 SWS/12 ECTS) - PS Phonology/Morphology/ Syntax/Semantics (6) - SE I aus anderem Kerngebiet (6)	**M6** *LW* **Literaturwissenschaftliche Grundstufe** (6 SWS/10-12 ECTS) - Sinnvolle Kombination von PS, HS, UE, VL zu Genre/Autor/Epoche (10-12)	**M8** *LW/FD* **Literaturwissenschaftliche Vertiefungsstufe II: Literaturtheorie und Methodologie/Fachdidaktik** (6 SWS/10-12 ECTS) - VL + PS oder SE zur Literaturtheorie (8-10) - UE Practical Criticism bzw. SE Fremdsprachendidaktik (4) oder: eine andere sinnvolle Kombination von PS, HS, UE, VL	
M3 *SW/SP* **Funktionale Sprachwissenschaft in interkultureller Perspektive** (4-6 SWS/10-12 ECTS) - VL und PS II/MS oder nur SE II aus den Gebieten Pragmatik, Variations- oder Kontaktlinguistik (8) - UE History of English (4)	**M7** *LW/SP* **Literaturwissenschaftliche Vertiefungsstufe I: Literaturgeschichte** (6 SWS/10-12 ECTS) - VL + PS oder SE zur Literaturgeschichte (Genre, Epoche) (8-10) - UE Landeskunde US/GB (historisch orientiert) (4) oder: eine andere sinnvolle Kombination von PS, HS, UE, VL	**M9** *FD* **Fremdsprachendidaktisches Grundmodul (sprachübergreifend)** (4 SWS/6 ECTS) - Einführung in die Fremdsprachendidaktik - Methoden der Fremdsprachenvermittlung - Lern- und Fremdsprachenlerntheoretische Theorien	

Legende: EW=Erziehungswissenschaft, FD=Fachdidaktik, LW=Literaturwissenschaft, SP=Sprachpraxis, SW= Sprachwissenschaft.

Französisch Lehramt an Gymnasien

Sprachwissenschaft	Literaturwissenschaft	Fremdsprachendidaktik	Sprachpraxis
M1 SW/SP **Grundlagen der (französischen) Sprachwissenschaft** (6 SWS/12 ECTS) - UE Introduction à la linguistique française (4) - UE Phonétique / Compréhension et expression orale (4) - UE Grammaire II (4)	**M5** LW/SP **Einführung in die französische Literaturwissenschaft** (8 SWS/12 ECTS) - UE Einführung in die französische Literaturwissenschaft (+ Tutorium) (4) - Überblicksvorlesung. franz. Literatur (2) - Landeskunde Frankreichs oder eines anderen französischsprachigen Landes	**M4** *FD/SP* **Lehren und Lernen von Französisch als Fremdsprache** (4-6 SWS/12 ECTS) - VL und SE aus den Gebieten Grammatik-(Morpho-Syntax) Wortschatz- oder Textarbeit unter didaktischer Perspektive(8) - UE traduction III oder travaux écrits (4)	Der Kern der Sprachpraxis ist in das (Kern)Curriculum Sprachwissenschaft/Literaturwissenschaft/Fremdsprachendidaktik integriert. - UE Phonétique / Compréhension et expression orale II (4) - UE Grammaire II (4) - UE Landeskunde Frankreichs oder eines anderen französischsprachigen Landes (2) - UE Lektüre älterer Texte bzw. Altfranzösisch (4) - UE traduction III oder travaux écrits (4)
M2 SW **Theoretische und deskriptive (französische Sprachwissenschaft)** (4 SWS/12 ECTS) - PS aus Bereich Grundlagen/Kerngebiete (6) - SE aus anderem Kerngebiet (ohne Hausarbeit - PS/VL oder SE (TN)	**M6** *LW* **Literaturwissenschaftliche Grundstufe** (6 SWS/10-12 ECTS) - PS (LN oder TN) zu Genre/Autor/Epoche (4-6) - VL zu Genre/Autor/Epoche (2) - UE Textinterpretation (Travaux pratiques bzw. Explication de textes) oder Lektürekurs oder SE/PS zu Genre/Autor/Epoche (TN) oder: eine andere sinnvolle Kombination von PS, SE, UE, VL (10-12)	**M8** *LW/FD* **Literaturwissenschaftliche Vertiefungsstufe II: Literaturtheorie und Methodologie/Fachdidaktik** (6 SWS/8-12 ECTS) - PS (LN oder TN) oder SE (LN oder TN) zur Literaturtheorie (4-8) - UE Fachdidaktik / Textarbeit im Französischunterricht bzw. SE Fremdsprachendidaktik (LN oder TN) (4-8) oder: eine andere sinnvolle Kombination von PS, SE, UE, VL	
M3 SW/SP **Funktionale Sprachwissenschaft in interkultureller Perspektive** (4-6 SWS/10-12 ECTS) - VL und PS oder SE aus den Gebieten Pragmatik, Variations- oder Kontaktlinguistik in synchroner und diachroner Perspektive (8-10) - UE Landeskunde/lecture de la presse (4)	**M7** LW/SP **Literaturwissenschaftliche Vertiefungsstufe I: Literaturgeschichte** (6 SWS/10-12 ECTS) - VL + PS (LN oder TN) oder SE zur Literaturgeschichte (Genre, Epoche) (8-10) - UE Lektüre älterer Texte bzw. Altfranzösisch (4) oder: eine andere sinnvolle Kombination von PS, SE, UE, VL	**M9** *FD* **Fremdsprachendidaktisches Grundmodul (sprachübergreifend)** (4 SWS/6 ECTS) - Einführung in die Fremdsprachendidaktik - Methoden der Fremdsprachenvermittlung - Lern- und Fremdsprachenlerntheoretische Theorien	

Legende: EW=Erziehungswissenschaft, FD=Fachdidaktik, LW=Literaturwissenschaft, SP=Sprachpraxis, SW= Sprachwissenschaft.
LN=Leistungsnachweis, TN=Teilnahmenachweis

Erziehungswissenschaft

<table>
<tr>
<td>M10 EW
Erziehungswissenschaftliches Grundmodul
(6 SWS/6 ECTS)
- Einführung in allgemeine pädagogische Theorien
- Entwicklung und Lernen (incl. Diagnostik)
- Sozialisation und Enkulturation
- Pädagogische Theorie und pädagogisches Handeln
- Erziehung, Bildung und Gesellschaft</td>
<td>M11 EW/FD
Informationsverarbeitung in der Wissensgesellschaft
(4 SWS/4 ECTS)
- Grundzüge der Informationsverarbeitung
- Möglichkeiten der neuen Medien zur Informationsübermittlung und zur Vermittlung
- Sprechwissenschaftliche Grundlagen und Gesprächsführung
- Präsentationstechniken</td>
<td>M12 EW/FD
Lehren, Lernen, Unterrichten
(8 SWS/12 ECTS)
- Theorien und Modelle der Didaktik
- Spezielle Unterrichtskonzepte
- Unterrichtsplanung, -analyse und -gestaltung
- Unterrichtsmethodik, Lehr-Lern-Forschung
- Unterrichtsentwicklung und -evaluation
- Bildungsziele und Bildungsinhalte</td>
</tr>
<tr>
<td>M13 EW
Erziehung, Interaktion, Kommunikation
(4 SWS/6 ECTS)
- Kindheit und Jugend
- Interkulturelle Erziehung
- Soziale Interaktion und Gruppendynamik
- Kommunikation, Gesprächsführung, Beratung</td>
<td>M14 EW/FD
Diagnose, Sprachstandsmessung, Testen und Lernberatung
(4 SWS/6 ECTS)
- Psycholinguistik, Zweitsprachenerwerb/Lernersprache, Fehleranalyse
- Diagnostik/Testen
- Sprachstandsmessung, Lernberatung</td>
<td>M 15 FD
Praxis-Modul
(14 SWS/14 ECTS)
- Allgemein-erziehungswissenschaftliches Praktikum
- 2 Fachdidaktische Praktika (1 je Fach)
- Forschendes Lehren und Lernen</td>
</tr>
</table>

Jürgen Kramer

Fremdsprachenlehrer-Ausbildung – Eine endlose Geschichte

Vor 25 Jahren war ich mir ziemlich sicher, genau zu wissen, wie eine wissenschaftliche *und* praxisorientierte Lehrer-Ausbildung auszusehen hat (vgl. Kramer 1979, 1990). Heute bin ich mir nur in einer Hinsicht sicher: Es darf nicht nur *eine* Vorstellung von der Lehrer-Ausbildung geben, sondern es müssen viele Modelle miteinander konkurrieren[1].

1. Die Populationen unserer Schulklassen werden kulturell zunehmend heterogener, die Europäische Union wird im Mai 2004 um eine stattliche Anzahl von Ländern erweitert, die wirtschaftlichen und politischen Verflechtungen nehmen weltweit zu. Diese Entwicklungen erfordern ein ständig größeres Maß an transkulturellen Kommunikationsprozessen. Welche Reaktion könnte natürlicher sein, als hierauf mit dem intensiven Lernen (und Lehren) möglichst vieler fremder Sprachen (und ihrer Kulturen) zu antworten, um das Lernen von- und miteinander zu erleichtern, gegenseitiges Verstehen, gemeinsames Arbeiten (und das Erholen davon) zu ermöglichen sowie allseitige Toleranz zu befördern. Aber statt sich auf die ‚unbequemen' – vielfältigen, unbekannten – Anderen einzustellen, nimmt man mit einem gemeinsamen – und deshalb ‚neutralisierten' – Dritten vorlieb: dem Englischen, weil es als *lingua franca* zur internationalen Verständigung ausreicht.

Das muss sich radikal ändern: Erstens sollte der Unterricht in der ersten Fremdsprache früher beginnen: spätestens in Klasse 3. Zweitens müsste die erste Fremdsprache keineswegs zwingend Englisch sein. Drittens sollte es möglich sein, den Unterricht in der ersten (und zweiten) Fremdsprache – in seiner ‚klassischen' schulischen Form – früher zu beenden. Ein Blick auf den typischen Lernverlauf bei Schülern zeigt, dass es zur kommunikativen Bewältigung der wichtigsten Alltagssituationen (in Beruf und Freizeit) ausreicht, eine Sprache über einen begrenzten Zeitraum von fünf Jahren zu lernen. Stellt man sich den Lernzuwachs als Kurve vor, so wissen wir, dass diese in den ersten drei Jahren steil ansteigt, weil das Sprachniveau beträchtlich zunimmt, danach jedoch immer mehr abflacht und i.d.R. auf einem Lernplateau endet. An dieser Stelle müsste der reguläre Unterricht durch andere Lernformen ergänzt oder ersetzt werden, weil auf diesem Lernniveau ein größerer Lernzuwachs von der Eigeninitiative und der Begegnung mit konkreten Personen der fremden Kulturen abhängt: Entweder sollte die Sprache außerhalb der Schule (Tandem-Lernen oder Auslandsaufenthalte) oder innerhalb der Schule in einem anderen Kontext – z.B. im bilingualen Sachfachunterricht – weitergelernt werden. Dadurch wird für das Lernen weiterer Sprachen Platz geschaffen: Wenn Schüler bereits im 3. Schuljahr mit dem Erlernen der ersten Fremdsprache beginnen, können sie bereits im 5. Schuljahr eine zweite und im siebten oder achten eine dritte Fremdsprache hinzunehmen. Beim Aufnehmen der dritten Fremdsprache hätten sie drei Optionen in Bezug auf die erste: Sie könnten sie abwählen, sie auf andere Weise

[1] Was folgt, ist eine leicht überarbeitete und auf den neuesten Stand gebrachte Version von Kramer 2001; vgl. auch Kramer 2000.

fortführen, oder sie – wenn sie ihnen besonders wichtig ist – bis zum Ende ihrer Schulzeit interkulturell vertieft weiterlernen. Vergleichbare Optionen müssten auch auf der folgenden Stufe – wenn die zweite Fremdsprache fünf Jahre gelernt wurde und eine vierte begonnen werden soll – bestehen.

Aber welche Sprachen sollten angeboten werden? Vor allem ist es wichtig, neben den bisher ‚gängigen' Sprachen die *Nachbarschaftssprachen* – nicht nur Niederländisch, Dänisch und Französisch, sondern auch Polnisch und Tschechisch – und die *Herkunftssprachen* der in Deutschland lebenden Arbeitsmigranten anzubieten. Der Unterricht in den Herkunftssprachen würde (i) dem Spracherhalt bei den Migranten und (ii) der innerdeutschen Verständigung, der Unterricht in den Nachbarschaftssprachen würde der innereuropäischen Verständigung dienen; beide wären wichtige Bestandteile des interkulturellen Lernens in unserer Gesellschaft.

2. Unsere Schulen sollen sowohl grundlegende Kulturtechniken (Lesen, Schreiben, Rechnen, Mediennutzung in Mutter- und Fremdsprachen), fortgeschrittene Methoden und Arbeitstechniken vermitteln als auch die Entwicklung sozialer Kompetenzen (vor allem Persönlichkeitsbildung und Gemeinschaftsfähigkeit) ermöglichen. Dies tun sie in einer pluralistischen Gesellschaft am besten, wenn sie *differenzierte Profile* anbieten, die den vielfältigen Ausbildungsinteressen (der Auszubildenden wie der Abnehmer in unterschiedlichen lokalen bzw. regionalen Kontexten) gerecht werden. Diese Profile müssen die Schulen selbst entwickeln und begründen, im Unterricht realisieren und durch angemessene Prüfungen evaluieren. Dazu bedürfen die Schulen sowohl eines Freiraums, in dem sie – in Konkurrenz miteinander – ihre jeweiligen Schwerpunkte bilden können, als auch der Möglichkeiten, ihr *Budget* selbst zu verwalten, vor allem aber ihr *Personal* selbst auszusuchen und mit ihm differenzierte Verträge abzuschließen. So wird es möglich, wenn nötig, Personen aus diversen beruflichen Praxisfeldern einzustellen, bzw. Lehrer mit zwei Korrekturfächern oder solche, die sich besonders profilbezogen engagieren, weniger Unterricht erteilen zu lassen (oder besser zu bezahlen) als jene, die nur ein oder gar kein Korrekturfach unterrichten bzw. kein besonderes Engagement zeigen.

Da die Qualität einer Schule und ihres Profils in hohem Maße von der *Qualität der Lehrer* abhängt, ist die *Personalkompetenz der Schule* unabdingbar. Sie sollte von folgenden Rahmenbedingungen ergänzt werden: Die Lehrer sollten nicht verbeamtet werden, sondern zeitlich begrenzte Angestelltenverträge erhalten. Diese Verträge können verlängert werden, wenn die Lehrer ihre Arbeiten vertragsgemäß erledigt, in den Selbst- und Fremdevaluierungen bestimmten (zuvor vereinbarten) *Standards* entsprochen und sich auf überprüfbare Weise kontinuierlich fortgebildet haben. Generell sollte man davon ausgehen, dass nur in Ausnahmefällen eine Person länger als zwanzig Jahre als Lehrer arbeitet. Die ‚Routine', die Lehrer in der Praxis entwickeln, mag zwar individuell entlastend sein, nimmt aber ihnen und ihrem Unterricht die nötige Frische und Begeisterungsfähigkeit – und die Schüler merken das. Andererseits kann keine noch so gekonnt und differenziert entwickelte Routine den mit steigendem Alter auch zunehmenden psychischen Stress ausgleichen, dem Lehrer standhalten müssen – nämlich durchschnittlich 200 bis 300 Schüler verschiedenen Alters in zwei bis drei Fächern 24 bis

28 Stunden lang zu unterrichten und (darüber hinaus) sowohl fachlich als auch sozial zu beraten. Entsprechende Aus-/Umstiegsmodelle in andere Arbeitsfelder – wie z.B. Hochschule, Wirtschaft, Sozialdienste, Kulturmanagement – müssen im Rahmen der (auch hierauf ausgerichteten Fortbildung) entwickelt und rechtzeitig angeboten werden.

3. Der Fremdsprachenunterricht kann durch den Zeitpunkt seines Beginns, die angebotene Sprachenfolge, die Breite und Qualität des Angebots und die jeweiligen Anschlussmöglichkeiten (bilingualer Sachfachunterricht, Tandem-Lernen, Schüler-Austausch) zu einem zentralen Faktor des Profils einer Schule werden. Hierbei wären u.a. regionale Faktoren (gezielte Präferenz bestimmter Nachbarschaftssprachen), kulturelle Faktoren (Zusammensetzung der Schüler-Population nach Herkunftsländern) und soziale Faktoren (Ermöglichung von Aufenthalten im Ausland für Kinder aller sozialen Schichten) zu berücksichtigen. Die Entwicklung und Pflege von Partnerschaften mit Schulen in den jeweiligen Nachbarländern und den wichtigsten Herkunftsländern der Schüler-Population sollten zur Selbstverständlichkeit werden.

Die Schulen könnten zusätzlich ihre – fachlichen wie schulklimatischen – Profile dadurch verbessern, dass sie bevorzugt (oder ausschließlich) Lehrer einstellen, die mindestens eine Herkunftssprache der Schüler-Population in dem Umfang verstehen und sprechen, wie es von den Schülern in Bezug auf ihre erste oder zweite Fremdsprache verlangt wird.

4. Im Herbst 1999 hat die von der KMK im September 1998 eingesetzte Kommission, die über „Perspektiven der Lehrerausbildung in Deutschland“ nachdenken sollte, ihren Bericht vorgelegt. Hierin wird den fachlichen Anteilen der Ausbildung ein hohes, den pädagogisch-didaktischen dagegen ein nicht-zufriedenstellendes Niveau bescheinigt. Die Kommission empfiehlt einerseits (i) eine deutlichere Ausrichtung des Studiums (1. Phase) am späteren Berufsfeld, (ii) eine Intensivierung des Vorbereitungsdienstes (2. Phase) durch bessere Abstimmung der Inhalte von Phasen 1 und 2 sowie die Weiterentwicklung der Studienseminare zu „Studienstätten“, die auf die „Übernahme von Verantwortung für eigenes berufliches Handeln“ vorbereiten, und (iii) eine stärkere Betonung des Lernens im Beruf (insbesondere durch angemessene Fortbildung u.a. Unterstützungssysteme). Die Kommission spricht sich andererseits deutlich gegen (i) eine Verlagerung der Lehrerausbildung an die Fachhochschulen und (ii) eine Veränderung der äußeren Rahmenstruktur der Ausbildung (Zweiphasigkeit, zwei Staatsexamina) aus. Diese Vorschläge sind halbherzig und übersehen die tatsächlichen Kernprobleme wie z.B. die Zweiphasigkeit und Uniformität der Lehrerausbildung.

So wie die Schulen sich bemühen, für ihre Schüler möglichst attraktive Profile auszubilden und möglichst kompetente Lehrer zu gewinnen, so sollten sich die Universitäten bemühen, möglichst *vielfältige wissenschaftsorientierte und praxisbezogene Studiengänge* anzubieten, um möglichst viele ihrer Absolventen für die Schulen attraktiv zu machen. Dazu ist es nötig, dass die Hochschulen die Profile dieser Studiengänge selbst erstellen, begründen und überprüfen, sich dabei selbstverständlich nicht nur an ihren Wissenschaftsdisziplinen orientieren, sondern die prospektiven Berufsfelder ihrer Absolventen (aber nicht nur die der Lehrer!) gezielter in den Blick nehmen und zum entscheidenden Maßstab ihrer Studiengänge machen. Für die fremdsprachlichen Fächer wäre es damit endlich möglich, den fachdidaktischen Anteilen ein angemessenes Gewicht einzuräumen sowie ein mindestens sechsmonatiges Auslandsstudium verbindlich zu machen. Der allenthalben zu hörende Ruf nach Kerncurricula, in denen die grundlegenden Kompetenzen zusammengefasst werden sollen, kommt zu früh: Zunächst müssen viele verschiedene Modelle entwickelt und erprobt werden, bevor man daran gehen kann, die ‚besten Stücke' zu Kerncurricula zusammenzufügen. Dabei sollten durchaus auch gestufte Ausbildungsgänge in der Art, wie sie im Herbst 2002 in Bielefeld und Bochum begonnen worden sind, *erprobt* werden. Allerdings kann erst eine sorgfältige Evaluation erweisen, ob das Nacheinander von Fachstudium und fachdidaktischer sowie erziehungswissenschaftlicher Ausbildung die zukünftigen Lehrer hinreichend qualifiziert. Des Weiteren sollten die Hochschulen die Lehre und die Prüfungen (wie bei den Magister- und Diplom-Studiengängen) selbständig durchführen. Der ganze Staatsapparat (Prüfungsämter, -vorsitzende für die sog. Staatsprüfungen usw.) ist überflüssig; durch seine ersatzlose Streichung lässt sich eine Menge Geld sparen.

Auch für die Hochschullehrer sollte selbstverständlich gelten, dass sie nicht verbeamtet werden, sondern zeitlich begrenzte Angestelltenverträge erhalten, die je nach – evaluierter – Leistung verlängert und in ihren Konditionen verbessert werden können, und dass sie einen – früheren oder späteren – Umstieg in andere Berufsfelder als Teil ihrer Lebensplanung begreifen müssen.

Die fachwissenschaftliche und -didaktische *Lehre* sollte in Form von Bausteinen (Modulen) erfolgen, die entsprechend der Profilbildung von Schultypen unterschiedlich zusammengesetzt werden können (und außerdem Quereinsteigern einen schnelleren Zugang zum Berufsfeld ‚Lehrer' bieten). Jedes Modul ist in sich abgeschlossen: Es umfasst ein Lehrangebot und seine Überprüfung; alle Module zusammen ergeben, wenn die verlangten Leistungen erbracht worden sind, das Profil des Studiengangs, für dessen Abschluss nur noch eine Hausarbeit (und keine weitere Prüfung) nötig ist.
Um auf das zukünftige Berufsfeld ‚Schule' angemessen vorbereitet zu werden, ist für zukünftige Lehrer ein ganzes *Praxis-Semester* (vielleicht sogar ein *Praxis-Jahr*) an der Schule vorzusehen. Dieses Semester findet – unter der Leitung von Hochschullehrern und in enger Zusammenarbeit mit ausgewählten Schulen – zwischen dem Grund- und Hauptstudium statt. Auf diese Weise ist einerseits gesichert, dass die meisten Studierenden schon genug von ihrem Fach verstehen, um es unter Anleitung unterrichten zu können. Andererseits haben diejenigen, die in der Zeit an der Schule merken, dass für sie die Schule nicht das richtige Berufsfeld ist, noch die Chance, in andere Berufsfelder umzusteigen.

Auf die 2. Ausbildungsphase – das Referendariat – kann dann mit gutem Gewissen verzichtet werden. In diesem Bereich lässt sich nicht nur eine Menge Geld sparen; die Studienseminare sind auch bekanntermaßen derjenige Teil des Schulsystems, der Neuerungen und Eigeninitiativen gegenüber ausgesprochen resistent ist. Statt – wie heutzutage immer noch – die erste und zweite Ausbildungsphase gegeneinander auszuspielen bzw. die Referendare bereits in der zweiten Phase alleinverantwortlich unterrichten zu lassen, sollten Lehramtsstudierende, die ihr Studium an der Universität erfolgreich abgeschlossen haben, sich auf – von den Schulen – ausgeschriebene Stellen direkt bewerben können. Werden sie auf Grund ihrer Eignung (Ausbildungsprofil, Abschluss, Vorstellungsgespräch) ausgewählt, so könnte man von ihnen als Berufsanfängern verlangen, dass sie während der ersten zwei Berufsjahre (bei vollem Anfangsgehalt) nur zwei Drittel der durchschnittlich üblichen Stunden unterrichten, dafür aber ihren Unterricht in Kooperation mit betreuenden Fachkollegen (Mentoren) vor- und nachbereiten sowie ausgesuchte Begleitseminare (zu Fragen der Unterrichtsgestaltung, des Konfliktmanagements usw.; Supervision) an der nächsten Universität (bei den jeweiligen Fächern) bzw. in geeigneten Fort- und Weiterbildungseinrichtungen (z.B. Zentren für Lehrerbildung) besuchen, die ihnen ihr *training on the job* erleichtern. Nach Ablauf der zwei Jahre lässt sich auf vielfältige Art und Weise überprüfen (Unterrichtsbesuch durch Kollegen/Mentoren und die Schulleitung, Selbstevaluation, *feed-back* der Schüler usw.), ob aus den Berufsanfängern nun ‚vollwertige' Kollegen geworden sind.

5. Entlassen wir also den Staat aus der Lehrerausbildung. Seine Institutionen sind zu schwerfällig, um den Forderungen nach dynamischer Entwicklung gerecht zu werden, denen unser Bildungssystem ausgesetzt ist. Geben wir den Schulen die Freiheit, ihre jeweiligen Profile entwickeln und mit den Personen ihrer Wahl realisieren zu können. Geben wir den Universitäten die Chance, Lehrer auszubilden, wie sie es für richtig halten. Lassen wir sie untereinander darum wettstreiten, welches Institut in welchem Fach die besten Lehrer ausbildet. Sie werden es daran merken, ob die jeweiligen Absolventen Stellen bekommen oder nicht. Dies wird sich unter Studierenden herumsprechen, die Zahlen der Studierenden werden steigen oder sinken je nachdem, wie gefragt der Studiengang ist, den sie studieren. Und: keine Angst vor Uniformität. Vielfalt wird mehr gefragt sein als Einfalt; Experimentierfreudigkeit mehr als ‚sichere' Lösungen.

Trennen wir uns vom Beamtenstatus für Lehrer *und* Hochschullehrer. Weder macht er irgendwelchen Sinn, noch dient er ihrem Engagement und ihrer Beweglichkeit. Im Gegenteil: Das Teilhaben an den gesellschaftlichen Risiken wird ihren Sinn für die Relevanz ihrer Fächer und die Qualitätsprofile ihrer Absolventen schärfen. Und trennen wir uns von der staatlichen Kontroll- und Überwachungsbürokratie: Die Schulen und Hochschulen können sehr gut ihren Unterricht bzw. ihre Lehre profilbewusst durchführen und die Ergebnisse eigenverantwortlich überprüfen, ihr Personal auswählen, fortbilden und ‚belohnen' und ihre finanziellen Mittel selbständig verwalten.

Literaturangaben

Kramer, Jürgen (1979): „Fachdidaktik als Handlungswissenschaft". In: Heuer, Helmut et al. (Hrsg.): *Dortmunder Diskussionen zur Fremdsprachendidaktik*. Dortmund: Lensing, 304-306.

Kramer, Jürgen (1990): „Wissenschaftlich und handlungsqualifizierend, was sonst?" In: Bausch, Karl-Richard et al. (Hrsg.): *Die Ausbildung von Fremdsprachenlehrern. Gegenstand der Forschung*. Bochum: Brockmeyer, 109-112.

Kramer, Jürgen (2000): „Entlassen wir den Staat aus der Ausbildung von Lehrerinnen und Lehrern. Plädoyer für ein Umdenken". In: *Frankfurter Rundschau* 34, 10. Februar 2000, 10.

Kramer, Jürgen (2001): „Viele fremde Sprachen lehren und lernen, kompetente FremdsprachenlehrerInnen ausbilden, unser Bildungssystem reformieren. Fünf Anregungen zum Umdenken". In: Aguago, Karin/Riemer, Claudia (Hrsg.): *Wege und Ziele. Zur Theorie, Empirie und Praxis des Deutschen als Fremdsprache (und anderer Fremdsprachen). Festschrift für Gert Henrici zum 60. Geburtstag.* Baltmannsweiler: Schneider-Verlag Hohengehren, 97-102.

Hans-Jürgen Krumm

Fremdsprachenlehrerausbildung – von Reform zu Reform rückwärts ?

1. In die Fremdsprachenlehrerausbildung haben die vorliegenden Erkenntnisse und Konzepte kaum Eingang gefunden, sie orientiert sich nach wie vor am Philologie-Modell

Die Schwächen der gegenwärtigen Fremdsprachenlehrerausbildung sind die gleichen, die schon vor gut 30 Jahren beklagt wurden und die Menze 1970 in die verzweifelte Frage kleidete: „Warum sind Philologen die Pädagogen an den Gymnasien?“ (Menze 1970, 253). Vergleicht man die Analysen und Reformvorschläge der 70er Jahre des vorigen Jahrhunderts, die in den Empfehlungen des Wissenschaftsrates von 1970 (vgl. auch Krumm 1973) ihren Ausdruck fanden, mit den heutigen - etwa der Auflistung der „Übereinstimmungen“ in den diversen Reformvorschlägen, wie sie Zöfgen (2002, 5f.) vorlegt - so erweisen sie sich als nahezu deckungsgleich: Zielsprachenkompetenz, Erhöhung fachdidaktischer Anteile, bessere Theorie-Praxis-Verzahnung sowohl, was die Erstausbildung, als auch, was die Verbindung von erster und zweiter Phase betrifft. Selbst die Forderung nach Kerncurricula klingt in den verschiedenen Listen von „Tätigkeitsmerkmalen“ bereits an.

Die angebliche Stärke der bundesdeutschen Lehrerausbildung, der die österreichische weitgehend entspricht, nämlich ihre „hohen fachwissenschaftlichen Standards“, ist in meinen Augen nichts weiter als ein Konstrukt: so lange keine Kerncurricula existieren, das fachwissenschaftliche Lehrangebot weitgehend dem Zufall der vor Ort vorhandenen Fachinteressen der Lehrenden entspricht, in dem ein relativ freies Wahlverhalten der Studierenden wiederum das Gesamtergebnis in Richtung auf Zufälligkeit verstärkt, kann weder von fachwissenschaftlichen Standards noch von einer fachwissenschaftlichen Grundlegung der künftigen Lehrtätigkeit die Rede sein.

Am ehesten haben Fremdsprachendidaktik und Sprachlehrforschung dort, wo sie einen nennenswerten Anteil am Lehramtsstudium haben, für ihren Bereich gewisse Standards entwickelt: Das betrifft einen inhaltlichen Kern, der – vielfach im Unterschied zu den Philologien – längst Themenbereiche wie Neue Medien und Interkulturalität, aber ebenso einen engen Forschungs-Praxis-Bezug enthält (vgl. Bausch/Christ/Krumm 2003b, 2003c) Das betrifft auch die Lernorganisation, die z.B. Praxisbezug und Bindung an das Berufsfeld vielfach realisiert, ohne in eine rein „ausübungsgerichtete“ Lehrerausbildung abzugleiten, wie sie z.B. von Robinson im Hinblick auf die damaligen Tendenzen in den 70er Jahren kritisiert wurde – seine Forderung an die Lehrerausbildung, „eine kritische Haltung konventioneller Praxis gegenüber zu fördern und dem theoretischen Studium praktische Relevanz zu verleihen“ (Robinson 1972, 15), lebt mit der Einbeziehung des Erfahrungswissens der Lehrenden und mit der Befähigung zu ‚reflective teaching’ wieder auf (vgl. Schocker-von Ditfurth 2001 und in diesem Band). Die fremdsprachendidaktischen Studienelemente in der Lehrerausbildung haben in diesen Bereichen einen hohen professionellen Standard wie auch einen hochschulübergreifenden Konsens erreicht, wie er weder für die erziehungswissenschaftlichen noch für die philologisch-fachwissenschaftlichen Ausbildungsbestandteile vorliegt.

Allerdings fällt an der Diskussion um die Fremdsprachenlehrerausbildung in Fremdsprachendidaktik und Sprachlehrforschung ebenso wie an der generellen Lehrerausbildungsdiskussion in der Bundesrepublik auf, dass sie nach wie vor in zwei Punkten hinter der sprachen- und bildungspolitischen Diskussion zurückbleibt: Das eine ist die Beschränkung auf eine nationale Perspektive, teilweise sogar weiterhin an einzelnen Bundesländern orientiert, wie dies auch die entsprechende Leitfrage der Frühjahrskonferenz in ihrer ursprünglichen Formulierung („Bezug auf Ihr Bundesland", „in Deutschland") signalisiert (dazu vgl. Kapitel 2); das andere ist die Tatsache, dass „Mehrsprachigkeit" und „Mehrsprachigkeitsdidaktik" zwar als Schlagworte stets präsent sind, nahezu alle Vorschläge zur Reform der Fremdsprachenlehrerausbildung aber daran festhalten, dass Lehrende jeweils für eine bestimmte Sprache ausgebildet werden. Bestenfalls zwei Sprachen spielen in (Zusatz-)Studien für bilinguale Unterrichtsangebote eine Rolle. Der Erwerb einer zusätzlichen Sprache im Rahmen des Lehramtsstudiums (auch zur Stärkung der Selbsterfahrung und Reflexion der an sich erfahrenen Lernprozesse; vgl. Krumm 1973) ist nur in wenigen Ausbildungsgängen, meist in Zusatzstudien, verankert. Die Vorstellung, Fremdsprachenlehrer – etwa im Sinne von Interkomprehensionsangeboten (vgl. Meißner 2003) – als Experten für Mehrsprachigkeit nicht mehr an Einzelphilologien gebunden auszubilden, hat sich noch nicht nennenswert in den vorliegenden Konzepten niedergeschlagen. Im Festhalten an der Basis jeweils EINER Fremdsprachenphilologie und damit der Ausbildung von Englisch- bzw. Französischlehrern anstelle von Lehrenden für „Fremdsprachen" sehe ich eine Schwächung der aktuellen Ausbildung wie auch des Nachdenkens über Alternativen. Die Tatsache, dass auch am Englisch- oder Französischunterricht immer mehr Lernende mit mehrsprachigen Biographien teilnehmen, die Forderung einer Qualifikation für das Unterrichten in mehrsprachigen Schulen spielen in der Fremdsprachenlehrerausbildung bisher keineswegs die ihnen zukommende Rolle (vgl. EUNIT 1998, Krumm 2001).

2. Reformvorschläge – was reformieren sie wirklich?

Zunächst muss betont werden, dass die aktuelle Diskussion zur Reform der Fremdsprachenlehrerausbildung im Wesentlichen auf organisatorische Formate und Aspekte fokussiert ist – dabei besteht die Gefahr, dass inhaltliche Fragen vernachlässigt bzw. auf Grund struktureller Vorentscheidungen dann nicht mehr in der gebührenden Form ins Zentrum gerückt werden. Von daher erscheint es mir vordringlich, bei der Diskussion der „Formate" einer zukünftigen Lehrerausbildung die inhaltlichen Fragen, d.h. das Qualifikationsprofil der angehenden Fremdsprachenlehrer zu erörtern. Das betrifft auch das Verhältnis von Theorie und Praxis, das z.Zt. zu sehr unter organisatorischem Aspekt und zu wenig im Hinblick auf die Frage der Berufsorientierung (versus Polyvalenz) und entsprechende Kompetenzen diskutiert wird. Angesichts der in der EU vorhandenen und zunehmend genutzten Lehrer-Freizügigkeit ist es meines Erachtens wichtig, auf eine internationale Vergleichbarkeit der Standards in der Lehrerausbildung zu achten. Das bedeutet aber nicht, nun unreflektiert z.B. gestufte Studiengänge nach dem Muster Bachelor/Master einzuführen und damit einen frühen Berufs- und Praxisbezug zu erschweren. Daran, dass Fremdsprachenlehrer sehr früh in ihrer Ausbildung das Berufsfeld kennen lernen, um die eigene Studien- und Berufsentscheidung zu überprüfen, aber auch, um von der Praxis her gezielte Rückfragen an die Wissenschaft zu stellen und Kriterien für die Auswahl und Gewichtung fachwissenschaftlicher Fragestellungen zu erhalten (vgl. Krumm/Müller 1976; Roberts 1998; Pachler/Field 2001), muss in der gegenwärtigen Diskussion festgehalten werden. Die gestuften Studiengänge und eine unreflektierte Forderung nach Polyvalenz betrachte ich als besondere Gefahr für eine professionelle Fremdsprachenlehrerausbildung.

Die Antwort darauf müsste darin bestehen, eine alternative Form der Polyvalenz gezielt zu entwickeln und in Studienangeboten zu modellieren:

- zum einen in Form verstärkter Angebote, Fremdsprachenlehrer zu befähigen, Fremdsprachen in allen Altersstufen und Bildungsbereichen von der Vorschule bis zur Erwachsenenbildung zu vermitteln: das würde Module erfordern, die die pädagogisch-psychologischen Grundlagen wie auch die sprachdidaktischen Konzepte für einen altersgerechten Fremdsprachenunterricht zum Thema machen;

  ich verweise exemplarisch darauf, dass z.B. Lehrende, die die Kinder von Zuwanderern unterrichten, auch in der Lage sein müssten, ebenso korrespondierende Elternkurse anzubieten (vgl. etwa Brückner u.a. 2003);
- zum andern insbesondere die Ausarbeitung von Interkomprehensionskursen und die Befähigung von Lehrenden, über die Schwerpunktsprache des Studiums hinaus zumindest im Bereich von Sprachfamilien Unterrichtsangebote, Lerntandems o.ä. begleiten zu können (vgl. etwa Meißner 2003).

Diese Form der Polyvalenz wäre derjenigen gegenüberzustellen, die auf jeden Berufsbezug verzichten will.

Damit rücken meines Erachtens zwei Aspekte einer künftigen Fremdsprachenlehrerausbildung ins Zentrum des Interesses

a) eine Modularisierung des Studiums, die es einerseits erlaubt, sich auf verbindliche Kerne und Standards zu verständigen, die andererseits dazu beiträgt, dass Studierende individuelle Profile im Hinblick auf unterschiedliche Berufsfelder entwickeln;
b) eine stärker interdisziplinäre Anlage der Fremdsprachenlehrerausbildung, in der die psychologischen, erziehungswissenschaftlichen, landeskundlichen etc. Studienelemente nicht mehr unverbunden nebeneinander stehen, sondern berufsfeldbezogen in solchen Modulen integriert werden.

In der Ausarbeitung entsprechender Curricula sehe ich eine Chance, die Fremdsprachenlehrerausbildung noch stärker als bisher im Sinne der Entwicklung einer Handlungsfähigkeit für das Berufsfeld Fremdsprachenunterricht auszugestalten.

Für die Diskussion von Mindeststandards bzw. Kerncurricula besteht hier eine Gefahr, so lange die Entwicklung solcher Standards und die Formulierung entsprechender „Kerne“ den einzelnen Fachwissenschaften überantwortet werden. Entstehen könnten daraus ausschließlich fachwissenschaftlich definierte Module – während es nötig wäre, gerade in Mindeststandards und Kerncurricula auch die interdisziplinären Verzahnungen (Linguistik, Didaktik, Sprachlernpsychologie und Sprachlehrforschung etc.) zu verankern.

3. Perspektiven für eine zukünftige Fremdsprachenlehrerausbildung

Die derzeitige Debatte über die Reform der Lehrerausbildung ist durch zahlreiche Resolutionen und Denkschriften geprägt, in denen Forschungsergebnisse eine erstaunlich geringe Rolle spielen. Vorschläge für die Reform der Fremdsprachenlehrerausbildung sollten meines Erachtens vorhandene Forschungsergebnisse nutzen bzw. auch auf Lücken hinweisen. Ich will dies im Hinblick auf drei Bereiche tun, die mir für die Diskussion zentral erscheinen (vgl. auch Krumm 2003) und von denen her sich unmittelbare Konsequenzen etwa für die Formulierung von Kerncurricula ergeben:

1. Das Plädoyer für einen durchgängigen Berufsfeldbezug der Fremdsprachenlehrerausbildung setzt voraus, dass die Bedingungen und Anforderungen des Berufsfeldes, an denen sich die Ausbildung orientieren sollte, einigermaßen bekannt sind. Hier klafft nach wie vor eine gravierende Forschungslücke. Das konkrete Handeln der Lehrenden, die Vielfalt und Widersprüchlichkeit der Berufsrollen, die Bedingungen ihres Handlungsfeldes einschließlich zentraler Entwicklungen, etwa was die Voraussetzungen auf Seiten der Lernenden betrifft – ich verweise beispielhaft auf die Lehrerrolle als Lernberater, die Funktionen der Lehrenden gegenüber Eltern, Kollegen und der Öffentlichkeit – ebenso aber die Anforderungen an das Fachwissen in konkreten unterrichtlichen Settings sind bislang kaum Gegenstand wissenschaftlicher Untersuchung. Eine Ausnahme bildet vielleicht der Bereich der multilingualen und multikulturellen Zusammensetzung der Schülerschaft im Hinblick auf den Umgang der Schule mit den Herkunftssprachen und dem Deutschen als Zweitsprache (exemplarisch vgl. Gogolin/Neumann 1997; Çinar 1998). Dieses Forschungsdefizit gilt selbst für so konkrete Aspekte der Lehrtätigkeit wie die Lehrerolle beim Ausspracheunterricht, in der Schreibpraxis u.ä. – als Ausnahme sind hier lediglich der Bereich des Korrekturverhaltens (vgl. etwa Kleppin/Königs 1991) sowie in jüngster Zeit Aspekte des Tertiärsprachenunterrichts (vgl. etwa Bahr u.a. 1996 sowie die Übersicht bei Doyé 2003) zu nennen.
2. Ausgehend von der Erkenntnis, dass das praktische Handeln der Lehrenden im Unterricht stark mit der eigenen (Sprachlern-)Biographie zusammenhängt, hat die Forschung in den letzten Jahren das „Lehrerwissen“, die subjektiven Theorien wie auch die (biographischen) Erfahrungsgrundlagen ins Zentrum gerückt und damit „eine neue Sichtweise einer Beschreibung von Unterricht und Lehrkompetenz“ etabliert, „die über kognitive Aspekte hinausgeht und biografische Erfahrung, Wertvorstellungen und Emotionen einschließt“ (Schocker-von Ditfurth 2001, 9; vgl. auch Appel 2000; Demmig 2002).
3. Es gehört zu den zentralen Aufgaben der Lehrerausbildung, die Fähigkeit, die eigene Unterrichtserfahrung und -praxis zu analysieren und reflexiv weiterzuentwickeln, zu fördern. Dazu liegen ältere Erfahrungen etwa aus den Ansätzen des Microteaching und der Interaktionsanalyse vor, die zu adaptieren und zu nutzen wären (vgl. etwa Wagner 1976; Krumm 1976; Ziebell 1998).

4. Mit einem starken Berufsfeldbezug und der Reflexion des eigenen Handelns ist die Rolle der Praxis im Studium eng verbunden. Im Rahmen der Reform der Fremdsprachenlehrerausbildung nach dem Fall des eisernen Vorhangs sind in Mittel- und Osteuropa Curricula für die Fremdsprachenlehrerausbildung entstanden, die als Modelle für entsprechende Reformprojekte im deutschen Sprachraum dienen könnten (vgl. die Beispiele in Kast/Krumm 1994, z.B. Badstübner-Kizik 1994, Morvai 1994). Es ist bedauerlich, dass diese Modelle, die zeigen, dass selbst in einer relativ kurzen dreijährigen Ausbildung ein systematischer Theorie-Praxis-Bezug möglich ist, in Westeuropa nicht zur Kenntnis genommen, sondern im Gegenteil unter dem Anpassungsdruck, dem die mittel- und osteuropäischen Länder durch die EU ausgesetzt sind, nun zugunsten derjenigen Lehrerausbildungskonzepte, die wir seit mehr als 30 Jahren zu überwinden versuchen, zurückgebaut werden.
5. In einer durch Globalisierung, Migration und Diskriminierung charakterisierten Welt spielen Sprachen eine zentrale Rolle nicht nur im Hinblick auf Verständigung, sondern durchaus auch als (missbrauchte) Instrumente der Ausgrenzung. Sprachunterricht hat meines Erachtens einen Beitrag zur Vermittlung der Fähigkeit zu leisten, mit Verschiedenheit umzugehen, ethnozentrische Sichtweisen zu überwinden. Im engeren Sinne bedeutet das, dass Lehrende über interkulturelle Fähigkeiten verfügen und diese vermitteln können müssen. In einem weiteren Verständnis bedeutet dies in meinen Augen, dass Sprachunterricht wieder verstärkt auch seine pädagogischen Aufgaben wahrnehmen muss, d.h. zugleich, dass in der Ausbildung der Lehrenden persönlichkeitsbildende und pädagogische Komponenten ihren Platz brauchen. Die Gefahr der gegenwärtigen Diskussion sehe ich in einer durch den Streit um Anteile verursachten Konkurrenz, der genau diese Ausbildungskomponenten zum Opfer fallen könnten.

Eine Konsequenz aus solchen Überlegungen wäre z.B., dass ein Kerncurriculum für die Fremdsprachenlehrerausbildung auch enthalten muss:

a) die Befähigung der Lehrenden zur Lernberatung und zur Differenzierung, so dass sie dazu beitragen können, dass die Lernenden unterschiedliche Profile im Hinblick auf die sich dynamisch verändernden Anforderungen entwickeln können;
b) die Entwicklung der Analyse- und Reflexionsfähigkeit z.B. durch Unterrichtsbeobachtung und -reflexion, für die entsprechende Trainingsmodule entwickelt und angeboten werden müssen;
c) ein differenziertes, in das Studium integriertes Praxiselement, welches das gesamte Spektrum von der Hospitation bis zum selbst geplanten und erteilten Unterricht umfasst;
d) die Vermittlung interkultureller Kompetenzen.

Literaturangaben

Appel, Joachim (2000): *Erfahrungswissen und Fremdsprachendidaktik.* München: iudicium.

Badstübner-Kizik, Camilla (1994): „Schulpraktische Ausbildung von Deutschlehrern am Fremdsprachenlehrerkolleg der Universität Gdansk“. In: Kast/Krumm (Hrsg.), 49-54.

Bahr, Andreas u.a. (1996): *Forschungsgegenstand Tertiärsprachenunterricht. Ergebnisse eines empirischen Projekts*. Bochum: Brockmeyer.

Bausch, Karl-Richard/Christ, Herbert/Krumm, Hans-Jürgen (Hrsg.) (2003a): *Handbuch Fremdsprachenunterricht*. Vierte, vollständig neu bearbeitete Auflage. Tübingen: Francke.

Bausch, Karl-Richard/Christ, Herbert/Krumm, Hans-Jürgen (2003b): „Fremdsprachendidaktik und Sprachlehrforschung". In: diess. (Hrsg.) (2003a), 1-9.

Bausch, Karl-Richard/Christ, Herbert/Krumm, Hans-Jürgen (2003c): „Ausbildung von Fremdsprachenlehrern an Hochschulen". In: diess. (Hrsg.) (2003a), 475-481.

Brückner, Heidemarie u.a. (2003): *Schule mal anders – Mütter lernen Deutsch an der Schule ihrer Kinder*. München: Staatsinstitut für Bildungsforschung.

Çinar, Dilek (Hrsg.) (1998): *Gleichwertige Sprachen? Muttersprachlicher Unterricht für die Kinder von Einwanderern*. Innsbruck: Studienverlag.

Demmig, Silvia (2002): „Professionelle Vielfalt. Eine Skizze zum Selbstverständnis von Lehrkräften in Sprachverbandskursen". In: *Deutsch als Zweitsprache* 4, 20-24.

Doyé, Peter (2003): „Mehrsprachigkeit als Ziel schulischen Sprachunterrichts". In: Meißner/Picaper (Hrsg.), 32-48.

EUNIT (European Network of Intercultural Teacher Training) (Hrsg.) (1998): *Qualifikationen für das Unterrichten in mehrsprachigen Schulen*. Münster: Waxmann.

Gogolin, Ingrid/Neumann, Ursula (Hrsg.) (1997): *Großstadt-Grundschule. Eine Fallstudie über sprachliche und kulturelle Pluralität als Bedingung der Grundschularbeit*. Münster: Waxmann.

Kast, Bernd/Krumm, Hans-Jürgen (Hrsg.) (1994): *Neue Wege in der Deutschlehrerausbildung* (= *Fremdsprache Deutsch*, Sondernummer). München: Klett Edition Deutsch.

Kleppin, Karin/Königs, Frank G. (1991): *Der Korrektur auf der Spur – Untersuchungen zum mündlichen Korrekturverhalten von Fremdsprachenlehrern*. Bochum: Brockmeyer.

Krumm, Hans-Jürgen (1973): *Analyse und Training fremdsprachlichen Lehrverhaltens*. Weinheim: Beltz.

Krumm, Hans-Jürgen (1976): „Methodenspezifische Verfahren der Unterrichtsanalyse und des Microteaching zur Herstellung des Berufsbezugs im Fremdsprachenstudium". In: Zifreund (Hrsg.), 658-676.

Krumm, Hans-Jürgen (2001): „Deutschunterricht in einer mehrsprachigen Welt – Konsequenzen für die Deutschlehrerausbildung" In: *German as a Foreign Language (GFL)* 2, http://gfl-journal.com.

Krumm, Hans-Jürgen (2003): „Fremdsprachenlehrer". In: Bausch/Christ/Krumm (Hrsg.) (2003 a), 352-358.

Krumm, Hans-Jürgen/Müller, Bernd-D. (1976): *Praxis im Fremdsprachenstudium*. Tübingen: Rotsch.

Meißner, Franz-Joseph (2003): „Grundüberlegungen zur Praxis des Mehrsprachenunterrichts“. In: Meißner/Picaper (Hrsg.), 92-106.

Meißner, Franz-Joseph/Picaper, Ilse, Hrsg. (2003), *Mehrsprachigkeitsdidaktik zwischen Frankreich, Belgien und Deutschland*. Tübingen: Stauffenburg.

Menze, Clemens (1970): „Philologen und Pädagogen“. In: Bokelmann, Hans/Scheuerl, Hans (Hrsg.): *Der Aufbau erziehungswissenschaftlicher Studien und der Lehrberuf*. Heidelberg: Quelle & Meyer, 252-272.

Morvai, Edith (1994): „Das Schulpraktikum in der dreijährigen Deutschlehrerausbildung an der Eötvös Loránd Universität / Budapest“. In: Kast/Krumm (Hrsg.), 55-58.

Pachler, Norbert/Field, Kit (2001): *Learning to Teach Modern Foreign Languages in the Secondary School*. 2. Auflage. London: Routledge.

Roberts, Jon (1998): *Language Teacher Education*. London: Arnold.

Robinson, Saul B. (1972): „Innovation im Erziehungswesen und ein Curriculum für Lehrerbildung“. In: *Bildung und Erziehung* 25 (1), 3-17.

Schocker-von Ditfurth, Marita (2001): *Forschendes Lernen in der fremdsprachlichen Lehrerbildung*. Tübingen: Narr.

Wagner, Angelika (1976): „Ist Übung wirklich notwendig? Theoretische Überlegungen und experimentelle Ergebnisse zur Rolle des Diskriminationslernens bei Verhaltensänderungen“. In: Zifreund (Hrsg.), 633-657.

Zifreund, Walther (Hrsg.) (1976): *Training des Lehrverhaltens und Interaktionsanalyse*. Weinheim: Beltz.

Ziebell, Barbara (unter Mitarbeit von H.-J. Krumm) (1998): *Materialien zur Unterrichtsbeobachtung*. München: Goethe-Institut.

Zöfgen, Ekkehard (2002): „Zur Einführung in den Themenschwerpunkt“. In: Königs, Frank G./Zöfgen, Ekkehard (Koord.): *Lehrerausbildung in der Diskussion* (= *Fremdsprachen Lehren und Lernen (FLuL)* 31). Tübingen: Narr, 3-9.

Michael K. Legutke

Anmerkungen zur Reform der Lehrerbildung: Berufsfeldbezug und forschendes Lernen – die Rolle des Praktikums

1. Chance für Veränderung?

Dass sich die Lehrerbildung über die Universität hinaus z.Z. verstärkter Aufmerksamkeit in einer breiteren Öffentlichkeit erfreut, hängt von einer Reihe gleichzeitig wirkender Faktoren ab, die in ihrer Gesamtheit so etwas wie eine „Gunst der Stunde" hervorzubringen scheinen. Dieser Umstand sollte uns freuen und zum Handeln motivieren. Was hier zusammenwirkt, sind einmal europäische Initiativen zur Vereinheitlichung der Bildungsabschlüsse, die die Universität unter Druck setzen, Reformen der Studiengänge zu betreiben und damit zugleich Qualitätsmerkmale von Ausbildung (Standards) neu zu definieren (Bologna-Prozess). Zum anderen verlangt das schwache Abschneiden deutscher Schüler in internationalen Vergleichstests (TIMMS & PISA) nach Konsequenzen. In der öffentlichen Diskussion wird für das schlechte Ergebnis deutscher Schüler, allerdings verkürzt und ohne überzeugende Forschungsbefunde, die Lehrerbildung mitverantwortlich gemacht. Darüber hinaus ist die Tatsache zu nennen, dass in den meisten alten Bundesländern ein tiefgreifender Generationenwechsel an Schulen bevorsteht, der zusätzlich dadurch an Brisanz gewinnt, dass vor allem im Haupt- und Realschulbereich, aber auch in den Berufsschulen nicht genügend qualifizierte Lehrkräfte zur Verfügung stehen werden. Und schließlich sind die veränderten gesellschaftlichen Bedingungen hervorzuheben, die Lehrer vor neue Herausforderungen stellen. Das Berufsfeld selbst hat sich verändert: Zunehmende soziale und kulturelle Heterogenität verlangt nach neuen bildungspolitischen und pädagogischen Antworten.

Auffällig in der gegenwärtigen Diskussion scheint mir zu sein, dass bei aller berechtigten Kritik und der Auflistung der (seit Jahren beklagten) Schwächen der Lehrerbildung die Stärken aus dem Blickfeld geraten, die das bundesdeutsche Ausbildungssystem und nicht zuletzt den Bereich der Fremdsprachenlehrerbildung auszeichnen. Diese Stärken sind besonders auffällig, wenn man das Ausbildungssystem, etwa für Fremdsprachenlehrer, mit dem anderer europäischer Länder wie Spanien, Frankreich, England oder mit dem nichteuropäischer Industrienationen wie den USA, Kanada oder Japan vergleicht. Im Folgenden sollen einige Stärken und Schwächen kurz benannt werden.

2. Stärken und Schwächen

Beginnen wir mit einigen, wie mir scheint besonders nennenswerten, Stärken bundesdeutscher Lehrerbildung.

- Was die Lehrerbildung in besonderer Weise auszeichnet, ist die Tatsache, dass alle Lehrerqualifikationen an Universitäten erworben werden. Eine Ausnahme bildet lediglich Baden-Württemberg, wo nur die Gymnasiallehrer an Universitäten, alle anderen Lehrertypen an Pädagogischen Hochschulen qualifiziert werden. Aber auch an den Pädagogischen Hochschulen wird Lehrerbildung wie an den Universitäten als Aufgabe wissenschaftlicher Lehre und Forschung definiert.

- Damit zusammenhängend ist als weitere Stärke zu nennen, dass die Fachdidaktiken durch eigene Lehrstühle in Forschung und Lehre vertreten sind.
- Studierende werden durch ein breit angelegtes Zwei-Fach-Studium qualifiziert, das durch Grundwissenschaften (Erziehungswissenschaft, Psychologie usw.) flankiert ist.
- Die meisten Bundesländer verlangen die Integration von in der Regel zwei Praxisphasen bereits während der universitären Ausbildung, die die Form von wissenschaftlich begleiteten Tages- und Blockpraktika annehmen.
- Die Ausbildung ist insgesamt dreiphasig angelegt, d.h. auf das Universitätsstudium und die verpflichtende Phase des Referendariats kann, wenn die Lehrkraft die Angebote der Fortbildungsinstitutionen annimmt, eine, wenn auch freiwillige, dritte Phase von kontinuierlicher Fortbildung folgen – ein Privileg übrigens, das in vielen Ländern kaum oder nur sehr rudimentär genossen werden kann.
- Das heißt, die Lehrerbildung ist nicht auf die Universität beschränkt, sondern vom Ansatz her als lebenslanger Prozess angelegt (zumindest vom Konzept her), der ständig die Möglichkeit bietet, Brücken zwischen den verschiedenen Orten der Bildung zu schlagen (Universität/PH, Schule, Seminar, Fortbildungsinstitution usw.).

Den hier in Auswahl skizzierten Stärken lassen sich allerdings Schwächen zuordnen, die keineswegs erst jetzt erkannt, sondern seit vielen Jahren immer wieder moniert wurden.

- Seit langem wird der mangelnde Berufsfeldbezug zumindest der universitären Lehrerbildung kritisiert, wobei besonders die Gymnasiallehrerausbildung in dieser Hinsicht als mangelhaft empfunden wird.
- Die Stärke des soliden und breit angelegten Zwei-Fach-Studiums mit flankierender Fachdidaktik und Grundwissenschaften kann sich allerdings deshalb kaum entfalten, weil man zu Recht die mangelnde Integration der Studienelemente kritisiert, die als disparate Puzzlestücke kein stringentes Ausbildungscurriculum ergeben und die von den Studierenden kaum zu einer professionellen Handlungskompetenz integriert werden können.
- Auch wenn die Fachdidaktik durch eigene Professuren in Forschung und Lehre vertreten wird, sind letztere seit Jahren unterausgestattet, was u.a. dazu geführt hat, dass es heute an qualifiziertem Nachwuchs fehlt, weil (im Gegensatz zu den Fachwissenschaften) kaum Nachwuchsstellen zur Verfügung stehen. Die geringe personelle Ausstattung wird bis heute von einer mangelnden Akzeptanz der Fachdidaktik innerhalb der Universitäten begleitet, obwohl viele Abteilungen zu einem großen Teil von der Lehrerbildung leben. Jahrelang sind zudem Einsparungen zu Ungunsten der Fachdidaktik durchgesetzt worden.
- Nicht erst seit Petra Gabels Studie zum Englischpraktikum (1997) wissen wir, dass die Chance, die das mit sechs Semesterwochenstunden und über ein Jahr veranschlagte Blockpraktikum bietet, vielfach schlecht bis sehr schlecht genutzt wird. Der Grund für diese Misere ist nicht zuletzt darin zu suchen, dass die große Mehrzahl der Praktika an Lehrbeauftragte delegiert werden muss. Eine fachlich-methodische Betreuung

dieser sehr engagierten Lehrer ist nur schwer möglich, wenn man die großen Zahlen bedenkt, die in Massenfächern wie Englisch für solche Praktika anfallen (für den nächsten Praktikumszyklus im Wintersemester 2003/04 müssen an der Universität Gießen für die Massenfächer Englisch 11-13 und für Germanistik über 20 Praktikumsgruppen angeboten werden). Das öffentliche Plädoyer der Ministerien für den „Berufsfeldbezug von Ausbildung" u.a. durch Praktika entpuppt sich als Lippenbekenntnis, wenn man berücksichtigt, dass die Praktikumslehrer mit Beträgen unter Volkshochschulniveau entlohnt werden und dass sie für diese verantwortungsvolle Aufgabe keine Stundenentlastung erhalten. Unter diesen Umständen sind die gemeinsame Erarbeitung pädagogisch überzeugender Konzepte und ihre Umsetzung äußerst schwierig (s.u.).

- Obwohl die bundesdeutsche Lehrerbildung auf ihre international beachtete Dreiphasigkeit stolz ist, besteht vor allem zwischen der ersten und der zweiten Phase so gut wie keine Verbindung. Brückenschläge, obwohl seit langem gefordert, sind auch zwischen der ersten und dritten Phase Mangelware.

Die Herausforderung, der sich die Reforminitiativen m.E. stellen müssen, besteht nun darin, die Stärken der Lehrerbildung zu erhalten und zugleich so viele der Schwächen wie nur möglich zu minimieren oder gar abzubauen. Keiner der hier benannten Schwächen lässt sich m.E. durch eine konsekutive Organisation des Studiums in BA/MA-Ausbildungsgängen allein begegnen. Wohl aber könnte eine Neugestaltung des Studiums über kollegial erarbeitete Kernmodule eine Optimierung der lange beklagten Problembereiche erbringen. Dafür muss die bestehende Struktur einer grundständigen, auf zwei Fächern basierenden, mit verpflichtenden Praxisphasen ausgestatteten Lehrerbildung nicht aufgegeben werden. Wenn es nicht gelingt, überzeugende Kernmodule mit den beteiligten Fachwissenschaften, Fachdidaktiken und Grundwissenschaften zu erarbeiten, wird auch ein konsekutives Modell nach dem Muster BA/MA an der Zersplitterung und mangelnden Integration der Studienangebote nichts ändern.

An einem Teilaspekt, nämlich dem Berufsfeldbezug, soll diese These noch weiter verdeutlicht werden. Dabei finde ich es wichtig, darauf hinzuweisen, dass die augenblickliche Reformdiskussion nur dann eine Chance hat, wenn sie Stärken, wie sie sich in konkreten Versuchen an einzelnen Hochschulen zeigen, systematisch aufnehmen und weiterentwickeln kann. Zwar werden seit Jahren die Schwächen beklagt und die Notwendigkeit von Veränderungen beschworen, aber seit Jahren wird auch an Alternativen gearbeitet, die deutlich machen, in welche Richtung und mit welchen Inhalten und in welcher Form Veränderungen möglich sein könnten. Im Folgenden will ich an einem Gießener Beispiel den Aspekt „Berufsfeldbezug" und die Verbindung von Hochschule und Schule näher beleuchten: Es geht um das am Institut für Anglistik realisierte Praktikumsmodell.

3. Forschendes Lernen im Blockpraktikum

Marita Schocker-von Ditfurth hat in mehreren Arbeiten ein Ausbildungsmodell für Fremdsprachenlehrer erörtert, in dem das Fachpraktikum mit seinen Begleitveranstaltungen die „organisatorische Mitte" der Ausbildung darstellt. Im Fachpraktikum treffen, wenn es bestimmten Qualitätsmerkmalen (bezogen auf Inhalte, Arbeitsformen und Materialien) entspricht, verschiedene Perspektiven auf das Fremdsprachenklassenzimmer aufeinander, deren bewusste Bearbeitung wesentlichen Einfluss auf das berufliche Selbstverständnis und die Entwicklung professionellen Handelns zukünftiger Fremdsprachenlehrer haben können (Schocker-von Ditfurth 1997, 1998, 2001, 2003). Es handelt sich im Einzelnen um biographisch geprägte Vorstellungen der Studierenden zu den Bedingungen und Möglichkeiten des Klassenzimmers, publizierte Wissensbestände und die Erfahrungen am Handlungsort Schule, aber auch die Erfahrung mit und Reflektion von den Lehr- und Lernsituationen in den universitären Veranstaltungen selbst. Auch das nun kurz zu skizzierende Modell, wie es am Gießener Institut für Anglistik praktiziert wird, soll der Entwicklung beruflichen Selbstverständnisses Orientierung geben und den Studierenden zumindest für den fachdidaktischen Anteil des Studiums Möglichkeiten der Kohärenzstiftung anbieten. Wie Marita Schocker-von Ditfurth gehen auch wir von der durch mehrere internationale, nationale und interne Ausbildungsstudien bestätigten These aus, dass die schulpraktischen Studien, so wie sie in der Regel realisiert werden, eine integrative und berufsqualifizierende Wirkung nur mangelhaft wahrnehmen (Freeman 1996; Gabel 1997; Lührmann 2002).

Das Fachpraktikum der Gießener Anglistik gliedert sich in die klassischen drei Phasen, die Vorbereitung (1 Semester), das Praktikum selbst (5 Wochen, direkt im Anschluss an die Vorbereitung) und die Nachbereitung als Blockveranstaltung im folgenden Semester. Wir legen größten Wert darauf, dass das Praktikum insgesamt die vorangegangenen fachdidaktischen Studienanteile gezielt aufgreift und die Studierenden dazu anregt, Perspektiven für ihr weiteres Studium auf der Basis der Praktikumserfahrung zu formulieren. Unterstützt wird dies durch den Versuch, den Studierenden einen multiperspektivischen Zugang zum Klassenzimmer zu eröffnen.

Die Vorbereitung greift die zentralen Themen auf, die die Studierenden bereits in der verpflichtenden „Einführung in die Fachdidaktik (*Introduction to ELT*)“ u.a. mit explizitem Bezug auf biographisch geprägte Vorstellungen bearbeitet haben. Diese Themen werden nun in doppelter Weise unter einer neuen Perspektive angegangen, nämlich in Bezug auf mögliche Lehr- und Lernprozesse in den Klassenzimmern, in denen die Praktikanten sich erproben wollen und in Bezug auf ausgewählte Fachliteratur. Voraussetzung dafür ist eine sehr frühe Kontaktaufnahme mit den Praktikumsschulen. Teams von Studierenden erarbeiten kurze Lehr-/Lernsequenzen zu den Themen, die sie voraussichtlich während des Praktikums auch nutzen können. Dabei werden sowohl Phasen des elementaren wie fortgeschrittenen oder sehr fortgeschrittenen Spracherwerbs berücksichtigt. In den Veranstaltungen selbst wird zunächst immer das Leitthema erörtert, in dem der Bezug zur Einführungsveranstaltung in die Fachdidaktik hergestellt wird sowie Brücken zu anderen Seminaren geschlagen werden. Danach wird die geplante Lehr-/Lernsequenz skizziert sowie ein Teilelement als *Micro-Teaching* realisiert (ca. 3-5 Minuten) und nach klaren Regeln mit der Gesamtgruppe ausgewertet (vgl. Kast 1994). Wissen über Unterricht (Fachliteratur) und Versuche, dieses Wissen durch Handeln zu erweitern und mit Können anzureichern, gehen also Hand in Hand, wobei nicht unerheblich ist, dass der gesamte Prozess in dieser Vorbereitung in der Zielsprache abläuft. Gleichzeitig werden die Studierenden motiviert, aufgrund der Lektüre und der Erfahrungen im Seminar Hypothesen über ihre zukünftige Tätigkeit im Klassenzimmer und Fragen den Unterricht betreffend zu formulieren, für die sie während des Praktikums Antworten suchen wollen.

Angeregt durch die Hypothesen und Fragen, die während der Vorbereitung formuliert wurden, und geleitet durch die Beobachtungen der ersten beiden Praktikumswochen legen sich die Studierenden auf eine „Forschungsfrage" fest. Sie sollen eine fachdidaktisch relevante Frage während des Praktikums gezielt verfolgen und im Lichte ihrer Erfahrung und der bisherigen Fachlektüre genauer betrachten. Zur Bearbeitung dieser Frage, bei deren Formulierung der Praktikumsbetreuer und die Kontaktlehrer selbstverständlich Hilfe leisten, sammeln die Studierenden Daten: Beobachtungsdaten, Daten aus Befragungen, Unterrichtsmaterialien etc. Ergebnisse dieser „Forschungsarbeit" sind nicht nur wesentlicher Teil des Praktikumsberichts, sondern sie bilden auch die inhaltliche Grundlage für die Nachbereitung.

Die Nachbereitung besteht aus drei gleichwertigen Teilen, einer Phase, in der primär Erfahrungsaspekte fokussiert und bearbeitet werden (die Aufnahme in der Schule, die Schule als Ort, die Beziehungen zu Lehrern und Schülern, das Umgehen mit Erwartungen und Ängsten, Anstrengungen und Enttäuschungen etc.). Die zweite Phase gilt dem selbst gehaltenen und beobachteten Unterricht, den jeder Studierende zunächst unter seiner Forschungsperspektive angeht und präsentiert. Dies geschieht in Form einer „Simulation einer Expertenkonferenz". Drittens schließlich gehören hierher die Abfassung, Bewertung und Rückgabe des Praktikumsberichts mit einer ausführlichen Einzelberatung der Studierenden. Lediglich die „Expertenkonferenz" soll hier kurz gestreift werden, die wie folgt organisiert ist: Aus den verschiedenen Forschungsfragen wird ein sinnvolles Rahmenprogramm für die Konferenz festgelegt. Studierende übernehmen in der Regel 30 Minuten, in denen sie ihr Thema, ihre Frage und die durch Datensammlung entwickelten Antworten erörtern. Die Regel besagt, dass von diesen 30 Minuten höchstens 10 Minuten für referierende Teile genutzt werden dürfen. Es ist Aufgabe der Referenten, die Teilnehmer in einen Diskurs zu verwickeln. Dafür sind angemessene Aufgaben zu entwerfen und einzusetzen. Ausgangspunkt aller Praktikanten sind die eigenen Erfahrungen mit dem Unterricht, die allerdings im Lichte ausgewählter Fachliteratur betrachtet werden. Zu diesen „Expertenkonferenzen" werden alle Kontaktlehrer eingeladen, die teilweise mit großem Interesse das Angebot annehmen und sich in die Diskussion einschalten. Damit wird ein wichtiges Prinzip unserer Arbeit realisiert, das darin besteht, dass alle Beteiligten von diesem Unternehmen profitieren und die Lehrer sich nicht nur als Gebende begreifen, indem sie ihren Unterricht öffnen und zur Beratung bereitstehen. Sie nehmen, so ihre Rückmeldungen, immer auch etwas aus den „Expertenkonferenzen" mit. Die Referenten bereiten zudem ein einseitiges Thesenpapier mit Literaturangaben vor. Nach der Konferenz werden die Präsentationen und Diskussionen in einer ca. 10-seitigen Facharbeit zusammengefasst, die Teil des Praktikumsberichts ist. Die Facharbeit wird allen Beteiligten und auf Wunsch auch den Fachlehrern zugänglich gemacht.

Auch wenn wir durchweg sehr positive Rückmeldungen der Studierenden zu diesem Praktikumsmodell erhalten, auch wenn wir aus Einzelgesprächen und nicht zuletzt aus den Praktikumsberichten schließen können, dass zumindest teilweise das Ziel erreicht wurde, den Studierenden einen reflektierenden und multiperspektivischen Zugang zum Klassenzimmer zu eröffnen, der in seinen unterschiedlichen Facetten und seiner Komplexität im Sinne von Schocker-von Ditfurth als identitätsstiftend und das berufliche Selbstverständnis fördernd bezeichnet werden könnte, sind die Schwächen des Modells nicht zu übersehen. Sie äußern sich in einem deutlichen Mangel der Studierenden, die Erfahrungen mit Hilfe angemessener Konzepte zu beschreiben, zu analysieren und kritisch zu reflektieren. Da sich unsere Beobachtungen mit einer Gießener Interviewstudie decken, sei diese hier zitiert:

> „Sowohl bei der Beobachtung wie auch bei der Reflexion bedienen sich die Studierenden überwiegend einer personalistisch-moralisierenden Sprache. Die angemesseneren Reflexionsweisen wie sie Soziologie, Pädagogische Psychologie und Erziehungswissenschaft anbieten, sind ihnen entweder nicht zugänglich gemacht worden oder – wenn doch – weitgehend ohne Effekt geblieben. Den Studierenden fehlt erkennbar ein intellektuelles Konzept, um problematisches Lehrerverhalten angemessen reflektieren zu können. Stärker auf interaktionelle, systemische und strukturelle Zusammenhänge abhebende Sicht- und Denkweisen sind ihnen offensichtlich fremd. Das macht sich auch bemerkbar, wenn sie Schülerverhalten beschreiben und reflektieren. Auch hier gelingt es ihnen kaum, beobachtetes Verhalten auch zum Beispiel mit Rollenproblemen in Verbindung zu bringen. Zum Schluss bleibt nur der inständige Wunsch, nie so zu werden wie manche der Lehrerinnen und Lehrer, die sie gesehen haben, und (später) irgendwie klarzukommen mit den Schülerinnen und Schülern, die sie in ihrem Verhalten problematisch fanden“ (Lührmann 2002, 21).

Selbst sehr fortgeschrittene Studierende verfügen in den seltensten Fällen über Kategorien und Konzepte, die ihnen einen analytischen Zugriff auf die Schulwirklichkeit erlauben. Mehr noch, sie haben in ihrer pädagogischen Ausbildung keine Techniken der Unterrichtsbeobachtung gelernt, haben sich so gut wie nie mit Unterrichtsanalysen befasst, haben kaum Konzepte, die erlauben, kulturelle und soziale Heterogenität, wie sie heute an Schulen anzutreffen ist, zu beschreiben und zu verstehen. Die Felder, auf denen Mangel herrscht, ließen sich noch erheblich erweitern. Unsere Versuche, im Rahmen der Praktikumsvorbereitung diesem Mangel wenigstens teilweise abzuhelfen, indem wir Techniken der Unterrichtsbeobachtung einführen, indem wir auch Interaktionsanalyse betreiben, stoßen verständlicherweise schlicht auf zeitliche Grenzen.

4. Fazit

So innovativ auch der Versuch sein mag, berufsfeldbezogen durch das Praktikum auszubilden und kohärenzstiftend zu wirken, kann das Gießener Modell die mangelnde Integration entscheidender Ausbildungsteile nicht aufheben. Es könnte allerdings als Baustein, der noch weiter zu entwickeln ist, in ein Praxismodul eingehen, in das zumindest die Grundwissenschaften ihre Kompetenzen und ihr Engagement einbringen. Die durch die Reformdebatte in Gang gebrachte Dynamik kann – so ist zu hoffen – auch diejenigen zu mehr (im hier angesprochenen Sinn) Praxisbezug veranlassen, die sich bisher mit allerlei Gründen eben solchen Bezügen entziehen oder diese auf andere Institutionen und andere Ausbildungsphasen delegieren. Eine Reform nach dem BA/MA-Modell wird die gegenwärtigen Zustände nicht ändern. Im Gegensatz dazu könnte der Versuch, gemeinsam Kernmodule zu entwickeln, wie hier ein Praxismodul, richtungsweisend sein. Dazu könnte die Gießener Anglistik mit ihrem Praktikumsmodell einen wichtigen Beitrag leisten.

Literaturangaben

Bosenius, Petra (1992): *Fremdsprachenstudium und Fremdsprachenberuf. Ein Beitrag zur Analyse von Lehr-Lern-Prozessen in Institutionen tertiärer Bildung.* Münster/New York: Waxmann.

Freeman, Donald (1996): „'The Unstudied Problem': Research on Teacher Learning in Language Teaching". In: Freeman, Donald/Richards, Jack C. (Hrsg.), 351-378.

Freeman, Donald/Richards, Jack C. (Hrsg.) (1996): *Teacher Learning in Language Teaching.* Cambridge: Cambridge University Press.

Freeman, Donald/Johnson, Karen E. (1998): „Reconceptualizing the Knowledge-Base of Language Teacher Education". In: *TESOL Quarterly* 32 (3), 397-417.

Gabel, Petra (1997): *Lehren und Lernen im Fachpraktikum Englisch. Wunsch und Wirklichkeit.* Tübingen: Narr.

Kast, Bernd (1994): *Lehrertraining durch Microteaching (=Fremdsprache Deutsch,* Sondernummer), 59-65.

Legutke, Michael/Schocker-von Ditfurth, Marita (Hrsg.) (2003): *Kommunikativer Fremdsprachenunterricht. Rückblick nach vorn. Festschrift für Christoph Edelhoff.* Tübingen: Narr.

Lührmann, Wolfgang (2002): „Praxiserfahrungen. Die studentische Wahrnehmung und Verarbeitung Schulpraktischer Studien". Unveröffentlichter Forschungsbericht, Zentrum für Interdisziplinäre Lehraufgaben, Universität Gießen.

Schocker-von Ditfurth, Marita (1997): „Anmerkungen zur Neukonzeption schulpraktischer Studien für Fremdsprachenlehrerinnen und -lehrer: Ein integrativer Ansatz". In: Bredella, Lothar/Christ, Herbert/Legutke, Michael (Hrsg.): *Thema Fremdverstehen.* Tübingen: Narr, 349-377.

Schocker-von Ditfurth, Marita (1998): „Zur Neukonzeption des Fachpraktikums als einem Lernfeld kooperativer Professionalisierung angehender und praktizierender Englischlehrer/innen". In: Hermes, Liesel/Schmid-Schönbein, Gisela (Hrsg.): *Fremdsprachen lehren lernen – Lehrerausbildung in der Diskussion.* Berlin: Pädagogischer Zeitschriftenverlag, 255-265.

Schocker-von Ditfurth, Marita (2001): *Forschendes Lernen in der fremdsprachlichen Lehrerbildung. Grundlagen, Erfahrungen, Perspektiven.* Tübingen: Narr.

Schocker-von Ditfurth, Marita (2003): „Vom ignoranten Anfänger zum erfahrenen Experten? Die berufliche Entwicklung angehender Fremdsprachenlehrer/innen im Diskurs der Ausbildungsforschung". In: Legutke/Schocker-von Ditfurth (Hrsg.), 179-202.

Franz-Joseph Meißner

Zur fachdidaktischen Ausbildung von Lehrenden romanischer Fremdsprachen: Angebot, Modularisierung, Berufsorientierung

1. Ist und Soll in der fachdidaktischen Ausbildung von Lehrenden romanischer Fremdsprachen in der Ersten Phase

Ausstattung der romanistischen Fachdidaktik: Auf mein Bundesland Hessen angesprochen kann ich aus der Sicht der Didaktik der romanischen Sprachen nur antworten: Die Situation ist nahezu angemessen, denn die vier an der Lehrerbildung beteiligten Universitäten weisen immerhin fünf Professuren für die Didaktik der romanischen Sprachen auf. Da die Kategorisierung von Professuren für die innere Qualifikationsstruktur eines Faches von Belang ist, nenne ich deren ‚Wertigkeit': 3 x C3; 2 x C4; hinzu kommt 1 x C4 für Sprachlehrforschung, die romanische Sprachen und DaF bedient. Der Anteil von C4- zu C3-Stellen entspricht noch nicht dem Standard der akademischen Disziplinen, wie er für die Qualifikationsstruktur eines Faches gemeinhin für notwendig erachtet wird (vgl. den Überblick bei Zydatiß 1998).

Ein Blick über die nordwestlichen Landesgrenzen zeigt eine desolate Situation: Die nordrhein-westfälischen Universitäten Köln, Bonn, Münster, Düsseldorf, Duisburg, Wuppertal, Bielefeld, Aachen sind seit Jahrzehnten ohne fachdidaktische Professuren für Französisch bzw. für die romanischen Sprachen und Literaturen. Ob die oft beschworene ‚Krise' des Französischunterrichts mit diesem Defizit zusammenhängt? Oder gar eine fehlende didaktische Orientierung, die Reinhold Freudenstein (1997) bei Französischlehrern vermutet? Die zwischen Rhein und Weser ‚vergessene' romanistische Fachdidaktik wird von Studienräten ‚erledigt'. Zumeist handelt es sich um befristete Abordnungsstellen, die den jeweiligen Inhabern kaum Zeit lassen, sich mit der empirisch ausgerichteten Forschung der SLF bekannt zu machen. Die Auswahl des didaktischen Mittelbaus (ohne Oberbau) erfolgt durch Professoren[1], welche die Didaktik nicht unbedingt als die Wissenschaft von den Lehrenden und Lernenden, dem Lehren und Lernen fremder Sprachen und Kulturen in institutionellen Zusammenhängen (Bausch/Christ/Krumm 2003) wahrnehmen. „Gute fachwissenschaftliche Kenntnisse führen zu gutem Unterricht; das notwendige Lehrtraining ist Sache der zweiten Phase[2]", so das alte Lied. Wie eine rasche Durchsicht der *Zeitschrift für Fremdsprachenforschung* (1990ff.) belegt, wurde dort kein einziger Beitrag von dem oben genannten Personenkreis publiziert. Es gibt also einen starken Zusammenhang zwischen der Einrichtung von Hochschullehrerstellen und Lehr- und Lernforschung. Im Hinblick auf andere Zeitschriften didaktischer Orientierung wären für

[1] Das generische Maskulinum umgreift selbstverständlich weibliche Referenzen.

[2] Wie Referendare solche Ausbildung sehen, zeigt schon Fritz Fetzer (1980), der die fehlende Wissenschaftlichkeit der Referendarsausbildung beklagt. Etzold notiert bezeichnenderweise (1999, 46): „Lehrer Herbert Rürup von der Otto-Hahn-Realschule in Herford bringt das Elend auf den Punkt: ‚Ich habe in meiner Ausbildung nie gelernt, wie man unterrichtet. An der Uni habe ich vor allem Altfranzösisch studiert und nebenbei ein bisschen Pädagogik. Am Lehrerseminar ging es etwas praktischer zu. Aber von dem, was ich gelernt habe, kann ich heute im Unterricht nichts mehr gebrauchen.'"

die 90er Jahre fünf ‚Lehrkräfte für besondere Aufgaben' in befristeten Stellen zu nennen, deren fachdidaktische Kompetenz durch Publikationen belegt ist. Klar ist: Eine Universität, welche trotz Lehrerausbildung fachdidaktische Professuren nicht einrichtet, verhindert durch Nichtförderung fachdidaktische Forschung. Da auch die Handlungswissenschaften dem Prinzip der ‚Einheit von Forschung und Lehre' folgen, bedeutet dies, dass den auf einen Lehrberuf hin Studierenden ein Ausbildungssegment vorenthalten wird, welches die Fähigkeit zur Reflektion des eigenen beruflichen Tuns auf wissenschaftlicher Grundlage vermittelt. In NRW werden seit Jahrzehnten angehende Lehrer für Französisch, Italienisch und Spanisch ohne angemessene Fachdidaktik ausgebildet!

Die Ausnahme stellt in NRW das Bochumer ‚Seminar für Sprachlehrforschung' dar. Aus romanistisch-didaktischer Sicht erscheint das Unikat als Feigenblatt des größten Bundeslandes in Sachen ‚romanistische Fremdsprachenforschung'. Unübersehbar wurden in den letzten Jahrzehnten viel mehr Französisch-, Spanisch- und Italienischlehrer an anderen Universitäten des Landes ausgebildet, vor allem in Köln, Münster und Bonn. Würde man also die romanistische Fremdsprachenlehrerausbildung in NRW insgesamt evaluieren, so könnte die Bochumer SLF trotz ihrer großen Verdienste um das Fach die landesweite Negativbilanz nicht wettmachen.

Hinzu kommen – ein Glücksfall für die Didaktik des Französischen/der romanischen Sprachen – hier und da linguistische Professoren, welche den Fremdsprachenunterricht mit professioneller Kompetenz beforschen. Doch ‚Glücksfälle' können keine Politik ersetzen. Wenn man nun von Glücksfällen redet, so sind auch diejenigen Fälle zu nennen, in denen Kollegen ohne einschlägiges Interesse auf fachdidaktische Professuren berufen wurden. Kommen nun, um zu NRW zurückzufinden, neue Tendenzen von der Universität Siegen, welche kürzlich eine Professur für die Didaktik der romanischen Sprachen besetzte?

Ich komme nun zum **Lehrangebot im Fach ‚Didaktik der romanischen Sprachen und Literaturen'**[3]. Grundlage der folgenden Beobachtungen ist eine Internetrecherche im Sommersemester 2002. Sie erfasste alle romanistischen Institute Deutschlands mit Lehrerausbildung. Der Gesamteindruck: Das Lehrangebot wird durch eine Einführungsveranstaltung und durch Schulpraktika dominiert. Nur wenige Universitäten bieten darüber hinausgehend thematisch differenzierte Veranstaltungen an, was auf die entscheidende Rolle von den in Studienordnungen festgeschriebenen fachdidaktischen Anteilen hindeutet.

Einführung in die Didaktik der französischen Sprache
Theorie und Praxis des Französischunterrichts an Gymnasien, Kurs A
Theorie und Praxis des Französischunterrichts an Gymnasien, Kurs B
Theorie und Praxis des Französischunterrichts an Realschulen, Kurs A

[3] Zur fachdidaktischen Ausbildung in Baden-Württemberg Marcus Reinfried (1998).

Theorie und Praxis des Französischunterrichts an Realschulen, Kurs B
Kolloquium für Examenskandidat/inn/en

Angebot der Münchener Universität in romanistischer Fachdidaktik im WS 2001/02; z.T. wird das Angebot durch die Studienordnung bestimmt. In der Englischdidaktik können die Studierenden neben den entsprechenden Parallelveranstaltungen folgende Seminare besuchen: Bilingualer Sachfachunterricht – Content Teaching and Language Learning; Investigating Foreign Language Learning; Using Media in the EFL Classroom. Daneben fanden Kolloquien mit Hochschullehrenden von anderen Universitäten statt. Die Münchener Lehramtsstudierenden der romanischen Sprachen mussten im WS 2001/02 auf ein vergleichbares Angebot verzichten.

Interessant ist die Aufschlüsselung nach Veranstaltungsthemen und dem Status des Dozenten. Es wird deutlich, dass Dozenten von außen der ‚Umsetzungsdidaktik' zuneigen, also zu ‚fachinhaltlich orientierten Veranstaltungen in einer Vermittlungsperspektive'. Erkennbar selten aufgenommen werden zentrale Fragen der unterrichtlichen Faktorenkomplexion und die Faktoren Lehren/Lernen, Lehrer/Lerner, Ausgangssprache/Zielsprache, Methodik im Kontext von Sprachverarbeitungs- und Lernprozessen, oder gar zu Forschungsmethodologie.

Die Didaktik der romanischen Sprachen und Literaturen bearbeitet ein ‚Sammelsurium' von romanischen Sprachen und Kulturen. Hierin liegt ihre spezifische Schwierigkeit, aber auch ihre Chance und ihr Reiz. Daher ist es gerechtfertigt zu fragen, was denn konkret an Französisch-, Spanisch-, Italienisch- und Portugiesischdidaktik angeboten wird. Betrachten wir die Italienischdidaktik, so ergeben sich im Wintersemester 2001/02 deutschlandweit sechs (sic) ausgewiesene Seminare für die Didaktik des Italienischen, und zwar an den Universitäten Mainz und München; zumindest eines davon spiegelt die ‚Umsetzungsdidaktik'. Eine bescheidene Bilanz!

Ein Problem betrifft die **Unterrichtssprache**. Während deutsche Abiturienten im Schnitt 1500 oder mehr Englischstunden besuchten, für das Französische ergeben sich bei viel geringerer Population kaum 800, bringen es Spanischlerner auf ca. 200. Die Verwendung der Zielsprache im fachdidaktischen Unterricht verbindet sich in der romanistischen Fachdidaktik mit dem hohen Risiko des (unbeabsichtigten) Ausschlusses von Studierenden aus dem Unterrichtsdiskurs. Zugleich führt die personelle Unterversorgung der Lehre im Hinblick auf konkrete Zielsprachen dazu, dass die ‚kleinen Sprachen' (Brasilianisch, Italienisch, sic) nur exemplarisch ‚mitbedient' werden können, obwohl es sich um Sprachen mit hoher Nachfrage in der Erwachsenenbildung handelt. Mir ist kein Hochschullehrer bekannt, der Lehrveranstaltungen in vier romanischen Sprachen hält. Auch die Mittelbauer fangen das Manko nicht immer auf.

Doch kommen wir zur **internationalen Wissenschaftsorganisation** der romanistischen Fachdidaktik, die in der Zeit wachsender Kooperation zwischen den Hochschulen eine immer wichtigere Rolle spielt. Erst spät haben romanische Länder eine Export-Didaktik[4]

[4] Ich benutze den Terminus *Exportdidaktiken* als Sammelbegriff für DaF, TESOL, FLE, ELE, ILS... im

entwickelt und entsprechend dünn ist dort deren universitäre Verortung. Für unsere Ausbildungssituation erklärt dies, weshalb die Zielländer nur eingeschränkt relevante, forschungsbasierte Fachliteratur liefern. Auch die nationalen Kulturinstitute (*Institutos Cervantes, Istituti Italiani di Cultura* usw.) machen nicht wett, was die Universitäten an Forschung versäumen.

Wissenschaftliche Internationalisierung setzt die Mehrsprachigkeit der kommunizierenden Wissenschaftler voraus. In der *scientific community* des *orbis didactici* neigen romanophone Fremdsprachenforscher dazu, dass sie fast ausnahmslos nur in zwei Sprachen rezipieren: in ihrer eigenen und in Englisch[5]. Ist nun die (exportierende) Fremdsprachendidaktik nur schwach ausgebaut, so fällt der Anteil der zitierten englischsprachigen Publikationen umso größer aus. „Besser gleich englisch (und deutsch) lesen", meinen unsere Studierenden. Die Sache wäre unproblematisch, wenn dadurch Kompetenz in der Zielsprache aufgebaut würde... Zudem geht die Didaktik des Englischen anderen Inhalten nach als die der romanischen Sprachen. Weder der Tertiärsprachenunterricht (Bahr et al. 1996; Hufeisen/Lindemann 1998) noch die romanische Interkomprehension (Doca 1995; Meißner et al. 2003) wären von der Englischdidaktik je beforscht worden. Hinzu kommen die Rückbindung der Fremdsprachendidaktiken an spezifische kulturelle Referenzräume sowie lehr- und lernseitige Spezifika. – Die hier anklingende Kritik gilt weniger für *Français Langue Etrangère* (FLE), eher für *Italiano come Lingua Straniera* (ILS); vom Rumänischen oder gar Katalanischen nicht zu reden. Eine alles in allem unbefriedigende Ausbildungssituation, die dann noch verstärkt wird, wenn für einzelne Sprachen fachdidaktische deutsche Zeitschriften nicht einmal vorhanden sind oder einer bloß ‚rezeptologischen' Ausrichtung folgen.

Die Ausbildung ist bekanntlich ein langfristig wirkender Faktor. Ein fehlender didaktischer Empiriebezug in der Lehre wird entsprechende Defizite im Unterricht romanischer Sprachen nach sich ziehen.

2. Studienprofile

Die Einrichtung von Bachelor- und Master-Profilen ist von dem Wunsch nach europäischer Transparenz und beruflicher Fluktuationsmöglichkeit (in unserem Fall der Lehrkräfte) initiiert. Bei der Konstruktion des Konzepts standen internationale Berufsbiographien von Natur- und Sozialwissenschaftlern sowie des Führungspersonals sogenannter ‚global players' Pate. Allerdings finden wir derlei internationale Karrieren in unseren nationalen schulischen Erziehungssystemen so gut wie nicht[6]. Jene werden erst möglich,

---

Gegensatz zur (deutschen) Französisch- oder Englischdidaktik, die als *Importdidaktiken* eine Fremdsprache für Lernkontexte des eigenen Landes beforschen.

[5] Es wäre naiv anzunehmen, die Kommunikation über die *lingua franca* führe per se zu einer Maximierung des relevanten Wissens. Das Gegenteil ist zum Teil der Fall. Relevante Entwicklungen in anderen Sprachdidaktiken werden gleich gar nicht von amerikanischen und englischen Verlagen transportiert und daher aus der internationalen Wissenschaftskommunikation ausgeschlossen.

[6] Mir bekannte Funktionsträger (*inspecteurs, recteurs d'Académie*) etwa deutscher oder spanischer Herkunft im französischen Schulsystem sind ausnahmslos französisch naturalisiert. In Deutschland sind mir – ein Zufall? – außerhalb des Kontextes ‚fremdsprachlichen Muttersprachenunterrichts' gar keine entsprechende Karrieren bekannt. Eine europäische Rotation besteht nicht.

wenn die nationalen Schulsysteme in europäische Verantwortung übergehen. Wo wäre dies beabsichtigt? – Daher muss man fragen, welchen realen Mehrwert ein ‚europäischer' *master of language education* für Lehrende an Grundschulen oder Gymnasien bietet[7].

Die europäische Ausbildung der Fremdsprachenlehrer ist heterogen (Perini 1985). Ein Blick in Eurydice (2002) dokumentiert die Unterschiedlichkeit des gegenwärtigen fachdidaktischen und fachwissenschaftlichen Ausbildungsstandes in der EU. Die Studie muss sich daher überwiegend mit der Angabe von Grobkriterien – Ausbildungsinstitution, ‚Wissenschaftlichkeit', Ausbildung versus keine Ausbildung von Lehrenden fremder Sprachen – begnügen. Auch die Erhebung der *Fédération Internationale des Professeurs de Français* zeigt für Zentral- und Osteuropa keine europaweit generalisierbare Konzepte (Nasta 1997). Die ‚Deklaration von Bologna' kann angesichts dieses Sachverhaltes nur formal argumentieren. – Und damit ist die Diskussion zur Ausbildung von Lehrenden fremder Sprachen wieder eine nationale: Es geht darum, britische und amerikanische Etikettierungen deutsch zu füllen, und zwar europakompatibel (Fonseca et al. 1999). Bei alledem ist die Frage der nationalen Kompatibilät nicht nur eine von Wissenschaft und Ausbildung, sondern auch von relativ veränderungsresistenten schulischen Organisationsstrukturen.

Zur Frage 2 sei daran erinnert, was schulischer Fremdsprachenunterricht heutzutage grundlegend leisten muss. In der durch Globalisierung, Europäische Union, Mehrsprachigkeit, Wissensgesellschaft und lebensbegleitendes Lernen gekennzeichneten Lage geht es (ohne die überkommenen Ziele aufzugeben) darum, dauerhaft eine möglichst breite sprachliche und kulturelle **Anschlussfähigkeit** der in Deutschland lebenden Bevölkerung gegenüber heteroglotten Personen, Kulturen, Volkswirtschaften herzustellen. Unter den Zielsprachen nimmt das Englische eine Sonderrolle ein, denn als *globale lingua franca* ist es die einzige Fremdsprache von der sich sagen lässt, dass heutige Schüler sie in ihrem weiteren Leben mit Sicherheit umfassend benötigen. Benötigt wird zugleich die Fähigkeit, rasch weitere Sprachen hinzuzulernen, denn wir müssen uns auch die kulturellen Nachbarräume sprachlich transparent machen können. Beide Fähigkeiten lassen sich nicht über Englischunterricht allein erreichen. Deshalb muss der gesamte Fremdsprachenunterricht das **Lernen des Lernens von Sprachen** lehren. Da dies nicht ohne sprachliche Inhalte geschehen kann, lautet die Formel für das schulische Sprachenangebot[8]:

L1aktiv + L2aktiv + L3aktiv oder passiv + weitere nach Bedarf

Dies betrifft die europäische Minimalausstattung im Fremdsprachenbereich, an der entlang sich das lebenslange Lernen von Sprachen ausbaut. Es wird deutlich, dass das Sprachenlehren und –lernen nicht mehr ausschließliche Angelegenheit der Schule ist. Es ge-

[7] Unter dem Dach der Deutsch-Französischen-Hochschule besteht im badisch-elsässischen Raum eine grenzüberschreitende deutsch-französische Lehrerausbildung; des Weiteren zwischen Sachsen (Uni Leipzig) und Frankreich. Allerdings zeigt der deutsch-französische Studiengang für französische Deutsch- und deutsche Französischlehrer (Mainz/Dijon), dass sich fachdidaktische Standards auch per ‚Internationalisierung' zurückschneiden lassen. Entscheidend sind die Stellung der Fachdidaktiken in den einschlägigen Studiengängen der Universitäten sowie die personale Ausstattung der Fachdidaktiken.

[8] Die Formel geht davon aus, dass zumindest zwei **lebende** Fremdsprachen mit produktiven Zielen erlernt werden sollten.

schieht – auch dies kein Novum – am besten modularisiert. Den ‚Fremdsprachenunterricht europatauglich machen' (Schröder 1999) heißt, dass die Sprachen nicht additiv nebeneinander unterrichtet, sondern dass lernökonomische und lernqualitative Optimierungsmöglichkeit genutzt werden. – Für die Ausbildung der Lehrenden heißt dieser Zusammenhang, dass sie auf folgende Verhältnisse reagieren muss:

- **Modularisierung:** in unterschiedlichen Kontexten unterrichten/prüfen, für unterschiedliche Kontexte Fortbildung aktiv/passiv betreiben (Vogel 2002)
- **Stufen- und Adressatenbezug:** unterschiedliche Adressatengruppen unterrichten
- **Mehrsprachigkeit:** vorhandene und prospektive Mehrsprachigkeit der Lernenden berücksichtigen (Königs 2000; Meißner 2001)
- **Wissensgesellschaft:** passive und aktive Fortbildungsfähigkeit sicherstellen
- **Medialität:** die technologischen Lernmöglichkeiten des heutigen Lernkontextes nutzen
- **zielsprachliche Mündlichkeit ausbauen**: Filme und Debatten verstehen, interkulturell face to face kommunizieren können
- **Professionalität**: Auf dem didaktischen Feld betrifft sie vor allem: Lehrkompetenz, Sprachbegriff, Lernbegriff, Methoden- und Medienkompetenz, kurz: angemessene Reflektionsfähigkeit des eigenen berufsbezogenen Handelns.

Die hier mit Blick auf die Fachdidaktiken in den Blick genommenen Orientierungen dürfen nicht darüber hinwegtäuschen, dass auch fachinhaltliche und sprachpraktische (Meißner 2002) Kompetenzen entscheidend zum Berufsbild der Lehrenden fremder Sprachen zählen.

Die jüngeren fremdsprachendidaktischen Papiere zur Ausbildung von Lehrenden fremder Sprachen (Meißner et al. 2001), die einschlägigen Stellungnahmen der *Deutschen Gesellschaft für Erziehungswissenschaft* sowie der *Gesellschaft für Fachdidaktik* benennen auf breiter Grundlage die Anforderungen an eine zukunftsgerichtete Lehrerausbildung[9]. Dem dort Gesagten möchte ich nichts hinzufügen. Die Notwendigkeit der lebenslangen Fortbildung – Fortbildung als dritte Phase der Ausbildung (Christ 1994) – verlangt eine umfassende Grundausbildung. Benötigt wird ein **Kerncurriculum.** Es muss einerseits jene Ausbildungsanteile umfassen, die für die Berufsausübung unverzichtbar sind (vgl. passim: Zöfgen, Königs in: Königs/Zöfgen 2002), andererseits der Beliebigkeit der Ausbildungsinhalte ein Ende setzen. Aufgrund der Definition von Sprachlehrenden als Vermittlungsexperten für Fremdsprachen gehören fachdidaktische Inhalte zwingend in das Curriculum, ebenso die Sprach- besser Sprachenausbildung und berufsrelevante sprach- und kulturwissenschaftliche Studien. Das Kerncurriculum legt die Grundlage für sogenannte Ausbaustudien, die als **Module** hinzugenommen werden können. Kriterium für alle inhaltlichen Bestimmungen sollte dabei die Berufsrelevanz in einer sich rasch verändernden Wissensgesellschaft sein. Der rasante Wandel in der Wissensgesellschaft zeigen, wie sehr wir eine Fortbildungsforschung benötigen, um Fortbildung überhaupt zielführend anlegen zu können.

[9] Über http://www.dgff.de. Vgl. auch Krumm (2003).

3.1 Lehrerforschung und Ausbildung

Lehrerhandlungsforschung: Die aktuelle Lehrerhandlungsforschung hat nur wenig gesichertes Wissen über die Ausbildung langfristiger Handlungsroutinen und Handlungskompetenzen bei Lehrenden fremder Sprachen (Krumm 2003, 354ff.). Daniela Casparis (2003) Untersuchungen lassen zwar Korrelationen zwischen den berufsbezogenen Subjektiven Theorien von Lehrenden und ihren didaktischen Grunddispositionen erkennen, doch betont Caspari, dass dies keine Extrapolierung zwischen Subjektiven Theorien und realen Handlungspraxen zulasse. Dank der Arbeiten von Petra Gabel (1996) und Marita Schocker-von Ditfurth (2001; 2002) wissen wir immerhin Einiges über die Entstehung berufsbezogener Handlungsdispositionen im Zusammenhang mit der Ausbildung[10]. Es handelt sich um wertvolle Einblicke in überblickbare Ausbildungsabschnitte. Sylvie Mutet (2003) geht dem Einsatz der *Simulation globale* in der Lehrerbildung nach. Longitudinalstudien zur Entwicklung von Handlungsdisposition und -realisierungen von Lehrenden fremder Sprachen – Fallstudien, Entwicklungsprofile, Längsschnitte, Studien zur Korrelation von Lebensalter und Unterrichtsstilen usw. – liegen nicht vor. Dies betrifft auch sprachbezogene Spezifika: Können Erkenntnisse zu amerikanischen Englischlehrern auf deutsche Italienischlehrerinnen übertragen werden? Auch die Aktionsforschung, die Einblicke in die Handlungsdimensionen von Lehrenden ermöglicht, schafft noch keine Grundlage für die breite Beschreibung des Faktors Lehrperson im Hinblick auf realen Fremdsprachenunterricht.

Wir wissen zu wenig über den Faktor Lehrerhandeln und seine Komplexion. Die Gründe sind offensichtlich: Zu oft ist das Klassenzimmer faktisch ein gegen empirische Handlungsforschung ‚geschützter' Raum. Als Ausweg sehe ich nur eine engere Zusammenarbeit zwischen Lehrenden, Ausbildern und Forschenden. Eine solche Zusammenarbeit scheint schon aus Gründen der Kontinuitätssicherung zwischen der ersten und zweiten Ausbildungsphase notwendig. Wir benötigen eine kollaborative und funktionale Komplementarität zwischen den Fremdsprachendidaktiken der Ersten und der Zweiten Phase, ohne dass die Spezifik und die Stärken eines jeden Abschnittes aufgegeben würde.

Mehrsprachigkeit und Lehrerausbildung: Eine Analyse des gegenwärtigen Lernkontextes zeigt, dass die Fremdsprachendidaktiken eine Diskussion zur Klärung des eigenen Standortes in einer mehrsprachigen Umwelt führen müssen. Man wird in diesem Zusammenhang die veränderte Stellung von Englisch ebenso zur Kenntnis nehmen wie die der weiteren Sprachen. Die Europäische Union hat im Jahr der Sprachen nicht ohne Grund das Lernziel ‚Mehrsprachigkeit' betont. Zugleich fordert die Erziehungswissenschaftlerin Frauke Stübig (2002) die Definition des „proprium" der einzelnen Fremdsprachen im Hinblick auf den Begriff der „Menschenbildung" ein[11].

[10] Ein für die Beantwortung der Frage wesentliches Element betrifft die Langfristigkeit der Herausbildung von ‚theoriegeleiteter praktischer Berufskompetenz' in Lehr-Lernarrangements. Macht man sich diese Erkenntnis zu eigen, so muss man für eine frühzeitige Verortung fachdidaktischer Ausbildung in die Studiengänge plädieren. Schocker-von Ditfurth bezeichnet das Fachpraktikum als *„critical period"*. Es verändert die Sicht der Studierenden auf ihr Studienfach.

[11] So wurde von den Schülern einer Klasse 8 eines bilingualen deutsch-französischen Zuges die Lesekompetenzstufe B2 des GeR nach einem Mehrsprachenunterricht von 15 Stunden (sic) erreicht (Böing 2002).

Die Mehrsprachigkeitsdidaktik ist eine Transversaldidaktik, welche die einzelzielsprachlichen Fachdidaktiken ergänzt. Schon dies erklärt, weshalb die Rückwirkungen nicht unerheblich sein werden. Dies gilt umso mehr, als sie sich stark konstruktiver und metakognitivierender Verfahren bedient. Da der interlinguale und didaktische Transfer für das Erlernen fremder Sprachen eine entscheidende Rolle spielt, sind die Lehrenden zu befähigen, diesen im Bereich der romanischen und slawischen Sprachen zu organisieren. Eine bloß additive Sicht von Mehrsprachigkeitsförderung scheitert spätestens schon hier. Allgemein sollte für Lehrende fremder Sprachen überhaupt das mehrsprachige mentale Lexikon der Schüler zumindest im Umfang der gängigen Schulfremdsprachen und der Muttersprache der Schüler kein Buch mit sieben Siegeln sein. Mehrsprachigkeitsdidaktik ist daher in die Ausbildungs- und Fortbildungsprogramme zu nehmen (Meißner 2001). Eine Ablösung des „monolingualen Habitus der deutschen Schule" (Gogolin 1994) verlangt eine Öffnung der monolingualen Studiengänge zugunsten von Mehrsprachigkeit und Mehrkulturalität.

3.2 Berufsbezogene Fremdsprachenausbildung – die vergessene terra incognita der SLF/Fremdsprachendidaktiken?

Wer die Literatur über die letzten Jahrzehnte hinweg verfolgt, dem drängt sich der Eindruck auf, wie sehr wir eingefahrenen Bahnen folgen. Ein augenfälliges Beispiel dafür liefert das manifeste Desinteresse der Forschung an auf nicht-akademische Berufe bezogenes Fremdsprachenlernen und -lehren. Es finden sich kaum durch Empirie abgesicherte Untersuchungen. Offensichtlich spiegelt die defizitäre Forschungslage eine defiziente Ausbildungssituation wider, denn eine fremdsprachendidaktische und -inhaltliche Ausbildung für den Berufssektor findet nicht statt. Wie man aus Rücksprachen mit an den Berufschulen tätigen Lehrenden für Französisch oder Spanisch erfahren kann, fühlen sich diese mit ihren didaktischen Problemen ziemlich allein gelassen: In der ersten Phase erhielten sie keine lehrkontextspezifische fachliche bzw. fachdidaktische Ausbildung, die zweite Phase wurde oft an einer gymnasialen Ausbildungsschule absolviert ... und so gehen sie dann, mit wenig brauchbaren Kenntnissen ausgestattet, sprachlernungewohnte Berufsschüler unterrichten. Dabei handelt es sich um einen Kontext, dessen europäische Relevanz zumindest im deutsch-französischen Dialog betont wird (Expertenkollektiv 2001). Man sollte daher die gegenwärtige Diskussion als Chance begreifen, die traditionell übersehenen Lernkontexte in didaktische Forschungs-und Ausbildungskonzepte hineinzunehmen.

Literaturangaben

Bahr, Andreas/Bausch, Karl-Richard/Helbig, Beate/Kleppin, Karin/Königs, Frank G./ Tönshoff, Wolfgang (1996): *Forschungsgegenstand Tertiärsprachenunterricht. Ergebnisse eines empirischen Projekts*. Bochum: Brockmeyer.

Bauer, E./Benninger, E./Blümel, A. et al. (1997): „Erste Phase und Referendariat: Französischlehrer-Ausbildung 1997". In: *französisch heute* 28, 206-209.

Bausch, K.-Richard/Christ, Herbert/Krumm, Hans-Jürgen (Hrsg.) (2003): „Fremdsprachendidaktik und Sprachlehrforschung“. In: dies. (Hrsg.), 1-8.

Bausch, K.-Richard/Christ, Herbert/Krumm, Hans-Jürgen (Hrsg.) (2003): *Handbuch Fremdsprachenunterricht.* Vierte, vollständig neu bearbeitete Auflage. Tübingen: Francke.

Böing, Maik (2002): „Eine fremde Sprache sofort lesen können? Na klar! Das Mehrsprachigkeitsprojekt, Lesekurs Spanisch nach Französisch' an der Frankfurter Liebigschule“. In: *Quoi de Neuf? Nouvelles bilingues* 15, 1 und 2/2002, 01.10.2002, 5.

Caspari, Daniela (2003): *Fremdsprachenlehrerinnen und Fremdsprachenlehrer. Studien zu ihrem beruflichen Selbstverständnis.* Tübingen: Narr.

CECO (1997): „Recommandations adressées aux instances nationales et internationales”. In: Nasta, 138-143.

Christ, Herbert (1994): „Lehrerfortbildung als dritte Phase der Lehrerbildung“. In: *französisch heute* 25, 276-281.

Doca, Gheorghe (1995): *Converser en roumain. Treizeci de dialoguri pe teme de cultură şi civilisaţie românescă.* Bucureşti: Editura didactică şi pedagogică.

Etzold, Sabine (1999): „Lehrer lernen lehren”. In: *Die Zeit* 13, 25.3.1999, 46.

Eurydice. Das Informationsnetz zum Bildungswesen in Europa (2002): *Der Fremdsprachenunterricht an den Schulen in Europa.* Eurydice-Studien.

Expertenkollektiv (2001): „Empfehlungen des deutsch-französischen Kolloquiums des Runden Tischs 'Sprachen' vom 14. Mai 2001 in Mainz zur Vorlage bei den 77. deutsch-französischen Gipfelkonsultationen am 12. Juni 2001 in Freiburg”. In: *französisch heute* 32, 273-277,

Fetzer, Fritz (1980): „Brauchen wir solche Lehrer?“. In: *Die Zeit* 23, 30. Mai 1980, 53.

Fonseca, Fernanda (coord.) (1999): *Former les tuteurs de LVE/Training MFL Mentors: a European Challence.* Faculdade de Letras da Universidade de Porto.

Freudenstein, Reinhold (1997): „Das Dilemma des Französischunterrichts an deutschen Schulen – dargestellt aus der Sicht eines Anglisten“. In: Meißner, Franz-Joseph (Hrsg.): *Interaktiver Fremdsprachenunterricht. Wege zu authentischer Kommunikation. Ludger Schiffler zum 60. Geburtstag.* Tübingen: Narr, 99-106.

Gabel, Petra (1996): *Lehren und Lernen im Fachpraktikum Englisch. Wunsch und Wirklichkeit.* Tübingen: Narr.

Gogolin, Ingrid (1994): *Der monolinguale Habitus der multilingualen Schule.* Münster: Waxmann.

Hufeisen, Britta/Lindemann, Beate (Hrsg.) (1998): *Tertiärsprachen. Theorien, Modelle, Methoden.* Tübingen: Stauffenberg.

Janitza, Jean (1995): „La formation initiale des enseignants de langues en France“. In: *La Tribune Internationale des Langues vivantes* 18/4, 4-8.

Königs, Frank G. (2000): „Aus der Praxis für die Praxis? Ja, aber nicht nur! Überlegungen zur Rolle der Praktika in der Ausbildung von Fremdsprachenlehrern, insbesondere für

Deutsch als Fremdsprache". In: Ehnert, Rolf/Königs, Frank G. (Hrsg.): *Die Rolle der Praktika in der DaF-Lehrerausbildung*. Regensburg: Becker-Kuns, 1-14.

Königs, Frank G. (2002): „Mehrsprachigkeit statt Sprachenlosigkeit! Überlegungen zur Bedeutung von Mehrsprachigkeitskonzepten für Deutsch als Fremdsprache". In: Koroschetz de Marango, Renate (Hrsg.): *Brückenschlag. Lengua y cultura alemanas: un puente entre dos continentes. Actas del X Congreso latinoamericano de estudios germanísticos. X. lateinamerikanischer Germanistenkongress. Caracas, octubre 2000*. Universidad Central de Venezuela 2002, 47-60.

Königs, Frank G./Zöfgen, Ekkehard (Koord.) (2002): *Lehrerausbildung in der Diskussion (= Fremdsprachen Lehren und Lernen (FLuL)* 31). Tübingen: Narr.

Krumm, Hans-Jürgen (2003): „Fremdsprachenlehrer". In: Bausch/Christ/Krumm (Hrsg.), 352-358.

Meißner, Franz-Joseph (2001): „Mehrsprachigkeitsdidaktik im Studium von Lehrenden fremder Sprachen". In: Königs, Frank G. (Hrsg.): *Impulse aus der Sprachlehrforschung. Marburger Vorträge zur Ausbildung von Fremdsprachenlehrerinnen und -lehrern*. Tübingen: Narr, 111-130.

Meißner, Franz-Joseph (2002): „Qualitätssicherung der sprachpraktischen Ausbildung in den Studiengängen fremdsprachlicher Fächer". In: Christiane Neveling (Hrsg.): *Perspektiven für die zukünftige Fremdsprachendidaktik*. Tübingen: Narr, 103-122.

Meißner, Franz-Joseph/Königs, Frank G./Leupold, Eynar/Reinfried, Marcus/Senger, Ulrike (Red.) (2001): „Zur Ausbildung von Lehrenden moderner Fremdsprachen (Ergebnisse einer Reflexionstagung zur Lehrerbildung, 23./24. März 2000, Schloss Rauischholzhausen)". In: *französisch heute* 32, 212-224.

Meißner, Franz-Joseph/Picaper, Ilse (éds.) (2003): *Mehrsprachigkeitsdidaktik zwischen Frankreich, Belgien und Deutschland./La didactique du plurilinguisme entre la France, la Belgique et l'Allemagne. Contributions au Colloque sur le Plurilinguisme entre Rhin et Meuse 21/XI2000*. Tübingen: Narr.

Meißner, Franz-Joseph/Meissner, Claude/Klein, Horst G./Stegmann, Tilbert D. (2003): *Les sept tamis: lire les langues romanes dès le début. Méthode intercompréhensive avec une introduction didactique*. Aachen: Shaker.

Mutet, Sylvie (2003): *Simulation globale et formation des enseignants*. Tübingen: Narr.

Nasta, Dan Ion (dir.) (1997): *La formation initiale et continue des professeurs de français en Europe centrale et orientale*. Paris: CECO/FIPF.

Perini, Nereo (a cura di) (1985): *La formazione iniziale e la formazione in servizio degli insegnanti di lingue straniere nei paesi della C.E.E.: Analisi comparativa*. Udine: Gianfranco Angelico Benvenuto Editore.

Reinfried, Marcus (1998): „Die Ausbildung zum neusprachlichen Gymnasiallehrer: eine Reform ist überfällig". In: Zydatiß, 248-270.

Schocker-von Ditfurth, Marita (2001): *Forschendes Lernen in der fremdsprachlichen Lehrerbildung. Grundlagen, Erfahrungen, Perspektiven*. Tübingen: Narr.

Schocker-von Ditfurth, Marita (2002): „Forschendes Lernen in der Fremdsprachenlehrerausbildung. Erfahrungen mit einem multiperspektivischen Ansatz". In: Königs/Zöfgen (Koord.), 151-166.

Schröder, Konrad (1999): „Den Fremdsprachenunterricht europatauglich machen". In: *Fremdsprachenunterricht* 1, 2-8.

Stübig, Frauke (2002): „Reicht kommunikative Kompetenz allein? Über den Zusammenhang von Fremdsprachen-Lehren und Bildung". In: Königs/Zöfgen (Koord.), 92-105.

Vogel, Sigrid (2002): „Ein verblassender Mythos: Der philologische Fremdsprachenunterricht oder Was man aus dem europäischen Sprachenportfolio lernen könnte". In: Königs/Zöfgen (Koord.), 64-76.

Vollmer, Helmut J. (1990): „Das mühsame Geschäft der Erforschung von Ausbildungsprozessen." In: Bausch, K.-Richard/Christ, Herbert/Krumm, Hans-Jürgen (Hrsg.) (1990): *Die Ausbildung von Fremdsprachenlehrern als Gegenstand der Forschung. Arbeitspapiere der 10. Frühjahrskonferenz zur Erforschung des Fremdsprachenunterrichts*. Bochum: Brockmeyer, 183-191.

Zydatiß, Wolfgang (1998): „Ergebnisse einer Umfrage der DGFF zur Ausstattung der fremdsprachendidaktischen Professuren". In: ders. (Hrsg.): *Fremdsprachenlehrerausbildung – Reform oder Konkurs*. Berlin/München: Langenscheidt, 105-138.

Andreas Müller-Hartmann
Marita Schocker-v. Ditfurth

Die Fremdsprachenlehrerausbildung im Rahmen der Pädagogischen Hochschulen Baden-Württembergs

1. Das Lehren und Lernen fremder Sprachen: Vorschläge für eine Reform der Fremdsprachenlehrerausbildung

Der soziale Handlungsraum des fremdsprachlichen Klassenzimmers, der durch eine Reihe komplexer Faktoren sozialer und kultureller Art definiert ist (vgl. Breen 1985, 1997 und Breen/Littlejohn 2000), bestimmt die Qualität der Fremdsprachenlernerfahrungen. Die noch immer vorherrschende Annahme der Lehrerausbildung, dass das von der Hochschule vermittelte Wissen von den Studierenden im Praktikum oder im späteren Berufsfeld in die Praxis umgesetzt wird (Vorstellung eines Transfers publizierter Wissensbestände in die Praxis) wird der Komplexität dieses Praxisfeldes nicht gerecht.

> „They [schools and classrooms] are the sociocultural terrain in which the work of teaching is thought about, carried out, and evaluated. Studying, understanding, and learning how to negotiate the dynamics of these powerful environments [...] is critical to constructing effective teacher education" (Freeman/Johnson 1998, 409).

Dieses komplexe Handlungsfeld und die Erwartung an die zukünftigen Lehrer innovativ im Berufsfeld Schule tätig zu werden, machen es erforderlich, dass die Studierenden im Zusammenspiel zwischen Hochschule und Schule theoriebasiertes Handlungswissen entwickeln können, das heißt, Studierende müssen lernen, die vielfältigen Faktoren, die sich auf die Qualität des Lehrens und Lernens fremder Sprachen auswirken, wahrzunehmen und in ihre Entscheidungen bei fremdsprachlichen Lehr-/Lernprozessen einzubeziehen. Dies ist nur durch eine enge Kooperation von Hochschule und Schule als den beiden Ausbildungskontexten möglich, wobei auf Hochschulebene das Prinzip des reflektierten Modelllernens Vorrang haben muss. Es gilt das Primat des „teacher-learners" (Freeman/Johnson 1998, 407), sprich: Die Studierenden lernen, wie fremdsprachliche Lernprozesse in einem praktischen Handlungskontext angeleitet, unterstützt und bewertet werden können. Sie sind nicht in erster Linie Spezialisten der Literatur- oder Sprachwissenschaft. Das ist Aufgabe der traditionellen MA-Studiengänge.

Das berufliche Selbstverständnis der Lehramtsstudierenden ist durch ihre langjährigen Erfahrungen im schulischen Fremdsprachenunterricht oft noch durch sehr traditionelle Vorstellungen vom Lernen und Lehren fremder Sprachen geprägt. Diese Vorstellungen können durch einen Ansatz des forschenden Lernens verändert werden, in der diagnostische Kompetenzen beispielsweise durch teilnehmende Beobachtung und Klassenforschungsprojekte ausgebildet werden, um so verinnerlichte Handlungsmuster aufzubrechen und allmählich durch alternative Handlungsroutinen zu ersetzen. Die Reflexion des eigenen Lernprozesses in Hochschulseminaren und die damit verbundene kritische Auseinandersetzung mit publiziertem Wissen im Bereich der Sprachlehr- und -lernforschung sowie der Fachdidaktik unterstützen diesen Prozess (Schocker-v. Ditfurth 2001). Dieser Ansatz ist aber sehr zeitaufwändig und kann deshalb weder auf einen fachdidaktisch ausgerichteten MA-Aufbaustudiengang (z.B. bei angedachten gestuften Studiengängen) noch auf die II. Phase der Lehrerbildung verschoben werden. Vielmehr muss er gleich mit Beginn des Grundstudiums durch eine intensive Verschränkung der beiden Lehr-/Lernkontexte Hochschule und Schule durch zahlreiche Praktika und die Verbindung von fachwissenschaftlichen und fachdidaktischen Wissensbeständen in den Hochschulseminaren begonnen werden.

Im Folgenden möchten wir die in dieser Hinsicht schon existierenden und angedachten Ansätze der Lehramtsausbildung an den Pädagogischen Hochschulen in Baden-Württemberg darstellen.

2. Inhaltliche Stärken und Schwächen

Die Orientierung der Lehrerausbildung an den Anforderungen des Berufsfeldes ist im Selbstverständnis der Institution Pädagogische Hochschule fest verankert, wie auch seit der Studienreform im Jahr 1969 die Lehrerausbildung für das Lehramt an Grund-, Haupt- und Realschulen in Baden-Württemberg in der Verantwortung *wissenschaftlicher Hochschulen* liegt[1]. Damit soll eine wissenschaftlich fundierte Lehrerausbildung garantiert werden, die gleichzeitig den Bezug zur Unterrichtspraxis gewährleistet. Die von Kritikern der derzeitigen Praxis der Lehrerausbildung angemahnte Prämisse einer Ausrichtung ihrer Inhalte und Verfahren an den Anforderungen des künftigen Berufsfeldes, wie sie beispielsweise in dem Vorschlag von Zydatiß ihren Ausdruck findet, ist strukturell und inhaltlich weitgehend realisiert:

> „[...] in der Lehrerausbildung [kommt] die Weiterentwicklung von Lehre und Studium unter berufsqualifizierender Perspektive nicht umfassend voran. Hier gilt es, die *grundlegende Prämisse curricularen Denkens* festzuhalten: Curriculares Denken funktionalisiert die Inhalte und Methoden institutionell gesteuerten Lernens im Hinblick auf die Ziele und überprüft anschließend die Ergebnisse in ziel-, sach- und adressatenangemessenen Evaluationen. [...] Eine berufsbezogene akademische Ausbildung, die die wissenschaftsfundierte Qualifikation der Studierenden ernst nimmt, sieht Fachwissen nicht als Selbstzweck, sondern ordnet die Gegenstände und Methoden der Ausbildung dem *Ziel der Berufsbefähigung* unter" (Zydatiß 1998, 3f.).

So sieht die Studienordnung der Pädagogischen Hochschulen gemäß ihrem überlieferten Verständnis von Lehrerausbildung ein umfangreiches Praktikumsprogramm als konstitutiven Teil der Lehrerausbildung bereits in der ersten Phase vor, wie auch die prominente Rolle der Fachdidaktik und der Erziehungswissenschaften in diesem Lehrerbildungskontext unumstritten sind:

> „Praxisnähe und Berufsbezogenheit sind wesentliche Prinzipien der Lehrerausbildung an den Pädagogischen Hochschulen des Landes Baden-Württemberg. Die Begegnung mit der Schulpraxis gehört zu den vier Hauptfeldern des Studiums. Neben (sic!) der Schulpraxis sind das die Erziehungswissenschaften, die Fachwissenschaften und die Fachdidaktiken. Bei der Entwicklung berufsbezogener Reflexions- und Handlungsfähigkeit kommt es darauf an, pädagogische, fachdidaktische und fachwissenschaftliche Einzelerkenntnisse miteinander in Beziehung zu setzen und in zielgerichtetes Erkenntnis- und

[1] 1995 wurde den Pädagogischen Hochschulen auch das Habilitationsrecht übertragen, wodurch ein weiterer Schritt in Richtung universitäre Strukturen gegangen wurde.

Handlungsinteresse zu bündeln" (Hinweise der Schulpraktischen Abteilung der PH Freiburg zu den Praktika 1995).

Dieser die Disziplinen integrierende Ansatz wird besonders deutlich, wenn man das Stellenprofil der Ausschreibungstexte für Professuren betrachtet: eine dreijährige Schulpraxiserfahrung werden ebenso vorausgesetzt wie die Forderung, Fachwissenschaft und -didaktik in Personalunion vertreten zu können. Die Rahmenbedingungen sind also nahezu ideal. Düster sieht es vor allem hinsichtlich des Etats aus – von den Ausgaben für die Hochschulen des Landes werden gerade mal 2,5% der Mittel in Forschung und Lehre der Pädagogischen Hochschulen investiert. Ein weiteres Problem ist, dass zwar die Zahl der Praktika und der fachdidaktischen Angebote dem Anspruch an eine berufsfeldbezogene Ausbildung entspricht (vorgesehen sind ein Tagespraktikum zur Einführung in die Schulpraxis, zwei fachdidaktisch orientierte Tagespraktika, sowie zwei vier- bzw. dreiwöchige Blockpraktika), es aber dennoch nicht ohne weiteres gelingt, die Perspektiven der verschiedenen Teildisziplinen zu integrieren. Erwiesenermaßen werden die schulpraktischen Erfahrungen nur unzureichend in das sonstige Ausbildungsprogramm einbezogen, die diversen Lernangebote der Hochschule stehen relativ unverbunden nebeneinander (vgl. Schocker-v. Ditfurth 2001).

3. Innovationen in Baden-Württemberg – Neue organisatorische und zeitliche Formate

Binationale Studiengänge: Die Europalehrämter

Im Rahmen von *Bildungskooperationen am Oberrhein* wurden in den vergangenen Jahren Wege zu einer *transnationalen Lehrerbildung* unter europäischem Blickwinkel beschritten. Es wurden zwei Studiengänge entwickelt, deren Ziele und Strukturelemente kurz dargestellt werden (für eine ausführliche Beschreibung der *Voraussetzungen, Ziele und Strukturelemente* siehe Denk/Bong 2002).

> „Die Studiengänge führen dazu, die nationalen Konzepte der Lehrerbildung zu überprüfen sowie *grenzüberschreitende, interregionale* und *europäische Bildungskooperationen* im Bereich der Lehrerbildung in Gang zu setzen. Dadurch lässt sich einerseits der *Arbeitsmarkt für Lehrpersonen* zwischen den Ländern Europas *transnational* erweitern; andererseits erwerben die Absolventen integrierter Studiengänge *bilinguale, interkulturelle* und *europaorientierte Kompetenzen*, die sie auf ihre spätere Rolle als Vermittler *kultureller Vielfalt* und *exemplarischer Mehrsprachigkeit* in Europa vorbereiten" (Denk/Bong 2002, 321).

Im Juni 1998 wurde in Straßburg ein Vertrag unterzeichnet, der den Rahmen für die *lehrerbildenden Universitäten und Einrichtungen am Oberrhein* festlegte. Innerhalb des damit geschaffenen Verbundsystems zwischen französischen, schweizerischen und deutschen Lehrerbildungsinstitutionen der ersten und zweiten Phasen konnten damit folgende Kooperations-Projekte begonnen werden:

a) Die Entwicklung eines gemeinsamen *Kerncurriculums* für die Aufbaustudiengänge der so genannten „Euregio"-Lehrämter; dabei wurde vor allem mit dem Prinzip grenzüberschreitender Modularisierung statt nationaler/kantonaler/länderspezifischer Isolierung gearbeitet (Denk/Bong 2002).

b) Mit dem Wintersemester 1998/1999 begannen die *Pädagogische Hochschule Freiburg*, die *Université de Haute-Alsace Mulhouse*, das *I.U.F.M d'Alsace* und die *Staatlichen Seminare für Schulpraktische Ausbildung* in Baden-Württemberg mit der Durchführung des integrierten Teilstudiengangs am damaligen *Deutsch-Französischen Hochschulkolleg*. Wichtige Merkmale sind u.a., dass die gemischten Studierendengruppen das zweite (für die französischen Studierenden) bzw. das dritte (für die deutschen Studierenden) Jahr vollständig an der jeweiligen Partnerhochschule verbringen. Zwischen den Semestern und in den Semestern werden *Schulpraktika* im jeweils anderen Land absolviert. Auch die „zweite Phase" nach dem Ersten Staatsexamen ist grenzüberschreitend aufgebaut: Die Anwärter verbringen insgesamt zwei Jahre im Wechsel am *I.U.F.M. d'Alsace* und an den *Staatlichen Seminaren für Schulpraktische Ausbildung*. „Durch diese langen Studien- und Ausbildungszeiten im Nachbarland, durch den Rollenwechsel zwischen Tutorenfunktion (an der Heimathochschule) und Studierendenfunktion (an der Partnerhochschule) erwerben die Studierenden aktive interkulturelle und bilinguale Kompetenzen, die sie auf ihre spätere Aufgabe als *médiateur entre les cultures* vorbereiten" (Denk/Bong 2002, 329-330).

c) Schließlich wurden mit dem Beginn des Wintersemesters 1999/2000 die von den Pädagogischen Hochschulen Karlsruhe und Freiburg entwickelten *Europalehrämter* eingerichtet (für Grund-, Haupt- und Realschulen, 160 SWS, Regelstudienzeit von acht Semestern). Trotz unterschiedlicher Strukturen der beiden Lehrerausbildungssysteme (z.B. das Studium mehrerer Fächer an deutschen Hochschulen im Unterschied zu i.d.R. einem Fach an französischen Hochschulen) gelang es, gemeinsam getragene Rahmenbedingungen zu entwickeln: ein einheitliches Aufnahmeverfahren (Spracheingangsprüfung, Interview zur Berufswahlmotivation), die gegenseitige Anerkennung von Studienleistungen im anderen Land, die Abschichtung statt Finalisierung bei den Prüfungen, die Vernetzung beider Phasen der Lehrerbildung und schließlich die Erarbeitung eines gemeinsamen Abschlussdiploms (Doppeldiplom der *Deutsch-Französischen Hochschule* als *Master-Diplom*), das die Berufsqualifikation in beiden Ländern einschließt und zur Berufsausübung in beiden Ländern im Sinne der EU-Richtlinien führt.

Bei dem Europastudiengang handelt es sich um einen integrierten Studiengang, d.h. mit dem Studium zur Europalehrkraft ist zugleich der Erwerb einer Lehrbefähigung in einem dieser beiden Lehrämter verbunden. Das bestehende Zweifächerstudium wird um eine dritte Säule – das so genannte Europaprofil – ergänzt (Befähigung zu interdisziplinärem und bilingualem Unterrichten in der Zielsprache in einem zu studierenden Bilingualfach, interdisziplinäre europaorientierte Studien). Eine Zwischenprüfung zur bilingualen Kompetenz folgt nach dem verbindlich vorgeschriebenen Auslandssemester. Es soll nach Möglichkeit mit einem Praktikum an einer Schule verbunden werden. Über dieses ist ein Bericht in der Zielsprache vorzulegen und daran schließt sich ein Kolloquium in der Zielsprache an. „Während des Auslandsaufenthalts sollen die Studierenden ihre Kenntnisse im Bereich der sozio-kulturellen Strukturen des Ziellandes vertiefen, ziel- und fachsprachliche Kenntnisse verbessern und die Bedingungen schulischen Lernens – insbesondere in dem gewählten Bilingualfach – kennen lernen" (Auszug aus der Studienordnung der Pädagogischen Hochschule Freiburg, in: Denk/Bong 2002, 338). Ein Projekt zu einem interdisziplinären europabezogenen oder bilingualen Themenbereich wird durch die

Projektprüfung abgeschlossen. Sie geht als vorgezogener Teil der Ersten Staatsprüfung in die Berechnung ihrer Gesamtnote ein.

Modularisierung, Abgeschichtete Prüfung, Interdisziplinarität: Die Neue GHPO/RPO
Die Autoren dieses Beitrages haben an der Entwicklung eines sechssemestrigen Studienganges (120 SWS) nach folgenden Vorgaben und Zielsetzungen des Ministeriums mitgearbeitet: Ausrichtung an den Anforderungen des künftigen Berufes, Gliederung des Studiums in ein (auch) erziehungswissenschaftlich orientiertes Fundamentum (1. und 2. Semester) und Festlegung des Stufenschwerpunktes im Hauptstudium, Einführung von Fächerverbünden (z.B. Verbund der Sprachen Deutsch, Englisch, Französisch), Entwicklung von Kompetenzprofilen und Kerncurricula (50% der Inhalte). Modularisierung, Ausweitung der schulpraktischen Studien (vier Tagespraktika und achtwöchiges Blockpraktikum, organisiert als Tandemveranstaltung mit den Studienseminaren; hier findet also zum ersten Mal eine direkte Verbindung zwischen erster und zweiter Phase im Hochschulstudium statt, die allerdings auf die erziehungswissenschaftlichen Fächer begrenzt bleibt) sowie Vorschläge für eine abgeschichtete Prüfung. Für eine Übersicht der Prinzipien und der Inhalte des Kerncurriculums Englisch siehe Tabelle 1. Wie daraus zu ersehen ist, sind die Inhalte und zu vermittelnden Kompetenzen des Kerncurriculums auf eine enge Verzahnung fachdidaktischer Theoriebildung und unterrichtspraktischer Umsetzung hin angelegt. Das gilt sowohl für die Sprachpraxis, bei der z.B. im Modul 2 im Seminar „Developing Advanced Writing Skills“ nicht nur eigene Schreibfertigkeiten im Rahmen der Erfordernisse des Englischstudiums ausgebildet werden, sondern auch auf die unterrichtspraktische Umsetzung hin reflektiert werden. Auch die vordem rein fachwissenschaftlich ausgelegten Seminare beinhalten jetzt grundsätzlich ebenso die fachdidaktische Dimension (siehe z.B. das Seminar „Cultural Studies“ in Modul 2).

Allerdings steckt der Teufel im Detail. Der Fächerverbund Sprachen (Deutsch, Englisch, Französisch), der unter dem Primat der Interdisziplinarität entstanden ist und damit deutlich auf die interdisziplinären Projektformen der neuen Bildungspläne in Haupt- und Realschule bezogen ist, kann den Fremdsprachen im Sinne der auch intendierten Synergie (und damit Kosteneinsparung) einen Bärendienst erweisen, wenn die dort ausgebrachten Kurse nicht mehr in der jeweiligen Fremdsprache unterrichtet werden können, weil die Studierenden der Germanistik sich gegen den Gebrauch der Zielsprache im Seminar oder bei der Auswahl der zu lesenden Texte wehren. Die vielen damit verbundenen Fragen werden sich erst sukzessive mit Beginn der Umsetzung im WS 2003/2004 klären lassen.

Studium und Neue Medien: Fern-/Kontakt-Studiengang: Didaktik des frühen Fremdsprachenlernens (M.A.)
An der Pädagogischen Hochschule in Freiburg wird derzeit im Auftrag der Landesstiftung Baden-Württemberg ein Fern-/Kontakt-Studiengang *Didaktik des frühen Fremdsprachenlernens* als Kooperationsprojekt der Pädagogischen Hochschulen des Landes entwickelt, bei dem sich die Teilnehmer für den Fremdsprachenunterricht in Englisch oder Französisch in der Primarstufe qualifizieren können (www.e-lingo-edu.de). Der viersemestrige Aufbaustudiengang schließt mit einem akademischen Grad (M.A.) ab. Studienvoraussetzungen sind ein abgeschlossenes Fachhochschulstudium oder Universitätsstudium, eine gute bis sehr gute Zielsprachenkompetenz sowie Erfahrung im Umgang mit neuen Medien. Der Studiengang soll denjenigen Studierenden eine flexible Weiter-

qualifizierung ermöglichen, denen ein traditionelles Präsenzstudium aus familiären oder sonstigen Gründen nicht möglich ist. Besondere Merkmale des Studienganges sind:

- Integrierte Entwicklung von Vermittlungswissen und sprachpraktischer Ausbildung durch die Erarbeitung von Modulen zur primarstufenspezifischen Fremdsprachendidaktik in der jeweiligen Zielsprache
- Integration von Theorie und Praxis durch die Analyse von Video-Unterrichtsmitschnitten aus der Praxis und Lehr-/Lern-Materialien für die Primarstufe, sowie durch die gemeinsame Entwicklung, Durchführung und Evaluation von Projekten in der Praxis
- Die virtuellen Phasen (Erarbeitung der Module) werden um eine Präsenzphase pro Semester an einer der Pädagogischen Hochschulen des Landes Baden-Württemberg ergänzt. Diese dienen dem gemeinsamen Erfahrungsaustausch und der Präsentation der im Tandem durchgeführten Klassenforschungsprojekte.
- Internationaler Studiengang, der einen zeitlich überschaubaren Auslandsaufenthalt als integrierten Bestandteil zur sprachpraktischen und kulturellen Weiterbildung enthält.

Die Erprobungsphase ist ab Wintersemester 2003/2004 vorgesehen.

Im Gegensatz zu vielen universitären Kontexten, deren Studiengänge immer noch durch das schwierige Austarieren von fachwissenschaftlichen und fachdidaktischen Inhalten geprägt sind, sind die Pädagogischen Hochschulen durch ihr integriertes Verständnis einer berufsfeldbezogenen Lehrerausbildung schon einen wichtigen Schritt weiter.

Während sie schon eine Reihe der Forderungen erfüllen, die an eine Neuorientierung der Lehrerausbildung herangetragen werden, wird gleichzeitig deutlich, dass eine wirkliche Reform nur gelingen kann, wenn die inhaltlichen Verbesserungen (z.B. Interdisziplinarität der neuen Prüfungsordnung, Modularisierung und damit auch Spezifizierung auf die verschiedenen Handlungskontexte) nicht dem Primat der Synergie und der Kosteneinsparung geopfert werden.

Literaturangaben

Breen, Michael P. (1997): „Navigating the Discourse: On What Is Learned in the Language Classroom". In: Jacobs, George M. et al. (eds.): *Learners and Language Learning: Proceedings of the RELC Seminar.* Singapore: RELC.

Breen, Michael P. (1985): „The Social Context for Language Learning – A Neglected Situation?". In: *Studies in Second Language Acquisition* 7, 135-158.

Breen, Michael P./Littlejohn, Andrew (eds.) (2000): *Classroom Decision-Making. Negotiation and Process Syllabuses in Practice.* Cambridge: Cambridge University Press.

Denk, Rudolf/Bong, Uwe (2002): „Lehrerbildung im Zeichen Europas: Integrierte Lehramtsstudiengänge und Europalehrämter in Baden-Württemberg". In: Schleicher, Klaus/Weber, Peter J. (Hrsg.). *Zeitgeschichte europäischer Bildung 1970-2000.* Bd. 3. Münster et al.: Waxmann, 321-342.

Freeman, Donald/Johnson, Karen E. (1998): „Reconceptualizing the Knowledge-Base of Language Teacher Education“. In: *TESOL Quarterly* 32 (3), 397-417.

Schocker-v. Ditfurth, Marita (2001): *Forschendes Lernen in der fremdsprachlichen Lehrerbildung.* Tübingen: Narr.

Zydatiß, Wolfgang (Hrsg.) (1998): *Fremdsprachenlehrerausbildung – Reform oder Konkurs?* Berlin/München: Langenscheidt.

Tabelle 1:

Kerncurriculum des Faches Englisch im Rahmen der neuen Grundschul- und Hauptschulprüfungsordnung der Pädagogischen Hochschulen des Landes Baden-Württemberg

Modul 1 (Basismodul im „FUNDAMENTUM“)

Thema: „Introduction to English“

Veranstaltungs-art	**Thema/Inhalt**	**Kompetenzen/Leistungsnachweis**
Vorlesung 2 SWS	Introduction to the English Language [Applied Linguistics]	Sprachwissenschaftliches Grundlagenwissen über die englische Sprache erwerben und Einsicht in seine Relevanz für den Fremdsprachenunterricht wecken.
Übung 2 SWS	Acquisition of English Language and Culture [Sprachpraxis]	Studienbezogene Kommunikationsfähigkeit mit mündlichem Schwerpunkt.
Proseminar 2 SWS	Introduction to the Teaching of English [Primary/Secondary]	Fremdsprachendidaktisches Grundlagenwissen und Problembewusstsein

Modul 2 (Basismodul im „FUNDAMENTUM“)

Thema: „Text Literacy“

Veranstaltungs-art	**Thema/Inhalt**	**Kompetenzen/Leistungsnachweis**
Übung 2 SWS	Developing Advanced Writing Skills [Sprachpraxis]	Textsortenadäquater und sprachlich korrekter Gebrauch der englischen Schriftsprache; Bewusstheit von Formulierungs- und Editionsstrategien; Schreibförderung erfahren und auf die Schulpraxis hin reflektieren.
Seminar 2 SWS	Cultural Studies [Integration von Literatur und Landeskunde und ihrer Didaktik]	Vertrautheit mit literarischen und kulturwissenschaftlichen Grundbegriffen und der Analyse literarischer Texte in ihrem jeweiligen kulturellen Kontext sowie der didaktischen Reflexion auf die Schulpraxis
Übung 2 SWS	Developing Advanced Oral Skills [Sprachpraxis]	Fähigkeit sprach-, kultur- und literaturwissenschaftliche Texte in der Fremdsprache zu verstehen und zu präsentieren. Studienbezogene Diskursfähigkeit in der Fremdsprache.

Modul 3 (Modul im 3./4. Semester: 6 SWS, davon 4 obligatorisch, 2 optional)

Thema: „Language Teaching in Primary/Secondary School“

Veranstaltungs-art	Thema/Inhalt	Kompetenzen/Leistungsnachweis
Hauptseminar 2 SWS	Developing Media and Discourse Literacy	Fähigkeit zur themenbezogenen Beschaffung, Analyse, Aufbereitung und Präsentation unterschiedlicher Texte [literarische Texte, Sachtexte] und Textquellen [Printmedien, Neue Medien]. Fähigkeit alte und neue Medien sinnvoll zur Förderung fremdsprachlicher Erwerbsprozesse einzusetzen.
Übung 2 SWS	Primary/ Secondary-Specific Ways of Teaching [Theory and Practice][2]	Fähigkeit schulartenspezifischen Unterricht in der Fremdsprache unter Einbeziehung relevanten fremdsprachendidaktischen Wissens vorzubereiten, durchzuführen und zu reflektieren [Fachpraktikum]
Hauptseminar (optional) 2 SWS	Language and/ or Culture and their Relevance for Language Teaching	Fähigkeit zur systematischen und wissenschaftlich reflektierten Analyse sprachlicher und/oder kultureller Aspekte der Zielsprache und Reflexion ihrer Relevanz für den Unterricht [Vermittlungswissen].

[2] Übung getrennt nach Schulart anbieten.

Modul 4 (Modul im 5/6 Semester: 6 SWS davon 4 obligatorisch, 2 optional)

Thema: „Advanced Studies“

Veranstaltungsart	**Thema/Inhalt**	**Kompetenzen/ Leistungsnachweis**
Hauptseminar 2 SWS:	Contemporary Literature [didaktisch reflektiert] [Primary/Secondary]	Erwerb eines hinreichend breiten Textrepertoires. Fähigkeit dieses zu analysieren und didaktisch zu reflektieren.
Hauptseminar 2 SWS	Classroom Research [Primary/Secondary]	Fähigkeit ein Unterrichtsprojekt für eine Englischklasse vorzubereiten, durchzuführen und nach einer Forschungsfrage auszuwerten [forschendes Lernen]
Seminar (optional) 2 SWS	Developing and Assessing Language Competence	Vertieftes Wissen über den Erwerb, die Vermittlung und die Evaluation fremdsprachlicher Kompetenz.

Jürgen Quetz

Monkey Teachers?

Bei einer Tagung in Großbritannien vor vielen Jahren berichtete mir ein Ausbildungsleiter aus Nigeria vom dortigen Stand der Lehrerausbildung: „In my country there are two kinds of teachers. There's the Inspectorate, people like me, who know what they do, and there are the monkey teachers." Als er mein etwas betroffenes Gesicht sah, erklärte er fröhlich: "We call them monkey teachers because they come to my classroom, watch what I'm doing, go to their classroom and do the same."

Was der Mann schilderte, spiegelt die heimliche Sehnsucht vieler (angehender) Lehrerinnen und Lehrer gar trefflich wider: Sie möchten lernen „wie man es macht" – aber lieber gar nicht erst darüber nachdenken, warum man „es" denn so machen sollte (oder nicht). Es spiegelt aber leider auch den Stand der Ausbildung von Lehrern im Nebenfach („Didaktikfach", „kleinen Fach", „Klasse 1–4") Englisch für Grundschulen im Bundesland Hessen und an meiner Universität wider. Die zur Zeit geltende Studienordnung von 1995, die mit den Vorgaben auch der aktuellen Prüfungsordnung (Verordnung über die Ersten Staatsprüfungen für die Lehrämter vom 3. April 1995, zuletzt geändert durch die Verordnung vom 14. September 2001) kompatibel ist, fordert von den Studierenden, dass sie sich während der 6 Studiensemester 10 bis 12 Semesterwochenstunden lang mit Englisch für Klasse 1–4 beschäftigen und dabei zwei benotete Scheine mit fachdidaktischer Ausrichtung erwerben. Außerdem sind zwei unterrichtspraktische und zwei sprachpraktische Übungen vorgesehen.

Diese Vorgaben werden in der Regel von der Hochschule so eingelöst, dass die Studienanfänger in der oft von ca. 100 Personen belegten Übung „Einführung in die Fachdidaktik Englisch" ein minimales Überlebenstraining im akademischen Kontext erhalten (Wo finde ich Bücher? Wie halte ich ein Referat?) sowie einen ersten Einblick in das Arbeitsfeld ‚Englisch an Grundschulen' (Was sagen die Rahmenpläne? Welche Konzeptionen gibt es? Welche Lehrbücher sind auf dem Markt? Elemente der Methodik, wobei auch einige wenige kontrovers diskutierte Themen angeschnitten werden). Die erste sprachpraktische Übung, die an einen diagnostischen Test anschließt, soll eine Art verlängerter Studienberatung sein: Reicht das eigene Englisch für ein Studium des Faches aus? (Wenn nicht, hat das übrigens auch keine Folgen.) Das Proseminar ist in der Regel einem Thema gewidmet wie „Methodische Beweglichkeit im EU/G" oder „Lieder, Spiele, Reime..." und wird meist per Lehrauftrag einer (oft sehr kompetenten) Lehrerin anvertraut, die den Studierenden zeigt, „wie man es macht". Das Seminar befasst sich dann mit einem Schwerpunktthema („Relevante Fragen der Weiterführung", „Learning through the senses", „Kommunikative Progression und Ergebnisorientierung", „Implikationen der Vorverlegung des FU in die Grundschule" u.a.). Dazu kommt noch eine „unterrichtspraktische Übung" mit beliebigem Thema („Lieder, Spiele, Reime", „Handlungsaktivierende Methoden im EU/G" o.ä.) sowie eine sprachpraktische Übung, die auf die Examensklausur vorbereitet (zur Zeit: Übersetzung ins Englische und Essay/Commentary).

In der 2. Ausbildungsphase sehen die „Nebenfächler“ in der Regel den Ausbildungsleiter für Englisch gar nicht oder nur ein oder zwei Mal; an den Seminartagen der Referendare für Haupt- und Realschulen nehmen sie (in den meisten Fällen) gar nicht teil (und wenn, dann nur mit Themen aus deren Schulstufe). Im Klartext: Alles, was sie lernen, lernen sie als waschechte *monkey teachers* von den Lehrenden, die sie beobachten. Die Hochschule hat sie auch nicht für ihren Beruf ausgebildet. Es gibt natürlich immer auch Ausnahmen: engagierte Studierende, die aus der Situation das Beste machen und über dieses Minimum hinaus studieren, ihre fachdidaktische Qualifikation erweitern, indem sie Bücher lesen (!) und sich sonstwie bereits während der Ausbildung fortbilden. Insgesamt ist dieses Bild keine Karikatur, sondern Ausbildungswirklichkeit an meinem Institut an der Universität in Frankfurt am Main, geprägt durch die einschlägigen Erlasse und Verordnungen. Immerhin gibt es in Hessen wenigstens bereits diesen Stand – andere Bundesländer sind da gelegentlich noch rückständiger.

Die 10 bis 12 SWS, die für die Ausbildung der Fremdsprachenlehrer in diesem Kontext zur Verfügung stehen, kann man aber auch besser nutzen. Dafür muss man nicht einmal gleich die Schule völlig auf den Kopf stellen; man muss auch keine völlig neue Fremdsprachendidaktik erfinden, man muss eigentlich nur überlegen, wie man vorhandene Ressourcen besser bündeln und aktuelle didaktische Einsichten umsetzen kann. Diesen Versuch möchte ich im Folgenden schildern. Ich weiche damit nicht von den Leitfragen ab, weil ich bis hier die Schwächen eines Zweiges der Lehrerausbildung exemplarisch umrissen habe und mich im Folgenden der Frage widmen werde, welche neuen Formate, verbunden mit welchen inhaltlichen Konzeptionen, zur Neuorientierung der Lehrerausbildung führen könnten – dies allerdings nur exemplarisch für einen kleinen Bereich, die Ausbildung von „Fremdsprachen(!)lehrerinnen und -lehrern für die Grundschule“. Ziel wird dabei sein zu umreißen, wie man in diesem Feld vielleicht die Heranbildung von *monkey teachers* verhindern könnte.

Der Frankfurter Modellstudiengang „Grundschullehrerausbildung“ und seine Komponente „Mehrsprachigkeitsdidaktik“

Die Komponenten MatNat (Sachunterricht) und Sprachen (Mehrsprachigkeitsdidaktik)

Die Planungen für den Frankfurter Modellversuch werden im Moment von zwei Fächergruppen getragen: Mathematik und die Naturwissenschaften Biologie, Chemie und Physik kooperieren bei einem Teilstudiengang „Mathematik/Sachunterricht“, bei dem das Ziel ist, naturwissenschaftlich besser fundierten Sachunterricht zu fördern. Die zweite Säule ist die Fächergruppe Deutsch, Englisch, Französisch (offen für andere). Mit einbezogen sind auch die Grundwissenschaften, die z.B. für das Mehrsprachigkeitsmodell ein regelmäßiges Angebot in relevanten Themenbereichen wie „Leben mit Differenz“, „Migrationssoziologie“, „Spracherwerb/Zweisprachigkeit“, „Interkulturelles Lernen“ u.a. vorhalten, auf das im Vorlesungsverzeichnis hingewiesen wird. Studierende im Modell sollen gezielt auf diese Lehrveranstaltungen verwiesen werden. Beteiligt ist auch die AGD (Allgemeine Grundschuldidaktik), die traditionell ohne genaueren Fachbezug allerlei verwandte Aspekte lehrt, vor allem im Bereich Sachunterricht. Andere Fächergruppen könnten sich in Zukunft ähnlich organisieren (Musische Fächer, Sozialwissenschaften,...).

Zum Selbstverständnis des Versuchs: Was bedeutet ,Mehrsprachigkeit'?

Dem Schwerpunkt „Mehrsprachigkeit“ liegen drei Überlegungen zugrunde:

(1) Ein immer größerer Teil der Schüler an hessischen Schulen ist von Hause aus zweisprachig, spricht also Deutsch als Zweitsprache neben der Herkunftssprache.

(2) Der Europarat fordert in seinen sprachen- und bildungspolitischen Richtlinien und Entschließungen, dass jeder europäische Bürger neben seiner Muttersprache mindestens zwei moderne europäische Sprachen sprechen sollte.

(3) Die an den traditionellen Schulfächern orientierte Lehrerausbildung in Hessen bereitet auf keine dieser beiden Entwicklungen angemessen vor.

Europäische – und damit auch deutsche bzw. hessische – Sprachenpolitik postuliert aber nicht einfach „Vielsprachigkeit“; sie entwickelt eine positive Perspektive unter dem neuen Begriff „Mehrsprachigkeit“:

> „‚Mehrsprachigkeit‘ unterscheidet sich von ,Vielsprachigkeit', also der Kenntnis einer Anzahl von Sprachen, oder der Koexistenz verschiedener Sprachen in einer bestimmten Gesellschaft. [...] Mehrsprachigkeit betont die Tatsache, dass sich die Spracherfahrung eines Menschen in seinen kulturellen Kontexten erweitert. [...] Diese Sprachen und Kulturen werden aber nicht in strikt voneinander getrennten mentalen Bereichen gespeichert, sondern bilden vielmehr gemeinsam eine kommunikative Kompetenz, zu der alle Sprachkenntnisse und Spracherfahrungen beitragen und in der die Sprachen miteinander in Beziehung stehen und interagieren.“ (Council for Cultural Cooperation 2002: *Gemeinsamer europäischer Referenzrahmen*, Kap. 1.3)

,Mehrsprachigkeitsdidaktik' ist ein Konzept, das im europäischen Kontext immer mehr an Bedeutung gewinnt. Migrationsbewegungen erfordern nicht nur eine Sprachenpolitik, die den europäischen Nachbarsprachen ebenso wie den Migrantensprachen gerecht wird, sondern auch ein verändertes Sprachenangebot in Schulen und anderen Bildungseinrichtungen und eine Aus- und Fortbildung der Lehrenden, die auf aktuellen Forschungen zur Mehrsprachigkeit basiert, eine angemessene Gestaltung eines mehrsprachig orientierten Unterrichts ermöglicht und den Erwerb von Mehrsprachigkeit erleichtert.

Das Ausbildungskonzept in diesem Schwerpunkt des Modellstudiengangs orientiert sich an solchen grundsätzlichen Überlegungen im Rahmen einer europäischen Sprachenpolitik. Im ersten Schritt des Modellversuchs geht es darum, den romanischen Sprachen, vor allem dem Französischen, ein angemessenes Gewicht im Hessischen Sprachencurriculum zu verschaffen und die Rolle von Deutsch als Zweitsprache sowie die der Herkunftssprachen vieler Schüler zu stärken.

Beide Absichten leiten sich aus dem zur Zeit immer noch geltenden *Rahmenplan Grundschule* des Hessischen Kultusministeriums her, in dem für die Klassen 1 und 2 die Begegnung mit den Herkunftssprachen der Schüler vorgesehen ist und für die Klassen 3 und 4 eine Option für Englisch oder eine andere Sprache offen gelassen ist – in der Realität meist Französisch oder Italienisch, zwei für Europa neben Englisch äußerst bedeutsame (Nachbar-)Sprachen. Dieses bildungspolitische Ziel ist von der Hessischen Landesregierung in jüngster Zeit unter dem Aspekt der Mehrsprachigkeit auch noch einmal in der Weilburger Erklärung (www.lernen.bildung.hessen.de/) bekräftigt worden.

Vom Nutzen einer Mehrsprachigkeitsdidaktik für Schule und Hochschule

1. Schulen/Grundschulen

Planungen auch schon in der Grundschule müssen bedarfsorientiert und flexibel sein; sie könnten erleichtert werden durch ein Multiplikatorensystem von gut ausgebildeten Fachberatern für Sprachen, bei dem nicht nur Englisch, sondern auch andere Sprachen eine Rolle spielen. Ein System von Fachberatern für den Fremdsprachenunterricht existiert in Hessen bereits; sein professionelles Profil könnte aber in Zukunft geschärft werden. Das hilft vor allem den Schulen bei der eigenen Profilbildung, wenn einige ihrer Lehrer im Bereich Sprachen (Mehrsprachigkeit) umfassend grundschulspezifisch und auf angemessenem Niveau ausgebildet (oder später einmal: fortgebildet) sind.

Professionell ausgebildete Fachkräfte sind umso wichtiger, als in einigen Bundesländern und in immer mehr Schulversuchen in Hessen der Unterricht im Fach Englisch bereits in der 1. Klasse begonnen wird (vgl. Legutke/Lorz 2002). Das zieht einen Rattenschwanz von Folgerungen für den Unterricht in den Klassen 3 und 4 nach sich, wo man mit völlig neuen Fragen konfrontiert wird (Welche Rolle spielt jetzt die Schrift? Wie kognitiv muss der Unterricht werden? Welche Inhalte sind altersgemäß? usw.). Antworten darauf wird man auf der Basis der bisherigen Schmalspurausbildung nicht entwickeln können.

Da Französisch (bzw. Italienisch, Spanisch usw.) an Grundschulen bisher nur eine marginale Rolle spielt, stellen Schulen auch keine Grundschullehrer mit diesem Fach ein. Wenn es aber im Rahmen eines Gesamtsprachenkonzepts Lehrende gibt, die für Englisch *und* Französisch oder eine andere romanische Sprache qualifiziert sind, können Schulen auch aktuellen Bedarfslagen entgegenkommen und auf Elternwünsche eingehen bzw. ihr eigenes Schulprofil schaffen: neben z.B. drei Klassen mit Englisch kann dann auch ein Kurs Französisch (Italienisch, ...) eingerichtet werden.

Vor allem auch der Aspekt „Deutsch als Zweitsprache" kann sinnvoller in die Lehrerausbildung mit einbezogen werden; der monolinguale Habitus des Fremdsprachenunterrichts in Deutschland ist nämlich nicht länger akzeptabel. Nicht alle Schüler im Englischunterricht können Deutsch als Bezugs- und Muttersprache einsetzen, wie es fast alle Lehrbücher suggerieren; man lernt eine dritte Sprache anders als eine zweite. Eine solide Grundausbildung im Bereich DaZ gehört deshalb im Grunde heute in jedes Lehramtstudium des Faches Deutsch, vor allem für die Grundschule.

2. Hochschule

Selbst im Rahmen der zur Zeit geltenden Prüfungs- und Studienordnungen wird es durch Nutzung von Synergieeffekten zwischen den Einzelsprachen möglich sein, Fremdsprachenlehrer besser auszubilden. Auf diesem Wege kann man einer Ausbildung von *monkey teachers* zumindest ansatzweise entgegensteuern. Und zudem werden die romanischen Sprachen dann angemessener repräsentiert werden, aber auch DaF/DaZ kann in das Ausbildungscurriculum integriert werden.

Weiterhin können Aufbaustudien mit anderem Studienziel auf besseren Voraussetzungen aufbauen und sind deshalb leichter möglich als bisher. Das ist auch vorteilhaft für eine Orientierung am außerschulischen Arbeitsmarkt (Polyvalenz des Abschlusses): Bislang konnten Absolventen des Studiengangs für Grundschulen nur ein Fach aufweisen, in dem sie eine halbwegs akzeptable Ausbildung erhalten hatten – das Wahlfach/Hauptfach. Jetzt kommt eine weitere sprachliche Qualifikation hinzu, die in der didaktischen Dimension durchaus mit der eines Hauptfachs Englisch/Französisch vergleichbar ist. Dadurch erhöhen sich die Chancen, eine Anstellung auch außerhalb der Schule zu erhalten.

Der Schwerpunkt „Mehrsprachigkeitsdidaktik“ (mit Deutsch als Hauptfach)

In der ersten Implementationsphase ist das Fach Deutsch als Wahlfach vorgesehen. Dazu kommen als Fremdsprachenfächer Englisch, Französisch (und – sobald die personellen und sachlichen Voraussetzungen vorhanden sind – DaF/DaZ), die in dem gemeinsamen Modul „Mehrsprachigkeitsdidaktik" studiert werden. Das Studium schließt mit dem 1. Staatsexamen für das Lehramt an Grundschulen ab und befähigt zum Unterricht in den jeweiligen sprachlichen Fächern, auch zum muttersprachlichen Unterricht in Herkunftssprachen, wie er im *Rahmenplan Grundschule*, Teil B8, vorgesehen ist, bzw. zum Förderunterricht in Deutsch als Fremd- oder Zweitsprache. Ergänzend könnte der akademische Abschluss B.A. verliehen werden. Der nächste Planungsschritt wird Kooperationen mit anderen Fachbereichen anstreben, die an diesem Modellversuch mitarbeiten könnten (Slawische Sprachen, Türkisch, Arabisch).

Ein Aufbaustudium für L2 bzw. für einen MA-Abschluss ist denkbar (Polyvalenzkriterium). Es ergibt sich in Abbildung 1 dargestellte Studienstruktur.

Abbildung 1: Studienstruktur

<table>
<tr><td rowspan="2">Deutsch
Wahlfach

36 SWS + 2 SWS Praktikum

Abschluss
Lehramt 1 – 10</td><td colspan="3">Mehrsprachigkeitsdidaktik

8 SWS + 2 SWS Praktikum</td><td rowspan="2">AGD & Erziehungs- und Gesellschaftswissenschaften
Davon ein fester Anteil der SWS zum Schwerpunkt Mehrsprachigkeitsdidaktik</td></tr>
<tr><td>DaF/DaZ*
8 SWS
Abschluss
Lehramt 1 – 4

* zur Zeit in Frankfurt nicht studierbar</td><td>Englisch
8 SWS
Abschluss
Lehramt 1 – 4</td><td>Französisch*
8 SWS
Abschluss
Lehramt 1 – 4

* zur Zeit ist L1 in Frankfurt nicht studierbar</td></tr>
</table>

Die Module des zweiten Fachs (Mehrsprachigkeit): Studienplan

Vorgesehen sind die beiden in Abbildung 2 dargestellten Module mit einer gemeinsamen und einer fächerspezifischen Komponente.

Abbildung 2: Module des zweiten Fachs „Mehrsprachigkeitsdidaktik“

SWS		**Modul „Mehrsprachigkeitsdidaktik (1): Grundlagen“** (12 SWS) – zu studieren im 1. bis 3. Semester		
2	Ü	**Einführung in die Fremdsprachendidaktik** (Schwerpunkt: Mehrsprachigkeit in der Grundschule) und in das wissenschaftliche Arbeiten (E/F gemeinsam)		
2	**P**	**Mehrsprachigkeitsdidaktik (1)**: Grundlagen der Mehrsprachigkeitsdidaktik (E / F gemeinsam)		
2	Ü	Language & Culture (E) – Intercultural aspects of language learning	Culture et civilisation française à l'école primaire (F)	Interkulturelles Lernen (DaF/DaZ)
2	Ü	Language Awareness; Grundlagen der englischen Grammatik; auch Strategien für selbstgesteuertes Lernen für das eigene Studium (E)	parallele sprachpraktische Übung zur Förderung von Sprachbewusstsein & Grammatik, auch Strategien für selbstgesteuertes Lernen (F)	Übung zur Förderung von Sprachbewusstsein & Grammatikkenntnissen, auch Strategien für selbstgesteuertes Lernen (DaF/DaZ)
SWS		**Modul „Mehrsprachigkeitsdidaktik (2): Rekonstruktion und Konstruktion von Unterricht“** (12 SWS) – zu studieren im 4. – 6. Semester		
2	**S**	**Mehrsprachigkeitsdidaktik (2):** Rekonstruktion & Konstruktion von Unterricht (E/F gemeinsam) – möglicherweise unter Einbezug des Fachpraktikums		
2	**P/S**	**Fremdsprachendidaktisches Seminar** (Thema nach Wahl, z.B. Medien/Beurteilen, Beraten/Schriftlichkeit/Schulung einzelner Fertigkeiten u.a. in Auswahl (sprachenspezifisch oder gemeinsam)		

2	P/S	Methodik des Englischunterricht in der Grundschule (u.U. Praktikumsbetreuung) (E)	Methodik des Französischunterricht in der Grundschule (u.U. Praktikumsbetreuung) (F)	(Methodik des Zweitsprachenunterrichts in der Grundschule) (DaF/DaZ)
2	Ü	Classroom Communication (E)	(Sprachpraktische Übung z.B. zum Unterrichtsdiskurs) (F)	(Merkmale wichtiger Migrantensprachen) (DaF/DaZ)

Anmerkungen:

1. Jeweils zwei der 2 Lehrveranstaltungen in jedem Modul werden von den beteiligten Sprachen gemeinsam getragen; zwei weitere sind sprachenspezifisch angelegt und dienen vor allem der Weiterbildung in der jeweiligen Zielsprache.
2. Statt oder neben Französisch könnte es auch sprachenspezifische Ausprägungen in anderen Romanischen Sprachen geben, vor allem Italienisch und Spanisch, aber auch in Herkunftssprachen der Schüler, die außerhalb der Schule unterrichtet werden, Türkisch, Varietäten des Arabischen, ... (obgleich dies nicht durch die Prüfungsordnung für die Lehrämter gedeckt ist)
3. Verlangt werden benotete Leistungsnachweise in den 4 (Pro-)Seminaren (je 2 „pro Fach") sowie Teilnahmescheine in den Übungen – wie es bislang die Studienordnungen auch vorsehen.

Erläuterungen zu den Modulen „Mehrsprachigkeitsdidaktik (1) und (2)"

Diese Komponenten werden in Kooperation der beteiligten Fächer gestaltet. Die Arbeitssprache ist daher in der Regel Deutsch. Ein wichtiger Synergieeffekt entsteht bereits dadurch, dass die Einführung nicht sprachenspezifisch doppelt angeboten werden muss. Diese Einführung bereitet auf die Spezifika dieses Studiengangs vor, ist aber auch für andere Varianten der Fremdsprachenlehrerausbildung für die Grundschule nutzbar („Hauptfach", traditionelle „nur-Englisch/Französisch"-Variante).

Das erste Seminar „Mehrsprachigkeitsdidaktik" ist so angelegt, dass es – anknüpfend an die Lernbiographie der Studierenden – „publiziertes" Wissen vermittelt (Idee der Mehrsprachigkeit; Sprachenpolitik und curriculare Grundlagen; lerntheoretische Basisüberlegungen), auch schon erste einfache Übungen der Handlungskompetenz umfasst (z.B. Ausgestaltung einer Seminarsitzung „Weihnachten in vielen Sprachen" durch die Studierenden; Stundenentwürfe „Mehrsprachige Wortschatzarbeit"). Das zweite Seminar mit dem Titel „Rekonstruktion und Konstruktion von Unterricht" geht von Stundenanalysen (Videomaterial oder Schulbesuche) aus, um eigene Unterrichtsentwürfe zu entwickeln und ggf. im Fachpraktikum zu erproben und zu reflektieren. Erfahrungen mit Teil 1 liegen vor, mit Teil 2 kann erst im Wintersemester 2003/2004 begonnen werden. Die konkrete Ausgestaltung ist aber noch im Fluss. *Reflective teacher education* ist aber in allen

Veranstaltungen ein unverzichtbarer Grundsatz: Es wird nie nur darum gehen, Modelle für die Sprachlehre zu präsentieren und einzuüben, sondern immer auch darum, die Funktion solcher Handlungsalternativen zu reflektieren, die Seminare also „wissenschaftlich" zu basieren.

Überlegungen zur sprachpraktischen Ausbildung

Die sprachpraktische Ausbildung in einem solchen Studiengang soll stärker berufsfeldorientiert erfolgen. Zwar sind sehr gute allgemeinsprachliche Kenntnisse unverzichtbar, wichtig sind aber vor allem Übungen, die z.B. ein Training von *face-to-face interaction* auch mit dem Aspekt von Interaktion in der Klasse verbinden. Ebenso ist ein Training der *interkulturellen kommunikativen Kompetenz* nicht nur zu beziehen auf die Kommunikation Erwachsener in zielsprachigen Kontexten, sondern muss auch den Kontext des plurikulturellen Klassenzimmers umfassen. Wichtig wäre auch, Varietäten der jeweiligen Zielsprachen zu thematisieren und Synergieeffekte z.B. zwischen den romanischen Sprachen zu nutzen, wenn die Kompetenz in „Mehrsprachigkeitsdidaktik" z.B. Italienisch oder Spanisch umfassen soll. Gerade für den Fremdsprachenunterricht in der Grundschule ist zudem zu bedenken, dass eine Schulung der *language awareness* der Studierenden gerade auch im Bereich der elementaren strukturellen Phänomene der Fremdsprache erfolgt, damit auch Vermittlungskompetenz gefördert wird. *Language awareness* ist nicht zuletzt auch wichtig für die eigenverantwortliche sprachpraktische Fortbildung der Studierenden selbst, die dadurch auch zum Lernen außerhalb der Sprachpraxis angeleitet werden, zur Nutzung von Medien und externen Lernmöglichkeiten aller Art.

Da ein solches – linguistisch wie sprachlich anspruchsvolles – Studium eines Faches (Englisch, Französisch, ...) plus einem Element „Mehrsprachigkeitsdidaktik" voraussetzt, dass die Studierenden von Anfang an über eine akzeptable Grundkompetenz in der (oder den) angestrebten Zielsprache(n) verfügen, muss diese in einer Eignungsprüfung vor Studienbeginn durch einen Sprachstandstest (Englisch auf europäischem Referenzniveau B2, d.h. *Cambridge First* oder *Advanced Certificate, TOEFL* oder ein vergleichbarer Sprachstand, Französisch mindestens auf Niveau B1) festgestellt werden.

Anregen könnte man hier auch, dass die Studierenden eine weitere, neue Fremdsprache zumindest in Ansätzen lernen sollten (Russisch, Türkisch, Arabisch böten sich an, aber auch eine zweite romanische Sprache wie Spanisch).

Das Fachpraktikum

Anders als zur Zeit üblich, sollte den Studierenden im Modellstudiengang Gelegenheit gegeben werden, ihr Fachpraktikum als Projektpraktikum „Mehrsprachigkeitsdidaktik" in der Grundschule zu absolvieren. Dass dabei auch das Wahlfach Deutsch berücksichtigt wird, ist selbstverständlich. Im Sinne einer stärkeren Berufsfeldorientierung des Studiums ist es wünschenswert, dass das Praktikum in der Schulform stattfindet, in die die Ideen der Mehrsprachigkeitsdidaktik hineingetragen werden sollen. Ein Leitgedanke des Fachpraktikums ist die Erprobung von *action research*.

Studienbegleitende Prüfungen und Lehramtsportfolio

Der Abschluss der Module „Mehrsprachigkeitsdidaktik“ wird in studienbegleitenden Prüfungen bescheinigt. Wie diese aussehen könnten, ist Gegenstand aktueller Beratungen. Die Beurteilung wird aber auf jeden Fall ein Lehramtsportfolio (Burwitz-Melzer 2002) mit einschließen, in dem die sprachliche und die professionelle Entwicklung der Studierenden dargestellt werden sollen.

Wissenschaftliche Begleitung und Evaluation des Modellversuchs

Eine externe Evaluation ist vorgesehen; über Details kann ich an dieser Stelle noch nichts berichten.

Verortung in der „Bildungslandschaft“

Der Modellstudiengang enthält ein fremdsprachen(!)didaktisches Kerncurriculum, das den Konsens einiger Lehrender in zwei Instituten einer Hochschule widerspiegelt. Inwieweit er dadurch die Bindung an Fächer aufgibt und somit einem Trend zur „Polyvalenz“ in der akademischen Lehre zuarbeitet („Jeder kann alles ...“), ist umstritten.

Der Studiengang ist aber „polyvalent“ in dem Sinne, dass seine Absolventen leichter als bisher eine Aufbauqualifikation in einem der beiden „Nebenfächer“ erwerben können. Dies kann ein Ausbau zur Lehrbefähigung für die Sekundarstufe I sein. In Frankfurt besteht aber auch die Möglichkeit, über ein zweisemestriges fachwissenschaftliches Zusatzstudium die Zulassung zur Promotion zum Dr. phil. zu erlangen. Aber auch externe Äquivalenzen werden zur Zeit überprüft.

Der Studiengang ist modularisiert und kann in *credit points* umgerechnet und als B.A.-Abschluss zertifiziert werden; die studienbegleitenden Prüfungen entsprechen also aktuellen Entwicklungen im Bologna-Prozess.

Reaktionen auf die bisherigen Planungen

Die bisherigen Entwürfe sind – leider muss dies auch gesagt werden – mit Skepsis aufgenommen worden. Die erste Reaktion aus dem Hessischen Amt für Lehrerausbildung war, dass Grundschulen eher an „Spezialisten für alles“ als an „Fächergruppenexperten“ interessiert seien. Man wolle in der Regel ohnehin nur eine einzige Fremdsprache – sprich: Englisch – anbieten und könne daher mit gut ausgebildeten Mehrsprachenlehrenden (incl. DaZ) nichts anfangen. Grundschullehrer müssten ohnehin fast nur fachfremd und alle Fächer unterrichten – da sei es besser, wenn sie in einer breiteren Fächerpalette zumindest in Ansätzen ausgebildet seien (beliebt sind Deutsch, Mathematik, Kunst, Sport, Religion in beliebiger Zusammenstellung). Eine ähnliche Reaktion habe ich aus einigen Grundschulen gehört.

Aus der hessischen Bildungspolitik hört man allerdings mittlerweile, dass man die Ausbildung für die Klassen 1–10 ganz abschaffen und dafür die beiden Nebenfächer aufwerten will, sodass die Absolventen dann in drei Fächern für die Klassen 1–6 ausgebildet sind. Wie dieser Ansatz zu bewerten ist, sei hier nicht diskutiert; er zeigt aber, dass auch im Ministerium die Unzufriedenheit mit den eingangs geschilderten Zuständen virulent ist.

Und die betroffenen Studierenden? Teilnehmer des ersten Pilotseminars waren nur ganz schwer davon zu überzeugen, dass eine andere Sprache als Englisch – und der damit verbundene Aufwand bei den Übergängen zur Sekundarstufe I – überhaupt sinnvoll sei. Es handelte sich dabei aber auch ausschließlich um Studierende des Faches Englisch; in einer kleineren Planungsgruppe mit Referendarinnen und fortgeschrittenen Magisterstudenten war in dieser Hinsicht größere Offenheit vorhanden.

Fachbereich und Institut verfolgen unseren Ansatz bislang mit wohlwollendem Desinteresse. Solange er kein Geld kostet, wird er akzeptiert. Das Romanische Seminar zeigt sich aufgeschlossener, da es dort bislang gar keine Ausbildung für das Grundschullehramt gab.

Was lernt man aus diesem Erfahrungsbericht über Möglichkeiten der Reform der Lehrerausbildung?

Selbst wenn kleinere Reformansätze sich bescheiden im Rahmen vorgegebener Strukturen bewegen und sich in bestehende Prüfungs- und Studienordnungen einfügen ließen, reagieren Abnehmer skeptisch bis ablehnend. Wenn man dem Monopolabnehmer für unsere Studierenden, dem Bundesland, ein besseres „Produkt“ anbietet, kommt man sich vor wie der Verkaufsleiter eines kleinen Lebensmittelproduzenten, der mit dem Einkäufer der ALDI-Kette um Lieferkonditionen und Akzeptanz feilscht: Man sitzt immer am kürzeren Hebel, der Einkäufer diktiert die Bedingungen. Eine Reform der Lehrerausbildung wird also immer nur ändern können, was marktkonform ist. Der Monopolist auf der anderen Seite des Tisches sagt, wo es langgeht. Sofern externe Strukturen geändert werden müssten, hört das Vorschlagsrecht der Experten ohnehin auf. Wo die Bildungspolitik eigene Vorstellungen entwickelt, sind die nachgeordneten Aktivitäten einer Hochschule ohnehin Makulatur: Das Frankfurter „Mehrsprachigkeitsmodell“ landet dann zugunsten der etwas angehobenen Ausbildungsqualität in drei Fächern im Papierkorb, es sei denn wir versuchen, im Rahmen des dann vorgegeben Stundenkontingents trotzdem eine Mehrsprachigkeitsdidaktik zu verfolgen. Das wird aber schwer, weil man sich mit der Erweiterung der Lehrbefähigung auf die Klassen 5 und 6 eine Reihe anderer Verpflichtungen einhandelt, die im auch dann immer noch schmalen SWS-Rahmen ihren Platz finden müssen.

Damit beantworte ich auch die Leitfrage 3 nach „Erkenntnissen“ und „Modellen“. Der Modellversuch „Mehrsprachigkeitsdidaktik“ basiert auf den zahlreichen Forschungen in diesem Feld (angestoßen vor allem durch Meißner/Reinfried 1998 – eine bibliographische *hommage* an alle, die in diesem Feld mittlerweile publiziert haben, ist wohl nicht notwendig). Die Umsetzung in einem verordnungskompatiblen Rahmen ist geschildert worden. Prognosen über den Erfolg können noch nicht abgegeben werden.

Literaturangaben

Burwitz-Melzer, Eva (2002): „Das Lehramtsportfolio (LAP): Der Versuch, Theorie und Praxis sowie Erfahrung und Reflexion in der Lehrerausbildung zusammenzufassen". Vortrag bei *KMK-Projekt Modellregion Frankfurt* 2002 (unveröffentl. MS).

Council for Cultural Co-operation (ed.) (2000): *A Common European Framework of Reference: Learning, Teaching Assessment*. (dt. Übersetzung: *Gemeinsamer europäischer Referenzrahmen für Sprachen: Lernen, lehren und beurteilen*). München: Goethe-Institut et al. 2001). Englisch: http://www.coe.int; Deutsch: http://www.goethe.de/referenzrahmen

Grell, Jochen/Grell, Monika (1983): *Unterrichtsrezepte*. Weinheim/Basel: Beltz.

Legutke, Michael K./Lorz, Wiltrud (Hrsg.) (2002): *Englisch ab Klasse 1*. Berlin: Cornelsen.

Meißner, Franz-Joseph/Reinfried, Marcus (Hrsg.) (1998): *Mehrsprachigkeitsdidaktik. Konzepte, Analysen, Lehrerfahrungen mit romanischen Fremdsprachen*. Tübingen: Narr.

Manfred Raupach

Reform der Fremdsprachenlehrerausbildung: Anspruch und Wirklichkeit

1. Positionsbeschreibungen

Wenngleich die Ausbildung von Fremdsprachenlehrern mit ihren spezifischen Zielsetzungen und Inhalten – in erster Linie der Herausbildung von fremdsprachlicher und interkultureller (Vermittlungs-)Kompetenz – im Vergleich zur Ausbildung in anderen Fächern eine Reihe besonderer Studienanteile erfordert und offensichtlich nach einer fächerspezifischen Differenzierung verlangt, sind diesbezügliche Reformüberlegungen zunächst nur im gesamten Kontext der Lehrerausbildung sinnvoll. Ich beschränke mich mit den folgenden Anmerkungen allerdings auf die Ausbildung in der ersten Phase, wohl wissend, dass die Mehrzahl der Reformvorschläge gerade auf eine stärkere Verzahnung der einzelnen Ausbildungsphasen abzielt. Ich möchte an einem Beispiel zeigen, auf welche Situation die diskutierten Reformvorstellungen im konkreten Einzelfall treffen und welche Perspektiven sich bei Übernahme von Reformansätzen für Inhalt und Struktur der Lehrangebote ergeben können.

1.1 Lehrerausbildung an den Hochschulen

In den Diskussionsbeiträgen, die derzeit – vor allem im Gefolge der Bologna-Konferenz sowie als Reaktion auf die Ergebnisse der TIMSS- und PISA-Studien – zur Lehrerausbildung in Deutschland geliefert werden, spiegelt sich eine Meinungsvielfalt, die in ihrer Disparität kaum noch zu überschauen ist, und die Gutachten und Expertenberichte, die aus den zuständigen Ministerien der Bundesländer in die Öffentlichkeit gelangen, werden lebhaft kommentiert[1] – zu unterschiedlich sind offenbar die jeweils anzutreffenden Rahmenbedingungen sowie die Ausgangspositionen und Zielsetzungen der an der Meinungsbildung und an den Entscheidungsprozessen beteiligten Instanzen und Gruppierungen, als dass derzeit eine substantielle konsensfähige Basis zu erkennen wäre. Eine Übersicht über die wichtigsten Tendenzen soll zunächst die Spannbreite verdeutlichen, innerhalb derer sich die vorgetragenen Optionen bewegen:

Neuordnung oder Weiterentwicklung

Die spätestens mit der Bologna-Konferenz wirksam gewordene Verabredung zwischen europäischen Ländern, die nationalen Ausbildungsgänge weitgehend zu internationalisieren, hat inzwischen nahezu alle Bundesländer veranlasst, die Einführung gestufter Studiengänge nach anglo-amerikanischem Muster ernsthaft zu prüfen; gelegentlich wird dieses Konzept – wie in Nordrhein-Westfalen – gar zum wichtigen Kriterium für die Entscheidung, ob an einzelnen Hochschulen die Lehrerausbildung überhaupt weiter betrie-

[1] Exemplarisch sei nur auf die Pro- und Contra-Diskussion zwischen der Bildungsministerin von NRW, Gabriele Behler, und Prof. E. Terhart in der ZEIT vom 26. Juli 2001 bezüglich der Empfehlungen des NRW-Expertenrates zur Einführung eines gestuften Lehrerstudiums hingewiesen.

ben oder eingestellt werden soll. Selbst wenn man von den gelegentlich anzutreffenden Plädoyers für eine radikale Neuordnung absieht, denen zufolge der Staat gänzlich aus der Ausbildung von Lehrern zu entlassen sei,[2] können sich aus den breit diskutierten Vorstellungen über ein gestuftes Lehrerstudium mit Bachelor-Abschluss und Master-Studium an manchen Studienorten derart weitreichende Konsequenzen ergeben, dass durchaus von einer Neuordnung der bisherigen Ausbildungspraxis gesprochen werden kann. Daneben wird aber in zahlreichen Diskussionsbeiträgen auch eine Reform der Lehrerausbildung im Sinne einer Weiterentwicklung bestehender Strukturen favorisiert, die zu einem neuen Kompetenzprofil der Lehrenden führen soll – etwa durch die Neugewichtung bisheriger Studienanteile, die Einbeziehung neuer Inhalte, eine Verstärkung des Praxisbezugs und eine engere Verzahnung der Ausbildungsphasen.

Professionalisierung oder Polyvalenz

Die Forderung nach Professionalisierung der Lehrerausbildung fand in den 70er-Jahren des letzten Jahrhunderts vereinzelt Eingang in Studiengänge, die sich entsprechend durch einen hohen Anteil an erziehungs- und fachdidaktischen Inhalten sowie durch wissenschaftlich betreute schulpraktische Studien auszeichneten, und die gelegentlich sogar mit dem Konzept einer Stufenlehrerausbildung Möglichkeiten zu weitergehender interner Professionalisierung eröffneten. Ihnen steht das Gros derjenigen Studiengänge gegenüber, in denen der Berufs- und Praxisbezug weit weniger ausgeprägt ist. Neben grundsätzlichen Überlegungen, die in aller Regel auch den Fortbestand historisch gewachsener Hochschulstrukturen implizieren, überwiegt bei ihnen der Gedanke an eine polyvalente Ausbildung, mit der die Absolventen nicht nur für den Lehrerberuf qualifiziert, sondern auch auf andere Berufsfelder vorbereitet werden sollen. Die diskutierten gestuften Studiengänge lassen prinzipiell Raum für beide Optionen.[3]

Vereinheitlichung oder Diversifikation

Anders als bei einer Reihe voraufgegangener Bestrebungen, Teile der Ausbildung im europäischen Maßstab zu vereinheitlichen und international vergleichbar zu gestalten – wie dies etwa mit dem Gemeinsamen Europäischen Referenzrahmen für Sprachen und dem mit ihm verbundenen Portfolio der Sprachen geschieht –, strebt die Bologna-Erklärung, sofern man sie auf die Lehrerausbildung bezieht, nach einem tiefgreifenden Strukturwandel im Hochschulsystem. Dabei werden den einzelnen Ländern und Hochschulen derzeit allerdings noch unterschiedlich große Spielräume für die inhaltliche Ausgestaltung der einzelnen Ausbildungsstufen zugestanden. Selbst wenn mit großer Wahrscheinlichkeit die gestuften Studiengänge unter dem Druck der „Europäisierung" weiterhin die Diskussion auch im Bereich der Lehrerausbildung langfristig bestimmen werden, stellt sich die Frage, in wieweit die Unterschiede, die zur Zeit nicht nur zwischen den Bundesländern, sondern auch zwischen Hochschulen in ein und demselben Bundesland bestehen, unter diesem Einfluss abgebaut werden.

Theoretisch lässt sich aus dem Geflecht der skizzierten Optionen jede einzelne Position gut begründen; eine „Ideallösung" kann es angesichts der Unterschiedlichkeit der über-

[2] Vgl. etwa J. Kramer in der Frankfurter Rundschau vom 10. Februar 2000.

[3] Vgl. Christ (2002, 45) mit der Gegenüberstellung der Reformkonzepte in Nordrhein-Westfalen und in Rheinland-Pfalz.

kommenen Strukturen und angesichts der häufig gegensätzlichen Interessen der an der Lehrerausbildung Beteiligten ohnehin nicht geben. So erweisen sich die vorgelegten Empfehlungen und Kommentare in der Regel als Interessenbekundungen auf unterschiedlichsten Ebenen und zeichnen sich durch mehr oder weniger stark ausgeprägten Realitätssinn bezüglich der Veränderungsmöglichkeiten bestehender bildungspolitischer, rechtlicher und finanzieller Rahmenbedingungen aus. Es gehört freilich nicht viel Phantasie dazu sich vorzustellen, dass es vor allem die finanziellen Vorgaben sind, die im Einzelfall letztlich den Ausschlag für oder gegen bestimmte Optionen geben werden; und dass man auch bei Übernahme einzelner Reformansätze weiterhin mit (dauerhaften) Übergangs- oder „Kompromisslösungen" wird leben müssen, versteht sich im Übrigen von selbst.

1.2 Fremdsprachenlehrerausbildung

Aus der Sicht der Sprachlehrforschung und Fremdsprachendidaktik[4] hat die FJK selbst bereits im Jahr 1990 die Ausbildung von Fremdsprachenlehrern diskutiert (Bausch et al. 1990),[5] seinerzeit vornehmlich unter dem Aspekt der Wissenschaftlichkeit der Ausbildung sowie der Forschungsperspektiven. Die Leitfragen der diesjährigen FJK weisen in eine ähnliche Richtung, setzen die Akzente im Lichte der anstehenden Reformen aber ein wenig anders. Dies zeigt sich auch in der „Erklärung zur Ausbildung von Fremdsprachenlehrerinnnen und Fremdsprachenlehrern", die auf der 22. Sitzung der FJK verabschiedet wurde (Bausch et al. 2003, 207). Dort findet sich erneuert die Forderung nach einer grundständigen wissenschaftlichen Ausbildung – nun insbesondere auch für Grundstufenlehrer –, mit der im Wesentlichen eine Ausbildung an wissenschaftlichen Hochschulen mit den unverzichtbaren Anteilen an Fachdidaktik und Sprachlehr- und -lernforschung gemeint ist; konsekutive Studiengänge mit einer rein fachbezogenen B.A.-Phase, d.h. ohne frühen Berufsbezug, werden dabei zugunsten einer Studienorganisation in Form von integrierten Ausbildungsmodulen abgelehnt. Mit einer Erklärung dieser Art wird eine „vermittelnde" und zugleich eine „mittlere" Position eingenommen: sie vermeidet – mehr oder weniger vermittelnd – eine letztlich wenig fruchtbare „Alles-oder-Nichts"-Auseinandersetzung mit den gestuften Studiengängen, und sie bewegt sich insofern auf einem Niveau „mittlerer Reichweite", als sie einerseits weder auf gesamtgesellschaftliche Rahmenbedingungen (z.B. Lehrerbedarf) eingeht, noch sich andererseits auf Konkretisierungen auf der Ebene der Einzeldisziplinen einlassen kann.
Im Folgenden sollen nun gerade solche Erwartungen und Perspektiven diskutiert werden, die sich auf dieser letztgenannten „untersten Ebene" vor dem Hintergrund der referierten Positionsbeschreibungen, aber auch in Kenntnis der gesellschaftlichen und bildungspolitischen Gesamtkonstellation ergeben. Dies soll am Beispiel des „Kasseler Modells" der (Fremdsprachen-)Lehrerausbildung geschehen.

---

[4] Vgl. zuletzt die Beiträge und Literaturangaben in Königs/Zöfgen 2002, darin z.B. Christ (2002, 42ff) zur Sicht der Kultusverwaltungen, sowie in Zydatiß 1998 oder Königs 2001.
[5] Thematisch verwandt sind noch am ehesten die Arbeitspapiere, die aus der 12. FJK (1992: *Fremdsprachenunterricht und Sprachenpolitik als Gegenstand der Forschung*) und der 17. FJK (1997: *Fremdsprachendidaktik und Sprachlehrforschung als Ausbildungs- und Forschungsdisziplinen*) hervorgegangen sind.

2. Situationsbeschreibung: das „Kasseler Modell"

2.1 Lehrerausbildung

Die Lehrerausbildung an den Hessischen Hochschulen bietet ein uneinheitliches Bild, aus dem das 1973 an der (Gesamthochschule) Universität Kassel umgesetzte „Kasseler Modell" in mehrfacher Hinsicht herausragt. Seine wichtigsten Merkmale sind hinlänglich bekannt: ein verbindliches erziehungs- und gesellschaftswissenschaftlich geprägtes Kernstudium, wissenschaftlich begleitete schulpraktische Studien, in die Fächer integrierte Fachdidaktiken sowie die – in letzter Zeit freilich wenig genutzte – Verankerung des Projektstudiums. Wenn sich durch den Zwang zur „Harmonisierung" der Ausbildung an den Hessischen Hochschulen über den Weg von Prüfungs- und Studienordnungen im Laufe der Jahre mehrfach Veränderungen ergeben haben,[6] so sind an der einstigen „Reformuniversität" bislang doch zumindest die genannten konzeptuellen „Essentials" erhalten geblieben (zu einer Gesamtdarstellung aus Sicht der Studierenden vgl. neuerdings Herdegen 2002). Diese finden im Übrigen in den soeben (am 9. Januar 2003) vorgestellten Empfehlungen einer Expertengruppe Lehrerbildung zur „Aktualisierung der Lehrerbildung in Hessen" erneut ihren Niederschlag und werden damit landesweit ins Gespräch gebracht.[7] In dieser Expertise werden alle Ideen einer Entprofessionalisierung der Lehrerausbildung zurückgewiesen, ebenso wie die Überlegungen zur Auslagerung der Grundschullehrerausbildung aus den Universitäten; konsekutive Studiengänge, die dem B.A.-Abschluss ein fachliches Gewicht und dem M.A.-Abschluss dann ein didaktisches geben, werden nicht für angemessen gehalten, wohl aber die Einführung modularer Studienstrukturen.

2.2 Fremdsprachenlehrerausbildung

Die Kasseler Besonderheiten, die ich – in einer Teilantwort auf die 1. Leitfrage – als ausgesprochene Stärken in der aktuellen Lehrerausbildung in Deutschland betrachte, gelten weithin auch für die Kasseler Fremdsprachenlehrerausbildung. Schwachpunkte zeigen sich vorrangig in der konkreten Umsetzung, die auch hier von einem mangelnden Bezug zwischen Fachstudien und Kernstudium, häufig auch zwischen fachwissenschaftlichem und fachdidaktischem Studium geprägt ist. Trotz der integrativen Konzeption muss somit

---

[6] So etwa die Aufgabe der Stufenlehrerausbildung zu Gunsten einer schulformbezogenen Ausbildung; vgl. auch den Bericht der Kommission zur Neuordnung der Lehrerausbildung (Hessisches Ministerium für Wissenschaft und Kunst 1997).

[7] Die Expertengruppe war bemerkenswerterweise aus Vertretern der Staatlichen Schulämter, der Studienseminare, dem Amt für Lehrausbildung, der Lehrer bildenden Hochschulen sowie des HKM und HMWK zusammengesetzt. – Von den im Bericht unter der Leitidee der „nachhaltigen Unterrichtsgarantie" gegebenen Empfehlungen sei an dieser Stelle lediglich das Alternativkonzept einer berufsbegleitenden Lehrerausbildung wiedergegeben: Studienschwerpunkt A vor Beginn der Schultätigkeit umfasst erziehungswissenschaftliche, fachwissenschaftliche, fachdidaktische und schulpraktische Komponenten, dazu eine von den Studienseminaren getragene praxisbezogene Ausbildung; Studienschwerpunkt B nach etwa 5 bis 10 Berufsjahren umfasst 2 bis 4 Studiensemester und dient dem gezielten Ausbau oder Nachrüsten erziehungswissenschaftlicher und fachdidaktischer Kompetenz; Studienschwerpunkt C nach etwa 15 Berufsjahren dient der gezielten Vorbereitung auf eine Funktion oder Position, die besondere Entscheidungsbefugnisse, leitende Aufgaben usw. beinhaltet.

die Integration der Studieninhalte weithin durch „Addition“ in den Köpfen der Studierenden geleistet werden.

Zu dieser Schwierigkeit gesellen sich neue Herausforderungen, die sich aus inhaltlichen und strukturellen Zwängen sowie durch quantitative und qualitative Veränderungen bei der Studentenpopulation ergeben:

- Gemäß eines Planungsbeschlusses von 1997 wurden im Zuge der vorgesehenen Einsparung und/oder Umwandlung von Hochschullehrerstellen am Kasseler Fachbereich „Anglistik/Romanistik“ die Landeswissenschaften – eine der Säulen der bisherigen Fremdsprachenlehrerausbildung (neben der Sprachpraxis, der Sprachlehr-/-lernforschung, der Literaturwissenschaft und Linguistik) – deutlich „zurückgefahren“; gegenwärtig sind sie personell gar nicht mehr im Fachbereich vertreten. Dies führt – im Sinne einer generell für die Hochschule angestrebten Konzentration und Profilierung – ausdrücklich zu einer stärkeren Betonung der philologischen Komponenten.
- Das Angebot an Lehrfächern im fremdsprachlichen Bereich ist in jüngster Zeit erfreulicherweise durch die Aufnahme von Spanisch und Italienisch – neben bereits bestehendem Englisch und Französisch – vergrößert worden, allerdings bei gleichzeitiger Reduktion von Professorenstellen.[8]
- Wie bundesweit zu beobachten ist, sind auch in Kassel in den vergangenen Semestern zum einen die Zahlen der Studienanfänger in Anglistik für den Grundschulbereich drastisch gestiegen. Zum andern ist in der Romanistik eine rasante Zunahme der Erstsemester im Fach Spanisch zu beobachten.[9] Insbesondere auf Letzteres ist der Fachbereich mit seiner derzeitigen Personalausstattung nur unzureichend vorbereitet (Landeswissenschaften? Sprachlehrforschung/Didaktik?).

Diese Entwicklungen fallen in eine Zeit, in der sich der Fremdsprachenunterricht inhaltlich und in seinen Organisationsstrukturen z.T. deutlich verändert. Wesentliche Merkmale, die ihren Niederschlag in der Fremdsprachenlehrerausbildung finden müssten, sind u.a. (exemplarisch nach Christ 2002, 47): früherer Beginn des Fremdsprachenlernens, Vorbereitung zu einer lebensbegleitenden Fortsetzung des Lernens von Sprachen, anwendungsbezogenes Lernen, z.B. Nutzung von Fremdsprachen als Arbeitssprachen, Entwicklung von Mehrsprachigkeit, interkulturelle Handlungsfähigkeit, Authentizität der vermittelten und der verwendeten Sprachen (auch über Medien), Qualitätsentwicklung und -sicherung usw.
Die an dieser Situationsbeschreibung ablesbaren Diskrepanzen zwischen Anspruch und Wirklichkeit machen bei allen beteiligten Disziplinen Modifizierungen in der bisherigen Ausbildung unumgänglich.

---

[8] Über den Planungsbeschluss von 1997 hinausgehend verpflichtet sich die Universität Kassel im Übrigen in den neuen Zielvereinbarungen (HMWK/Universität Kassel, November 2003, 20), zur Verbesserung ihrer Forschungsstruktur bis zum Jahr 2008 ca. 120 Stellen für den wissenschaftlichen Nachwuchs einzurichten, „insbesondere durch den Abbau von Professuren.“

[9] Die neu eröffnete Möglichkeit, im fremdsprachlichen Diplomstudiengang Spanisch und Italienisch nicht mehr nur als Nebenfach, sondern nun auch als Hauptfach studieren zu können, trägt zusätzlich zu einem Anstieg der Studentenzahlen in diesen Disziplinen bei.

3. Erwartungen, Perspektiven und Aufgaben

In der Frage nach dem Grad einer Professionalisierung wird man zunächst, vor dem Festschreiben neuer Organisationsstrukturen, im Interesse der betroffenen Studierenden auch die demographischen Entwicklungen und den damit verbundenen Bedarf an Lehrern in den Blick nehmen müssen. Derzeit wirbt z.B. Hessen bekanntlich noch um Lehramtsstudenten aus allen Bundesländern, und nach den Prognosen der oben genannten „Expertengruppe Lehrerbildung" (2003, 3) haben zu diesem „historischen Zeitpunkt" diejenigen Studierenden, „die ihre Ausbildung für die Lehrämter in den nächsten Jahrgängen (etwa bis 2006) abschließen werden, [...] auf Grund der Altersstrukturen der Kollegien besonders gute Chancen eingestellt zu werden." Allerdings erwartet das Hessische Kultusministerium (o.J., Vorwort) längerfristig einen deutlichen Rückgang der Schülerzahlen,[10] und wenn zudem in den nächsten Jahren die aus Altersgründen ausscheidenden Lehrerkollegen ersetzt worden sind, wird der Lehrerbedarf an öffentlichen Schulen entsprechend nachlassen. Nun haben Prognosen dieser Art wegen weiterer nicht berechenbarer Einflussfaktoren nur bedingt Gültigkeit, aber es müssen Lehren gezogen werden aus den Erfahrungen mit einem jahrelangen Einstellungsstop. Neben einer intensiven Beratung der Lehramtsinteressenten besonders der sprach- und kulturwissenschaftlichen Fächer in Richtung auf noch lukrative Lehrämter (derzeit Haupt- und Realschule, berufliche Schulen, aber nicht Gymnasien) ist im Interesse einer größeren beruflichen Flexibilität der Absolventen eine gut bedachte Mischung von professionalisierten und polyvalenten Ausbildungsangeboten angezeigt. Vermutlich zwingt aber ohnehin die knappe Personalausstattung zu entsprechend „unspezifischen" Angebotsstrukturen, im geschilderten Beispiel der Kasseler Fremdsprachenausbildung umso mehr, als neben den Lehramtsstudiengängen noch Magister- und Diplomstudiengänge zu bedienen sind.

Die in Verbindung mit den gestuften Studiengängen anvisierte Modularisierung bietet in dieser Situation eine willkommene Gelegenheit, ja geradezu eine Chance zu inhaltlicher wie auch struktureller Verbesserung, und in der Tat hat sie bereits eine anregende Diskussion initiiert (vgl. zuletzt etwa das Themenheft (Königs/Zöfgen) von *FLuL* 2002). Die Grundlage für entsprechende Konkretisierungen können Vorschläge in der Art von Königs (2002) sein, sofern diese personell – und das meint sowohl die (finanziell bedingte) personelle Ausstattung als auch die zur Verfügung stehenden personenbedingten Kompetenzen – leistbar sind. Dabei mag es sich z.B. – wie bei Königs (2002, 32ff.) angeregt – im Rahmen eines angestrebten Kerncurriculums als sinnvoll erweisen, die Inhalte der beteiligten Disziplinen folgenden drei Studienausschnitten zuzuordnen: einem obligatorischen Kernbereich, einem optionalen Wahlpflichtbereich und einem optionalen Wahlbereich. Auf diese Weise soll Raum für die Entwicklung spezifischer Kompetenzprofile der Studierenden geschaffen werden, d.h. für berufliche Vermittlertätigkeiten innerhalb der Schule einschließlich der dort inzwischen anzutreffenden Differenzierungsmöglichkeiten, aber natürlich auch außerhalb der Schule. Eine Steigerung des Synergieeffekts könnte in der Tat durch die Kombination eines Angebots von sprachenübergreifenden und sprachspezifischen Kernmodulen erreicht werden, an denen dann etwa auch gestufte B.A./M.A.-Studiengänge aus benachbarten Disziplinen – etwa der Germanistik – beteiligt

[10] Bei einer Gesamtschülerzahl an öffentlichen Schulen von 806.000 im Jahre 2000/01 wird mit einem Rückgang der Schülerzahl „bis zum Schuljahr 2004/5 leicht um jährlich 2.000, danach bis 2008/09 stärker um jährlich rund 5.000, anschließend bis 2014/15 zunehmend schneller um jährlich rund 10.000 bis 20.000" gerechnet.

sein sollten. Dies impliziert für einige der an der Ausbildung beteiligten Disziplinen zweifellos ein Überdenken der bisherigen Lehrangebote und erfordert dort neue Schwerpunktsetzungen und Kombinationen.

An die Seite solcher inhaltlich-struktureller Vorschläge müssen Überlegungen darüber treten, auf welche Weise die neu definierten Lehrerkompetenzprofile, die sich aus den unter 2.2 skizzierten schulischen Veränderungen ergeben, vermittelt werden können. Wenn zu ihnen – schlagwortartig formuliert – Komponenten gehören wie Mehrsprachigkeit, Methodenkompetenz, lebenslanges Lernen, Diagnostik, interkulturelles Wissen oder Europakompetenz, jeweils gepaart mit einer dazugehörenden Vermittlungskompetenz, so wird es sich leicht erweisen, dass diese Teilkompetenzen selbst bei den Hochschuldozenten (noch) nicht übermäßig stark ausgeprägt sind; zumindest dürften sie nur selten in einer einzigen Lehrperson versammelt sein. Das bedeutet natürlich nicht, dass diese Kompetenzen nicht vermittelbar wären, ihre Vermittlung muss aber durch ein Angebot „integrierter“, möglichst praxis- und handlungsorientierter Angebotsmodule erleichtert werden. Die in jüngster Zeit leider vernachlässigten Projektstudien, wie sie von jeher in den Kasseler Lehramtsstudiengängen vorgesehen waren, könnten hierfür ein Beispiel abgeben.

In den oben genannten Zielvereinbarungen zwischen dem HMWK und der Universität Kassel ist u.a. die Einrichtung einer empirischen Schul- und Unterrichtsforschung verabredet und inzwischen bereits initiiert worden; Reformbestrebungen in den Hochschulcurricula, wie sie sich in Verbindung mit modularen Lehrangeboten ergeben mögen, verlangen nach entsprechend konzipierter empirischer Hochschulforschung. Hierzu müssen die entscheidenden Impulse von der Sprachlehr-/-lernforschung ausgehen, wobei die Entwicklung angemessener Evaluationsparameter sowie die Formulierung von Bildungsstandards zunächst zu den vornehmsten Aufgaben gehören sollten.

Abschließend möchte ich auf die eingangs unter 1.1 genannten, als (vermeintliche) Dichotomien formulierten Optionen zurückkommen:

Für die Beantwortung der Frage, ob Neuordnung oder Weiterentwicklung, werden in erster Linie die am jeweiligen Studienort bislang vorherrschende Ausbildungspraxis und natürlich der auf sie einwirkende bildungspolitische Wille ausschlaggebend sein. Die Situation an der Universität Kassel legt die Vermutung nahe, dass sich mit dem Konzept der Modularisierung Chancen für z.T. bereits früher angedachte Reformen auftun, ohne dass bewährte Inhalte und Strukturen völlig aufgegeben werden müssten.

Bezüglich der Option zwischen Professionalisierung und Polyvalenz sollte deutlich geworden sein, dass unter Beachtung sowohl der gesamtgesellschaftlichen Rahmenbedingungen (demographische Entwicklung, Finanzierbarkeit) als auch der bestehenden personellen Ausstattung und inhaltlichen Ausrichtung der Fachbereichsdisziplinen eine vermittelnde Position, wie sie sich in einer teilweisen Übernahme modularer Lehrangebote manifestiert, als am ehesten realisierbar und verantwortbar erscheint. Mit ihr lässt sich zudem eine größere Flexibilität erreichen, wenn es darum geht, auf gesellschaftliche und bildungspolitische Veränderungen zu reagieren und bereits jetzt z.B. den differenzierten Anforderungen innerhalb des Berufsfeldes „Fremdsprachenvermittlung“ stärker als bisher Rechnung zu tragen.

Mit der Einführung gestufter B.A./M.A.-Studiengänge wird in vielen Hochschuldisziplinen zweifellos ein wichtiger Schritt in Richtung auf eine Vereinheitlichung und eine internationale Vergleichbarkeit von Abschlüssen getan. In der Fremdsprachenlehrerausbildung ist angesichts des gegenwärtigen Diskussionsstandes jedoch zu beobachten, dass die Auseinandersetzung mit diesen Vereinheitlichungsbestrebungen paradoxerweise eher den Anstoß zu weitergehenden Diversifikationen zwischen den Bundesländern und zwischen einzelnen Hochschulen gibt. Mögen auch länderübergreifend – hier nicht nur im Sinne von Bundesländern gemeint – bemerkenswerte Übereinstimmungen etwa in der Beschreibung von Kompetenzprofilen angehender Lehrer bestehen, so vergrößert das zu erwartende Nebeneinander von überkommenen, nun vielleicht auch in Teilen reformierten Ausbildungsstrukturen einerseits und gänzlich neuen gestuften Studiengängen andererseits die bereits bestehenden Unterschiede noch beträchtlich.

Damit setzt sich der Trend zur Diversifikation und zur Profilbildung fort, wie er schon seit Jahren für den schulischen Bereich initiiert worden ist. Er wird zu Lasten der Mobilität der Lehramtsstudierenden gehen, ihnen letztlich aber einen höheren Grad an Professionalisierung und Spezialisierung als bisher ermöglichen.

Literaturangaben

Bausch, Karl-Richard et al. (Hrsg.) (1990): *Die Ausbildung von Fremdsprachenlehrern: Gegenstand der Forschung. Arbeitspapiere der 10. Frühjahrskonferenz zur Erforschung des Fremdsprachenunterrichts.* Bochum: Brockmeyer.

Bausch, Karl-Richard et al. (Hrsg.) (2003): *Der gemeinsame europäische Referenzrahmen für Sprachen in der Diskussion: Arbeitspapiere der 22. Frühjahrskonferenz zur Erforschung des Fremdsprachenunterrichts.* Tübingen: Narr.

Behler, Gabriele/Terhart, Ewald (2001): „Gestuftes Lehrerstudium". In: *Die ZEIT* 31, 26. Juli.

Christ, Ingeborg (2002): „Die Ausbildung von Lehrkräften für Fremdsprachen und bilingualen Unterricht in der Sicht der Kultusverwaltungen". In: *Fremdsprachen Lehren und Lernen (FLuL)* 31, 42-63.

Expertengruppe Lehrerbildung (2003): *Empfehlungen zur Aktualisierung der Lehrerbildung in Hessen.* Bericht der Expertengruppe Lehrerbildung, eingesetzt durch dass HKM und das HMWK. (auch zugänglich über www.kultusministerium.hessen.de)

Freudenstein, Reinhold (2002): „Ein Modell für Europa: Muttersprachler an die Front!" In: *Fremdsprachen Lehren und Lernen (FLuL)* 31, 106-122.

Herdegen, Armin (2002): *Studierende in der Lehrerbildung: Konzepte, Erfahrungen, Perspektiven.* Wissenschaftliche Hausarbeit zur Ersten Staatsprüfung. Universität Kassel.

Hessisches Kultusministerium (Hrsg.) (o.J.): *Prognosen zum Lehrerinnen- und Lehrerbedarf in Hessen ab 2002.* (auch zugänglich über www.kultusministerium.hessen.de/downloads/Progn_00.pdf)

Hessisches Ministerium für Wissenschaft und Kunst (Hrsg.) (1997): *Neuordnung der Lehrerausbildung.* Opladen.

Hessisches Ministerium für Wissenschaft und Kunst/Universität Kassel (2002): *Zielvereinbarung vom 13. November 2002.* (Auch zugänglich über www.hmwb.hessen.de/hochschule/hochschulreform/Zielvereinbarung_Uni_Kassel.pdf)

Königs, Frank (Hrsg.) (2001): *Impulse aus der Sprachlehrforschung.* Marburger Vorträge zur Ausbildung von Fremdsprachenlehrerinnen und -lehrern. Tübingen: Narr.

Königs, Frank (2002): „Sackgasse oder Verkehrsplanung? Perspektiven für die Ausbildung von Fremdsprachenlehrern". In: *Fremdsprachen Lehren und Lernen (FLuL)* 31, 22-41.

Königs, Frank G./Zöfgen, Ekkehard (Koord.) (2002): *Lehrerausbildung in der Diskussion* (= *Fremdsprachen Lehren und Lernen (FLuL)* 31).

Kramer, Jürgen (2000): „Entlassen wir den Staat aus der Ausbildung von Lehrerinnen und Lehrern. Plädoyer für ein Umdenken". In: *Frankfurter Rundschau* 34, 10. Februar.

Terhart, Ewald (2000): *Perspektiven der Lehrerbildung in Deutschland. Abschlussbericht der von der Kultusministerkonferenz eingesetzten Kommission.* Weinheim: Beltz.

Zydatiß, Wolfgang (Hrsg.) (1998): *Fremdsprachenlehrerausbildung – Reform oder Konkurs.* Berlin: Langenscheidt.

Claudia Riemer

Reform der (Fremdsprachen-)Lehrerausbildung und Deutsch als Fremdsprache

1. Problemaufriss

Die Fremdsprachenlehrerausbildung ist nicht erst seit den viel diskutierten und bestürzenden Ergebnissen der PISA-Studie, die die Lehrerausbildung im Allgemeinen betreffen, in der Diskussion (vgl. exemplarisch die Beiträge in Bausch/Christ/Krumm 1990, Zydatiß 1998, Königs 2001 und Königs/Zöfgen 2002). Unterschiedliche Kritikpunkte und Vorschläge richten sich an die universitäre Ausbildung von Studierenden, die an deutschen Schulen ein Lehramt anstreben. Allerorten wird zur Zeit die Einrichtung von modularisierten und gestuften Bachelor- und Masterstudiengängen diskutiert, an einigen Orten (hier: Bielefeld[1]) wurden diese – mit viel Engagement und allen nur denkbaren „Kinderkrankheiten“ – bereits eingerichtet. Einer der meistkritisierten Punkte an einer gestuften Lehrerausbildung ist die mangelnde Integration von Fachwissenschaft, Fachdidaktik und allgemeiner Erziehungswissenschaft, die am Bielefelder Beispiel daran deutlich wird, dass Studierende, die als erstes Schulfach eine Fremdsprachendisziplin während der 6-semestrigen Bachelorphase als Hauptfach studieren, dieses mit dem Bachelor abschließen und nicht (!) in der 4-semestrigen Masterphase fortsetzen (dort werden dann das zweite Schulfach und Erziehungswissenschaften studiert) – dies bedeutet u.a., dass in der Masterphase keine Sprachpraxis absolviert wird, was zusätzliche Sorgen hinsichtlich der Beibehaltung/Verbesserung der fremdsprachlichen Kompetenz zukünftiger Fremdsprachenlehrer nur allzu berechtigt erscheinen lässt. Besorgniserregend ist nicht nur, dass bei der Einrichtung neuer Studiengänge angesichts des Willens zur Vernetzung und Vereinheitlichung von Studiengängen besondere Fachbelange (zunächst?) übersehen werden und der Nachbesserung bedürfen, sondern besonders, dass diesen neuen Studiengängen von bildungspolitischer Seite gern „deus ex machina“-Qualitäten unterstellt werden (u.a. bessere internationale Vergleichbarkeit von Studiengängen, Verkürzung von Studienzeiten, verstärkte Berufsorientierung durch die Einrichtung von berufsbezogenen Profilen, Förderung so genannter Schlüsselqualifikationen) und befürchtet werden muss, dass langfristige Reformüberlegungen und -bestrebungen unter dem Druck der länder- und studienortspezifischen Rahmenbedingungen nicht mehr zum Zuge kommen (können).

Belange des Faches Deutsch als Fremdsprache scheinen auf den ersten Blick nicht berührt, da es ein Lehramt Deutsch als Fremd- oder Zweitsprache an deutschen Schulen (immer noch) nicht gibt und bislang vornehmlich Lehrende für den außerschulischen Bereich in Magisterstudiengängen ausgebildet werden. „Scheinen“ nicht berührt – sind es aber doch mindestens in zweierlei Hinsicht, wie ich es in meinem Statement ausführen möchte. 1) Die erste direkte Folge des allgemeinen Trends zu gestuften Studiengängen auch in Nicht-Lehramts-Fächern ist die Einrichtung von DaF-Bachelor- und Masterstu-

[1] Zulassung zum Bachelorstudiengang im Rahmen eines NRW-Modellversuchs seit dem Wintersemester 2002/2003, Informationen unter http://www.zfl.uni-bielefeld.de/bielefelder-modell/index.html (10.04. 2003).

diengängen, die im Zuge der Umstrukturierungen eingerichtet werden (sollen). Hierbei besteht die Möglichkeit, Standards der DaF-Ausbildung neu zu überdenken und studienortsübergreifend Kerncurricula auszuhandeln und zu implementieren – ein angesichts der vom Studienvolumen und den Studieninhalten her äußerst heterogenen DaF-Studiengänge an deutschen Universitäten gleichermaßen dringliches wie schwieriges Unterfangen. 2) Insbesondere die Modularisierung von Studiengängen eröffnet die Chance, DaF-/DaZ-Studienanteile in die grundständige Lehrerausbildung zu integrieren, die bislang nur einer kleinen studentischen Klientel in Ergänzungs- und Aufbaustudiengängen angeboten wurden. Im Folgenden sollen beide Bereiche am Beispiel Bielefeld behandelt werden.

2. Grundständige Lehrerausbildung im Fach Deutsch als Fremdsprache

Das Fach DaF bietet unterschiedlich ausgerichtete grundständige Studiengänge im Rahmen von Magister- und zukünftig Bachelor- und Masterstudiengängen an (vgl. Henrici/Koreik 1994 und zum aktuellen Stand Baur/Kis 2002; vgl. auch Baur in diesem Band).[2] Studienbestandteile – wie Linguistik, Angewandte Linguistik, Methodik/Didaktik, Zweitsprachenerwerbsforschung, Sprachlehrforschung, Literaturwissenschaft und -didaktik, Landeskunde, Interkulturelle Kommunikation, Fachsprache, Sprachpraxis und Praktikum – sind in den Studiengängen unterschiedlich berücksichtigt. Mit einer Studiengangreform ist nun die Frage zu verknüpfen, welche Studienteilbereiche für die Ausbildung zukünftiger Lehrer unverzichtbar sind, wenn auf Lehrtätigkeiten im In- und/oder Ausland vorbereitet werden soll. Baur/Kis (2002) benennen dafür folgende vier Kernbestandteile als besonders relevant: Deutsch im Kontrast, Methodik/Didaktik, Erlernen einer neuen Fremdsprache und Sprachlehrpraktikum. Blex/Schlak (2001) betonen die Bedeutung der „Fremdsprachenerwerbsforschung“ (verstanden als Zweitsprachenerwerbsforschung und Sprachlehrforschung inklusive Forschungsmethoden) für eine professionelle wie wissenschaftsorientierte DaF-Lehrerausbildung, die laut ihrer Bestandsaufnahme vielerorts in den Studiengängen vernachlässigt wird. Die von Baur/Kis (2002) und Blex/Schlak (2001) betonten Studienanteile sind m.E. für ein Kerncurriculum eines grundständigen B.A.-DaF-Studiengangs, der Studierende gleichermaßen wissenschaftlich fundiert wie theorie-/praxisbezogen auf Berufstätigkeiten in der Sprach- und Kulturarbeit und gleichzeitig auf eine wissenschaftliche Weiterqualifikation (Master, Promotion) vorbereiten will, unverzichtbar.

Der aktuell eingerichtete Bielefelder 6-semestrige, 120 Leistungspunkte[3] umfassende DaF-Bachelorstudiengang (DaF als Kernfach, im Unterschied zum früheren Magisterstudiengang ist nur noch ein Nebenfach zusätzlich zu wählen) sieht für den Pflicht-/

[2] Daneben existiert eine große Zahl von Studiengängen, die DaF-Anteile äußerst unterschiedlichen Umfangs und Inhalts im Rahmen von Studienschwerpunkten, Zusatzqualifikationen und Aufbaustudiengängen anbieten. Auch angesichts einer weiter anzustrengenden Konsolidierung des akademischen Fachs Deutsch als Fremdsprache ist dringlich zu prüfen, inwieweit solche Studiengänge einem (auszuhandelnden) Kerncurriculum überhaupt gerecht werden (können) und welcher Mindestumfang erreicht werden muss.

[3] Entspricht 120 x 30 Stunden „workload“ für die Studierenden. Der Workload umfasst Präsenz in Lehrveranstaltungen, deren Vor- und Nachbereitung, weiteres betreutes Selbststudium und sämtliche Prüfungsleistungen.

Wahlpflichtbereich die in Tabelle 1 abgebildete Struktur vor (hinzu kommen der Wahlbereich und die Bachelorarbeit). Gegenüber dem bisherigen Magisterstudiengang ist der Anteil sowohl lehr-/lernwissenschaftlicher als auch angewandt-linguistischer Studienanteile erhöht. Neben dem nach wie vor in der späteren Studienphase angesiedelten Praktikum sollen neue Studienelemente den Theorie-Praxis-Bezug verstärken, z.B. durch die Aufnahme so genannter „orientierender Praxisstudien" in der ersten Studienphase, in der die Studierenden u.a. Berufsfelderkundungen durchführen. Denn gerade Bildungsinländer verfügen nach Abschluss der Schule kaum über praktische Einsichten und realistische Einschätzungen, wie und unter welchen Bedingungen in Deutschland die deutsche Sprache als Fremd- und/oder Zweitsprache vermittelt wird; Bildungsausländer können auf diese Weise bereits früh Unterschiede und Gemeinsamkeiten zwischen eigen erfahrenen und hier anzutreffenden Lern-/Lehrformen feststellen. Dem Bereich Sprachpraxis in der deutschen Sprache wird weiter große Bedeutung zugemessen, um die für eine DaF-Lehrtätigkeit vorauszusetzenden Sprachkompetenzen bei Bildungsausländern zu fördern[4]. Bildungsinländer müssen eine weitere, neue Fremdsprache in begrenztem Umfang lernen (empfohlen werden v.a. Migrantenherkunftssprachen und nicht-indoeuropäische Sprachen); die dabei angestrebte Förderung der Selbstreflexion von Lernerfahrungen im Erwachsenenalter soll durch ein obligatorisch gefordertes Lerntagebuch, das von den Studierenden ausgewertet werden muss, erreicht werden. Die Theorie- und Praxisorientierung wird weiter studienbegleitend in Lehrveranstaltungen gefördert, die projektorientiert vorgehen. Bereits in der Bachelorphase, und später verstärkt in der Masterphase, sollen die Studierenden befähigt werden, durch entsprechend zu vermittelnde Kenntnisse von Forschungsmethoden und Forschungsdesigns selbstgewählten Fragestellungen – schon während des Studiums, aber besonders in der späteren Berufspraxis – empirisch nachzugehen. Auch angesichts ständig wechselnder Trends (die zumindest die DaF-Lehrwerkproduktion vergleichsweise schnell erreichen) und des wachsenden Kenntnisstandes in der Fremdsprachendidaktik und Sprachlehrforschung/Zweitsprachenerwerbsforschung wird das während der Lehrerausbildung erworbene Wissen regelmäßig zu aktualisieren sein (vgl. Schlagworte wie jenes vom „lebenslangen Lernen") bzw. auf konkrete Probleme der Unterrichtspraxis anzuwenden sein. Ansätzen, die von Unterrichtsreflexion bis zu Aktionsforschung reichen (vgl. exemplarisch Riemer 2002, Schocker-von Ditfurth 2002), ist deshalb zukünftig stärker Gewicht bereits in der Lehrerausbildung zuzumessen. Letzteres ist sicher kein neuer Vorschlag – er sollte nun aber doch (endlich) in den Studiengängen umgesetzt werden.

Anders als bislang sind sämtliche Studienteilbereiche (jetzt: Module) prüfungsrelevant, da im Studiengang erworbene benotete Einzelleistungen in die Bachelornote eingehen. Vor- und Nachteile einer mit diesem Modell einhergehenden stärkeren Verschulung des Studiengangs werden zu beobachten sein.

---

[4] Mehr als die Hälfte der Bielefelder DaF-Studierenden kommt aus nicht-deutschsprachigen Ländern, ein großer Teil davon aus Mittel- und Osteuropa.

Tabelle 1: Struktur des Bielefelder DaF-Bachelorstudiengangs

Modul	Modulbezeichnung/Studieninhalte	Leis-tungs-punk-te	SWS
Fachliche Basis			
1	Einführung in das DaF-Studium *1.1 Propädeutikum DaF (mit orientierenden Praxisstudien)* *1.2 Wissenschaftliche Arbeitstechniken*	6	4
2	Sprach- und Literaturwissenschaft *2.1 Grundkurs Linguistik DaF* *2.2 Einführung Literaturwissenschaft*	11	6
3	Erwerb und Vermittlung Deutsch als Fremd- und Zweitsprache *3.1 Einführung Zweitsprachenerwerbsforschung/Sprachlehr- und -lernforschung* *3.2 Einführung Fremd-/Zweitsprachendidaktik*	13	6
4a	Sprachpraxis für Bildungsausländer *4a.1 Prüfung zum Nachweis fortgeschrittener deutscher Sprachkenntnisse (NfdS)* *4a.1.1 Geschriebene Wissenschaftssprache* *4a.1.2 Gesprochene Wissenschaftssprache* *4a.2 Ausspracheschulung*	13	6
4b	Sprachpraxis für Bildungsinländer *4b.1 Sprecherziehung* *4b.2 Fremdsprache als Kontrastsprache + Lerntagebuch*	13	6
5	Formen, Strukturen und Funktionen der deutschen Sprache mit Bezug auf deren Vermittlung als Fremdsprache *5.1 Phonetik und Orthographie* *5.2 Wortgrammatik* *5.3 Syntax und Textgrammatik*	11	6
Profilbereich			
6	Angewandte Linguistik Deutsch als Fremdsprache *6.1 Pragmatik und Varietäten* *6.2 Lexik und Phraseologie* *6.3 Fachsprache*	13	6
7	Lehr-/Lernforschung Deutsch als Fremd- und Zweitsprache *7.1 Ausgewählte Themen der Zweitsprachenerwerbsforschung/ Sprachlehr- und -lernforschung* *7.2 Ausgewählte Themen der Fremd- und Zweitsprachendidak tik*	13	6
8*	Unterrichtspraxis Deutsch als Fremd-/Zweitsprache *8.1 Vorbereitungsseminar + Praktikum und Evaluation*	12	8
9*	Landes- und Kulturwissenschaft Deutsch als Fremdsprache *9.1 Literarische Textformen* *9.2 Landeskunde + Landeskundeprojekt*	12	8

* Von den Modulen 8 und 9 muss in der Bachelorphase nur eines ausgewählt werden. Modul 8 ist Teil des Profils „Sprachvermittlung Deutsch als Fremd-/Zweitsprache“: Dieses Profil betont Praxiserfahrungen und deren Reflexion bei der Vorbereitung, Durchführung und Evaluation von Sprachlehrangeboten DaF/DaZ im In- und Ausland. Das Profil bereitet daher auf

berufliche Tätigkeiten in der Sprachvermittlung sowie der Organisation von Sprachangeboten für Deutsch als Fremdsprache oder Deutsch als Zweitsprache für Jugendliche und Erwachsene vor. Modul 9 ist Teil des Profils „Interkulturelle Kommunikation“: Im Rahmen dieses Profils werden Kenntnisse und Fertigkeiten hinsichtlich eines erfolgreichen Umgangs mit kulturellen Unterschieden im Rahmen der internationalen wissenschaftlichen und wirtschaftlichen Zusammenarbeit ausgebildet. Ein Ziel kann dabei die Erarbeitung von Lehr-Lern-Materialien und deren Didaktisierung sein. Das Profil bereitet daher auf berufliche Tätigkeiten vor, in denen weniger die fertigkeitsbezogene Sprachvermittlung im Zentrum steht, sondern interkulturelles Training/Kommunikationstraining und Beratung in Wirtschaft und Behörden, landeskundliches und literaturwissenschaftliches Wissen aus der Fremdperspektive (Deutschlandstudien) benötigt wird. Obschon nur eines der beiden Module gewählt werden muss, das jeweils andere kann im Wahlbereich studiert werden; ein Praktikum muss aber in jedem Fall bis zum Masterabschluss absolviert werden.

3. DaF/DaZ in der (Deutsch-)Lehrerausbildung

Längst ist es höchste Zeit, dass sich die (Deutsch-)Lehreraus- und -fortbildung durch die Integration von DaF-/DaZ-Studienelementen der Situation stellt, dass ein wachsender Anteil der Schüler an deutschen Schulen unterschiedlichen Mehrsprachigkeitskontexten entstammt und unterschiedlich ausgeprägte individuelle Mehrsprachigkeitsprofile mitbringt – und nicht über eine vollständige Kompetenz in der deutschen Sprache verfügt (vgl. Baur 2000 und 2001, Riemer 2001). Diesen Bedarf verdeutlichen einige neuere Zahlen, die einer Zusammenstellung von Gogolin/Neumann/Reuter (2001) entnommen wurden:

Hamburg (1996)	Anteil der Minderheitengruppen an allgem. Schulen: (davon Anteil der Aussiedler: 4,2 %)	19,4 %
	davon Gesamtschule	17,9 %
	davon Gymnasium	11,0 %
	davon Realschule	22,7 %
	davon Hauptschule	36,2 %
Baden-Württemberg	Anteil der Ausländer (insgesamt)	14,3 %
(Schulj. 1996/97)	Anteil der Aussiedler (insgesamt)	3,6 %
Nordrhein-Westfalen	Anteil der Ausländer (insgesamt)	13,6 %
(Schulj. 1997/98)	Anteil der Aussiedler (insgesamt)	6,2 %

Allein diese Zahlen verdeutlichen, dass heute und in Zukunft davon auszugehen ist, dass ein bedeutender Anteil von Schülern an deutschen Schulen nicht oder nicht allein in der deutschen Sprache und Kultur sozialisiert wurde und Schul- und Bildungspolitik sowie Lehreraus- und -fortbildung die Förderung mehrsprachiger Schüler als permanente – und nicht vorübergehende – Aufgabe wahrzunehmen hat. Dies bedeutet u.a., a) dass Deutschlehrer darauf vorbereitet werden müssen, dass ihnen eine besondere Verantwortung bei der sprachlichen Förderung von mehrsprachigen Kindern und Jugendlichen zukommt (u.a. in der Diagnose von sprachlichen Problemfeldern); b) dass die Lehrenden der so genannten Sachfächer dafür zu sensibilisieren sind, dass es für diese Schülergruppe schon lange heimlichen bilingualen Sachfachunterricht gibt; c) dass auch Fremdsprachenlehrer des Englischen, Französischen etc. Hinweise und Empfehlungen bezüglich des Unterrichts mit mehrsprachigen Schülern benötigen; d) dass grundständige Studiengänge für die Ausbildung von Lehrkräften für muttersprachlichen Ergänzungsunterricht einzurichten sind. – Dass Mehrsprachigkeitsforschung und -didaktik gerade für diese Schülerpopulation noch wenig ausgearbeitet sind, darf keine Ausrede sein. Dem Fach Deutsch als Fremdsprache kommt bei der Initiierung und Gestaltung solcher Fachkooperationen eine besondere Rolle zu, auch wenn sein Anteil von den studienortspezifischen Möglichkeiten (v.a. inhaltliche Ausrichtung, Ausstattung, Lehrkapazität) abhängig ist. Für den Studienstandort Bielefeld ist geplant, dass ab dem Sommersemester 2004 einer eingeschränkten Anzahl von B.A.-Germanistikstudierenden, die das Berufsfeld Schule anstreben, nach Abschluss des so genannten Basisbereichs (mit Pflichtveranstaltungen in fachwissenschaftlichen und fachdidaktischen Veranstaltungen zu deutscher Sprache und Literatur) im Profilbereich (Wahlpflichtbereich) ein Deutsch-als-Zweitsprache-Modul angeboten wird, das Lehrende des Fachs DaF betreuen. Folgende Studienteilbereiche sind dafür vorgesehen:

- Einführung in die Zweit-/Fremdsprachendidaktik (3 Leistungspunkte)
- Einführung in die Zweitsprachenerwerbsforschung/Sprachlehr- und -lernforschung (6 Leistungspunkte)
- Betreutes Hospitationspraktikum (3 Leistungspunkte)

Das Modul zielt auf Sensibilisierung für und Vorbereitung auf schulische Lehrtätigkeiten in mehrsprachigen und interkulturellen Kontexten. Die Absolventen des Moduls sollen Verfahren und Ergebnisse der Lernzielermittlung und -beschreibung für Deutsch als Fremd- und als Zweitsprache, Methoden der Fremd-/Zweitsprachenvermittlung, Verfahren der Sprachstandsdiagnose, Verfahren der Fehleranalyse, Kriterien für die Entwicklung und Beurteilung von Lehr- und Lernmaterialien kennen lernen und diese Verfahren und Methoden (in exemplarischer Weise) anwenden können; sie sollen sich mit Theorien des Zweit- und Fremdsprachenerwerbs auseinandersetzen und deren Relevanz für Lehr- und Lernprozesse in Deutsch als Fremd- und Zweitsprache einschätzen lernen; sie sollen Verfahren der Beobachtung, Protokollierung, Planung, Durchführung und Analyse von Lehr- und Lernprozessen in Deutsch als Fremd- und Zweitsprache kennen lernen und diese Verfahren im Rahmen eines betreuten Hospitationspraktikums im Förderunterricht für Schüler nicht deutscher Herkunftssprachen an der Universität Bielefeld[5] anwenden. Sicher kann dieses Modul keine ausreichende Ausbildung gewährleisten; es ist ein Tropfen auf den heißen Stein – weiter reichende Konzepte werden hoffentlich folgen.

4. Ein äußerst knappes Fazit

Aus meinen Ausführungen sollte deutlich geworden sein, dass ich trotz aller Skepsis gegenüber den neuen Studiengängen durchaus die Möglichkeit sehe, notwendige Veränderungen und Umorientierungen im Bereich der Lehrerausbildung insbesondere im Bereich Deutsch als Fremdsprache und Deutsch als Zweitsprache anzugehen. Allerdings: Wäre DaF/DaZ auch ein Schulfach und den dafür in Bielefeld geltenden Rahmenbedingungen

[5] Dieses drittmittelfinanzierte Förderprojekt wurde 2001 nach Essener Vorbild eingerichtet. Ca. 25 Fördergruppen à 5–7 mehrsprachige Schüler erhalten kostenlosen Förderunterricht in Deutsch, aber auch in anderen Schulfächern, der von fortgeschrittenen DaF- und Lehramtstudierenden durchgeführt wird (Infos unter http://www.uni-bielefeld.de/lili/studiengaenge/daf/serviceangebote/foerderunterricht.html, 10.4. 2003).

unterworfen (v.a. Nichtstudierbarkeit des Fachs in der Masterphase, Obligatorik einer nicht integrierten allgemeinen Erziehungswissenschaft), meine Gesamteinschätzung wäre anders ausgefallen.

Literaturangaben

Aguado, Karin/Riemer, Claudia (Hrsg.) (2001): *Wege und Ziele. Zur Theorie, Empirie und Praxis des Deutschen als Fremdsprache (und anderer Fremdsprachen). Festschrift für Gert Henrici zum 60. Geburtstag*. Baltmannsweiler: Schneider-Verlag Hohengehren.

Baur, Rupprecht S. (2000): „Deutsch als Fremdsprache – Deutsch als Zweitsprache – Deutsch als Muttersprache. Felder der Begegnung“. In: *Info DaF* 27, 467-482.

Baur, Rupprecht S. (2001): „Deutsch als Zweitsprache als Aufgabe der Schule“. In: Aguado/Riemer (Hrsg.), 51-62.

Baur, Rupprecht S./Kis, Marta (2002): „Lehrerausbildung in Deutsch als Fremdsprache und Deutsch als Zweitsprache“. In: Königs/Zöfgen (Koord.), 123-150.

Bausch, Karl-Richard/Christ, Herbert/Krumm, Hans-Jürgen (Hrsg.) (1990): *Die Ausbildung von Fremdsprachenlehrern: Gegenstand der Forschung. Arbeitspapiere der 10. Frühjahrskonferenz zur Erforschung des Fremdsprachenunterrichts*. Bochum: Brockmeyer.

Blex, Klaus/Schlak, Torsten (2001): „Fremdsprachenerwerbsforschung im Hochschulfach Deutsch als Fremdsprache: Bestandsaufnahme und Perspektiven“. In: Aguado/Riemer (Hrsg.), 103-116.

Gogolin, Ingrid/Neumann, Ursula/Reuter, Lutz (Hrsg.) (2001): *Schulbildung für Kinder aus Minderheiten in Deutschland 1989-1999. Schulrecht, Schulorganisation, curriculare Fragen, sprachliche Bildung*. Münster et al.: Waxmann.

Henrici, Gert/Koreik, Uwe (1994): „Zur Konstituierung des Fachs Deutsch als Fremdsprache. Eine Einleitung und Bestandsaufnahme“. In: Henrici, Gert/Koreik, Uwe (Hrsg.): *Deutsch als Fremdsprache. Wo warst Du, wo bist Du, wohin gehst Du?* Baltmannsweiler: Schneider-Verlag Hohengehren, 1-42.

Königs, Frank G. (Hrsg.) (2001): *Impulse aus der Sprachlehrforschung. Marburger Vorträge zur Ausbildung von Fremdsprachenlehrerinnen und -lehrern*. Tübingen: Narr.

Königs, Frank G./Zöfgen, Ekkehard (Koord.) (2002): *Lehrerausbildung in der Diskussion* (= *Fremdsprachen Lehren und Lernen (FLuL)* 31). Tübingen: Narr.

Riemer, Claudia (2001): „Deutsch als Fremdsprache – Deutsch als Zweitsprache – Deutsch als Element von Mehrsprachigkeit: Arbeitsfelder für das Fach DaF“. In: Wolff, Armin/Winters-Ohle, Elmar (Hrsg.): *Wie schwer ist die deutsche Sprache wirklich?* Regensburg: Fachverband Deutsch als Fremdsprache (= *Materialien Deutsch als Fremdsprache* 58), 23-38.

Riemer, Claudia (2002): „Für und über die eigene Unterrichtspraxis forschen: Anregungen zur Lehrerhandlungsforschung“. In: Schreiber, Rüdiger (Hrsg.): *Deutsch als Fremd-*

sprache am Studienkolleg. Unterrichtspraxis, Tests, Evaluation. Regensburg: Fachverband Deutsch als Fremdsprache (= *Materialien Deutsch als Fremdsprache* 63), 129-143.

Schocker-von Ditfurth, Marita (2002): *Erfahrungswissen reflektieren und den eigenen Unterricht weiterentwickeln.* München: Goethe-Institut Inter Nationes (Unterricht verstehen. Medienpaket zur Förderung reflektierter Unterrichtspraxis, Modul 1).

Zydatiß, Wolfgang (Hrsg.) (1998): *Fremdsprachenlehrerausbildung – Reform oder Konkurs.* Berlin et al.: Langenscheidt.

Dietmar Rösler

Das Gießener Elektronische Praktikum (GEP) als Beispiel für die Verzahnung von Praxiserfahrung und systematischen Bestandteilen der Lehrerbildung

1. Kontext

Das Thema Praxis hat in der Diskussion um die Lehrerbildung z.Zt. Hochkonjunktur, populistisch gewendet als ‚Praxis hat Vorfahrt'. Dabei besteht durchaus die Gefahr, dass einem blinden Praxisbezug das Wort geredet wird. Ich möchte an dieser Stelle die Vielfältigkeit der Diskussion um die Rolle der Praxis in der Ausbildung von DaF-Lehrern nicht wieder aufnehmen (vgl. dazu bereits meinen Überblick in Kapitel 5.2 von Rösler 1984).

Im Kontext der folgenden Ausführungen zum Gießener Elektronischen Praktikum (GEP) scheint es mir auch nicht sinnvoll zu sein, eine antagonistische Spezifizierung der Funktion von Praktika zu akzeptieren, wie sie auf der Tagung in Rauischholzhausen z.T. im Raum stand. Einander gegenüber standen zwei Konzeptionen von Praktikum: Die eine vertritt die Hinführung zum Probehandeln, der vorgeworfen wird, bei ihr bestünde die Gefahr der Verfestigung vorgefertigter Konzeptionen und es komme lediglich zur Einübung bestimmter Handlungen, die die Lehrerbildung in den Kontext einer Meisterlehre bringe. Die andere sieht das Praktikum vor allen Dingen als Ort der Beobachtung, die die Voraussetzung für die Reflexion von Lernprozessen ist und evtl. in aktionsforscherische Aktivitäten mündet.

Mir scheint diese Gegenüberstellung problematisch zu sein, da auch das erprobende Handeln der Ort sein kann, von dem aus reflektiertes Modelllernen seinen Anfang nehmen kann. Dies wird meines Erachtens besonders deutlich in Unternehmungen wie dem GEP, das als sich z.Zt. in der Erprobung befindende Variante eines Praktikums mit dem Fokus auf der Auseinandersetzung mit individuellen Lernenden versucht, an das eigenverantwortliche Handeln der Studierenden reflektierende Lernmodule anzuschließen.

2. Die reflektierte Auseinandersetzung mit individuellen Fremdsprachlernprozessen als Ausgangspunkt des Gießener Elektronischen Praktikums

Im Gießener Aufbaustudiengang Deutsch als Fremdsprache wird im laufenden Semester zum dritten Mal ein Modell erprobt, mit dem die zukünftigen Deutschlehrer bereits in ihrer Ausbildung intensiv mit individuellen Lernprozessen und ihrer eigenen Tätigkeit als Lehrer, Lernberater, Tutor o.ä. konfrontiert werden. Die Studierenden agieren dabei unter Verwendung der Kommunikationsmöglichkeiten des Internet mit Deutschlernenden an einem entfernten Ort, in den beiden ersten Durchgängen mit Studierenden aus Hongkong, im jetzt laufenden mit Studierenden im amerikanischen Bundesstaat Wisconsin. Die Studenten auf Gießener Seite erfahren dabei ihre eigene Rolle, die irgendwo auf dem Spektrum zwischen Brieffreund und Lehrer angesiedelt ist, und diskutieren in einem Begleitseminar das eigene Verhalten, die Daten ihrer eigenen digitalen Kommunikation sowie die durch den Interaktionsprozess angesprochenen allgemeineren Themenbereiche wie z.B. Korrekturverhalten, Lernersprache, das Verhältnis von konzeptioneller Mündlichkeit und schriftlicher Realisierung usw. Diese Themen erweisen sich als relevante Reflexionsebenen für das eigene Tun.

Das GEP wird begleitend erforscht. In den ersten beiden Durchgängen stand die Analyse des Email-Austausches zwischen Tutorin und Tutee im Vordergrund; die Vorgaben waren extrem offen, freigeschaltet wurden nur die Kommunikationskanäle, eine Anbindung an das Hongkonger Sprachlern-Curriculum wurde nicht vorgegeben, aber auch nicht ausgeschlossen; die Beteiligten wurden aufgefordert, aus dem Freiraum Austausch das für sie jeweils Beste zu machen, die Hongkonger Lernenden im Hinblick auf ihre sprachlichen und landeskundlichen Lernziele, die Gießener Studierenden im Hinblick auf ihre zukünftigen Rollen als Lernberater, Tutor, Lehrer. Ausgewertet wurden diese beiden ersten Durchgänge vor allem in Tamme 2001. Im aktuellen dritten Durchgang liegt das Augenmerk der Begleitforschung stärker auf der Integration des elektronischen Tutoriums in die Institutionen; auf der Wisconsiner Seite ist das Schreiben der Emails stärker obligatorisch verankert, in Gießen konzentriert sich die Analyse auf die Interaktion von individueller Erfahrung und Seminarpraxis und die Gestaltung des Begleitseminars im Spannungsfeld vorgegebener Themen und spontan eingeführter Reflexionsgegenstände (vgl. als Kurzüberblick Würffel 2002).

3. Ergebnisse der Auswertung der beiden ersten Durchgänge: Tutor-Tutee-Interaktion

Tamme 2001 untersucht 465 Mails, die zwischen den Tutorinnen und Tutees ausgetauscht wurden und die insgesamt einen Umfang von 85.688 Wörtern hatten; an Daten weiterhin erhoben wurden Fragebögen und Audioaufnahmen von den Seminarsitzungen der Tutorien. Analysiert im Detail wurden vor allem vier Bereiche: die behandelten Themen, Schreibrhythmus und Maillänge, die Bedeutungen der Emotionen und das Korrigieren (vgl. zu den Emotionen auch Tamme 2000 und zu den Korrekturen Tamme/Rösler 1999). Der Bereich Maillänge und Schreibrhythmus, auf den ersten Blick lediglich formal bestimmt und harmlos wirkend, erweist sich dabei als hochinteressanter Analysegegenstand im Hinblick auf Aussagen über den Erfolg und Misserfolg von Email-Tutorien. Auf der Basis statistischer Angaben, der Interpretation langer Textauszüge und der Interpretation eines gesamten Austausches einer Tutorin und einer Tutee im Hinblick auf die Antwortschnelligkeit und die Länge und Kürze der Mails entwickelt Tamme (2001, 102) dabei am Ende konkrete Empfehlungen für die Schreibstrategien von Email-Tutorinnen:

> „Antworte schnell auf die Mails deines Tutees. Wenn du keine Zeit hast, eine längere Mail zu schreiben oder einige Tage gar nicht erreichbar bist, teile das dem Tutee mit und melde dich dann später ausführlicher wieder.
> Bei längeren Schreibpausen des Tutees schreib von dir aus, ohne an der Reihe zu sein.
> Vorsicht mit reinen oder vorwiegend funktionalen Mails! Sie könnten als nicht ‚vollwertiger' Kommunikationsbeitrag angesehen werden.

Sprich verschiedene Themen an und schreib wenigstens in einiger Ausführlichkeit darüber, um Anknüpfungspunkte zu geben.
Greif Themen und vor allem Fragen des Tutees wieder auf.
Wenn du den Tutee dazu anregen willst, von sich zu erzählen, erzähl zuerst von dir!“

Bei der Analyse der Themen (vgl. die Abbildungen 1 und 2) kommt es zum einen zu interessanten quantifizierenden Angaben über die von den Tutorinnen und Tutees behandelten Themen und die Gemeinsamkeiten und Unterschiede in der Intensität in der Auseinandersetzung mit diesen Themen. Zum anderen aber, und das ist für die Ausbildung von zukünftigen Lehrenden von besonderer Bedeutung, wird gezeigt, wie eine Art von personalisierter Landeskunde in Aktion treten kann. Quer zu den stereotypen Klassifikationen landeskundlicher Vermittlungsweisen in der Fremdsprachendidaktik zeigt sich hier, dass in der Interaktion sowohl Fakten vermittelt als auch Alltagsphänomene und kulturelle Einstellungen diskutiert und persönliche Einschätzungen abgefragt werden. Die oft geforderte emotionale und subjektive Zugriffsweise der Lernenden auf die Landeskundegegenstände des deutschsprachigen Raums ist hier gegeben, ohne dass sie über bestimmte ausgewählte Texte von den Lehrenden in den didaktischen Diskurs eingeführt wird. Diese Art von Landeskunde geschieht in der Interaktion aus den persönlichen Interessen der Lernenden heraus. Tamme (2001, 116-137) zeigt an einer Vielfalt von Auszügen aus den Briefwechseln, wie lebendig Landeskunde sein kann, wenn sie aus der Interaktion entsteht.

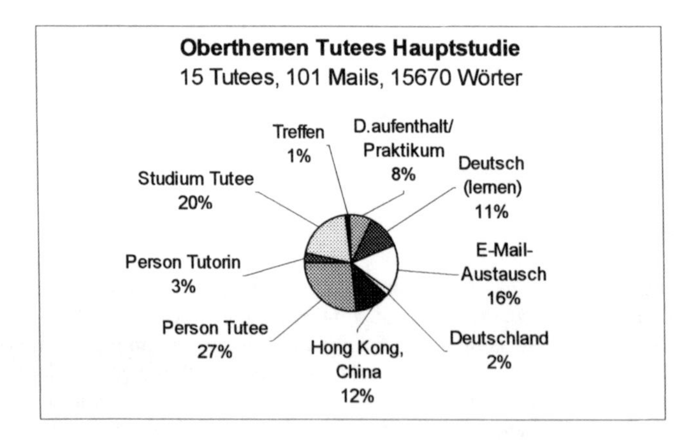

Abb. 1: Von den Tutees angesprochene Themen aus Tamme (2001, 111)

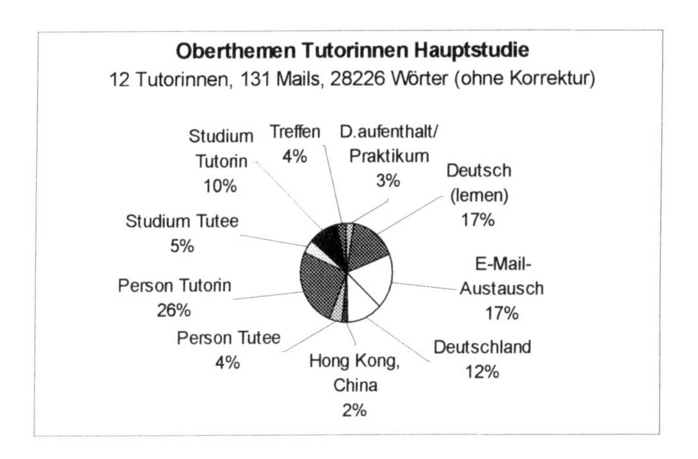

Abb. 2: Von den Tutorinnen angesprochene Themen aus Tamme (2001, 113)

4. Die laufende Analyse

In der aktuell laufenden dritten Phase der Erprobung liegt das Schwergewicht der Analyse auf der Einbettung der Tutorien in die universitäre Lehrerausbildung. Zum einen bietet dieses Praktikum den Tutoren die Möglichkeit, ihren „Lehrbedürfnissen" nachzukommen, wobei es im Hinblick auf das lehrende, beratende und kommunizierende Verhalten sehr unterschiedliche Schwerpunktsetzungen geben kann. Die eigene Arbeit geht durch Fragen und Erfahrungsberichte in das Begleitseminar ein, bei dem vorher festgesetzte Inhalte und von den Tutoren frei bestimmte – gewünschte – Inhalte miteinander in eine produktive Konkurrenz treten können. Behandelt werden hier Themen wie die Initiierung und Durchführung von Korrekturen, das Einschätzen von Sprachlernproblemen, das Erkennen systematischer Fehler und ihre Behandlung, das Einschätzen von Lehr- und Lernmaterialien, die Funktion bestimmter Aufgaben und Übungen und natürlich der ganze Bereich des Umgehens mit den Schwierigkeiten der Tutorenrolle, des Feststellens von eigenen Defiziten usw. Darüber hinaus spielen medienbezogene Fragen je nach Teilnehmeraktivitäten eine Rolle, wobei über die traditionelle Email-Kommunikation hinaus natürlich alle Kommunikations- und Distributionsmöglichkeiten von den am Austausch Beteiligten genutzt und von den Tutoren im Begleitseminar reflektiert werden können. Allgemeine und technische Medienkompetenz wird dabei aber auch durch fast inzidentelles Lernen erworben, das sich parallel zur Auseinandersetzung mit fremdsprachendidaktischen Fragestellungen ergibt.

In diesem laufenden dritten Durchgang richtet sich der Blick auf die Auswirkungen der stärkeren Anbindung der Tutorien an den Lernkontext der Lernenden und der Lehrenden. Die Analyse auf Gießener Seite bezieht sich zwar weiterhin auch auf die erfolgten Kommunikationen, stellt jedoch die Transkripte der Seminarsitzungen und der Interviews mit den Beteiligten und die Praktikumsberichte in den Mittelpunkt der Begleitforschung (vgl. Würffel demnächst).

5. Einordnung

Bei diesem Projekt handelt es sich sowohl um eine unmittelbar wirksam werdende Innovation im Lehrangebot des Bereichs Deutsch als Fremdsprache als auch durch die Evaluation und die Rückkopplung des Konzepts des Elektronischen Praktikums in die fremdsprachendidaktische Diskussion um einen Beitrag zur Diskussion der Lehrerbildung. Theoretisch basiert das Konzept des elektronischen Praktikums auf einer Reihe didaktisch inzwischen gut erforschter Aspekte wie z.B. dem Tandemlernen generell und besonders dem Email-Tandem und dem Konzept der One-to-One-Tutorien, die erstmals im Rahmen eines Zusatzstudiengangs Deutsch als Fremdsprache an der Freien Universität Berlin erprobt worden waren (vgl. z.B. Ahrenholz/Rost-Roth 1997). Und natürlich ist dieses Projekt eingebunden in die Diskussion um das Fremdsprachenlernen mit digitalen Medien und aufgrund der raumüberschreitenden Kommunikation auch um das interkulturelle Lernen.

Wenn, wie Legutke (im Druck) am Beispiel der Interaktion von Universitätsseminar und konkretem Schulunterricht mit digitalen Medien zeigt, die didaktische Integration der digitalen Medien in das Fremdsprachenklassenzimmer nur gelingen kann, wenn dieses sich in seinen Strukturen ändert und wenn Formen des kooperativen Lernens und des Projektunterrichts an der Universität nicht nur als theoretische Postulate gelehrt sondern vor allem auch in Seminaren selbst erfahrbar werden müssen (vgl. dazu ausführlicher Rösler 2001), dann ist eine hochschuldidaktische Auseinandersetzung mit der Rolle der digitalen Medien so zu führen, dass als deren Resultat die zukünftigen Lehrer immer vom Primat des Didaktischen ausgehen und Lernende als lernende Individuen im Kontext einer Gruppe begreifen. Dazu müssen in der Ausbildung Formen gefunden werden, die den zukünftigen Lehrern einen reflektierten Zugang zu individuellen Lernprozessen gewähren, die pädagogisch sinnvolle Verwendungsweisen der digitalen Medien erprobbar werden lassen und die vor allem innerhalb des hochschuldidaktischen Kontexts kooperatives Lernen als Alltag erfahrbar werden lassen.

Literaturangaben

Ahrenholz, Bernt/Rost-Roth, Martina (1997): „Studienintegrierte Praxiserfahrung in der Ausbildung von Fremdsprachenlehrern: One-to-One-Tutorien im Bereich ‚Deutsch als Fremdsprache'". In: *Zeitschrift für Fremdsprachenforschung (ZFF)* 8 (1), 51-64.

Legutke, Michael (im Druck): „Forschendes und kooperatives Lernen in multimedialen Lernumgebungen. Ein Beitrag zur fremdsprachlichen Lehrerbildung". In: Legutke, Michael/Rösler, Dietmar (Hrsg.): *Fremdsprachenlernen mit digitalen Medien. Beiträge des Giessener Forschungskolloquiums*. Tübingen: Narr.

Rösler, Dietmar (1984): *Lernerbezug und Lehrmaterial Deutsch als Fremdsprache*. Heidelberg: Groos.

Rösler, Dietmar (2001): „Fachwissen, Neue Medien und Projektarbeit in der Ausbildung von Fremdsprachenlehrern – Impulse aus dem Fach Deutsch als Fremdsprache“. In: Königs, Frank G. (Hrsg.): *Impulse aus der Sprachlehrforschung – Marburger Vorträge zur Ausbildung von Fremdsprachenlehrern und -lehrerinnen.* Tübingen: Narr, 79-92.

Tamme, Claudia (2000): „Emotionen via E-Mail. Überlegungen zum textsortenspezifischen Emotionsausdruck in informellen E-Mail-Briefen“. In: Bredella, Lothar/Christ, Herbert/Legutke, Michael (Hrsg.): *Fremdverstehen zwischen Theorie und Praxis*. Tübingen: Narr, 215-242.

Tamme, Claudia (2001): *E-Mail-Tutorien. Eine empirische Untersuchung E-Mail-vermittelter Kommunikation von Deutschstudierenden und Deutsch-als-Fremdsprache-Lehrenden in der Ausbildung.* Gießen http://geb.uni-giessen.de/geb/volltexte/2003/1009/.

Tamme, Claudia/Rösler, Dietmar (1999): „Heranführung an den autonomen Umgang mit neuen Medien im Fremdsprachenunterricht und in der Lehrerausbildung am Beispiel von E-Mail Tutorien“. In: *Fremdsprachen Lehren und Lernen (FLuL)* 28, 80-98.

Würffel, Nicola (2002): „Elektronisches Praktikum an der Justus-Liebig-Universität Gießen: Eine neue Form des lernenden Lehrens“. In: *ÖDaf Mitteilungen* 1, 72-82.

Würffel, Nicola (demnächst): „,Und wenn die Wellenlänge nicht stimmt?' Zum Einfluss affektiver Faktoren auf Verstehensprozesse in elektronischen Lehr-Lernsituationen (E-Mail Praktikum). Vortrag auf der 10. Göttinger Fachtagung ‚Fremdsprachenausbildung an der Hochschule'“, März 2003. Erscheint in der Tagungsdokumentation.

Heribert Rück

Ausbildung von Fremdsprachenlehrern für Grundschulen

1. Zur aktuellen Situation

Ich möchte das thematische Feld „Fremdsprachenlehrerausbildung" auf den Bereich der Grundschule eingrenzen, weil mir hier vieles im Argen zu liegen scheint und weil der Bedarf an gut ausgebildeten Fremdsprachenlehrern hier besonders groß und besonders dringend ist.

Zur gegenwärtigen Situation: In allen deutschen Bundesländern wird in den Grundschulen Fremdsprachenunterricht flächendeckend entweder bereits angeboten oder zur unmittelbar bevorstehenden Einführung geplant. Dies ist politisch so gewollt und mag im Prinzip auch sinnvoll sein. Zu fragen wäre allerdings, ob die immer mehr um sich greifende Gleichsetzung von „Fremdsprachenfrüherwerb" mit „Frühem Englischunterricht" gut zu heißen ist (statt 9 Jahren schließlich 13 Jahre Englischunterricht?) und vor allem auch, ob die Schulen hinsichtlich der zur Verfügung stehenden Lehrkräfte für die neue Aufgabe gerüstet sind.

Zur Erinnerung: Die verdienstvollen Bemühungen der 70er und 80er Jahre, Fremdsprachenerwerb in Grundschulen, teilweise auch in Kindergärten, zu ermöglichen, blieben auf der Hochschulebene zunächst folgenlos. Mit großem Aufwand gestartete und erfolgreich abgeschlossene Schulversuche wie der in Niedersachsen (Doyé/Lüttge 1977) verliefen politisch im Sand. Bis in die 80er Jahre gab es für Grundschulaspiranten lediglich vereinzelt Wahlangebote für Englisch oder Französisch, der Erwerb einer regulären Fakultas für eines dieser Fächer war hingegen nicht möglich. Eine gewisse Bewusstseinsänderung in dieser Hinsicht fand erst im Zuge der fortschreitenden europäischen Einigung statt. So gibt es heute ganz vereinzelt (etwa in Rheinland-Pfalz) universitäre Studiengänge für Englisch und Französisch, die durch die Einführung einer zweiten Ausbildungsphase ergänzt werden. Von einer allgemeinen Integration des Bereichs „Fremdsprachenfrüherwerb" in den Ausbildungsgang für Grundschullehrer ist man jedoch noch weit entfernt. Paradoxerweise besteht zum Beispiel für Grundschul-Studierende im Saarland (wo Französisch an allen Grundschulen bereits 1992 verpflichtend eingeführt wurde) nicht die Möglichkeit, Französisch für Grund- und Hauptschulen an der Universität Saarbrücken zu studieren. Wer eine entsprechende Lehrbefähigung erwerben will, muss dies an der Universität Koblenz-Landau, also in Rheinland-Pfalz, tun.

Offenbar geht man immer noch weithin davon aus, dass für eine kompetente Fremdsprachenvermittlung an der Grundschule ein paar in der Schule oder im Ausland erworbene Fremdsprachenkenntnisse ausreichen. Das Übrige soll die Praxis besorgen. Einen Sonderfall stellt ein durch Muttersprachler erteilter Sprachunterricht dar, bei dem die sprachlich-kulturellen Voraussetzungen zwar in scheinbar idealer Weise gegeben sind, ein theoretisches Rüstzeug jedoch ebenfalls in den meisten Fällen fehlt. Theorie-Defizite werden indes allgemein nur selten beklagt, vielmehr geht es in der Regel um Rezepturen, die weitergereicht oder selbst erfunden, gelegentlich auch auf Fortbildungsveranstaltungen erarbeitet werden. Theorie-Angebote werden oft sogar als lästig empfunden, denn schließlich hat jeder seine eigene lernbiographisch erworbene Theorie im Kopf. Freischwebende Alltagstheorien tun ein Übriges (z.B.: Kinder lernen Fremdsprachen besonders leicht, weil sie – wie angeblich beim Erwerb der Muttersprache – das Gehörte „imitieren“). Als eine Art Theorie-Ersatz dient in vielen Diskussionen und Verlautbarungen das Wort „spielerisch“.

Ich will mit diesen skeptischen Anmerkungen Erfolge, wie sie auch in einem dergestalt ausbildungsfreien didaktischen Raum erzielt wurden, keineswegs in Abrede stellen. Es gibt in manchen Fällen eine Art „natürliche“ Fremdsprachen-Lehrkompetenz (Grucza 1993, 33), die mit sicherem Gespür richtige Wege findet. Zu bewundern ist der Idealismus und das Engagement vieler Lehrer, die sich dem Früherwerb verschrieben haben. Und doch muss gesagt werden, dass mangelnde Ausbildung weder durch Begabung noch durch Enthusiasmus ersetzt werden kann.

2. Neue Modelle für die Fremdsprachenlehrer-Ausbildung

Für die Fremdsprachenlehrerausbildung allgemein sind zur Zeit Formate für deren Umstrukturierung in der Diskussion und zum Teil schon in der Anwendung. Für die Grundschule wäre in diesem Bereich ein Format auf weite Strecken erst zu entwickeln. Dafür gälte es, ein Modell zu finden, das eine zugleich wissenschaftlich fundierte und zielgerecht auf die künftige Unterrichtspraxis gerichtete Ausbildung von Anfang an garantiert. Entscheidend wären die Inhalte und ihr ganzheitliches Aufeinander-Bezogensein. Der Name, den ein solches Modell erhielte, wäre von zweitrangiger Bedeutung. Gibt man dem Abschluss den Namen „Bachelor“, so ist dies im Sinne der Internationalisierung solcher Bezeichnungen vielleicht sinnvoll, doch dürfte im Bereich der Grundschule der didaktische und praktische Teil der Ausbildung auf keinen Fall auf eine anschließende Master-Phase verschoben werden. Ein ausschließlich fachwissenschaftlich ausgerichtetes Bachelor-Studium ist für die Grundschule abzulehnen. Hier ist dem Wissenschaftsrat zuzustimmen, wenn er für diesen Ausbildungszweig von Anfang an ein integrativ und modular ausgerichtetes Studienangebot mit engem Praxisbezug empfiehlt (Wissenschaftsrat 2002, 52). In die Irre führen indes Vorschläge, die Ausbildung von Fremdsprachenlehrern für die Grundschule den Fachhochschulen zu überlassen. Praxisbezug darf nicht als ein bloßes Praxistraining missverstanden werden. Der Wissenschaftlichkeit der Ausbildung gebührt ein hoher Rang. Folglich sind wissenschaftliche Hochschulen und nicht Fachhochschulen für sie zuständig.

3. Fremdsprachenfrüherwerb: nach welcher Konzeption?

Da ein Lehrerausbildungs-Konzept für Fremdsprachen in der Grundschule nur auf der Basis einer theoretischen Konzeption für Ziele, Methoden und Bedingungen des frühen Fremdsprachenerwerbs entworfen werden kann, gehe ich kurz auf diesen Punkt ein.

Zunächst: Es soll hier nicht nochmals die Debatte um die Begriffe „Begegnungssprache“ versus „systematischer Unterricht“ aufgerollt werden (vgl. dazu paradigmatisch Doyé

1991, Pelz 1991, Rück 1992, Pelz 1992, Doyé 1992, Sauer 1992, Sauer 2000). Statt der oft allzu starr vertretenen Positionen gilt es zu fragen, was heute als allgemein konsensfähig gelten darf. Mir scheinen dies die folgenden Punkte zu sein:

- Fremdsprachenvermittlung in der Grundschule (im folgenden FG), wie immer man sie definieren mag, hat den Bedingungen der Grundschule Rechnung zu tragen, d.h. sie darf dem pädagogischen Gesamtkonzept der Primarstufe nicht widersprechen.
- FG soll Interesse an fremden Sprachen und Kulturen wecken und zu weiterem Fremdsprachenlernen motivieren.
- FG muss Ergebnisse zeitigen, weil ein bloßes „Sensibilisieren" für eine Sprache oder für Sprachen allgemein weder den Kindern (die Lernerfolge erkennen möchten) noch den Erwartungen der Eltern und der weiterführenden Schulen (die wissen möchten, wo sie anzuschließen haben) gerecht wird.
- FG benötigt ein Methodenkonzept, das nicht „handgestrickt", sondern unter dem Primat wissenschaftlicher Erkenntnisse entwickelt ist.
- FG steht und fällt mit ausgebildeten Lehrern.

Akzeptiert man die genannten Prämissen als nicht hintergehbar, dann ergibt sich daraus m.E. das Folgende:

Ein starres, an grammatischen Inhalten orientiertes Methodenkonzept, wie es die Lehrpläne und Lehrwerke der weiterführenden Schulen beherrscht, wäre für die Grundschule kontraproduktiv. Es wäre weder geeignet, Freude an der fremden Sprache und Kultur zu wecken, noch würde es dem reformorientierten Gesamtkonzept einer modernen Grundschule entsprechen. Die Verfechter dieser Auffassung missachten zudem die zeitlichen Grenzen, die dem frühen Fremdsprachenerwerb zugebilligt werden (in der Regel 90 Minuten, gelegentlich, wie in Rheinland-Pfalz, nur 50 Minuten). In einem solch engen Rahmen einen durch grammatische Vorgaben bestimmten Unterricht zu planen und zu realisieren, erschiene als illusorisch. Versuchte man denn, ihn zu realisieren, bestünde die Gefahr, dass alle anderen (kreativen, auf Entdeckung gerichteten) Komponenten der FG erstickt würden.

Das heißt jedoch nicht, dass Grammatik in der FG keine Rolle spielen soll. Grammatik ist in jedem Satz, der gesprochen oder gelesen/geschrieben wird, gegenwärtig. Es käme m.E darauf an, sprachlichen Input so anzubieten, dass die Chance zu impliziten Regelbildungen gegeben ist. Diesem, auch neurobiologisch zu begründenden, Prinzip des Selbstfindens (vgl. Spitzer 2002) stünde eine grammatische Progression, wie etwa von Sarter (1997) gefordert, diametral entgegen. Eine durch Grob- und Feinlernziele bestimmte grammatische Linearität und das Entdecken von Regeln schließen einander wechselseitig aus (vgl. dazu auch Bleyhl 1998).

Eine FG, die den Freiraum, dessen ein kreativer und zum Weiterlernen motivierender Unterricht bedarf, nicht unzulässig einschränkt, müsste m.E. so aussehen, dass

- Input in ausreichender und angemessener Form (Hier-und-Jetzt-Prinzip) gegeben wird
- in einer Art darstellenden Spiels durch die Lehrperson vermittelt wird

- der Input in grammatischer und lexikalischer Hinsicht in der Weise strukturiert ist, dass den Lernenden das Bilden und Testen von Hypothesen ermöglicht wird
- von thematischen Inseln ausgehend, der Fokus von Fall zu Fall auf grammatische Erscheinungen gerichtet wird, die aus dem semantischen und situativen Zusammenhang ihre Plausibilität gewinnen.

Bei den letzten beiden Punkten denke ich besonders an empirische Untersuchungen von Swain (1985) und Wong-Fillmore (1985), aus denen hervorgeht, dass durch Fokussierung und Strukturierung des Input beachtliche Lernerfolge gerade im grammatischen Bereich erzielt werden können (zur Fokussierung vgl. auch Bleyhl 1999, 256). Wong-Fillmore reflektiert Beispiele serieller Strukturierung, die zum Erfolg führten und kommentiert sie wie folgt:

> "By such means, teachers create situations that not only allow students to interpret the information to be conveyed to them, they also call attention to the way in which sentences pattern in the new language. By this the teachers help the learners to detect the structural regularities in the language used" (Wong-Fillmore 1985, 39).

Zu vergessen ist dabei nicht, dass neben dem Input auch dem Output eine für den Lexik- und Strukturerwerb wesentliche Funktion zukommt. Die nach angemessenen Hörverstehensphasen einsetzenden Versuche, sich sprachlich im Sinne des Gehörten zu artikulieren, geben den Lernenden die Möglichkeit, ihre mentalen Testergebnisse aktiv strukturierend zu überprüfen und verschaffen ihnen die nötige Sicherheit im kommunikativen Verhalten (vgl. dazu Rück 2000). So begründet Swain (1985, 249) die von ihr im Widerspruch zu Krashen formulierte *,comprehensible output' hypothesis*, die besagt, dass verständlicher Input zwar als primärer Faktor beim gesteuerten Spracherwerb zu gelten habe, dass er aber als notwendiges Korrelat verständlichen Output erfordert. Vom Hören allein kommt man noch nicht zum Sprechen. Es bedarf dazu einer sorgfältigen und gezielten Hinführung, es bedarf der Interaktion (nicht nur außersprachlich, sondern eben auch sprachlich).

Dass es für ein solches Vorgehen theoretisch und praktisch entsprechend ausgebildeter Lehrer bedarf, liegt auf der Hand. Im rheinland-pfälzischen Modellversuch (vgl. Staatliches Institut für Lehrerfort- und -weiterbildung 1995) zeigte sich, dass ein wesentlicher, wenn nicht der wesentliche Faktor für die Umsetzung des theoretischen Konzepts (Rück 1995) bei der sprachlichen Kompetenz der an den Versuchen beteiligten Lehrkräfte zu suchen war. Lehrer, die sich im Gebrauch der Fremdsprache unsicher fühlten, leisteten (verständlichen) Widerstand gegen die Forderung, sprachlich in der genannten Weise aktiv zu sein. Sie beschränkten sich gern auf bekannte Spiele, die ihnen eigenes Sprechen weitgehend ersparten, übten Lieder ein, und ihr *classroom discourse* war mager und bot den Kindern kaum Möglichkeiten, sich in die Sprache und ihr Funktionieren hineinzuhören. Das andere Extrem bildete ein Muttersprachler, der mit großer Verve ein hohes Maß an ungefiltertem Input bot, der die Kinder frustrierte und sie dazu brachte, nach einiger Zeit jegliche Aufmerksamkeit zu verweigern.

4. Lehrerausbildung für den Fremdsprachenunterricht an Grundschulen

Aus dem Gesagten lassen sich zwei Grunderfordernisse für eine berufsgerechte Lehrerbildung für den fremdsprachlichen Bereich der Grundschule (im Folgenden LfG) ableiten, nämlich:

(1) eine gezielte und zweckentsprechende Ausbildung der sprachpraktischen Kompetenz und

(2) eine dem künftigen Berufsfeld entsprechende fachdidaktische Ausbildung.

Es handelt sich dabei um zwei Forderungen, die für jede Fremdsprachenlehrerausbildung zu gelten hätten, in besonderer und ganz spezifischer Weise aber für das Zielfeld der Grundschule. Wenn etwa Schröder (1994, 73) konstatiert, das gegenwärtige Lehrerstudium sei „zusammengestoppelt aus Sprachwissenschaft, Literaturwissenschaft, einer unterbewerteten Sprachpraxis und einer angeklebten Fachdidaktik“, dann ist das ein trauriger, aber leider zutreffender Befund, der allgemein und ganz besonders bei der Ausbildung von Fremdsprachenlehrern für die Grundschule einem Denken weichen sollte, das sprachpraktische und fachdidaktische Qualifizierung im Hochschulstudium ernster nimmt, als dies in der Regel geschieht.

Bevor ich auf weitere Grunderfordernisse einer zu konzipierenden LfG eingehe, möchte ich kurz die beiden genannten Komponenten erläutern.

Zu (1): Ich halte ein unverbundenes Nebeneinander von Phonetik, Grammatik, Übersetzung und Konversation für wenig effektiv. Es sollten Wege gefunden werden, durch die auf integrativem Wege ein sprachliches Potential aufgebaut wird, wie es die Studierenden im späteren Beruf benötigen. Dafür sind z.B. literarische Übersetzungen wenig geeignet, weil sie ein für das künftige Berufsfeld gänzlich irrelevantes Register repräsentieren und einen unverhältnismäßig hohen Zeitaufwand für das Herausarbeiten stilistischer Finessen erfordern. Übersetzungen können innerhalb sprachwissenschaftlicher Seminare sinnvoll sein, wenn sie z.B. dazu dienen, Registerunterschiede zu verdeutlichen. Sie können auch innerhalb eines Seminars, das dem Einüben in Zeitungslektüre (extensives und intensives Lesen) zu dienen hätte, Bedeutung gewinnen (genaues Verstehen durch Herübersetzung). Zu fragen wäre auch, welcher sprachliche Zugewinn für Studierende in isolierten Phonetik- und Grammatikkursen liegt und ob nicht vielmehr das von B. Grucza (1993) dargestellte Videotraining oder eine unter Anleitung erfolgende und von den Studierenden reflektierte Eigenbeschäftigung mit den betreffenden Problemfeldern via elektronische Medien bessere Ergebnisse zeitigen würde (vgl. dazu Oudart 1997, Vereinigung der Französischlehrer e.V. 1998, Tschirner 1999, Rüschoff/Wolff 1999, Gilmozzi/Rist 2002). Zur Reflexion: Lernertagebücher wären phasenweise zu erörtern und würden auch dem Lehrenden hinsichtlich seiner Selbsteinschätzung Gewinn bringen. Auch der Portfolio-Gedanke sollte hierbei eine Rolle spielen (vgl. Landesinstitut für Schule und Weiterbildung 2001, Legutke 2003, Borgwardt 2003). Was schließlich die so genannte „Konversation“ angeht, in der meist wenige in der Fremdsprache bereits Geübte das Sagen haben, während die eigentlich Sprachbedürftigen nur wenig vom Kurs profitieren, so sollte – soweit dies nicht bereits geschieht – nach neuen Formen gesucht werden, um derartige Sprechkurse stärker interaktiv zu gestalten. Ich denke hier etwa an Gesprächskreise in den neuen Medien, an E-Mail-, Tandem-und Videoconferencing-Projekte mit Studierenden in Zielsprachenländern oder an Aktionsformen, wie sie in großer Zahl in Aktivitätenbüchern angeboten werden. Dass in Richtung auf neue Medien an einer Reihe von Hochschulen bereits fruchtbar gearbeitet wird (vgl. Flischikowski 2002), soll nicht verkannt werden, doch steht die Anwendung auf den Grundschulbereich noch weitgehend aus. Auch innovative szenische Ansätze sollten erprobt werden, z.B. solche, die sich an der so genannten *simulation globale* (Yaiche 1996) oder auch an der Theaterpraxis von Augusto Boal orientieren. Im letzteren Fall geht es um Problemlösungs-Techniken (Boal 1999, Breugnot 1997), wobei unter didaktischem Aspekt die politische und therapeutische Dimension, wie sie bei Boal im Vordergrund stehen, ausgeblendet blieben. Es ginge ausschließlich um den gruppendynamisch angelegten theatralischen Prozess, bei dem die Trennung zwischen Spielenden und Zuschauenden aufgehoben und im Wechselspiel zwischen beiden unterschiedliche Lösungsmodelle ausprobiert würden.

Zu (2): Die LfG ist mit nur einem Fachdidaktik-Seminar unzureichend ausgestattet. Dieses würde nur ausreichen, um Grundbegriffe zu erarbeiten, um Problemfelder zu eröffnen, um unterschiedliche Modelle des In- und Auslandes vorzustellen. Die konkrete didaktische Arbeit müsste in mindestens einem weiteren Seminar erfolgen, in dem die Studierenden Gelegenheit hätten, Sequenzen für den Unterricht zu erarbeiten und interaktiv zu testen. Ein guter und wirkungsvoller Umgang mit der Handpuppe ist nicht selbstverständlich und muss geübt werden. Darstellendes Erzählen bleibt eine leere Forderung, wenn man ihm nicht bereits im Studium Raum gibt. Das weite Feld der jeweiligen fremdsprachlichen Kinderliteratur wäre zu sichten und zu prüfen. Frage: Wie komme ich an diese Literatur heran, nach welchen Kriterien wähle ich aus, wie setze ich diese Bücher, CDs, Kassetten usw. ein? Auch hier ist nach den Möglichkeiten zu fragen, welche die neuen Medien durch vorhandene Software und auch zur Erarbeitung eigener Sequenzen bieten.

Um den Studierenden die zu (1) und (2) vorgeschlagenen Aktivitäten zu ermöglichen, wäre ein vorbereitender Grundkurs zum Umgang mit neuen Medien erforderlich.

Damit die didaktische Komponente des Studiums nicht als bloßer Trockenschwimm-Kurs angelegt ist, sollte eine Rückbindung an die Praxis des Grundschul-Unterrichts erfolgen. Sinnvoll wäre eine Lehrveranstaltung, in der „Praxisphasen und deren Reflexion, interkulturelle Erfahrungen und Auslandsaufenthalte zusammengefasst sind“ (Krumm 1993, 105).Videomitschnitte können wesentliche Konstituenten erfolgreichen Unterrichts verdeutlichen (vgl. Krumm 1986). Eigenen Unterrichtsversuchen sollte der Auslandsaufenthalt (mindestens 3 Monate) vorausgehen, weil eine entsprechende Lockerheit im Umgang mit der Fremdsprache dann eher vorausgesetzt werden kann.

Eine weitere Komponente einer berufsfeldbezogenen LfG, der zentrale Bedeutung zukommt, wäre

(3) eine Landeskunde (Landeswissenschaft), die sich nicht in Betrachtungen über den Weinbau in Burgund und den Ziegenkäse der Provence verliert, sondern fundierte Kenntnisse über die Massenmedien (Presse, Rundfunk, Fernsehen), das Bildungswesen, die Institutionen, Parteien usw. vermittelt (für Frankreich vgl. Große/Lüger 2000).

Unter dem Aspekt der Landeskunde ist auch die Literaturwissenschaft zu sehen, denn die Qualifizierung für den Beruf muss die Vermittlung von Kenntnissen über die Geschichte der Literatur des jeweils anderen Landes und die Beschäftigung mit zentralen Werken dieser Literatur einschließen. Es geht nicht an, dass Studierende des Französischen für die Abschlussprüfung nur das an Literatur vorzuweisen haben, was sie von ihrer Schulzeit her kennen (z.B. *L'étranger* von Camus). Studierende der Fremdsprache sollen zu Lesern in dieser Sprache herangebildet werden, was einen Grundkurs in literarischer Lektüre (der methodisch klar zu strukturieren wäre) voraussetzt. Hinzu kommt eine Vorlesung/ein Seminar zur Literaturgeschichte, das in exemplarisches Form mit den wichtigsten Epochen der jeweils anderen Literatur vertraut macht. Literaturverfilmungen und ihre fremdsprachliche Erörterung können einen Beitrag auch zur Ausbildung im Bereich der Sprachpraxis leisten.

Landeskunde bedeutet auch den Erwerb einer interkulturellen Kompetenz, welche die Kenntnis von Bräuchen und Sitten des anderen Landes sowie von typischen Denkmustern und Verhaltensweisen, Stereotypen, Tabus usw. einschließt. Der künftige Lehrer des Französischen an einer deutschen Grundschule sollte in der Lage sein, sich in Frankreich so zu verhalten, dass er nicht unnötig „aneckt", und unter anderem auch wissen, dass er nicht jedes umgangssprachliche Wort der Fremdsprache, das nativen Sprechern leicht über die Lippen geht, auch als Ausländer uneingeschränkt verwenden kann.

Die LfG bedarf ferner

(4) einer sprachwissenschaftlichen Komponente, deren Aufgabe es zum einen ist, Grundbegriffe und Methoden der deskriptiven Linguistik zu vermitteln und die zum anderen der Bewusstmachung von Registerunterschieden gilt, wie sie im Französischen besonders ausgeprägt in Erscheinung treten. Dies schließt die Normenproblematik ein. Der Unterschied zwischen gesprochenem und geschriebenem Code ist zu verdeutlichen. Studierende begegnen heute bei Frankreichaufenthalten und beim Zusammentreffen mit frankophonen Mitstudenten sowie über die mittlerweile leicht zugänglichen frankophonen Medien (gesprochenen wie geschriebenen) den unterschiedlichsten Gebrauchsweisen (vgl. Meißner 1997, 197), und es muss von ihnen verlangt werden, dass sie diese Unterschiede nicht nur wahrnehmen, sondern theoretisch differenzieren und zum Mindesten in wesentlichen Zügen auch anwenden lernen (z.B.: *ça* für *cela* und *on* für *nous* sind in einer Diskussion und im Umgang mit Grundschulkindern normal, im schriftlichen Aufsatz oder in einem Bewerbungsschreiben sind sie Code-Brüche). Besondere Bedeutung kommt für die Grundschule einem familiären Register zu, das in möglichst ungezwungener Form beherrscht werden sollte (vgl. dazu auch Meißner 2002).

5. Zusammenarbeit mit der Grundschulpädagogik

Die fachdidaktische Komponente des Studiums sollte durch eine vom Fach Grundschulpädagogik anzubietende Lehrveranstaltung ergänzt werden, in der es darum ginge, den Zusammenhang zwischen dem erziehungswissenschaftlichen und dem Sprachvermittlungskonzept zu verdeutlichen. Möglichkeiten der Einbindung des Fremdsprachenerwerbs in unterschiedliche Lernbereiche der Grundschule wären zu erörtern, und hier können auch offene Formen des Unterrichtens wie Stationenarbeit erarbeitet und erprobt werden.

6. Abschließende Bemerkungen

Das hier umrissene *integrative* Konzept einer Fremdsprachen-Lehrerausbildung für die Grundschule darf als ein solches bezeichnet werden, weil es in jeder seiner Komponenten um die Herausbildung der Fremdsprachenlehrkompetenz geht. Es stehen nicht philologische und didaktische Anteile isoliert nebeneinander, vielmehr sind alle Studienanteile auf das Ziel der beruflichen Qualifizierung gerichtet, ohne dass dabei der Gedanke der Allgemeinbildung zu kurz käme (er ist etwa in den Komponenten Sprachwissenschaft, Landeskunde-Literaturwissenschaft und Sprachpraxis in evidenter Weise enthalten). Ferner: Indem alle Studienanteile unter dem Primat der beruflichen Ausbildung stehen, sind sie zugleich aufeinander bezogen und miteinander verzahnt. So dient die Beschäftigung mit Theaterpraktiken nicht nur dem Erwerb mündlich-sprachpraktischer Kompetenz, sie ist zugleich Vorbereitung auf die darstellende Einübung in Sprache, wie sie durch einen auf fokussierten Input gerichteten Unterricht an der Grundschule gefordert ist. Presselektüre im Bereich „Sprachpraxis" führt auch zu Kenntnissen über das Pressewesen im anderen Land und ist mithin auf den Bereich „Landeskunde" ausgerichtet. Das Registerstudium im Bereich Sprachwissenschaft steht im Dienst einer verbesserten Sprachpraxis, nicht anders als das fremdsprachige Gespräch im Bereich der Literaturwissenschaft. Schließlich sollte der Umgang mit Computer, Video und Fernsehen für alle Komponenten (1) bis (4) seine Fruchtbarkeit erweisen.

Dass ein Studium dieser Art eine intensive Planung von Semester zu Semester und eine fortlaufende Abstimmung der Arbeit zwischen den Lehrenden voraussetzt, versteht sich von selbst. Erwartet werden muss von den letzteren, dass sie selbst die Fremdsprache mühelos beherrschen und ihre Lehre ganz oder doch überwiegend in der Fremdsprache gestalten. Die unter Philologen auch heute noch gelegentlich zu hörende Rede, Fremdsprachen „parlieren" zu können sei eine Angelegenheit für Oberkellner, sollte endgültig der Vergangenheit angehören.

Und was bleibt für die zweite Phase der Fremdsprachenlehrer-Ausbildung? Die von der Hochschule theoretisch und praktisch gründlich vorbereiteten Aspiranten sehen sich nun in eine konsequent fachdidaktisch begleitete Unterrichtspraxis gestellt und erhalten die für die Ausübung ihres Berufs erforderliche Erfahrung und Sicherheit. Mit dem Erwerb des zweiten Staatsexamens sollten sie in der Lage sein, die Vermittlung der Fremdsprache so zu gestalten, dass sie weder belanglos ist noch auf einen Lehrgang à la Sekundarstufe (in verdünnter Form) hinausläuft.

Literaturangaben

Bleyhl, Werner (1998): „Selbstorganisation des Lernens – Phasen des Lehrens." In: Timm, Johannes-Peter (Hrsg.): *Englisch lernen und lehren. Didaktik des Englischunterrichts*. Berlin: Cornelsen.

Bleyhl, Werner (1999): „J'accuse." In: *Französisch heute* 3, 252-263.

Boal, Augusto (1999): *Der Regenbogen der Wünsche. Methoden aus Theater und Therapie.* Seelze (Velber): Kallmeyer.

Borgwardt, Ulf (2003): „Sprachenpass und Portfolio in der Erprobung. Erfahrungen aus Mecklenburg-Vorpommern." In: *Praxis des neusprachlichen Unterrichts* 1, 72-79.

Breugnot, Jacqueline (1997): *Théâtre et thérapies brèves dans l'enseignement/apprentissage d'une langue étrangère de spécialité.* Diss. Paris. Strasbourg.

Doyé, Peter/Lüttge, Dieter (1977): *Untersuchungen zum Englischunterricht in der Grundschule. Bericht über das Braunschweiger Forschungsprojekt Frühbeginn des Englischunterrichts*. Braunschweig: Westermann.

Doyé, Peter (1991): „Systematischer Fremdsprachenunterricht vs. Begegnung mit Fremdsprachen." In: *Neusprachliche Mitteilungen aus Wissenschaft und Praxis* 44 (3), 145-146.

Doyé, Peter (1992): „Zu Manfred Pelz' Ausführungen in diesem Heft." In: *Neusprachliche Mitteilungen aus Wissenschaft und Praxis* 45 (3), 168-169.

Flischikowski, Doris (2002): „Thematic Network Project in the Area of Languages 2/New Learning Environments – The European Learning Space/ German National Report." In: *Fremdsprachen und Hochschule* 65, 65-107.

Gilmozzi, Jutta Verena/Rist, Thomas (Hrsg) (2002): *Medienkommunikation und Mediendidaktik* (=*Beiträge zur Fremdsprachenvermittlung*, Sonderheft 5).

Gass, Susan M./Madden Coroly G. (Hrsg.) (1985): *Input in Second Language Acquisition.* Rowley: Newbury House.

Große Ernst Ulrich/Lüger, Heinz-Helmut ([5]2000): *Frankreich verstehen.* Darmstadt: Wissenschaftliche Buchgesellschaft.

Grucza, Barbara (1993): „Glottodidaktische Kompetenz und das Videotraining." In: Grucza/Krumm/Grucza, 113-127.

Grucza, Frantiszek (1993): „Ansätze zu einer Theorie der Ausbildung von Fremdsprachenlehrern." In: Grucza/Krumm/Grucza, 7-95.

Grucza, Frantiszek/Krumm, Hans-Jürgen/Grucza, Barbara (1993) (Hrsg.): *Beiträge zur wissenschaftlichen Fundierung der Ausbildung von Fremdsprachenlehrern.* Warszawa: Wydawnictwa Uniwersytetu Warszawskiego.

Jung, Udo O. H. (Hrsg.) ([3]2001): *Praktische Handreichung für Fremdsprachenlehrer.* Frankfurt/Main: Lang.

Königs, Frank G. (Hrsg.). (2001): *Impulse aus der Sprachlehrforschung – Marburger Vorträge zur Ausbildung von Fremdsprachenlehrerinnen und -lehrern.* Tübingen: Narr.

Königs, Frank G./Zöfgen, Ekkehard (Koord.) (2002): *Lehrerausbildung in der Diskussion* (=*Fremdsprachen Lehren und Lernen (FLuL)* 31). Tübingen: Narr.

Krashen, Stephen D. (1985): *The Input Hypothesis*. London/New York: Longman.

Krumm, Hans-Jürgen (1986): „Video als Medium der Lehrerfortbildung." In: Ehnert, Rolf/Piepho, Hans-Eberhard (Hrsg.): *Fremdsprachen lernen mit Medien. Festschrift für Helm von Faber zum 70. Geburtstag*. München: Hueber, 64-71.

Krumm, Hans-Jürgen (1993): „Die wissenschaftliche Ausbildung von Fremdsprachenlehrern Anspruch und Wirklichkeit." In: Grucza/Krumm/Grucza, 97-111.

Landesinstitut für Schule und Weiterbildung (Hrsg.) (2001): *Europäisches Portfolio der Sprachen. European Language Portolio. Portfolio Européen des langues*. Soest.

Legutke, Michael K. (2003): „Portfolio der Sprachen: eine erfolgversprechende Form der Lernstandsermittlung?" In: *Primary English* 1, 4-6.

McLaughlin, Barry (ed.) (1987): *Theories of Second Language Learning*. London: Edward Arnold.

Meißner, Franz-Joseph (1997): „Zur Ausbildung von Fremdsprachenlehrerinnen und Fremdsprachenlehrern in der Ersten Phase." In: *Französisch heute* 3, 196-205.

Meißner, Franz-Joseph (2002): „Qualitätssicherung der sprachpraktischen Ausbildung in den Studiengängen fremdsprachiger Fächer." In: Christiane Neveling (Hrsg.): *Perspektiven für die zukünftige Fremdsprachendidaktik*. Tübingen: Narr.

Oudart, Pierre (éd.) (1997): *Multimédia, réseaux et formation. Recherches et applications*. Paris: Hachette EDICEF.

Pelz, Manfred (1991): Thesen zu einer Begegnungssprache in der Grundschule. In: *Neusprachliche Mitteilungen aus Wissenschaft und Praxis* 44 (2), 88-89.

Pelz, Manfred (1992): „Zu Peter Doyé: ‚Systematischer Fremdsprachenunterricht vs Begegnung mit Fremdsprachen'." In: *Neusprachliche Mitteilungen aus Wissenschaft und Praxis* 45 (3), 167-168.

Rück, Heribert (1992): „Bedeutet Sprachbegegnung in der Grundschule den Verzicht auf kommunikative Ergebnisse?" In: *Neusprachliche Mitteilungen aus Wissenschaft und Praxis* 46 (2), 109-110.

Rück, Heribert (1994): „Fremdsprachenunterricht in der Grundschule: Fragen der Lehrerbildung und des Übergangs vom Primar- in den Sekundarbereich." In: *Neusprachliche Mitteilungen aus Wissenschaft und Praxis* 47 (3), 152-157.

Rück, Heribert (1995): „Theoretische Grundlegung und praktische Formen des Spracherwerbs im Modellversuch." In: *Staatliches Institut für Lehrerfort- und -weiterbildung Speyer*, 57-95.

Rück, Heribert (2000): „Vom Hörverstehen zum Sprechen." In: *Französisch heute* 4, 412-422.

Rück, Heribert (2001): „Fremdsprachenfrüherwerb: Positionen, Probleme, Perspektiven." In: Jung (Hrsg), 30-37.

Rüschoff, Bernd/Wolff, Dieter (1999): *Fremdsprachenlernen in der Wissensgesellschaft*. Ismaning: Hueber.

Sarter, Heidemarie (1997): *Fremdsprachenarbeit in der Grundschule. Neue Wege. Neue Ziele*. Darmstadt: Wissenschaftliche Buchgesellschaft.

Sauer, Helmut (1992): „Fremdsprachlicher Frühbeginn in der Diskussion. Skizze einer historisch-systematischen Standortbestimmung." In: *Neusprachliche Mitteilungen aus Wissenschaft und Praxis* 46 (2), 85-94.

Sauer, Helmut (2000): „Frühes Fremdsprachenlernen in Grundschulen – ein Irrweg?" In: *Neusprachliche Mitteilungen aus Wissenschaft und Praxis* 53 (1), 2-7.

Schröder, Konrad (1994): „Multi-kulti." In: *Neusprachliche Mitteilungen aus Wissenschaft und Praxis* 47, 72-73.

Spitzer, Manfred (2002): *Lernen. Gehirnforschung und Schule des Lebens*. Heidelberg/Berlin: Spektrum Akademischer Verlag.

Staatliches Institut für Lehrerfort- und -weiterbildung Speyer (Hrsg.) (1995): *Entwicklung und Erprobung eines didaktischen Konzeptes zur Fremdsprachenarbeit in der Grundschule: Integrierte Fremdsprachenarbeit in der Grundschule. Abschlussbericht*. SIL Saarburg.

Swain, Merril (1985): „Communicative competence: Some roles of comprehensible input and comprehensible output in its development." In: Gass/Madden (Hrsg.), 235-253.

Tschirner, Erwin (Koord.) (1999): *Neue Medien im Fremdsprachenunterricht* (=*Fremdsprachen Lehren und Lernen (FLuL)* 28). Tübingen: Narr.

Terhart, Ewald (Hrsg.): *Perspektiven der Lehrerbildung in Deutschland. Abschlussbericht der von den Kultusministern eingesetzten Kommission*. Weinheim/Basel: Beltz.

Wissenschaftsrat (2001): *Empfehlungen zur künftigen Struktur der Lehrerbildung*. Berlin. Manuskript. Zu beziehen über: post@wissenschaftsrat.de.

Wolff, Dieter (2001): „E-Mail und moderner Fremdsprachenunterricht." In: Jung (Hrsg.), 244-251.

Wong-Fillmore, Lily (1985): „When does teacher talk work as input?" In: Gass/Madden (Hrsg.): *Input in Second Language Acquisition*, 17-49.

Yaiche, Francis (1996): *Les Simulations globales, mode d'emploi*. Paris: Hachette.

Zydatiß, Wolfgang (1998): *Fremdsprachenlehrerausbildung – Reform oder Konkurs*. Berlin/München: Langenscheidt.

Wolfgang Tönshoff

Professionalisierung der Ausbildung von Fremdsprachenlehrern – ernst gemeint?

Unstrittig ist, dass der Fremdsprachenunterricht in organisatorischer und vor allem in curricularer Hinsicht (Ziele, Inhalte, Methoden und Evaluationsformen) vor drängenden Herausforderungen steht, die unter dem Stichwort „neue Ansätze und Prinzipien für das Lehren und Lernen fremder Sprachen" auch bereits Gegenstand der Frühjahrkonferenz im Jahre 2001 waren (vgl. Bausch/Christ/Königs/Krumm 2002). Diese müssen auch im Rahmen einer zeitgemäßen Ausbildung von Fremdsprachenlehrern aufgegriffen und umgesetzt werden. Zum einen ergeben sich neue Ausbildungsinhalte, zum anderen gewinnt die berufsfeldrelevante Auswahl und Gewichtung der Inhalte und eine enge Verbindung von Theorie und Praxis in der Ausbildung noch größere Bedeutung als bisher.

Auch wenn der Fremdsprachenunterricht in jüngster Zeit (noch) nicht selbst Gegenstand vergleichender Bildungsstudien war, bestehen doch erhebliche Zweifel daran, dass die derzeitige Ausbildungspraxis Fremdsprachenlehrer hervorbringt, die den neuen Herausforderungen gerecht werden können. Und Untersuchungen wie die bisherigen PISA-Studien verweisen zumindest darauf, dass in Deutschland auch in der Lehrerbildung erheblicher Handlungsbedarf besteht.

Zur universitären Fremdsprachenlehrerausbildung für das Lehramt an Gymnasien in Baden-Württemberg

Trotz gemeinsamer und viel diskutierter Grundprobleme gibt es doch nach wie vor erhebliche Unterschiede zwischen den einzelnen Bundesländern, die es durchaus erlauben, von einem ‚Umschlagen' unterschiedlicher Quantität(en) in Qualität(en) zu sprechen. Entsprechend der ersten Leitfrage sollen hier exemplarisch Erfahrungen aus dem eigenen Bundesland (und der eigenen Universität) im Vordergrund stehen.

In der Vergangenheit wurde bundesweit die Lehrerbildung insgesamt den Universitäten übertragen – mit Ausnahme Baden-Württembergs. Hier findet nach wie vor allein die *gymnasiale* Fremdsprachenlehrerausbildung an den Universitäten des Landes statt. Mit der „Verordnung des Kultusministeriums über die Wissenschaftliche Staatsprüfung für das Lehramt an Gymnasien" vom 13.3.2001 wurde sie jüngst neu geregelt. Nach der zuvor gültigen Staatsexamensordnung gab es *keinerlei* Schulpraktika und *keine* obligatorischen fachdidaktischen Anteile in der ersten Phase. Die nahezu ausschließliche Konzentration auf die fachwissenschaftliche Ausbildung zeigt sich auch im Stellenplan, so fehlen Professuren für Fachdidaktiken an den Landesuniversitäten bis heute völlig.

Mit der genannten neuen Verordnung wurden nun – das sind die in unserem Kontext wichtigsten Änderungen – verpflichtende fachdidaktische Übungen und ein Praxissemester eingeführt, wobei allerdings gleichzeitig das Referendariat um ein halbes Jahr gekürzt wurde. Außerdem wurde der Studienanteil in Pädagogik/Schulpädagogik und Pädagogischer Psychologie etwas vergrößert. Bevor man hier zumindest den Einstieg in eine moderne universitäre Gymnasiallehrerausbildung vermutet, lohnt sich ein näherer Blick auf die Regelungen im Einzelnen und die Umsetzungspraxis. Pro Unterrichtsfach ist genau *eine* fachdidaktische Übung vorgesehen, die vor oder nach der Zwischenprüfung absolviert werden kann. Das Praxissemester dauert 13 Wochen, wobei ursprünglich vorgesehen war, dass es in Blockform (von September bis zu den Weihnachtsferien) absolviert werden sollte. Inzwischen ist auch eine Aufteilung auf zwei Zeiträume in der vorlesungsfreien Zeit möglich (sechs Wochen von September bis zum Beginn des Wintersemesters und sieben Wochen von Mitte Februar bis Mitte April), in Ausnahmefällen kann der zweite Teil bis zum Frühjahr des Folgejahres verschoben werden. Vergleichbare sonstige Schulpraxis (z.B. als *assistant teacher*) kann den Nachweis des Praxissemesters ersetzen (!).

Für die neuen Pflichtveranstaltungen und eine angemessene wissenschaftliche Begleitung des Schulpraxissemesters müssten nun an den Universitäten die entsprechenden Personalmittel bereitgestellt werden. Die Universität Konstanz, an welcher der Verfasser tätig ist, hat sich jedoch als ‚Vorreiterin' in eine ganz andere Richtung erwiesen. Mit einer Vereinbarung mit der PH Weingarten und dem Studienseminar in Rottweil hat sie eine ‚Aufgabentrennung' vorgenommen, bei der sich die Universität ausschließlich auf die fachwissenschaftlichen Studienteile beschränkt. Der einzige Lehrstuhl für Pädagogik wurde umgewidmet und eine Professur für Informatik ausgeschrieben.

Die neuen fachdidaktischen Übungen wurden im Wintersemester 2002/2003 erstmalig angeboten, jeweils eine Veranstaltung für Englisch und Französisch (für die Studierenden der Lehramtsfächer Italienisch, Spanisch und Russisch gibt es bislang kein Angebot). Durchgeführt werden sie von Fachleitern (inzwischen zumeist Lehrer im Nebenamt) des Studienseminars. Zur Illustration Auszüge aus einem der Ankündigungstexte:

> „Die Studierenden lernen Inhalte, Ziele, Unterrichtsmethoden und Unterrichtsprinzipien im Fach Französisch kennen [...] Sie nehmen Einblick in die Rahmenbedingungen, die Lehrbücher und die Unterrichtsmaterialien der verschiedenen Klassenstufen und der Kursstufe. Sie lernen exemplarisch grundlegende fachspezifische Unterrichtsmethoden, schüleraktivierende Sozialformen und Prinzipien des Medieneinsatzes kennen. Die Studierenden werden an eine Analyse des Lernstoffes, die didaktisch-methodische Planung und Möglichkeiten der Umsetzung einer fremdsprachlichen Stunde bzw. einer Unterrichtseinheit herangeführt. Weiterhin gewinnen sie Einsicht in den aktuellen Stand der fremdsprachendidaktischen Diskussion."

Den sehr umfassenden Kurszielen steht nicht nur die Tatsache gegenüber, dass es sich hier um eine Veranstaltung im Umfang von 2 SWS (!) handelt. Unter den gegebenen Rahmenbedingungen ist auch – zurückhaltend formuliert – die Gefahr sehr groß, dass fremdsprachliche Lehr- und Lernprozesse nicht wissenschaftlich analysiert und reflektiert werden, sondern dass unterrichtstechnisches ‚Expertenwissen' in Form rezeptologischer Reduktionen weitergegeben wird.

Das Schulpraxissemester – als zweite Neuerung – bleibt gegenüber dem Studium und gegenüber der Institution ‚Universität' weitestgehend abgeschottet. Eine wissenschaftliche Begleitung von Seiten der Universität findet nicht statt, zuständig für die Einführungs- und Begleitveranstaltungen sind die Studienseminare. Außerdem gibt es keine Auflagen in Bezug auf die Frage, welche universitären Lehrveranstaltungen vor Beginn des Praktikums bereits besucht sein müssen. Nicht einmal für die pädagogischen/schulpädagogischen Veranstaltungen und für die genannte eine fachdidaktische Übung ist dies geregelt. In Bezug auf den Zeitpunkt des Praxissemesters heißt es in der Verwaltungsvorschrift des Ministeriums zwar, dass es „in der Regel gegen Ende des Grundstudiums, d.h. nach dem dritten oder vierten Studiensemester" absolviert werden soll.[1] Das Studienseminar Rottweil präzisiert allerdings in seinen „orientierenden Hinweisen" zum Praxissemester: „vorrangig nach Grundstudium, doch in jedem beliebigen Semester möglich".[2] Damit ist auch noch einer der Begründungszusammenhänge für die Einführung des Praxissemesters, wonach eine *frühzeitige* Überprüfung der Berufswahlentscheidung erleichtert werden sollte, in Frage gestellt.

Mit dem Praxissemester ‚ragt' die zweite Ausbildungsphase gleichsam ein Stück weit in die erste Phase hinein, jedoch ist eine wie auch immer geartete inhaltliche oder institutionelle Verbindung bzw. Verzahnung nicht zu erkennen und offensichtlich auch gar nicht intendiert. Für das Studium selbst gilt weiterhin, dass sich die Universitäten wie bisher auf ihre fachwissenschaftlichen Veranstaltungen zurückziehen können. So entsteht keinerlei Druck in Richtung auf eine auch nur minimale Ausrichtung von Studieninhalten am Berufsfeld, die „Lebenslüge der neuphilologischen Fächer" (Zydatiß 1998b, 231) kann ungehindert kultiviert werden. Das Fazit ist so einfach wie ernüchternd: an den Universitäten des Landes Baden-Württemberg findet eine auch nur in Ansätzen berufsbezogene (Fremdsprachen)Lehrerausbildung nach wie vor de facto nicht statt.

Dies wiegt umso schwerer, als die Landesregierung beschlossen hat, dass die Schulen bereits zum Schuljahresbeginn 2004/2005 mit völlig veränderten Bildungsplänen auf der Grundlage von Bildungsstandards arbeiten sollen, was zweifellos erhebliche neue Anforderungen an die zukünftigen Lehrergenerationen stellt. Unter offensichtlich großem Zeitdruck sind die Bildungsstandards für die ‚Gelenkstellen' der Schullaufbahn entworfen worden (für das Gymnasium für die Klassenstufen 6, 8, 10 und 12). Die Standards für die fremdsprachlichen Fächer nehmen dabei in Anspruch, sich am ‚Gemeinsamen Europäischen Referenzrahmen' zu orientieren. Mit welch ‚heißer Nadel' an den Entwürfen gestrickt wurde, mag ein exemplarischer Auszug aus den Bildungsstandards für die Klasse 8 des Gymnasiums im Fach Englisch illustrieren[3], in dem es um die „interkulturelle Kompetenz" (im Unterschied zum „soziokulturellen Wissen"(!)) geht:

„Die Schülerinnen und Schüler
- gewinnen Einsicht in die wechselvolle Geschichte von GB;
- können in Ansätzen die Folgen der Expansion GBs beschreiben;
- können geographische, kulturelle oder historische Besonderheiten in GB und USA exemplarisch beschreiben;
- können ansatzweise, auch im englischsprachigen Ausland, über Themen sprechen, die ihnen vertraut sind, aber gleichwohl über ihren persönlichen Horizont hinausgehen;

[1] http://www.semgym.rw.schule-bw.de/praktikm/vwvprax.htm
[2] http://www.semgym.rw.schule-bw.de
[3] http://www.leu.bw.schule.de/allg/ lehrplan/gymnasium/s_e8.pdf

- können Vor- und Nachteile des US-amerikanischen, britischen und deutschen Schulalltags aus ihrer persönlichen Sicht darstellen;
- können über einen längeren Zeitraum schriftlich (brieflich oder per Internet) mit ausländischen Partnern kommunizieren."

Schulleiter und Gewerkschaften beklagen vor allem konzeptionelle Unklarheiten in der Bildungsplanreform, mangelnde Information durch das Ministerium und das Fehlen jeglicher Zeitplanung für die Vorbereitung der Schulen und die Fortbildung der Lehrkräfte (vgl. u.a. Dahlem 2003). Ungeklärt ist in Baden-Württemberg (und nicht nur dort) u.a.,

- ob es sich um Mindeststandards oder um Regelstandards handeln soll;
- wie und von wem die Standards auf den konkreten Unterricht ‚heruntergebrochen' werden;
- wie und von wem erfasst wird, ob die Standards erreicht werden;
- welche Rolle Vergleichsarbeiten und zentrale Prüfungen spielen werden.

Der GEW-Landesvorstand hat vor diesem Hintergrund die Einführung der neuen Bildungspläne zum vorgesehenen Zeitpunkt abgelehnt (GEW-Landesvorstand 2003). Generell problematisch wird – gerade auch für die fremdsprachlichen Fächer – die voraussichtlich enge Verbindung der Bildungsstandards mit hoch voraussetzungsvollen Tests sein, die von Testinstituten entwickelt und ausgewertet werden. Damit besteht nicht zuletzt die Gefahr, dass die Standards lediglich als Leistungsmaßstäbe im engen Sinne verstanden werden und vor allem als zusätzliche Selektionsinstrumente an den schulischen Übergängen genutzt werden.

Zu aktuellen Vorschlägen für eine Veränderung der Fremdsprachenlehrerausbildung

Über eine Professionalisierung der Fremdsprachenlehrerausbildung wird seit mindestens 30 Jahren diskutiert (vgl. u.a. die Sammelbände von Bausch et al. 1990; Hermes/Schmid-Schönbein 1998; Zydatiß 1998a; Königs 2001). Zeitgemäße Qualifikationsprofile ‚guter' Fremdsprachenlehrkräfte sind wiederholt zusammengestellt worden (vgl. jetzt u.a. Vollmer/Butzkamm 1998, 35ff.; Meißner et al. 2001). In die Praxis umgesetzt worden sind Reformmodelle in den letzten zehn Jahren allerdings vor allem in verschiedenen Ländern Mittel- und Osteuropas. Diese Modelle zeichnen sich u.a. durch einen hohen Stellenwert des Kernfachs Methodik und der Sprachpraxis aus, durch eine stärkere Integration der Teilfächer sowie durch frühe, intensiv betreute Schulpraktika, die integrale Bestandteile der Ausbildung sind (vgl. u.a. die Beiträge in Kast/Krumm 1994 sowie insbesondere Medgyes/Malderez 1996).

In Bezug auf die gängige Ausbildungspraxis in Deutschland – auch in Bundesländern bzw. Ausbildungskontexten, die sich an wichtigen Punkten durchaus positiv von der katastrophalen Situation der Gymnasiallehrerausbildung in Baden-Württemberg absetzen – sind wiederholt u.a. folgende Hauptproblempunkte formuliert worden:

- Philologie-Dominanz
- Fragmentierung und ‚Beliebigkeit' von Ausbildungsinhalten
- Trennung der Teilfächer, mangelnde Koordinierung der Inhalte

- mangelnder Berufsfeldbezug der Ausbildung
- unzureichende Verzahnung von Theorie und Praxis (was nicht nur die Kluft zwischen der ersten und zweiten Ausbildungsphase meint)

In der aktuellen Diskussion werden – wieder einmal – ganz unterschiedliche ‚Reformvorschläge' für die (Fremdsprachen)Lehrerausbildung formuliert, bis hin zu radikal marktwirtschaftlich orientierten ‚Entstaatlichungsmodellen' (vgl. z.B. Kramer 2002). An dieser Stelle möchte ich mich auf einige Ausführungen zu zwei Punkten beschränken: 1. die Pläne für ein gestuftes Lehrerstudium; 2. die Diskussion um Kerncurricula.

ad 1:
In verschiedenen Bundesländern sind Stufenmodelle für die Lehrerausbildung vorgesehen (Nordrhein-Westfalen, Rheinland-Pfalz, jetzt – laut Frankfurter Rundschau vom 5.12.02 – auch in Niedersachsen an den Universitäten Hannover, Braunschweig, Osnabrück und Oldenburg). Die primären Begründungszusammenhänge für eine Stufung in eine Bachelor- und eine Masterphase liegen im Bemühen um Studienzeitverkürzung und größere Vergleichbarkeit von Studiengängen auf internationaler Ebene. Nordrhein-Westfalen favorisiert ein Modell, das die ‚Polyvalenz' der Ausbildung in den Vordergrund stellen will und sich in der Bachelor-Phase weitgehend auf fachwissenschaftliche Inhalte konzentriert.[4] Demgegenüber hat etwa Rheinland-Pfalz ein „Duales Studien- und Ausbildungskonzept der Lehrerbildung" vorgelegt, das bereits in der Bachelor-Phase eine deutlichere Ausrichtung auf das Berufsfeld Schule vorsieht (nicht zuletzt durch eine Stärkung der Fachdidaktik und der „Bildungswissenschaften") und neben der Erarbeitung von Kerncurricula insbesondere schulpraktische Studien von Beginn an einführt, wodurch sich das Referendariat auf 12 Monate verkürzen soll (vgl. Ministerium für Wissenschaft, Weiterbildung, Forschung und Kultur Rheinland-Pfalz 2002).

Die Tatsache der Stufung in Bachelor- und Master-Phase als solche lässt sich kaum als sinnvoll ansehen. Zum einen sind große Zweifel daran angebracht, ob das Festhalten am Zwei-Fach-Lehrer (für das es ja gute Gründe gibt, auch wenn viele andere europäische Länder den Ein-Fach-Lehrer ausbilden) beim Bachelor/Master-Modell nicht doch eher zu einer Studienzeitverlängerung führen würde. Zum anderen wird mit dem Etikett ‚Bachelor' der Eindruck einer internationalen Vergleichbarkeit im Ausbildungsprofil erweckt, die gegenüber dem angelsächsischen und dem (hiervon wiederum verschiedenen) US-amerikanischen Bachelor realiter nicht besteht (vgl. u.a. Königs 2002, 28). Und der – nicht nur beim Lehramts-Bachelor – für diese Modelle letztlich entscheidende ‚Prüfstein' bleibt die Frage, was denn das „Berufsqualifizierende" dieser ersten Abschlüsse im Einzelnen ausmachen soll. Diese Frage ist bislang in keiner Weise schlüssig beantwortet, trotz vollmundiger Behauptungen[5] bleiben die beruflichen Perspektiven unklar. Beide

[4] „Solche Studiengänge hätten vor allem für die Absolventen den riesigen Vorteil, dass sich ihnen mit dem Hochschulabschluss unterschiedliche berufliche Möglichkeiten böten. So, wie es bei anderen Studiengängen ja selbstverständlich ist. Solche Studienabschlüsse würden aus der immer deutlicher werdenden Klemme der Lehrerbildung heraushelfen, die oft wenig respektvoll mit Schweinezyklus bezeichnet wird: dem zyklischen Wechsel zwischen Mangel und Überangebot an Lehrern." (Gabriele Behler in der ZEIT vom 26.7.2001)

[5] Vgl. hierzu exemplarisch das rheinland-pfälzische Wissenschaftsministerium: „Das Bachelor-Studium bietet einen attraktiven Abschluss, der sowohl unmittelbar zu außerschulischen Berufstätigkeiten, aber auch zu vertiefenden fachwissenschaftlichen Masterstudien und zu Lehramts-Masterstudiengängen befähigt." (http://mbww.rpl.de/web2/web/seiten/aktuelles/pressemeldungen/lehrerbildung.htm)

Modelle sehen jedoch immerhin nicht vor, dass für ‚kleinere Lehrämter' ein Bachelor-Abschluss ausreicht, ohne anschließenden Lehramts-Masterstudiengang soll kein Weg in die Schule führen. Jedenfalls wird mit der Stufung keines der oben aufgelisteten Hauptprobleme der derzeitigen Ausbildungspraxis in Angriff genommen.

Zumindest im rheinland-pfälzischen Modell ist darüber hinaus allerdings das grundsätzliche Bemühen um eine stärkere Praxisnähe der Ausbildung zu erkennen. Es wird abzuwarten bleiben, ob es bei der Umsetzung des ‚dualen Konzepts' tatsächlich zu einer engeren Verzahnung von universitärer Ausbildung und Schulpraxis (und zur Bereitstellung der erforderlichen Personal- und Sachmittel!) kommt, oder ob es – wie oben am Beispiel Baden-Württembergs skizziert – lediglich bei einer zeitlichen Verschränkung bleibt[6] und sich das Ganze letztlich primär als ‚Sparmodell' entpuppt.

ad 2:
Dem Ziel einer stärkeren Abstimmung der ersten Ausbildungsphase auf das Berufsfeld sollen insbesondere auch die sog. Kerncurricula dienen. So sieht etwa das rheinland-pfälzische Reformkonzept vor, dass für Fachwissenschaften, Fachdidaktiken und „Bildungswissenschaften" solche Kernbereiche definiert werden, deren Studium verpflichtend sein soll, „um die oft beklagte Beliebigkeit der Studieninhalte zu vermeiden". (Ministerium für Wissenschaft, Weiterbildung, Forschung und Kultur Rheinland-Pfalz 2002, 9)

Aus einer solchen Intention ergeben sich entscheidende Anschlussfragen, deren Beantwortung im Zuge einer praktischen Umsetzung man mit (skeptischer) Spannung entgegensehen darf:

- Wie sollen die Kerncurricula für die Lehrerausbildung aussehen?
- Wie kommen sie zustande?
- Wer legt sie fest?
- Wie verbindlich sollen sie sein (für die Universitäten/Fachbereiche)?
- Welchen Geltungsbereich sollen sie haben (Universität, Bundesland, bundesweite Vergleichbarkeit)?

Nun ist die Forderung nach einer Selektion und Integration *aller* Ausbildungsinhalte in Hinblick auf die für Fremdsprachenlehrer notwendigen Qualifikationen gerade von Seiten der mit dem Fremdsprachenlernen befassten Wissenschaften immer wieder vorgebracht und expliziert worden. Exemplarisch sei hier auf Vollmer (1990, 186) verwiesen, der im Kontext der Diskussion um die ‚Wissenschaftlichkeit' der Ausbildung die notwendige Abgrenzung vornimmt:

> „Wissenschaftliche Ausbildung von Fremdsprachenlehrern darf auf keinen Fall dahingehend missverstanden werden, dass alle Studierenden möglichst umfassend in die Systematik der beteiligten Fachwissenschaften eingeführt werden. Vielmehr bedarf es eben einer inhaltlichen Auswahl, Bewertung und strukturellen Verknüpfung von sämtlichen Ausbildungsanteilen unter dem Aspekt des Erwerbs der notwendigen Handlungsqualifikationen für den Bereich Schule (oder Fremdsprachenunterricht im weiteren Sinne)."

[6] Hellhörig wird man z.B. bei der Regelung, dass die Betreuung der Schulpraktika auch im rheinland-pfälzischen Modell nur durch die Studienseminare erfolgen soll.

Und jüngst hat u.a. Schröder (2002, 18) im Rahmen seiner Überlegungen zu einem „zeitgemäßen Ausbildungsmodell" wieder die Notwendigkeit bekräftigt, dass die fachlichen Inhalte der universitären Ausbildungsphase „im Rahmen eines fachdidaktisch inspirierten Selektionsprozesses ausgewählt" werden.

Diesem hohen (und im Sinne künftiger Qualitätssicherung richtigen) (Mit)Gestaltungsanspruch der Sprachlehrforschung/Fremdsprachendidaktik entsprechen bekanntlich die realen (Macht)Verhältnisse in keiner Weise. Die Definitionsmacht bei der Bestimmung der Ausbildungsinhalte liegt immer noch (allzu oft) bei den Neuphilologien. In diesem Zusammenhang mag es aufschlussreich sein, wie im rheinland-pfälzischen Reformkonzept der Weg zu den fachwissenschaftlichen Kerncurricula angedeutet wird:

> „Es geht im Übrigen nicht um die Aufstellung eines völlig exklusiven Studienangebots für die Lehramtsstudiengänge [...]. Aber es muss unter den Lehrveranstaltungen jedes schulrelevanten Studienfachs ein einschlägiges Teilangebot enthalten sein, das als Kerncurriculum den spezifischen fachwissenschaftlichen Anspruch für ein Lehrerstudium erfüllen kann." (Ministerium für Wissenschaft, Weiterbildung, Forschung und Kultur Rheinland-Pfalz 2002, 8)

Man muss kein ‚Schwarzmaler' sein, um hier wenig Innovatives im Sinne einer professionsorientierten Lehrerausbildung zu erwarten. Demgegenüber gibt es erste lokal entwickelte modularisierte Konzepte, die – wie das ‚Marburger Modell' (vgl. den Beitrag von Königs in diesem Band) – sehr beachtenswerte Ansätze in Richtung auf eine berufsfeldbezogene Integration verschiedener Studienelemente verkörpern. Neben der Fixierung von Pflichtmodulen wird hier über einen Katalog von Wahlpflichtmodulen auch Raum für die individuelle Profilbildung der Absolventen gelassen.

Allerdings scheint bei der Debatte um Kerncurricula überhaupt die Gefahr einer Verkürzung auf die Ebene der Ausbildungs*inhalte* zu bestehen. Demgegenüber müssten auf eine stärkere Professionsorientierung abzielende Curricula auch die Ebene der Veranstaltungsformen (u.a. teilnehmeraktivierende Verfahren gegenüber der traditionellen Vorlesung, Fachveranstaltungen in der Fremdsprache, forschendes Lernen) und den Bereich der Leistungsevaluation (z.B. Alternativen zu den leidigen Übersetzungsklausuren) zum Thema machen.

Und schließlich – auch dieses Problem sollte nicht aus der Diskussion ausgeklammert bleiben – stellt sich (vor allem – aber nicht nur – bei Fachwissenschaftlern) die Frage, ob bzw. in welchem Umfang die notwendigen Qualifikationen für eine curricular deutlich auf das Berufsfeld bezogene Hochschullehre bei denjenigen, die Fremdsprachenlehrer an der Universität ausbilden, tatsächlich vorhanden ist. Dominierende berufsbiographische Muster und eigene Ausbildungsdefizite schlagen im Sinne eines ‚Circulus vitiosus' immer wieder auf die Lehre durch und nähren diesbezüglich erhebliche Zweifel. In letzter Zeit ist viel von der Notwendigkeit lebenslanger Fort- und Weiterbildung von Fremdsprachenlehrern die Rede, bis hin zur Forderung, diese obligatorisch zu machen (vgl. u.a. Meißner et al. 2001, 178f.). Dies erscheint nicht nur für schulische Lehrkräfte sinnvoll. Deshalb sollte gelten, dass Universitäten, die (weiterhin) entsprechende Lehramtsstudiengänge anbieten wollen, auch hinsichtlich der ‚Ausbilderqualifikation' und ihrer Weiterentwicklung grundlegende Qualitätsstandards erfüllen müssen.

Literaturangaben

Bausch, Karl-Richard/Christ, Herbert/Hüllen, Werner/Krumm, Hans-Jürgen (Hrsg.) (1990): *Die Ausbildung von Fremdsprachenlehrern: Gegenstand der Forschung*. Bochum: Brockmeyer.

Bausch, Karl-Richard/Christ, Herbert/Königs, Frank G./Krumm, Hans-Jürgen (Hrsg.) (2002): *Neuere curriculare und unterrichtsmethodische Ansätze und Prinzipien für das Lehren und Lernen fremder Sprachen*. Tübingen: Narr.

Dahlem, Rainer (2003): „Das Scheitern ist vorprogrammiert". In: *Bildung & Wissenschaft* 57 (3), 3.

GEW-Landesvorstand Baden-Württemberg (2003): „Lehrplanreform in Baden-Württemberg". In: *Bildung & Wissenschaft* 57 (3), 21-33.

Hermes, Liesel/Schmid-Schönbein, Gisela (Hrsg.) (1998): *Fremdsprachen lehren lernen – Lehrerausbildung in der Diskussion*. Berlin: Pädagogischer Zeitschriftenverlag.

Kast, Bernd/Krumm, Hans-Jürgen (Hrsg.) (1994): *Neue Wege in der Deutschlehrerausbildung* (=*Fremdsprache Deutsch,* Sondernummer). München.

Königs, Frank G. (Hrsg.) (2001): *Marburger Vorträge zur Ausbildung von Fremdsprachenlehrerinnen und -lehrern*. Tübingen: Narr.

Königs, Frank G. (2002): „Sackgasse oder Verkehrsplanung? Perspektiven für die Ausbildung von Fremdsprachenlehrern". In: *Fremdsprachen Lehren und Lernen (FLuL)* 31, 22-41.

Kramer, Jürgen (2002): „Viele fremde Sprachen lehren und lernen, kompetente FremdsprachenlehrerInnen ausbilden, unser Bildungssystem reformieren. Fünf Anregungen zum Umdenken". In: Aguado, Karin/Riemer, Claudia (Hrsg.): *Wege und Ziele. Zur Theorie, Empirie und Praxis des Deutschen als Fremdsprache (und anderer Fremdsprachen). Festschrift für Gert Henrici zum 60. Geburtstag*. Baltmannsweiler: Schneider-Verlag Hohengehren, 97-102.

Medgyes, Peter/Malderez, Angi (Hrsg.) (1996): *Changing Perspectives in Teacher Education*. Oxford: Heinemann.

Meißner, Franz-Joseph et al. (Red.) (2001): „Zur Ausbildung von Lehrenden moderner Fremdsprachen – Ergebnisse einer Reflexionstagung zur Lehrerbildung". In: Königs (Hrsg.), 159-181.

Ministerium für Wissenschaft, Weiterbildung, Forschung und Kultur Rheinland-Pfalz (2002): *Entwurf eines Reformkonzeptes für die Lehrerbildung in Rheinland-Pfalz*. (http: //mbww.rpl.de/web2/web/seiten/aktuelles/pressemeldungen/lehrerbildung)

Schröder, Konrad (2002): „Lehrerausbildung in der Diskussion". In: *Fremdsprachen Lehren und Lernen (FLuL)* 31, 10-21.

Vollmer, Helmut J. (1990): „Das mühsame Geschäft der Erforschung von Ausbildungsprozessen". In: Bausch et al. (Hrsg.), 183-191.

Vollmer, Helmut J./Butzkamm, Wolfgang (1998): „Denkschrift zur Neuorientierung der Fremdsprachenlehrerausbildung in der Bundesrepublik Deutschland". In: Zydatiß (Hrsg.), 19-70.

Zydatiß, Wolfgang (Hrsg.) (1998a): *Fremdsprachenlehrerausbildung – Reform oder Konkurs*. Berlin/München: Langenscheidt.

Zydatiß, Wolfgang (1998b): „Beschönigen hilft nicht (mehr): Zum Versagen der Neuphilologien als Ausbildungsdisziplinen (ein abschreckendes Fallbeispiel)". In: Zydatiß (Hrsg.), 231-247.

Helmut J. Vollmer

Gestufte Lehramtsstudiengänge: Von angeblichen Modellversuchen zu politisch gewollten, flächendeckenden Reformen

Statt einer Einleitung

Die Relevanz der Ausbildung zukünftiger Lehrer wird in der Öffentlichkeit wieder stärker diskutiert. Dies ist erfreulich. So weit – so gut! Äußerer Anlass sind dabei nicht nur das schlechte Abschneiden deutscher Schüler in internationalen Vergleichsstudien, sondern die Unzufriedenheit mit der bisherigen universitären Lehrerausbildung sowie die Entwicklung verschiedener Vorschläge für deren strukturelle und inhaltliche Neugestaltung im Sinne konsekutiver/gestufter Ausbildungsgänge. Diese Strukturmodelle werden z.Z. bundesweit erörtert – ungeachtet der Chancen, die auch in einer parallelen Verbesserung der bisherigen (grundständigen) Lehrerbildung liegen könnten.

Diese Diskussion spielt sich jedoch nicht nur in Deutschland, sondern in ganz Europa ab: Seit der Erklärung von Bologna wird überall verstärkt über die Einführung gestufter Studienabschlüsse (Bachelor- und Masterprogramme) und über die Reform der Studiengänge auf der Grundlage von Modulen und Leistungspunkten nachgedacht (vgl. dazu das schon relativ weit verbreitete *European Credit Transfer System* (ECTS)). Damit scheint ein vermutlich unumkehrbarer Prozess in Gang gesetzt worden zu sein, dessen Ende und dessen qualitative Resultate z.Z. überhaupt (noch) nicht abschätzbar sind.

1. Zur Situation

Im März 1999 verständigte sich die KMK auf bundesweit geltende Strukturvorgaben für die Einführung von gestuften Studienabschlüssen, die die an deutschen Hochschulen traditionellen Diplom- und Magisterabschlüsse um eine gestufte Variante ergänzen sollen. Demnach kann bereits nach dreijähriger Studiendauer mit dem *Bakkalaureus/Bachelor* (B.A.) ein erster Studienabschluss erreicht werden, auf den ein konsekutives, ein- bis zweijähriges Folgestudium mit dem *Magister-/Masterabschluss* (M.A.) aufgebaut werden *kann* oder *muss* – je nach angestrebter Berufsperspektive. Nach dem Verständnis der Initiatoren und Befürworter solcher Stufenabschlüsse handelt es sich dabei um einen besonderen Ausdruck der überfälligen Anpassung an internationale Standards und Strukturen. Deshalb verband die KMK ihre Empfehlung zu B.A.-/M.A.-Abschlüssen mit der obligatorischen Vorgabe, solche Studiengänge müssten entsprechend internationalen Gepflogenheiten modularisiert und mit einem Leistungspunktesystem versehen werden. Bereits im zeitlichen Vorgriff (November 1998) war durch die KMK die Akkreditierung dieser neuen Studiengänge grundsätzlich beschlossen worden, desgleichen ein für deutsche Hochschulen bis dato unbekanntes Instrumentarium der Qualitätssicherung.

Inzwischen sind gestufte Studiengänge (mit B.A.- und M.A.-Abschlüssen) an etlichen Hochschulen eingeführt worden – mit zunehmender Tendenz. Auch für die Umgestaltung der I. Phase der Lehrerausbildung gibt es nicht nur starke Bestrebungen, sondern inzwischen die Durchführung entsprechender (mehr oder minder erzwungener) „Modellversuche". Eine Vorreiterrolle übernahm im Mai 2001 das Bundesland Nordrhein-Westfalen, als mit den „Eckpunkten zur Gestaltung von B.A.-/M.A.-Studiengängen für Lehrämter" entsprechende Präferenzen und Vorgaben des Ministeriums für Schule, Wissenschaft und Forschung veröffentlicht wurden. Zwar soll es sich um einen zunächst auf sieben Jahre befristeten Modellversuch handeln, die Begründungen und die Rahmensetzungen lassen jedoch darauf schließen, dass in der Stufung von Lehramtsabschlüssen eine dauerhafte *Ergänzung*, möglicherweise auch eine *Alternative* zu der bisherigen Ersten Phase der Lehrerausbildung gesehen wird. Im Herbst 2001 trat dann der Wissenschaftsrat in seinen „Empfehlungen zur künftigen Struktur der Lehrerbildung" mit Vorschlägen an die Öffentlichkeit, die in die gleiche Richtung weisen. Die Ende 2001 veröffentlichten Ergebnisse der PISA-Studie mit ihren deprimierenden Resultaten für deutsche Schüler unterstrichen ihrerseits die dringende Notwendigkeit einer grundlegenden Reform auch der Lehrerausbildung (obwohl eigentlich nur indirekt und vor allem bezogen auf die Notwendigkeit einer qualitativen Verbesserung pädagogisch-interaktiven Handelns deutscher Lehrer). In diesem Punkt wird jedoch bis auf den heutigen Tag noch immer viel zu pauschal und bei weitem nicht konkret genug argumentiert – so ist zu befürchten, dass eines der zentralen inhaltlichen Ausbildungsprobleme, nämlich der behutsame, qualifizierte Aufbau eines akzeptierenden, förderlichen Umgangs mit Heterogenität bei den zukünftigen (Fach)Lehrern auch im Kontext der neuen Reformansätze nicht wirklich umwälzend angegangen werden wird; darauf liegt überhaupt kein Fokus.

Für die Stufung einer Lehrerbildung existiert kein einheitliches Modell. Vielmehr wird sie unter sehr unterschiedlichen Zielvorgaben diskutiert. So geht das Modell von Rheinland-Pfalz im Gegensatz zu dem in Nordrhein-Westfalen zu erprobenden davon aus, dass die Grundständigkeit der Ausbildung auch in einem gestuften System der Lehrerbildung erhalten bleiben kann und soll; Zwischenziel ist hier der *Bachelor of Education.*

Ungeachtet der verschiedenen Modelle und ihrer Realisierungsmöglichkeiten wird im *Bachelorbereich* neben der fachwissenschaftlichen Grundausbildung dem Aufbau einer gewissen berufswissenschaftlichen Basisorientierung für *alle* Studierenden eine große Bedeutung zugemessen. Wie diese tatsächlich sicherzustellen ist, darin liegt einer der Schwachpunkte aller Reformkonzepte, zumal der Zugriff der Fachwissenschaften auf die zur Verfügung stehende Zeit in einem B.A.-Studium von 6 Semestern hier kaum Spielraum lässt: der Anteil von max. 20 SWS (bei einem 2-Fachstudium im Gesamtumfang von 110-120 SWS). In diesem Zusammenhang kommt möglicherweise auch der Fachdidaktik eine zentrale Rolle zu, besonders dann, wenn sie in Kooperation mit den Erziehungswissenschaften und den sonstigen Grundwissenschaften (Soziologie, Politik und Psychologie) ein Konzept von *General Studies* oder von Vermittlungswissenschaft entwickeln kann, das zu entsprechenden Basiskompetenzen führt (siehe dazu Abschnitt 4.2 weiter unten).

Zusammenfassend lässt sich festhalten, dass kein hochschulpolitischer Vorschlag der letzten Jahre sich so schnell durchgesetzt hat wie jener zur Umstrukturierung der Magister- und (im Gefolge dann auch) der Lehramtsstudiengänge von dem bisherigen Modell zu einer gestuften Ausbildungsform nach dem B.A./M.A.-Modell. Man kann geradezu von einem politischen Trend, wenn nicht gar von einer (heimlichen) Setzung sprechen, die offenbar in Reaktion auf erkannte Missstände des Status quo und auf strukturelle Mängel bisheriger Reformen erfolgt. Dabei wird m.E. das Kind mit dem Bade ausgeschüttet. Denn die Reformierung des grundständigen Modells sowie ein seriöser Qualitätsvergleich beider Modelle hat kaum noch eine Chance. War zunächst noch von *„Modellversuchen"* die Rede, die ja im Prinzip ergebnisoffen sein und entsprechend wissenschaftlich begleitet und ausgewertet werden müssten, so ist dies zunehmend als Verbalfloskel hinterfragt, ja als irreführende Bezeichnung durchschaut worden. Auf den Punkt gebracht: der politische Wille vieler Hochschulleitungen und/oder Ministerien in den einzelnen Bundesländern geht eindeutig dahin, das gestufte Modell der Ausbildung (aus welchen Gründen auch immer) zu präferieren, und zwar nicht nur für die Magister- oder Diplomausbildung, sondern auch für die Lehramtsausbildung. Und dieses eigentlich ohne lange Diskussionen und möglichst ohne aufwendige Evaluationen, zumindest was den Vergleich mit dem grundständigen Modell anbelangt!

2. Gründe und Zielsetzungen im Einzelnen

Stellen wir noch einmal die Hauptgründe zusammen, die für die Einführung einer so einschneidenden Studienreform genannt werden (u.a. Terhart 2000; Wissenschaftsrat 2001):

- Verbesserung der Kompatibilität und Transparenz der universitären Ausbildung
- Stärkung der internationalen Anschluss- und Wettbewerbsfähigkeit des Studienstandorts Deutschland
- Studiengänge und -abschlüsse international kompatibel gestalten
- Gestaltung eines „europäischen Raumes"
- Anpassung in die internationalen Strukturen und Standards, damit Erhöhung der Attraktivität
- Internationalisierung der Ausbildungsangebote (verstärkte Anwerbung und Einbeziehung nicht-deutscher Studierender in die Hochschulausbildung)
- Erhöhung des Wettbewerbs um potentielle Studierende auch innerhalb Deutschlands und der Wettbewerbsfähigkeit
- Hebung der Anerkennung des Lehramtes in der Universität durch Master-Rang
- Erhöhung der Klarheit und Übersichtlichkeit von Aufbau, Angebot und Anforderungen des Studiums
- dadurch Verbesserung der Studien- und Prüfungsstrukturen insgesamt
- Verkürzung des Studiums
- Erhöhung des Anteils studienbegleitender Prüfungen im Zuge der Modularisierung (Prüfungsabschichtung)
- Reduktion der Quote der Studienabbrecher
- Quereinstiegsmöglichkeiten
- Forschungsintensivierung/Förderung einer forschenden Grundhaltung
- universitäre „Hoheit über die Studiengänge" gewinnen (Teilemanzipation von den staatlich verordneten Prüfungsvorgaben, die Lehrangebote und Studium nachhaltig bestimmen)
- für die jeweilige Bildungskarriere relevanter Polyvalenzgewinn durch einen ersten fachbezogenen akademischen Studienabschluss bereits nach 6 Semestern (flexiblere

Einsatzmöglichkeit oder Fortführung der Ausbildung an anderen Orten, zu anderen Zeitpunkten, d.h. im Prinzip lebenslang)

- Verringerung der sog. „Schweinezyklen“ (also größere Unabhängigkeit von Arbeitsmarktzyklen für Studierende und Hochschulen ebenso wie für Kultusbürokratie)
- stärkere fachliche Qualifizierung bei gleichzeitiger Entrümpelung der Studieninhalte (die aufgrund ihrer wachsenden Fülle kaum mehr in angemessener Zeit studierbar sind)
- curriculare Ausrichtung auf gesellschaftliche Veränderungen
- Entwicklung von Kerncurricula durch Lehrende, die im Rahmen von Akkreditierung und Lehrevaluation einer Qualitätsprüfung unterzogen werden
- Fortbildung und Weiterbildung aller Hochschullehrer als systematischer Bestandteil
- Profilierung der Fachdidaktik.

Bisweilen wird darüber hinaus auch behauptet, dass sich mit der Stufung in zwei unterschiedliche und doch eng aufeinander bezogene Studienphasen auch die *Qualität* der Lehrerausbildung entscheidend verbessern ließe – eine Behauptung, die im Laufe der nächsten Jahre dringend der empirischen Überprüfung bedarf. Eine Qualitätssteigerung wird insbesondere für die berufsfeldbezogene *Master-Phase* angenommen, begründet u.a. durch die Konzentration erziehungswissenschaftlicher und fachdidaktischer Studien auf der Grundlage von Kerncurricula (die es bislang kaum gibt, die aber nach Königs (2002) des „Pudels Kern“ ausmachen).

Mit dieser langen, illustren Auflistung sind zugleich jene weitreichenden und heterogenen Ziele benannt, die die momentane Reform vorantreiben und an denen sie sich wird messen lassen müssen. Es ist unwahrscheinlich, dass sich alle Ziele gleichermaßen werden realisieren lassen, z.T. scheinen sie sich auch zu widersprechen.

3. Reform der herkömmlichen Lehrerausbildung oder Systemwechsel?

Leider ist bereits die empirische Basis zur Identifizierung der Stärken und Schwächen der gegenwärtigen Lehrerbildung und damit die Basis zur Entwicklung einer wirksamen Therapie immer noch denkbar dünn: Es fehlt weitgehend an systematischer Ausbildungsforschung (vgl. allerdings Gabel 1997; Zydatiß 1998; Schocker-v.Ditfurth 2001). Deshalb kann die Frage, ob hinreichende Reformimpulse innerhalb des herkömmlichen grundständigen (integrativen) Studiensystems möglich sind oder ob ein Systemwechsel hin zu einem gestuften (konsekutiven) System erfolgversprechender ist, derzeit nicht auf der Grundlage empirischer Forschungen bzw. wissenschaftlich fundierter Erkenntnisse beantwortet werden. Dennoch besteht weitgehende Einigkeit darüber, dass die Lehrerausbildung in Deutschland grundlegender Verbesserungen bedarf (vgl. Königs 2001, 2002): So müssen beispielsweise die verschiedenen Komponenten eines Faches sowie der Hochschulausbildung als ganzes entschieden besser integriert werden, so dass internationale Vergleichbarkeit, aber auch die Studierbarkeit in den vorgegebenen Regelstudienzeiten ermöglicht wird. Zugleich muss die professionsbezogene Qualität der Lehrerausbildung deutlich gestärkt werden, die inhaltliche Abstimmung in den Studienplänen der beteiligten Fächer/Disziplinen sowie zwischen der 1. und 2. Phase der Lehrerbildung müssen verbessert und die Lehrerbildungsstudiengänge in der vorliegenden Form effektiv evaluiert werden (dies geschieht ja bereits, zumindest in Niedersachsen, wo das Fach Anglistik/Amerikanistik, Romanistik und Geschichte innerhalb von 5 Jahren schon zum zweiten Mal einer externen Evaluation durch die ZEvA (Zentrale Evaluationsagentur) unterzogen wird.

Während sich die Befürworter des Systemwechsels hin zu gestuften Lehramtsabschlüssen vieles davon versprechen (siehe oben unter Abschnitt 2), setzen die Kritiker des Systemwechsels diesen Hoffnungen eine Reihe von Befürchtungen entgegen. Dazu zählen (vgl. Gesellschaft für Fachdidaktik, 2002):

- Zu starke Trennung in eine fachwissenschaftliche und eine berufswissenschaftliche Stufe; damit droht der quantitativ weitaus gewichtigeren *Bachelor-Phase* der Verlust der Berufsperspektive, mit sehr negativen Konsequenzen für die Studienmotivation der Mehrzahl von Studierenden, deren Berufswunsch Lehrer zu werden bereits frühzeitig feststeht.

- Drohende Schließung von Standorten der Lehrerausbildung, wenn sich herausstellen sollte, dass die entweder primär fachwissenschaftlich orientierte *Bachelor-Phase* oder aber die stärker berufsfeldorientierte *Master-Phase* aus den Universitäten heraus verlagert werden kann; in beiden Fällen wäre die Wissenschaftlichkeit der Lehrerausbildung gefährdet.

Diesen beiden Punkten sind sicherlich noch weitere hinzuzufügen; es soll hier jedoch darauf verzichtet werden, diese im einzelnen zu benennen, weil der Trend eindeutig dahin geht, den Systemwechsel innerhalb der nächsten Jahre forciert zu vollziehen und erst dann zu schauen, wie mögliche Negativfolgen zu minimieren oder zu vermeiden sind bzw. wie das dann eingeführte Modell weiter verbessert werden kann.

4. Probleme der Zielsetzung, der curricularen Planung, der Modularisierung, der Entwicklung von Standards und eines Leistungspunktesystems

Im Folgenden sollen aus Platzgründen lediglich einige der Probleme bei der Umsetzung von gestuften Lehramtsstudiengängen (aus der Sicht unseres Faches) genannt und exemplarisch skizziert werden.

4.1 Zum Stand der Planungen in Niedersachsen – Das sog. PSI-Modell

In Niedersachsen haben sich die Universitäten Braunschweig, Göttingen, Hannover, Oldenburg und Osnabrück zu einem Verbundprojekt zusammengeschlossen, das auf der Basis eines gemeinsamen Modells über einen Zeitraum von mehreren Jahren dennoch verschiedene Varianten einer B.A./M.A.-Stufung für die gymnasiale Lehrerbildung (mit Zustimmung der beiden beteiligten Ministerien) erproben kann. Das gemeinsame Modell ist das sog. PSI-Modell (im Wesentlichen entwickelt von einem Mitarbeiter im Planungsdezernat der Universität Osnabrück; Nakamura, 2002), das nach einer gemeinsamen Bachelor-Phase für alle Studierenden drei Anschlussmöglichkeiten vorsieht, nämlich

- eine Berufstätigkeit mit dem Bachelor (berufsqualifizierender Abschluss nach 6 Semestern)
- ein Master-Studiengang mit einem fachwissenschaftlichen Schwerpunkt

- ein berufswissenschaftlicher „Lehrer-Master", u.a. mit Studienschwerpunkten und Unterrichtsfächern.

Das Modell hat seinen Namen durch die drei „Auswege" aus dem Bachelor – entsprechend der Gestalt des griechischen Buchstabens „Ψ ". Das Bachelor-Studium selbst ist polyvalent, d.h. es ist als Kompromiss „zwischen den Extremen eines rein fachwissenschaftlichen und eines eigens auf Lehrerbildung hin konzipierten" Modells angesiedelt (Nakamura 2002, 7). Damit werden zugleich eine Reihe von Rahmenvorgaben der KMK vom 28.2./1.3.2002 berücksichtigt:

- Integratives Studium (Berufswissenschaften schon im Bachelor)
- Schulpraktische Studien schon im Bachelor
- Differenzierung nach Lehrämtern
- Regelstudienzeit: 7 bis 9 Semester (ohne Praxisanteile) (hier hat sich inzwischen die Perspektive entwickelt, dass längere Praxisphasen, so z.B. auch Auslandsaufenthalte, als Teil des traditionellen Referendariats anerkannt werden, so dass sich letzteres dann um 6 Monate verkürzt)
- Staatliche Abschlussprüfung oder gleichwertige Maßnahmen (die Äquivalenz zwischen 1. Staatsexamen, auf der Basis bisheriger staatlicher Prüfungsverordnungen, und dem Abschluss eines Lehrer-Masters ist inzwischen im Dezember 2002 durch das Nds. Kultusministerium anerkannt worden, was überhaupt erst die nötige Planungssicherheit ermöglichte.)

Eines der Hauptprobleme besteht darin, warum ausgerechnet das gymnasiale Lehramt als erstes gestuft werden soll (und das unter Zeitdruck! – das Modell sollte ursprünglich bereits mit dem WS 2003/04 erprobt werden); hier zeigt sich aber ein landespolitischer Wille und ein (mit finanziellen Mitteln gestütztes) Durchsetzungsvermögen, das nicht allein parteipolitisch zu erklären ist. Alles spricht für abenteuerlich schnelle Veränderungen, wobei immer wieder mit entsprechenden Belohnungs- und Zuwendungssystemen gewunken wird, z.B. Ausstattung mit zusätzlichen Stellen für die Evaluation vor Ort usw. Eine externe Evaluation allerdings behält sich die Landesregierung selbst vor; diese soll wiederum durch die von ihr als unabhängige Instanz eingerichtete *Zentrale Evaluations-Agentur* (ZEvA) durchgeführt werden.

Ein weiteres Problem besteht in der Kombinierbarkeit der Fächer: um hier die nötige Breite aufrecht zu erhalten, müssen eigentlich alle wichtigen schulrelevanten Fächer gleichzeitig auf gestufte Ausbildungsgänge umgestellt werden, um das Chaos, die Unzumutbarkeiten und Schrecklichkeiten von zu viel Parallelität in den Angeboten und Planungen zu vermeiden[1]: genau dies hat Osnabrück versucht und geschafft, allerdings nur mit der Anerkennung unterschiedlicher Varianten eines Bachelor-Abschlusses (B.A. und B.Sc., siehe unter Abschnitt 4.2).

Obwohl das niedersächsische Verbundprojekt inzwischen als „Modellversuch" anerkannt ist und entsprechend konzeptionell wie zeitlich forciert wird, gibt es eine Reihe von Un-

[1] Es wird in der langen Übergangsphase (die interessanterweise politisch korrekt „Modellphase" genannt wird) ohnehin zu mannigfachen Ungereimtheiten bzw. Schwierigkeiten kommen. So analysiert wiederum Nakamura (2002, 7) richtig: „Für die Modellphase wird es entscheidend sein, dass mit dem Bachelor-Abschluss der Übergang in das siebte Semester eines Diplomstudiengangs ebenso möglich ist wie der in einen traditionellen Magister-Studiengang".

geklärtheiten, die die Planungsarbeit erheblich erschweren. Da ist zum einen der Wunsch der Wissenschaftlichen Kommission Niedersachsen (2002), möglichst alle Lehramtsstudiengänge, also nicht nur das gymnasiale oder nur das Berufsschullehramt, von vornherein mit einzubeziehen, weil sonst keine hinreichend relevanten Erkenntnisse vermittelt würden. Dies wird jedoch von den beteiligten Hochschulen bislang abgelehnt, zumal die Master-Phase für einen Lehrer an Grund-, Haupt- und Realschulen (GHR) im Moment nur für *ein* Semester vorgesehen ist (dies ist inakzeptabel, geradezu skandalös!). Außerdem soll die Grundständigkeit des Lehramtsstudiums nun doch aufrechterhalten bleiben, was dem Modell der Polyvalenz in gewisser Weise widerspricht. Immerhin aber soll die Lehrerqualifikation (vergleichbar dem 1. Staatsexamen) für alle Lehrämter erst auf der Master-Ebene erworben werden können (womit Billigmodelle oder Auslagerungen bestimmter Lehrämter an die Fachhochschule vorerst vom Tisch sind). Das Verhältnis zum Vorbereitungsdienst ist ebenfalls nicht genügend explizit geklärt; hier geht es vor allem um die Vermeidung von Doppelungen und Brüchen und damit um die notwendige Entwicklung eines für 1. und 2. Phase gemeinsamen Kerncurriculums. Schließlich sind die Formen der Weiterführung des Studiums in der 2-jährigen Master-Phase noch relativ unklar; sie müssen dennoch vor vornherein mitgeplant werden, aus curricularen wie aus kapazitären Gründen.

Die größte Herausforderung aber besteht m.E. in der Gestaltung und Sicherstellung einer Polyvalenz des Bachelor-Studiums, also in der Integration von zwei Fächern plus Professionalisierungsansätzen (mit Anteilen aus der Fachdidaktik und aus den sog. Grundwissenschaften). Darauf soll im Folgenden näher eingegangen werden.

4.2 Ziele – Curriculare Planung

In Niedersachsen soll es nur einen Bachelor für Lehramt und für Fachwissenschaften geben (Gedanke der Polyvalenz, Synergie-Effekt, späte Entscheidung der Studierenden für Eintritt in das Berufsleben oder für Fortsetzung in einer von mehreren Möglichkeiten). Das *Hauptproblem besteht dabei in einer soliden und effektiver gestalteten fachwissenschaftlichen Ausbildung (mit Tendenzen zur Verschulung) bei frühzeitiger Lehramtsprofessionalisierung: beides könnte kollidieren.* Als einer der Auswege ist hier der sog. Optional- oder Professionalisierungsbereich vorgeschlagen worden, der (zumindest in Niedersachsen) soeben von 30 auf 20 SWS zurückgeschnitten worden und der auf recht unterschiedliche Weise füllbar ist. Ich selbst setze mich mit Nachdruck dafür ein, dass hier unter Federführung der jeweiligen Fachdidaktik u.a. eine Reflexion der gesellschaftlichen Relevanz und Rolle des Faches, seiner Verfahren und bisherigen Erkenntnisse sowie seiner Anwendungsfelder, ergänzt mit Praktika, erfolgt (professionswissenschaftliche/wissenschaftstheoretische Perspektive), darüber hinaus eine Einübung in die Vermittlung von Fachinhalten und -erkenntnissen in eine nichtwissenschaftliche Öffentlichkeit hinein unter Einbeziehung aller heute verfügbaren Hilfsmittel/Technologien (vermittlungswissenschaftliche Perspektive). M.a.W. wir dürfen diesen Bereich auf keinen Fall den Erziehungs- und Gesellschaftswissenschaften allein überlassen, sondern haben ein begründetes Interesse an Fachnähe und inhaltlicher Spezifik.

Aus fachwissenschaftlicher Sicht gibt es allerdings wenig Grund, in der B.A.-Phase einer (weiter gefassten) Berufsorientierung allzu viel Raum einzuräumen. Viele naturwissenschaftlichen Fächer gehen sogar so weit, den Großteil der Lehr- und Studierkapazität für sich selbst zu fordern, so dass für ein Zweitfach keine ausreichende fachliche Basis geschaffen werden kann: hier kommt es zum *Clash* zwischen Ein-Fach- und Mehr-Fach-Tradition, die in Osnabrück durch eine 1½ Fach-Struktur aufgefangen werden soll. Allerdings haben sich die Mehrzahl der geisteswissenschaftlichen Fächer erfolgreich gegen die Festschreibung allein auf diese eine Lösung gewehrt – so wird es jetzt neben dem naturwissenschaftlichen *Bachelor of Science* (60:30 SWS) einen geisteswissenschaftlichen *Bachelor of Arts* mit zwei gleichen Fächern (45:45 SWS) geben, allerdings muss auch die jeweils kürzere Variante zwecks besserer Kombinierbarkeit der Fächer vorgehalten werden, was erhebliche Belastungen und Mehrarbeit verursacht.

Ein weiteres Problem ist damit angesprochen, das in der Zulassung bzw. Wahl geeigneter Fächerkombinationen besteht. Der Staat als Abnehmer kann nach wie vor das Studium bestimmter Fächerkombinationen zur Voraussetzung einer späteren Einstellung (bzw. Vollbeschäftigung) machen. Diese Bedingung könnte, wie Künzel (2001, 108) richtig bemerkt, später „sogar als Zulassungskriterium für ein lehrerbildendes Master-Progamm gelten." Ob das Zwei-Fach-Bachelor-Studium tatsächlich die vollständige Modularisierung aller lehramtsrelevanten Studienangebote voraussetzt, wie Künzel (ebd.) ebenfalls meint, möchte ich aber bestreiten: es muss neben Pflicht- und Wahlpflichtveranstaltungen immer noch einen freien Bereich geben, in dem sich Studierende und Hochschullehrer auf der Basis von Interessen treffen. Gleichwohl müssen wir in Zukunft sorgfältig zwischen den unverzichtbaren Kernbestandteilen der fachlichen Grundausbildung und den Erweiterungs- bzw. Vertiefungsmodulen unterscheiden (das zu definieren und umzusetzen wird allein schon all unsere curriculare und hochschuldidaktische Kompetenz erfordern, die – geben wir es zu – hier und da auch nachzubessern ist). Das fachliche Doppelstudium setzt sich dann im Wesentlichen aus den Kernmodulen der beiden Fächer zusammen, wobei die Bachelor-Arbeit selbstverständlich nur in einem Fach geschrieben wird.

4.3 Modularisierung und Leistungspunktsystem

Zu den Maßnahmen einer umfassenden Studienstruktur, wie sie von Bund, Ländern und Hochschulleitungen allseits gefordert werden, gehören also nicht nur die Einrichtung von Bachelor- und Masterstudiengängen, sondern ebenso die Modularisierung von Studiengängen und die Einführung eines abschichtenden Prüfungssystems (Wex 2002). Dabei ist es ein wesentliches Ziel der Einführung eines Leistungspunktsystems (in Verbindung mit Modularisierung), die Arbeitsbelastung (neudeutsch: die *Workload*) der Studierenden, die Qualifikationsziele und die curriculare Struktur des Studiums insgesamt transparenter zu machen, um dadurch ein zügigeres und zielgerichteteres Studieren zu ermöglichen. Nicht zuletzt soll die Vergleichbarkeit und die Übertragbarkeit von Studien- und Prüfungsleistungen verbessert und auf diese Weise die nationale und internationale Mobilität der Studierenden erleichtert werden. So hilfreich und lobenswert diese Zielsetzung auch ist, sie dürfte nicht einfach umzusetzen sein, weil sie bei den betroffenen Hochschullehrern ein völlig neues Denken in Verbindlichkeiten des Angebots und der Überprüfung von *Lern*erfolg (und damit auch von *Lehr*erfolg) impliziert. Was mich in diesem Kontext am meisten stört, ist die Tatsache wie inhaltsleer die (Mindest)Standards für die Gestaltung und Beschreibung von Modulen i.d.R. formuliert sind; dagegen brauchen wir auf der fachlichen (und erzieherischen) Ebene ein Konzept von *Standards*, das auf einem ausformulierten Verständnis von zu vermittelnden Kompetenzen aufbaut und das zur Formulierung exemplarischer Überprüfungsformen und –aufgaben führt – ganz vergleichbar der Diskussion im schulischen Kontext (vgl. dazu die Expertise *Zur Entwicklung nationaler Bildungsstandards* für das BMBW; Klieme et al. 2003; exemplarisch bezogen auf Kompetenzmodelle im Fremdsprachenbereich Vollmer, 2003a sowie verallgemeinernd Vollmer, 2003b): Zeitinvestition bzw. Workload der Studierenden (allein) kann ja wohl billigerweise nicht das Hauptkriterium von Lernerfolg und Leistungsüberprüfung sein.

Schließlich ist die Integration berufswissenschaftlicher und damit fachdidaktischer Fragestellungen in die fachwissenschaftliche Grundausbildung m.E. noch reichlich ungeklärt: Haben sie im B.A.-Studium überhaupt etwas zu suchen? Damit kommen wir zur spezifischen Rolle, die den Fachdidaktiken im Rahmen eines gestuften Studienmodells für die Lehrerausbildung zukommen könnte.

5. Die Rolle der Fachdidaktiken in gestuften Studienmodellen

Vor dem Hintergrund der beabsichtigten Strukturveränderungen hat sich die Gesellschaft für Fachdidaktik (GFD) veranlasst gesehen, die Rolle der Fachdidaktik in gestuften Ausbildungsmodellen genauer zu reflektieren und neu zu bestimmen. Dabei sind die von uns bereits an anderer Stelle formulierten Prinzipien einer wissenschaftsbasierten Lehrerbildung in diesen Prozess eingeflossen (vgl. KVFF 1998, 2000a, 2000b). Folgende Eckpunkte werden dabei auch in gestuften Studiengängen für unerlässlich gehalten:

> „*Vermittlungskompetenz*. Die Weitervermittlung fachwissenschaftlicher Inhalte und Problemstellungen an unterschiedliche Zielgruppen ist eine genuine und anspruchsvolle Aufgabe der Fachdidaktik. Diese Aufgabe schließt u.a. lerntheoretische und ethische Aspekte ein. Eine solche Vermittlungskompetenz soll nicht von zukünftigen Lehrern sondern von allen Absolventen von B.A.-Studiengängen erworben werden.
>
> *Fachbezug*. Weil die Vermittlungskompetenz nur anhand von Lerngegenständen erworben werden kann, kann sie nicht in gesonderten Modulen realisiert werden, sondern muss stets in fachwissenschaftliche Zusammenhänge eingebettet sein.
>
> *Basiscurricula*. Bachelor-Studiengänge mit zwei obligatorischen Fächern und der daraus resultierenden Stofffülle zwingen zur Konzentration auf die jeweils wesentlichen Fachinhalte, was auf die Entwicklung von fachwissenschaftlichen Basiscurricula hinausläuft. Für deren Strukturierung und Evaluierung liefern die Fachdidaktiken mit ihren spezifischen Kompetenzen einen unverzichtbaren Beitrag.
>
> *Praxisanteile*. Auch in der Bachelor-Phase gestufter Studiengänge sind bereits schulorientierte Praxisanteile vorzusehen. Sie dienen der Berufsorientierung und können deshalb nicht erst in der *Master-Phase* angeboten werden. Ihr Erfolg hängt entscheidend von der Qualität der Vorbereitung, der Betreuung und der Nachbereitung ab.
>
> *Berufsfeld- und Forschungsbezug in M.A.-Studiengängen*. In M.A.-Studiengängen werden vertiefte, schulformbezogene Berufsbezüge hergestellt. Der stärker akademisch-forschungsbezogene Anspruch dieser Studienstufe eröffnet eine gute Möglichkeit, Studierende auch in die Forschung zur Auswahl, Legitimation und fachdidaktischen Rekonstruktion von Lerngegenständen, zur Definition und Begründung von Unterrichtszielen und zur adressatengerechten Strukturierung von schulischen Lernprozessen einzubezie-

hen. Nicht zuletzt kann hieraus eine besondere Chance erwachsen, das in allen Fachdidaktiken drängende Nachwuchsproblem abzumildern.

Kooperation von 1. und 2. Phase. Der stärkere Berufsfeldbezug der M.A.-Stufe eröffnet neue Möglichkeiten der Kooperation mit der 2. Phase und damit die Chance einer curricularen Neustrukturierung der gesamten Lehrerausbildung“ (GFD 2002, 3-4).

Diese (seit Jahrzehnten überfällige) Kooperation beginnt jetzt zwar, wenn auch nur sehr zögerlich, könnte aber (wie z.Z. in Osnabrück) alte institutionelle Abschottungen oder gar Fronten aufbrechen helfen. Dies wird jedoch ein langwieriger Prozess sein.

Die Fachdidaktiken müssen also ein hochgradiges Interesse an der Einflussnahme auf die Entwicklungen und die neuen Studienstrukturen haben. In welcher Weise sie sich tatsächlich an der Planung und Ausgestaltung dieser umwälzenden Studienreform beteiligen, entscheidet sich vermutlich weniger auf konzeptueller Ebene als vielmehr vor Ort. Hier gibt es allerdings durch ministerielle Eingriffe unterschiedliche Ausgangsbedingungen, so z.B. in Dortmund, das gute Konzepte einschließlich der Umstrukturierung von GHR-Studiengängen vorgelegt hatte, jedoch keinen Zuschlag zur Erprobung bekam; vgl. dagegen Bochum, wo der sog. Optionalbereich (entspricht dem professionswissenschaftlichen Anteil im B.A.-Studium an anderen Hochschulen) nur unzureichend vom Fach und von der Fachdidaktik her mitdefiniert wird, soweit ich es beurteilen kann.

Insgesamt müssen die Fachdidaktiken m.E. dringend ein erweitertes Verständnis ihrer selbst entwickeln und vor allem auf die Sicherstellung einer breit angelegten Professionalisierung für *alle* Studierenden achten (unter Einschluss wichtiger Praxiskontakte und -erfahrungen, nicht nur für potentielle Lehrer) – bei gleichzeitiger Anerkennung und Förderung einer stringenteren, effektiveren wissenschaftsbasierten Ausbildung, auch unter den gestuften Bedingungen. Dies scheint jedoch nicht einfach zu sein, zumal die Verfügungsmasse, die es inhaltlich wie organisatorisch auszugestalten gilt, offenbar geringer wird (gegenüber der positiven Erweiterung fachdidaktischer Anteile für alle Lehramtsstudiengänge, auch für gymnasiale, in den letzten Jahren). Wir müssen uns vermutlich verabschieden vom Denken in territorialen Ansprüchen und „Anteilen“ (obwohl das ein sicheres Terrain ist) und verstärkt Einfluss nehmen auf curriculare Diskurse und Entscheidungen, z.B. auch was die Definition und Umsetzung eines fachwissenschaftlichen Basis- oder Kerncurriculums anbelangt. Da haben wir aus einem breiteren berufswissenschaftlichen Selbstverständnis heraus unbedingt mitzureden. Darin liegt eine unserer Stärken und Kompetenzen als Filterungs- oder Integrationsinstanz. (Ist das nur eine alte Lieblingsidee von mir oder realistisch?) Dies stellt sich sicherlich unterschiedlich dar von Bundesland zu Bundesland, von Uni zu Uni, aber wir müssen als Fremdsprachendidaktiker klar erkennen, wo unsere Chancen liegen.

Auch die institutionelle Vertretung aller Fachdidaktiken in Deutschland, die GFD, sieht es als eine ihrer Aufgaben an, sich an der Strukturierung und Evaluierung einer neugestalteten Lehrerausbildung sowie an der Begutachtung von Reformvorschlägen aus fachdidaktischer Sicht intensiv zu beteiligen (deshalb hat sie zusammen mit der DGfE die Anerkennung als eigene Akkreditierungsagentur beantragt). Konkret etwas bewegen können aber immer nur Einzelpersonen vor Ort, allenfalls unterstützt durch die Zuarbeit kluger Berater aus präsidialen oder ministeriellen Planungsstäben. Ein solcher Glücksfall scheint in Osnabrück, im Verbund mit dem hiesigen Zentrum für Lehrerbildung (ZLB), gegeben zu sein.

6. Perspektiven zur Erforschung gestufter Ausbildungs- und Studiengänge für Lehrämter

Die bildungspolitische Entscheidung zur Einführung eines gestuften Systems der Lehrerbildung in einigen Bundesländern böte eigentlich die Möglichkeit, die Vorzüge und Nachteile eines Systemwechsels gegenüber einem zu reformierenden grundständigen Studiensystem (bis hin zu Lernergebnissen in den Studienfächern) zu untersuchen. Dazu wird es vermutlich jedoch nicht kommen. Die Gesellschaft für Fachdidaktik (2002) hat es zwar in ihrer bundesweit publizierten Stellungnahme für unabdingbar gehalten, die Einführung jeglicher neuer Studienstrukturen mit einer systematischen Überprüfung von herkömmlichen und neuen Lehrerausbildungsformen zu verbinden, weil sich nur über derartig vergleichende Evaluationen die dringend erforderlichen Informationen über Optimierungskriterien und -erfolge erreichen lassen. Soweit ich sehe, hat aber niemand dieser berechtigten Forderung den nötigen gesellschaftlichen Nachdruck verleihen können – vergleichende Evaluationen der gemeinten Art finden (zur Zeit) in Deutschland nicht statt und werden wohl auch nie stattfinden. Wir stoßen hier abermals auf die Fiktion der Schaffung von rationalen Grundlagen oder gar einer Verwissenschaftlichung der anstehenden Entscheidungen – dergleichen ist nicht in Sicht!

Die Einführung eines konsekutiven Systems der Lehrerbildung kann sich also nicht auf substantielle Forschungsbefunde stützen. Aber auch die bevorstehenden Evaluationen nicht-systemvergleichender Art werden den Kriterien einer wissenschaftlichen (ergebnisoffenen) Empirie wohl kaum genügen. Insofern ist der Begriff „Modellversuch“ noch einmal sehr kritisch zu hinterfragen. Z.B. nimmt die Universität Osnabrück an einem Modellprojekt der Bund-Länder-Kommission für Bildungsplanung und Forschungsförderung (BLK) zur „Einführung eines Leistungspunktesystem an deutschen Hochschulen“ teil (Koetz/Scheideler 2002). Im Projektverbund mit drei weiteren deutschen Hochschulen (Greifswald, Mannheim, Regensburg) soll speziell die Einführung eines Leistungspunktesystems in *allen* Fachbereichen der beteiligten Universitäten erprobt werden. Dies erfordert natürlich eine wissenschaftliche Begleitung und Auswertung der Ansätze und Probleme mit dem vorgeschlagenen Leistungspunktesystem, also eine Forschung eher handlungsbezogener Art. Konkret, so heißt es, soll das BLK-Projekt die Studiengangsreform begleitend unterstützen und dabei vor allem den Fachbereichen die Erfahrungen anderer deutscher und europäischer Universitäten bei ihren Veränderungsprozessen vermitteln. Damit aber sind *grundlegende Fragestellungen*, etwa zur Tauglichkeit des Leistungspunktsystems oder gar des gestuften Ausbildungsmodells als ganzes (im Vergleich mit dem grundständigen Ansatz der Lehrerausbildung) nicht im Horizont der Evaluatoren. Die Laufzeit des Projekts beträgt ohnehin nur drei Jahre (2001-2004).

Auch die Beteiligung der Universität Osnabrück an dem sog. „Modellversuch“ der Landesregierung zur Einführung einer gestuften Ausbildung in der gymnasialen Lehrerbildung wird (durch die Bewilligung und Etablierung entsprechend befristeter Mitarbeiterstellen) zu „Forschungsaktivitäten“ eines bestimmten Typs führen; diese richten sich wiederum auf konzeptionelle, planerische und umsetzungstechnische Perspektiven sowie ggf. auf die kooperativen und kommunikativen Prozesse bei der Durchführung der Studienreform und deren schrittweise Verbesserung. Eine grundsätzliche empirische Überprüfung, ob das Stufenmodell insgesamt die verschiedenen Erwartungen erfüllt oder einige der angestrebten Ziele nicht realisiert, ist nicht zu erwarten. Die Bewertung des Erfolgs wird sich (gestützt auf einige selektive Daten) eher in pauschalen Einschätzungen und (interessegeleiteten) Aussagen niederschlagen als in harten empirischen Befunden, die sich für jedermann überprüfen ließen. Insofern wird eine kritische Erforschung der wirklichen Effekte dieser gewaltigen Studienreform wohl auf der Strecke bleiben – vor allem auf fachspezifischer Ebene. Dazu sind die Forschungsansätze auch in unserer Disziplin noch viel zu unterentwickelt und das zu untersuchende Variablengeflecht viel zu komplex – wiewohl die Lehrerbildungsforschung konstitutiver Teil unseres disziplinären Selbstverständnisses und des dominanten Paradigmas von der Erforschung des Lehrens und Lernens von Fremdsprachen in jedweden Kontexten ist (vgl. Abschnitt 3; auch Müller-Hartmann/Schocker-v. Ditfurth 2001; Vollmer et al., 2001).

Ich kann mich des Eindrucks nicht erwehren, dass es bei dem Bemühen um Studienreform und dem (politischen) *Druck*, der ihnen zugrunde liegt (mit den restriktiven Zeitvorgaben, die z.T. kontraproduktiv sind), viel weniger um das Gelingen einer wirklichen, behutsam umgesetzten Reform geht als vor allem um den (von außen angestachelten) Wettbewerb und die Konkurrenz unter den Hochschulen: wer reformiert am schnellsten, wer ist der größte Reformer im Land, wer schneidet bei entsprechenden *Rankings* wie ab und glaubt damit welches *Standing* in der Hochschullandschaft zu haben. Nicht primär das empirische Datum zählt, sondern das Selbstbild, widergespiegelt in den Wahrnehmungen und Rückmeldungen anderer. So heißt es z.B. im Vorwort des Vizepräsidenten für Lehre und Studium von Heft 1 der Osnabrücker Beiträge zur Studienreform (einer Hochglanzbroschüre) im letzten, kulminierenden Satz: „Im niedersächsischen und bundesdeutschen Vergleich nimmt die Universität Osnabrück in der Studienreform einen Platz im oberen Drittel ein. Diese günstige Wettbewerbsposition kann sie jedoch nur durch kontinuierliche Reformbemühungen behaupten und ausbauen" (Busch 2002, 4).

Also müssen wir ständig weiter reformieren, egal auf welcher wissenschaftlichen Grundlage, koste es, was es wolle. Diese neue Form der gesellschaftlichen Außensteuerung hat Konjunktur, sie ist inzwischen System.

Literaturangaben

Busch, Klaus (Hrsg.) (2002). „Vorwort zu Leistungspunktsystem und Modularisierung". In: Koetz/Scheideler, 3-4.

Gabel, Petra (1997): *Lehren und Lernen im Fachpraktikum Englisch. Wunsch und Wirklichkeit.* Tübingen: Narr.

Gesellschaft für Fachdidaktik (GFD) (2002): *Stellungnahme zur Reform der Lehrerausbildung.* Kiel: Universität-IPN.

Klieme, Eckhard et al. (2003): *Expertise zur Entwicklung nationaler Bildungsstandards.* Berlin: Bundesministerium für Wissenschaft und Forschung (BMWF).

Königs, Frank G. (Hrsg.) (2001): *Impulse aus der Sprachlehrforschung – Marburger Vorträge zur Ausbildung von Fremdsprachenlehrerinnen und -lehrern*. Tübingen: Narr.

Königs, Frank G. (2002): „Sackgasse oder Verkehrsplanung? Perspektiven für die Ausbildung von Fremdsprachenlehrern". In: *Fremdsprachen Lehren und Lernen (FLuL)* 31, 22-41.

Koetz, Elmar/Scheideler, Britta (2002): *Leistungspunktsystem und Modularisierung: Standards, Beschlüsse und Empfehlungen*. Osnabrück: Universität. (Osnabrücker Beiträge zur Studienreform, H. 1).

Konferenz der Vorsitzenden der Fachdidaktischen Fachgesellschaften (KVFF) (Hrsg.) (1998): *Fachdidaktik in Forschung und Lehre*. Kiel: IPN.

Konferenz der Vorsitzenden der Fachdidaktischen Fachgesellschaften (KVFF) (Hrsg.) (2000a): *Fachdidaktik und Qualitätsentwicklung von Schule und Unterricht*. Kiel: IPN.

Konferenz der Vorsitzenden der Fachdidaktischen Fachgesellschaften (KVFF) (Hrsg.). (2000b): *Fachdidaktik als zentrales Element von Praxisanteilen der universitären Lehrerausbildung*. Kiel: IPN.

Künzel, Rainer (2001): „Konsekutive Lehrerbildung? Ja, aber konsequent". In: Universität Hannover (Hrsg.), *Chancen oder Holzweg? Konsekutive Studiengänge in der Lehrerbildung*. Hannover: Universität, 103-114.

Ministerium für Schule, Wissenschaft und Forschung NRW (2001): *Eckpunkte zur Gestaltung von BA-/MA-Studiengängen für Lehrämter*. Düsseldorf: MSWF (9. Mai 2001).

Müller-Hartmann, Andreas/Schocker-v. Ditfurth, Marita (Hrsg.) (2001): *Qualitative Forschung im Bereich Fremdsprachen lehren und lernen*. Tübingen: Narr.

Nakamura, Yoshiro (2002): *Drei Auswege aus einem Bachelor. Das Psi-Modell einer gestuften Lehrerbildung für das Lehramt an Gymnasien*. (Mit einem Exkurs zum Quereinstieg in das Lehramt an berufsbildenden Schulen). Osnabrück: Universität.

Schocker-v. Ditfurth, Marita (2001): *Forschendes Lernen in der fremdsprachlichen Lehrerbildung. Grundlagen, Erfahrungen, Perspektiven*. Tübingen: Narr.

Terhart, Ewald (Hrsg.) (2000): *Perspektiven der Lehrerbildung in Deutschland. Abschlussbericht der von der Kultusministerkonferenz eingesetzten Kommission*. Weinheim: Beltz.

Vollmer, Helmut J. (2003a): „Der Gemeinsame Europäische Referenzrahmen für Sprachen: ein Beispiel für die Entwicklung eines Kompetenzmodells und von Sprachkompetenzskalen". In: Klieme et al., Kapitel 13: 12 Seiten.

Vollmer, Helmut J. (2003b): „Der Gemeinsame Europäische Referenzrahmen für Sprachen als Modell für die Entwicklung von Kompetenzskalen – auch für andere Fächer?" (Unveröff. Ms., erscheint demnächst).

Vollmer, Helmut J. et al. (2001): „Lernen und Lehren von Fremdsprachen: Kognition, Affektion, Interaktion. Ein Forschungsüberblick". In: *Zeitschrift für Fremdsprachenforschung (ZFF)* 12 (2), 1-145.

Wex, Peter (2002): *Bachelor und Master. Prüfungsrecht und Prüfungsverfahren*. Stuttgart: Raabe.

Wissenschaftliche Kommission Niedersachsen (2002): *Empfehlungen zur Weiterentwicklung der Lehrerbildung in Niedersachsen*. Abschlussbericht der Arbeitsgruppe Lehrerbildung. Hannover: WKN.

Wissenschaftsrat (2001): *Empfehlungen zur künftigen Struktur der Lehrerbildung*. Köln: Wissenschaftsrat.

Zydatiß, Wolfgang (Hrsg.) (1998.): *Fremdsprachenlehrerausbildung – Reform oder Konkurs*. Berlin: Langenscheidt.

Wolfgang Zydatiß

Die Einführung integrierter gestufter Lehramtsstudiengänge in Berlin: ein politisches Lehrstück für eine missglückende „Reform von oben"

0. Zur Einführung

Nach meiner Rückkehr aus Rauischholzhausen hat die Entwicklung in Berlin eine Richtung und Eigendynamik bekommen, die mich veranlasst, von dem „Auftrag" Abstand zu nehmen, das vorläufige Statement in Richtung auf eine konstruktive Auseinandersetzung mit den Fragen eines interdisziplinären Kerncurriculums zu überarbeiten. Stattdessen erscheint es mir sinnvoller, die politische Note des gesamten Prozesses stärker herauszustellen.

1. Von Wurzeln und Visionen

Am 7. Dezember 2002 stellte Sylvia Vlaeminck (*Head of Language Policy Unit, DG for Education and Culture*) im Rahmen einer Tagung des *European Language Council* an der Freien Universität Berlin die neuesten strategischen Leitlinien der Europäischen Kommission zur Bildungspolitik in der EU vor. Danach soll die Europäische Union bis zum Jahr 2010 der wettbewerbsfähigste und dynamischste *wissensbasierte* Wirtschaftsraum der Welt werden, eine Vorgabe mit (potenziell) immensen Rückwirkungen auf die Ziele und die Qualität des Bildungs- und Ausbildungswesens in den Mitgliedsstaaten der Union. Im Einklang mit den drei Zentralbegriffen *QUALITY, ACCESS* und *OPENNESS* sollen die Zugänge zu Wissensressourcen und Lernen erleichtert sowie die Öffnung des Bildungswesens für die Lebenswelt verstärkt werden. Die funktionale Verfügbarkeit von zwei „fremden" Sprachen muss dabei als Schlüsselqualifikation gelten, und zwar gleichermaßen für Lernende und Lehrende. Fremdsprachenlehrer sollten nicht nur zwei Sprachen unterrichten können; sie sollten auch mit den Methoden vertraut sein, wie sie moderne didaktische Konzepte wie Frühbeginn, bilingualer Unterricht, der Einsatz der neuen Medien, das autonome Sprachenlernen oder *language awareness* erfordern.

So viel zum visionären Teil. Erinnern wir uns in diesem Zusammenhang an die historischen Wurzeln unserer heutigen Lehrer(aus)bildung. Die Strukturen und Inhalte unseres überkommenen Lehramtsstudiums (gerade in den neuphilologischen Fächern) beruhen auf den Philosophien (und Ideologien) des frühen 19. Jahrhunderts. Stellvertretend hierfür seien zwei Daten genannt: 1810 etabliert Wilhelm von Humboldt mit der Gründung der Berliner Universität das neuhumanistische, idealistische Bildungskonzept im tertiären System. Freiheit und Einheit von Lehre und Forschung werden die Maximen der deutschen Universität, allerdings mit dem Preis einer weitgehenden Berufs- und Ausbildungsferne (die im Prinzip auch noch das heutige deutsche Gymnasium kennzeichnet). 1890 kommt es zur Einführung des „Referendariats" in Deutschland (in der Form der Gymnasialseminare), das im Wesentlichen als „Meisterlehre" konzipiert wird und in dieser Ausrichtung (dem Einüben bestimmter Handlungsroutinen) wohl noch immer über weite Strecken die so genannte „zweite Ausbildungsphase“ bestimmt. Die Ausbildung der Volksschullehrer dagegen findet ab Mitte der 20er-Jahre (zumindest in Preußen) an Pädagogischen Akademien statt.

Sowohl die Wurzeln als auch die Visionen sind für mich die Eckpunkte eines Diskussionszusammenhangs, in dem man die neuen Formate einer gestuften Lehramtsausbildung sehen muss. Die Frage ist mit anderen Worten eine doppelte: Inwieweit erlauben die jetzigen Vorschläge eine Loslösung von den Verhärtungen und Verwerfungen der überkommenen philologischen Traditionen, und inwieweit gestatten sie (für alle Lehrämter!) eine Fortentwicklung des tertiären Sektors an die heutigen und zukünftigen Herausforderungen einer zugleich wissenschaftsfundierten und berufsbezogenen Fremdsprachenlehrerausbildung?

2. Die Vorgaben für die Berliner Reformvorschläge

In Berlin liegen seit dem August 2002 Modelle gestufter Studiengänge für das Lehramtsstudium vor, die nach vier Lehrämtern mit einer zum Teil unterschiedlichen Studiendauer sowie einer obligatorischen bzw. fakultativen Masterphase unterscheiden: Grundschulpädagogik bzw. Sonderpädagogik mit einem „wissenschaftlichen“ Fach (Klassenstufe 1-10) und „Studienrat/Master II“ (Klassenstufen 5-13). Eine Besonderheit der Berliner Vorschläge, für die die Senatsbildungsverwaltung im Verbund mit der so genannten „Vizepräsidentenrunde“ verantwortlich zeichnet, ist die, dass sowohl die Fachdidaktik als auch die Erziehungs- und Sozialwissenschaften (neuerdings reichlich kühn als „Berufswissenschaften“ deklariert) integraler Bestandteil der Bachelorstudiengänge sein sollen. Für die Erziehungs- und Sozialwissenschaften, die das Orientierungspraktikum (OP) betreuen, sind 45 Leistungspunkte (LP) ausgewiesen; für die Fachdidaktik pro Fach 25 LP (inklusive Unterrichtspraktikum: UP), und zwar aus dem Kontingent der jeweiligen Fachwissenschaften. Somit kommt es für den siebensemestrigen Bachelorstudiengang (der immer in einen Basis- und einen Vertiefungsabschnitt gegliedert sein soll) zu den folgenden quantitativen Vorgaben (Tabelle 1), wobei hier aus Platzmangel nur auf die Lehrämter „Grundschulpädagogik + 1 Fach“ und „Lehrer mit 2 Fächern“ eingegangen werden soll. Die „Master II-“ oder „Studienratsvariante“ strukturiert sich in 6 Semester Bachelor- und 4 Semester Masterphase plus den anderthalbjährigen Vorbereitungsdienst, der (wie auch bei den anderen Lehrämtern) mit einer Staatsprüfung abgeschlossen wird.

Schon an dieser kurzen Skizzierung werden zwei Aspekte deutlich, die nach dem heutigen Diskussionsstand eigentlich „ungeheuerlich“ erscheinen. Erstens: Obwohl alle Welt von Studienzeitverkürzung und einem eher frühen Eintritt ins Berufsleben redet, wird die Regelstudienzeit für den „Studienrat/Master II“ (die sowieso kaum ein Student einhalten kann) nochmals um ein Semester von bisher neun auf zehn erhöht. Offensichtlich kann man sich nicht aus dem Schema eines rein additiven curricularen Denkens befreien. So sind z.B. Ausländer-, Behinderten- und Medienpädagogik in den letzten Jahren verbindlich für alle Lehramtsstudierenden zu den bisherigen Studieninhalten dazu gekommen, ohne dass jedoch von einer gründlichen Ausbildung für diese Phänomene gesprochen werden kann (bei je einer – überfüllten – Lehrveranstaltung ist das sicher auch unmöglich). Zweitens: Die „Lehrer mit 1 Fach" absolvieren weiter wie bisher ein Studium von sieben Semestern, während die Studiendauer der „Lehrer mit 2 Fächern" (die vorzugsweise an den weiterführenden nicht-gymnasialen Schulformen eingesetzt werden sollen) von jetzt acht auf sieben Semester gekürzt wird. Für diese beiden Lehrämter ist mit anderen Worten überhaupt **keine** inhaltlich vertiefende **Masterphase verbindlich** vorgesehen. Angesichts von TIMSS- und PISA-Schock, die beide den deplorablen Zustand von Grundbildungskonzepten deutscher Schüler aufgedeckt haben, kommt man bei derartig fundamentalen Weichenstellungen ins Grübeln, was eine eventuelle Wende zum Besseren betrifft.

Tabelle 1: Quantitative Vorgaben für die Bachelorstudiengänge

Hauptkomponenten des Studiengangs	**Basis (1.-4. Sem.)**	**Vertiefung (5.-7. Sem.)**	**Gesamt (7 Sem.)**
1. Grundschulpädagogik + 1 Fach (3½ Jahre, 210 LP)			
Grundschulpädagogik	50 LP	35 LP	85 LP
Fachwissenschaft	40 LP	25 LP	65 LP
Berufswissenschaften	30 LP	15 LP	45 LP
Bachelorarbeit/mündliche Prüfung	—	15 LP	15 LP
2. Lehrer mit 2 Fächern (3½ Jahre, 210 LP)			
Fachwissenschaft I	50 LP	35 LP	85 LP
Fachwissenschaft II	40 LP	25 LP	65 LP
Berufswissenschaften	30 LP	15 LP	45 LP
Bachelorarbeit/mündliche Prüfung	—	15 LP	15 LP

Nicht festgelegt wurde die Gewichtung der verschiedenen Lehrveranstaltungstypen über eine bestimmte Zahl von Leistungspunkten (z.B. für Vorlesung, Proseminar, Übung, Unterrichtspraktikum oder Hauptseminar) – mit dem Ergebnis, dass in den entsprechenden Fachkommissionen diametral entgegengesetzte Zugänge der beiden Universitäten (FUB und HUB) deutlich wurden. Während die Humboldt Universität eine eher niedrige Gewichtung favorisiert, tendiert die Freie Universität stärker zu einer höheren Zuweisung von Leistungspunkten zu den Lehrveranstaltungen. Empirisch abgesicherte Erkenntnisse über den realen Arbeitsaufwand von Studierenden im Hinblick auf die einzelnen Lehrveranstaltungen liegen nicht vor, obwohl das Verfahren mit den Leistungspunkten auf dem Konstrukt der Arbeitsbelastung bzw. Zeitehrlichkeit (= *work load*) beruhen soll. Üblicherweise wird für einen Leistungspunkt eine Arbeitszeit von 30 Zeitstunden veranschlagt: 900 Stunden pro Semester/23 Wochen = ca. 39 Stunden pro Woche! Es drohen Abgründe im Selbstverständnis der verschiedenen "Fach"vertreter aufzubrechen: Wie arbeitsintensiv ist etwa ein Unterrichtspraktikum im Fach Englisch im Vergleich zu einem literaturwissenschaftlichen Proseminar? Will oder kann man den Zeitaufwand dafür überhaupt vergleichen? Müssten derartige Gewichtungen nicht sogar bundeseinheitlich geregelt sein, damit von einer Vergleichbarkeit der Anforderungen die Rede sein kann?

3. Eine mögliche Umsetzungsvariante für die Modularisierung

Die Modularisierung der Studiengänge ist zwar prinzipiell unabhängig von der Entwicklung der Bachelor- und Masterformate für das Studium, gehört inzwischen aber unabweisbar dazu, wenn es um die curriculare Umsetzung der neuen Studienstruktur geht. Für die fremdsprachlichen Fächer (in Berlin: Englisch, Französisch, Spanisch, Italienisch und Russisch) habe ich mir die Mühe gemacht (um der zu erwartenden Polemik zwischen Fachwissenschaft und Fachdidaktik entgegenzuwirken und um damit die Diskussion zu versachlichen), die oben skizzierten quantitativen Vorgaben der Bildungsverwaltung in Bezug auf eine mögliche Modularisierung der Teilstudiengänge in den philologischen Referenzdisziplinen und in der Fachdidaktik durchzurechnen (siehe Abbildung 1 und 2). Dies ist eine allein heuristisch begründbare Übung und darf nicht in der Weise interpretiert werden, dass hier einem rein additiven curricularen Denken (über die verschiedenen Teildisziplinen hinweg) Vorschub geleistet werden soll. Hierbei bin ich im Wesentlichen den Empfehlungen des Akademischen Senats der FUB zur Gewichtung der Lehrveranstaltungen gefolgt. Das Ergebnis dieser Strukturübung lässt sich zu folgenden Feststellungen und kritischen Kommentaren verdichten:

- Die Erziehungs- und Sozialwissenschaften, denen die (bisher) größte Beliebigkeit des Studienangebots (sprich: die geringste inhaltliche Ausrichtung auf das Berufsfeld von Schule und Unterricht) zur Last gelegt wird, verzeichnen für ihren Teilstudiengang den höchsten Zuwachs an Leistungspunkten (übrigens: drei der vier Vizepräsidenten sind Erziehungswissenschaftler!). Ohne einen direkten Praxisbezug, ohne eine eigenverantwortliche Unterrichtstätigkeit und ohne angemessene Betreuungskapazitäten erscheint dies wenig sinnvoll.
- Entgegen den Vorgaben kann der fachdidaktische Teilstudiengang nicht erst im Vertiefungsstudium einsetzen, weil sonst weder eine sinnvolle Progression der Praktika und fachdidaktischen Lehrveranstaltungen noch ein kontinuierliches Angebot in der Fachwissenschaft zustande kommt.
- Die neuphilologischen Fächer gliedern sich inzwischen in vier „Abteilungen“; und zwar in die „Sprachpraxis“ (bzw. den „Spracherwerb“), die „Sprachwissenschaft“ (mit ihrer diachronen und ihrer synchronen Dimension), die „Literaturwissenschaft“ und die „Landes- oder Kulturwissenschaft“. Legt man für alle vier „Abteilungen“ eigenständige Module zugrunde, so reicht das vorhandene Kontingent an Leistungspunkten keinesfalls aus, ein sinnvolles Angebot von getrennten Kern- und Wahlpflichtmodulen zu etablieren; von wirklich „freien Optionen“ zur individuellen Schwerpunktbildung einmal ganz zu schweigen.
- Angesichts der Ansprüche der fachwissenschaftlichen Referenzdisziplinen läuft die „Sprachpraxis“ Gefahr, im Kanon der Lehrveranstaltungen vollends marginalisiert zu werden. Völlig unklar bleibt dabei, wo – bei den künftigen Fremdsprachenlehrern – Raum und LP-Kapazitäten herkommen sollen, um den gesellschafts- und sprachenpo-

litisch wünschenswerten bzw. vertieften Erwerb einer weiteren Fremdsprache (über das Englische hinaus) curricular zu verankern (siehe Eröffnungspassage oben).

- Der absolut notwendige Zuwachs an fremdsprachlicher Kompetenz (gegenüber den Abiturkenntnissen) kann vermutlich nur dadurch gewährleistet werden, wenn allen Studierenden der fremdsprachlichen Fächer ein mindestens dreimonatiger Auslandsaufenthalt abverlangt wird. Dieser müsste einerseits inhaltlich-curricular in Anbindung an ein Modul des Lehramtsstudiums angesichert werden (z.B. über ein Studium des 2. Faches oder der Grundschulpädagogik in einem Land der Zielsprache oder über ein „interkulturelles Praktikum" u.Ä.), und es sollte andererseits ein Leistungsnachweis in Form eines internationalen Sprachzertifikats auf dem C1- oder C2-Niveau des „Europäischen Referenzrahmens" erbracht werden. Die dafür anzusetzenden 15 Leistungspunkte sind dem überdimensionierten Kontingent für die so genannten „Berufswissenschaften" zu entnehmen.

Wie die operationalisierte und quantifizierte Bestandsaufnahme der Abbildung 1 und 2 zeigt, ist ein „grundständiges" integriertes Lehramtsstudium mit einer Studiendauer von sieben Semestern bis zum Bachelorabschluss grundsätzlich **nur** dann **möglich**, **wenn sich die Fachbereiche bzw. Institute auf ein berufsvorbereitendes, lehramtsspezifisches, curricular strukturiertes Lehrangebot einlassen**. Eine fachlich-inhaltlich begründete Progression und eine zumindest ansatzweise realisierte curriculare Schwerpunktsetzung in Ausrichtung auf das spezielle Lehramt (insbesondere einen gewissen Stufenbezug) sind bei den in der Tabelle 1 genannten Vorgaben im Prinzip nur dann vorstellbar, wenn die diachrone und die synchrone Linguistik ihre Lehrveranstaltungen zu einem sprachwissenschaftlichen (lehramtsbezogenen) „Zug" bündelt, und wenn andererseits ein integriertes literatur- und kulturwissenschaftliches Lehrangebot konzipiert wird. Die quantifizierende Strukturübung der Abbildungen 1 und 2 (die kein Plädoyer für ein rein additiv konzipiertes Curriculum darstellen soll) fördert folgende Grundeinsichten zutage:

a) Die Fach- und Erziehungswissenschaftler sowie die Fachdidaktiker müssen sich „vor Ort" zusammensetzen, um ein Kerncurriculum zu entwerfen, das zwar aus dem Berufsfeld des (künftigen) Fach- bzw. Fremdsprachenlehrers abgeleitet wird, sich dabei jedoch realistischerweise auf das übergeordnete Ausbildungsziel einer Berufs**befähigung** der Studierenden für die vielfachen Tätigkeiten eines Fachlehrers in einer bestimmten Domäne beschränkt (mit fachspezifischen Vertiefungen).

b) Selbst wenn ein derartiges interdisziplinäres Kerncurriculum konsensfähig wäre (in Berlin gab es dafür bisher wenig Bereitschaft), bliebe beim „Lehrer mit 1 Fach bzw. mit 2 Fächern" für die Fachwissenschaften ein absolutes Rumpfkontingent an (noch) verfügbaren Leistungspunkten, sodass die Studierenden hier – im „Vertiefungsstudium" (?!?) des 5. bis 7. Semesters – **ein einziges Wahlpflichtmodul** in der Sprachwissenschaft **oder** in der Literatur-/Kulturwissenschaft wahrnehmen könnten.

c) Eine Reform, die „von oben" (von der ministeriellen Ebene und der präsidialen Leitungsebene der Universitäten) durchgesetzt werden soll (noch dazu unter immensem Zeitdruck und flächendeckend für alle Lehrämter und Fächer), wird und muss scheitern, wenn sie den spezifischen inhaltlichen und lokalen Diskussions- und Konsensfindungsprozessen zu wenig Raum lässt. Bisher tagen die Fachkommissionen, die Gruppe der Erziehungswissenschaftler und eine so genannte „Verzahnungsgruppe" aus Vertretern der Praktikumsbüros und der „Zweiten Phase" in völliger Isolation voneinander.

d) Indem man die herkömmlichen Disziplinen bzw. Teilstudiengänge (wie gehabt) voneinander abschottet, leistet man einem rein additiven Denken Vorschub und vergibt damit die einmalige Chance, die grundständige Lehrerausbildung in Berlin (die sich im Vergleich zu anderen Bundesländern und Standorten wahrlich nicht verstecken muss) qualitativ weiterzuentwickeln.

4. Von mittleren und ausgewachsenen Katastrophen

Es gehört nicht viel Fantasie dazu, die Argumente für einen erbitterten Widerstand der Fachvertreter zu antizipieren. Sie reichen – was die „Unmöglichkeit" der neuen Formate angeht – von der Unwissenschaftlichkeit der Fachdidaktik und der Verschulung des Universitätsstudiums über die beschränkten Lehrkapazitäten und die disziplineninterne Systematik bis zur wissenschaftlichen Dignität und der Polyvalenz des Bachelorstudiums. Meiner (unmaßgeblichen) Einschätzung nach werden sich große Teile der Berliner Universitäten dem integrierten Modell gestufter Lehramtsstudiengänge völlig verweigern (wie bereits jetzt die TU Berlin) und für das konsekutive Modell des Wissenschaftsrates plädieren (ohne lehramtsspezifische, berufsvorbereitende Studienelemente in der Bachelorphase). Wie sich die politische Seite dann entscheiden wird, steht zur Zeit völlig in den Sternen. Völlig unklar ist auch, ob der Berliner Vorstoß (die im August 2002 vorgelegten Modelle) überhaupt KMK-kompatibel ist.

Sollte die Regierungskoalition das jetzige Modell einer gestuften Lehramtsausbildung im siebensemestrigen Bachelorformat (für die „Lehrer") und im zehnsemestrigen Bachelor-Masterformat (für die „Studienräte") – wie vorgesehen – innerhalb eines Jahres als flächendeckenden „Modellversuch" für alle Lehrämter und Fächer durchsetzen wollen, so wäre dies eine mittlere Katastrophe. Die bisher vorgelegten B.A./M.A.-Formate bringen meiner Meinung nach konzeptionell nichts durchgreifend Neues (siehe 5), weder für die Lehrerbildung im Allgemeinen noch für eine zukunftsfähige Fremdsprachenlehrerausbildung im Besonderen. Sie würden allerdings (was das Bachelorstudium der „Lehrer mit 1 Fach/2 Fächern" betrifft) die fachwissenschaftliche Ausbildung in einem Maß einschränken, dass man von einem soliden oder gar anspruchsvollen fachwissenschaftlichen Studium nicht mehr sprechen könnte. Mit 30 Leistungspunkten, d.h. dem Arbeitsaufwand eines einzigen Semesters, kann man m.E. ein philologisches Studium weder inhaltlich noch organisatorisch sinnvoll gestalten: jedenfalls nicht unter den Gegebenheiten der Berliner Universitäten, die i.Allg. (aufgrund der Art, wie die Reform politisch gehandhabt wird) nicht einmal in die Verantwortung genommen werden, ein die Teilstudiengänge übergreifendes, interdisziplinäres und damit inhaltlich integriertes Curriculum auf die Beine zu stellen. Was von dem Reformprozess übrig bleibt, sind die altbekannten Grabenkämpfe und Schuldzuweisungen sowie der starke Verdacht, dass sich (angesichts der in Kürze drohenden massiven Kürzungen bei den universitären Haushalten) Fach- und Erziehungswissenschaften soweit wie irgendmöglich aus der Lehrerausbildung zurückziehen wollen. Zumindest sollen (oder können?) bei den knapper werdenden Ressourcen keine speziellen Kontingente oder Kapazitäten für die Lehramtsstudierenden vorgehalten werden (die damit immer stärker das 5. Rad am Wagen werden).

Besonders deutlich wird das an den Praktika. Die jetzt durchgesickerten Planungen (so muss man das leider ausdrücken) sehen – wie bisher – drei Praktika für alle Studierenden des Lehramts vor. Die Betreuung dieser Praktika läge jedoch nicht mehr in der Verantwortung der Universitätsvertreter, sondern soll weitgehend den „Schulpraktischen Seminaren" sowie Ausbildungsschulen und -lehrern zugewiesen werden (wobei es für die Letzteren weder eine Infrastruktur noch ein Fortbildungsprofil gibt). Hier soll offensichtlich ein Leitbild von Lehrerbildung durchgesetzt werden, das sich an einem reduzierten und kruden Praktikumsverständnis orientiert. Nicht die angeleitete Beobachtung von Unterrichtsprozessen, nicht das explorative Probehandeln in verschiedenen Vermittlungskontexten und auch nicht die theoriegeleitete Reflexionskompetenz sollen ermöglicht und entwickelt werden, sondern das Einüben von Handlungsroutinen und das Sich-Bewähren in isolierten aber bewertungsrelevanten „Vorführstunden". Das Ideal scheinen die sofort einsetzbaren, „zirkusfähigen" „*monkey teachers*" zu sein (von denen Quetz in diesem Band spricht) – welch ein Zerrbild einer (vermeintlich) wissenschaftsfundierten universitären Lehrerbildung! Im Übrigen drängt sich selbst einem Nicht-Juristen die Frage auf, ob Regelungen rechtskräftig werden können, die die Durchführung, Verantwortung und Zertifizierung (?!) bestimmter universitärer Ausbildungssegmente einer externen Institution übertragen (eine weitere Variante des leidigen „Outsourcens").

Die Alternative des konsekutiven Modells wäre jedoch – angesichts der relativen Stärken der integrierten Berliner Lehrerausbildung – eine ausgewachsene Katastrophe. Sie würde alles über Bord werfen, was in gut 40 Jahren Berufsfeldbezug einer grundständigen, wissenschaftsfundierten Lehramtsausbildung in Berlin aufgebaut wurde (was nicht heißen soll, dass das System nicht zu verbessern wäre): z.B. drei von Hochschullehrern betreute Praktika (was dadurch gewährleistet ist, dass die Zulassung zum Lehramtsstudium über die faktisch vorhandenen Betreuungskapazitäten für das Praktikum geregelt wird), ein gleichermaßen integriertes wie partiell differenzierendes Lehrangebot für die verschiedenen Lehramtsstudiengänge, eine mündliche Prüfung in Fachdidaktik für alle Lehrämter sowie die Möglichkeit für alle Lehramtsstudierenden, die Examensarbeit in der Fachdidaktik zu schreiben. Die momentane „Begeisterung" für integrierte Kurzstudiengänge in der Lehramtsausbildung ist letztendlich wohl darauf zurückzuführen (zumindest auf Seiten der Planer), dass hier Sparmodelle im „Hauruckverfahren" durchgepeitscht werden sollen: Verkürzung des Vorbereitungsdienstes um ein halbes Jahr, Absenkung der Lehreingangsbesoldung, Abschaffung des Prüfungsamtes für die Staatsexamina u.Ä. mehr. Das Argument mit dem „Bologna Prozess" wirkt inzwischen eher wie ein Feigenblatt. Zum einen erfolgte die „Bologna-Erklärung" am 19.06.1999, also deutlich später als die entsprechenden Vorstöße des Wissenschaftsrates und der Hochschulrektorenkonferenz zur Reform der Lehrerbildung, die sich beide für deren Verlagerung an die Fachhochschulen stark gemacht haben. Zum anderen sollte man bedenken, dass einjährige Master-Studiengänge international nicht kompatibel sind (sprich: keine Anerkennung finden werden). Wissen das die Reformer oder wissen Sie nicht, was sie tun (sollten)?

5. Grundsätzliche Kritik und ein Gegenentwurf

Die im Abschnitt 2 skizzierten Stufenmodelle für das Lehramtsstudium bleiben dem traditionellen Laufbahn- und Besoldungsdenken verhaftet, unter anderem über die unterschiedliche Studiendauer für verschiedene Lehrämter. Sie folgen dem *status quo*, setzen aber meines Erachtens keine Zeichen für ein innovatives professionelles Denken für den Lehrberuf insgesamt. Die Vorschläge folgen der Vorstellung, dass für den Unterricht in der Grundschule und in der Sekundarstufe I eine im Wissenschaftsanspruch reduzierte Ausbildung ausreichend ist. Demgegenüber muss der künftige „Studienrat" durch eine obligatorische (10-semestrige) Bachelor- **und** Masterphase gehen, bevor er in den Vorbereitungsdienst eintreten darf. Warum ringt man sich nicht zu einer prinzipiellen Weichenstellung durch, die dem spezifischen Professionsbezug des Lehrberufs gerecht wird? Dieser erfordert (wie auch in der Medizin und vergleichbaren Berufsfeldern) eine permanente Reflexivität des Erfahrungswissens, das über kontinuierliche Fort- und Weiterbildungsaktivitäten immer wieder forschungsbezogen (d.h. wissenschaftsfundiert und theoriengeleitet) unterlegt und modifiziert werden muss. Das spricht meiner Ansicht nach für ein **für alle Lehrämter weitgehend einheitliches, grundständiges** (die Fach- und Erziehungswissenschaften sowie die Fachdidaktik integrierendes) **Bachelorstudium** von etwa sechs Semestern mit einem **einjährigen Vorbereitungsdienst**, dem sich dann allerdings eine **für alle Lehrämter verbindliche** und unter Umständen gestufte zweijährige **Masterphase** sowie eine **obligatorische Berufseingangsphase** anschließen müssten. Ein derartiger zweiter, verbindlicher Studienabschnitt (von mir aus auch kostenpflichtig und im Trimesterrhythmus und über mehrere Jahre verteilt: weil nach inhaltlichen Schwerpunkten der beruflichen Tätigkeit fokussiert) scheint mir für die individuelle pädagogisch-didaktische Identitätsbildung der angehenden Lehrer, für die Schulentwicklung und für die Absicherung der Schulpädagogik, Grundschulpädagogik und Fachdidaktik absolut notwendig zu sein. Darunter sollte man es nicht machen, wenn man es mit den weit gesteckten Zielen einer leistungsfähigen Wissensgesellschaft in Europa ernst meint. Die Lehrerausbildung muss grundständig bleiben, aber der erste Studienabschnitt (die Bachelorphase) sollte – über das Gesamt aller Lehrämter gesehen – erheblich verkürzt werden, denn dabei geht es primär um eine berufs**befähigende** Ausbildung! Wir sollten uns von der Vorstellung verabschieden, wir müssten oder könnten in der akademischen Grundausbildung für ein ganzes Leben „auf Vorrat" lernen. In Zukunft werden wir ein Leben lang „Neues" dazu lernen müssen; d.h. Fort- und Weiterbildung werden zu Pflichtanteilen der beruflichen Tätigkeit, die sich auf die Bezahlung und die Berechtigung zu einer Bewerbung auf Funktionsstellen auswirken sollten.

Der Novize im Lehramt braucht einerseits die fachwissenschaftliche Breite, den Überblick eines Bachelorstudiums in zwei fachlichen Disziplinen (Kernfach und Ergänzungsfach); und er benötigt andererseits eine längere Praxisbegegnung (den Vorbereitungsdienst), um darauf aufbauend – in einer Phase der wissenschaftlichen Auseinandersetzung mit spezifischen Schwerpunkten des beruflichen Tätigkeitsfeldes – eine theoriegeleitete reflexive Kompetenz zu erwerben. Gegenstände für die Masterphase in einer eigenständigen *School of Education* gäbe es genug; z.B.:

- die Spezifik des jeweiligen Stufen- und Schulartenbezugs (wenn die internationalen Vergleichsstudien etwas nahelegen, denn doch die Einsicht, dass dem **Stufenbezug** in der Lehreraus- und -fortbildung ein höheres Gewicht zukommen muss),
- die fachliche Vertiefung im Kernfach und im zweiten Fach,

- fächerverbindendes Unterrichten (Projektarbeit, Immersion, bilingualer Sachfachunterricht, bilinguale Module, Kompetenzkurse, Mehrsprachigkeitsdidaktik, Deutsch als Zweitsprache usw.),
- der Einsatz der neuen Technologien im Unterricht,
- Diagnostik von Lernergebnissen und -prozessen, Leistungsfeststellung und -bewertung, Umgang mit fachbezogenen Kompetenzmodellen und übergreifenden Bildungsstandards,
- Forschungsmethoden und eigenständiges forschendes Lernen,
- pädagogisch-didaktische Besonderheiten spezieller „Typen" von Lernern (Hochbegabte, Verweigerer, Hyperaktive, Legastheniker, Behinderte, Migranten u.a.),
- Schulentwicklung und -management, kollegiale Mitarbeit und Übernahme von Verantwortung, Qualitätssicherung und Evaluierung im System Schule.

Eine obligatorische Masterphase mit integriertem erstem Staatsexamen wäre ein ideales Fundament für weiterführende forschungsbasierte Studien, wie sie in Promotions- und Graduiertenkollegs möglich und für die Nachwuchsförderung (gerade in unserem Bereich) notwendig sind. Sie könnte darüber hinaus dem Fortbildungsangebot der Universität eine Kontinuität und Qualität (und wohl auch Einnahmen) verleihen, wie sie bisher nicht gegeben sind. Gemessen an (guten) angloamerikanischen Vorbildern sind die jetzigen Begrifflichkeiten, Vorgaben und die damit einhergehenden Ausbildungsstrukturen Etikettenschwindel und Flickschusterei oder im besten Fall eine Mängelverwaltung des Status quo. Sie erweisen sich als empirisch belegbare Zwangslage für (nahezu) alle Beteiligten, die weder substanzielle Verbesserungen der Lehrerausbildung noch mehr Punkte für deutsche Schüler in den kommenden PISA-Studien bringen werden.

Sie würden genau das zerstören, was i.Allg. in der Berliner Lehrerausbildung halbwegs funktioniert und den Studierenden in einem hoffnungslos zersplitterten Studium ein wenig Halt und Richtung gibt: der fachdidaktische Teilstudiengang und die Praxisbegegnung in der ersten Ausbildungsphase.

Sollte es allerdings weder den Universitäten noch den Kultusverwaltungen gelingen, sich ernsthaft auf die curricularen und organisatorischen Belange einer **inhaltlichen Studienreform** in der Lehrerausbildung einzulassen, dann sehe ich unheilvolle Wolken aufziehen: Einfachstudium, Verlagerung der Lehramtsstudiengänge an die Fachhochschulen, radikale Öffnungsklauseln für den Zugang zum Lehrerberuf, kurzzeitiges *training on the job* als Ausbildungsmodell, unterschiedliche Bezahlung von Lehrkräften (nach Angebot und Nachfrage) u.dgl. mehr. Jeder kann sich einmal verrennen. In Berlin hilft vermutlich nur ein radikaler Neuanfang mit einer "Reform von unten"

Literaturangaben

Wissenschaftsrat (2001): *Empfehlungen zur künftigen Struktur der Lehrerbildung*. Berlin [Hrsg. 5065/01 vom 16.11.2001].

Zydatiß, W. (Hrsg.) (1998): *Fremdsprachenlehrerausbildung – Reform oder Konkurs*. München: Langenscheidt.

Lehrer mit 2 Fächern	Erziehungs-wissenschaft	FACHDIDAKTIK: 1. Fach (Fremdsprachen)	FACH-DIDAKTIK: 2. Fach	Sprachpraxis
Sem.	↓ 30 LP	↓ 11 LP	↓ 11 LP	↓ ~ 6 LP
1 2 Basis ~ 3 4	OP: 5 LP	KERNMODUL FD: 11 LP VL: sprachübergreif. 2 LP PS 1: "Einf." : sprach-spezifisch 4 LP (LN) PS 2 : "Planung von FU" (LN: 5 LP)	KERN-MODUL: 11 L P	Pädagogische Grammatik Unterrichts-sprache u. mdl. Präsentation
	↓ 15 LP	↓ 14 LP	↓ 14 LP	↓ 4 LP
5 Vertiefung ~ 6 7		UP: FU in Sek.I (6 LP) (LN = Bericht) HS Ü+Sem (3+5 LP): LN (Ziele, Inh., Meth. Kl.7-10) WAHLPFLICHT-MODUL 2: 14 P	WAHL-PFLICHT-MODUL: 14 LP	Textarten-gebundenes Schreiben
Σ 210 LP	Σ 45 LP	Σ 25 LP	Σ 25 LP	Σ 10 P
BA-Examens-arbeit 15 LP	Kommentar: Zu viel: max. 30 LP Deshalb: →	Kommentar: Entspricht in etwa der bisherigen Praxis und dem Strukturplan der FUB (Lehrkapazitäten!)		Obligator. mind. 3-monat. Studien-aufenthalt in An-bindung an ein inhaltliches Modul m. LN (internat. Sprachzertifikat) : 15 LP

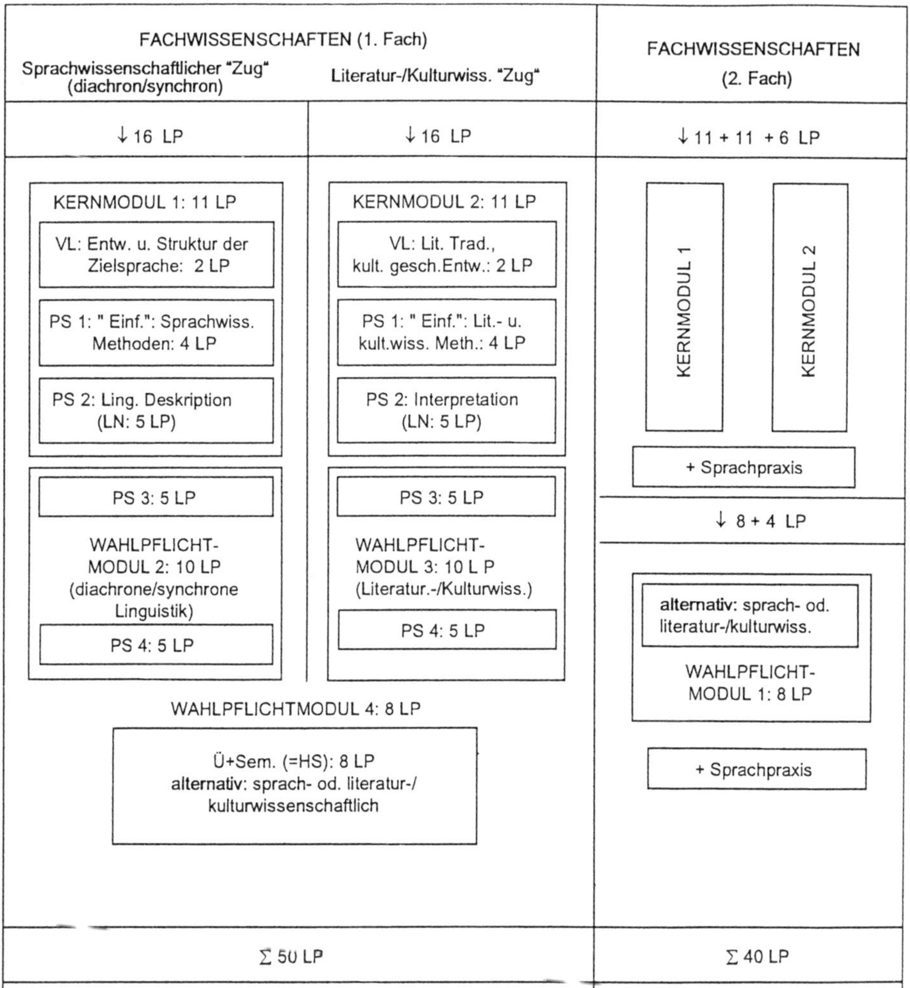

FACHWISSENSCHAFTEN (1. Fach)

Sprachwissenschaftlicher "Zug" (diachron/synchron)

↓ 16 LP

KERNMODUL 1: 11 LP

VL: Entw. u. Struktur der Zielsprache: 2 LP

PS 1: " Einf.": Sprachwiss. Methoden: 4 LP

PS 2: Ling. Deskription (LN: 5 LP)

PS 3: 5 LP

WAHLPFLICHT-MODUL 2: 10 LP (diachrone/synchrone Linguistik)

PS 4: 5 LP

Literatur-/Kulturwiss. "Zug"

↓ 16 LP

KERNMODUL 2: 11 LP

VL: Lit. Trad., kult. gesch.Entw.: 2 LP

PS 1: " Einf.": Lit.- u. kult.wiss. Meth.: 4 LP

PS 2: Interpretation (LN: 5 LP)

PS 3: 5 LP

WAHLPFLICHT-MODUL 3: 10 L P (Literatur.-/Kulturwiss.)

PS 4: 5 LP

WAHLPFLICHTMODUL 4: 8 LP

Ü+Sem. (=HS): 8 LP
alternativ: sprach- od. literatur-/kulturwissenschaftlich

Σ 50 LP

FACHWISSENSCHAFTEN (2. Fach)

↓ 11 + 11 + 6 LP

KERNMODUL 1

KERNMODUL 2

+ Sprachpraxis

↓ 8 + 4 LP

alternativ: sprach- od. literatur-/kulturwiss.

WAHLPFLICHT-MODUL 1: 8 LP

+ Sprachpraxis

Σ 40 LP

Abb. 2: Mögliche Modularisierung des Studiengangs "Lehrer mit 2 Fächern" (gemäß den Berliner Vorgaben)

Vgl. Fachwissenschaften beim "Lehrer mit 1 Fach"

Lehrer mit 1 Fach	Grundschul-pädagogik	Erziehungs-wissenschaft	FACHDIDAKTIK: (Fremdsprachen)
Sem.	↓ 50 LP	↓ 30 LP	↓ 11 LP
1 2 Basis ~ 3 4		OP: 5 LP	VL: sprachübergreifend 2 LP PS 1: "Einführung": sprachspezifisch 4 LP (LN) PS 2: "Planung von FU" 5 LP (LN: Unterrichtsentwurf)
	↓ 35 LP	↓ 15 LP	↓ 14 LP
5 Vertiefung ~ 6 7			UP: FU in Grundschule 6 LP (LN = Bericht) HS Ü+Sem. (3+5 LP): LN (Ziele, Inhalte, Methoden Kl. 3-6) WAHLPFLICHT-MODUL 1: 14 LP
Σ 210 LP	Σ 85 LP	Σ 45 LP	Σ 25 LP
BA-Examens-arbeit 15 LP		Kommentar: Kontingent zu hoch max. 30 LP Deshalb: →	Kommentar: Entspricht in etwa der bisherigen Praxis und dem Strukturplan der FUB (Lehrkapazitäten!)

FACHWISSENSCHAFTEN		
Sprachpraxis	Sprachwissenschaftlicher "Zug" (diachron/synchron)	Literatur-/Kulturwissenschaftlicher "Zug"
↓ ~ 6 LP	↓ 11 LP	↓ 11 LP
Pädagogische Grammatik Unterrichts-sprache u. mündliche Präsentation	VL: Entwicklung u. Struktur der Zielsprache 2 LP PS 1: "Einf.": Sprachwiss. Methoden (Phon., Lex., Gr., Sem., Pragm.) 4 LP PS 2: Linguistische Deskription (diachron, synchron) 5 LP KERNMODUL 1: 11 LP	VL: Literarische Traditionen, kulturgeschichtliche Entwicklung 2 LP (Epochen, Gattungen) PS 1: "Einf.": Literatur- u. kulturwissenschaftliche Methoden 4 LP PS 2: Interpretationsübung (LN: 5 LP) KERNMODUL 2: 11 LP
↓ 4 LP	↓ 8 LP ↓	
Textarten-gebundenes Schreiben Σ 10 LP	WAHLPFLICHTMODUL 1: 8 LP Ü+Sem. (=HS): 8 LP alternativ: sprach- od. literatur-/kulturwissenschaftlich; z.B.: • Kinder- u. Jugendliteratur • L2-Erwerbstheorie • Bilingualismus Σ 30 LP	
Desiderat: Obligatorischer, mindestens 3-monatiger Studienaufenthalt in Anbindung an ein inhaltliches Modul mit internationalem → Sprachzertifikat als LN 15 LP		

Abb. 1: Mögliche Modularisierung des Studiengangs "Lehrer mit 1 Fach" (gemäß den Berliner Vorgaben)

Adressen der Beiträger

Prof. Dr. Fritz Abel
Universität Augsburg, Philosophisch-Historische Fakultät, Romanistik, Didaktik des Französischen
Universitätsstr. 10, 86135 Augsburg

Prof. Dr. Hans Barkowski
Friedrich-Schiller-Universität Jena, Philosophische Fakultät, Institut für Auslandsgermanistik/DaF/DaZ
Ernst-Abbe-Platz 8, 07743 Jena

Prof. Dr. Rupprecht S. Baur
Universität Essen, FB 3: Literatur und Sprachwissenschaften, Deutsch als Zweit- und Fremdsprache
Universitätsstraße 12, 45117 Essen

Prof. Dr. K.-Richard Bausch
Ruhr-Universität-Bochum, Fakultät für Philologie, Seminar für Sprachlehrforschung
Universitätsstraße 150, 44801 Bochum

Prof. Dr. Lothar Bredella
Justus-Liebig-Universität Gießen, FB 6: Sprache, Literatur, Kultur, Institut für Anglistik, Didaktik der englischen Sprache und Literatur
Otto-Behaghel-Str. 10B, 35394 Gießen

Prof. Dr. Daniela Caspari
Freie Universität Berlin, FB Philosophie und Geisteswissenschaften, Institut für Romanische Philologie, Fachdidaktik Französisch
Habelschwerdter Allee 45, 14195 Berlin

Prof. Dr. Herbert Christ
Im Heidkamp 2, 40489 Düsseldorf

Prof. Dr. Hermann Funk
Friedrich-Schiller-Universität Jena, Philosophische Fakultät, Institut für Auslandsgermanistik/DaF/DaZ
Ernst-Abbe-Platz 8, 07743 Jena

Prof. Dr. Claus Gnutzmann
Technische Universität Braunschweig, FB 9: Geistes- und Erziehungswissenschaften, Englisches Seminar
Bienroder Weg 80, 38106 Braunschweig

Prof. Dr. Ingrid Gogolin
Universität Hamburg, Fachbereich Erziehungswissenschaft, Institut für International und Interkulturell Vergleichende Erziehungswissenschaft (I 2)
Von-Melle-Park 8, 20146 Hamburg

Prof. Dr. Adelheid Hu
Universität Hamburg, Fachbereich Erziehungswissenschaft, Institut für Didaktik und Sprachen
Von-Melle-Park 8, 20146 Hamburg

Prof. Dr. Karin Kleppin
Universität Leipzig, Herder-Institut
Beethovenstraße 15, 04107 Leipzig

Prof. Dr. Friedericke Klippel
Ludwig-Maximilians-Universität München, Fakultät für Sprach- und Literaturwissenschaften, Department III, Anglistik und Amerikanistik, Didaktik der Englischen Sprache und Literatur
Schellingstr. 3, 80799 München

Prof. Dr. Frank G. Königs
Universität Marburg, Informationszentrum für Fremdsprachenforschung
Hans-Meerwein-Straße, 35032 Marburg

Prof. Dr. Jürgen Kramer
Universität Dortmund, Institut für Anglistik und Amerikanistik
Emil-Figge-Str. 50, 44221 Dortmund

Prof. Dr. Hans-Jürgen Krumm
Universität Wien, FB: Deutsch als Fremdsprache
Dr. Karl Lueger-Ring 1, A-1010 Wien, Österreich

Prof. Dr. Michael Legutke
Justus-Liebig-Universität Gießen, FB 6: Sprache, Literatur, Kultur, Institut für Anglistik, Didaktik der englischen Sprache und Literatur
Otto-Behaghel-Str. 10B, 35394 Gießen

Prof. Dr. Franz-Joseph Meißner
Justus-Liebig-Universität, Institut für Romanistik, Lehrbereich für die Didaktik der Romanischen Sprachen und Literaturen
Karl-Glöckner-Straße 21 Haus G, 35394 Gießen

Prof. Dr. Andreas Müller-Hartmann
Pädagogische Hochschule Heidelberg, Institut für Fremdsprachen und ihre Didaktik
Gaisbergstraße 51, 69115 Heidelberg

Prof. Dr. Jürgen Quetz
Johann Wolfgang Goethe-Universität, Institut für England- und Amerikastudien
Grüneburgplatz 1, 60629 Frankfurt am Main

Prof. Dr. Manfred Raupach
Universität Kassel, FB 08: Anglistik/Romanistik, Lehrstuhl für romanische Linguistik
Universität Kassel, 34109 Kassel

Prof. Dr. Claudia Riemer
Universität Bielefeld, Fakultät für Linguistik und Literaturwissenschaft, Deutsch als Fremdsprache
Postfach 10 01 31, 33501 Bielefeld

Prof. Dr. Dietmar Rösler
Justus-Liebig-Universität, Institut für Germanistik, Didaktik der deutschen Sprache und Literatur
Otto-Behaghel-Str. 10B, D-35394 Gießen

Prof. Dr. Heribert Rück
Am Birkfeld 19, 35444 Biebertal

Prof. Dr. Marita Schocker-von Ditfurth
Pädagogische Hochschule Freiburg, Institut für Fremdsprachen, Abteilung Englisch
Kunzenweg 21, 79117 Freiburg

Dr. Wolfgang Tönshoff
Universität Konstanz, Sprachlehrinstitut
Universitätsstraße 10, Fach D 171, 78457 Konstanz

Prof. Dr. Helmut-Johannes Vollmer
Universität Osnabrück, FB Sprach- und Literaturwissenschaft
Neuer Graben 40 (41/216), 49069 Osnabrück

Prof. Dr. Wolfgang Zydatiß
Freie Universität Berlin, Institut für Englische Philologie, Didaktik der englischen Sprache und Literatur
Habelschwerdter Allee 45, 14195 Berlin

Bisher erschienene Arbeitspapiere der Frühjahrskonferenz

K.-R. Bausch/H. Christ/W. Hüllen/H.-J. Krumm (Hrsg.): *Arbeitspapiere der 1. Frühjahrskonferenz zur Erforschung des Fremdsprachenunterrichts*. Heidelberg: J. Groos 1981.

K.-R. Bausch/H. Christ/W. Hüllen/H.-J. Krumm (Hrsg.): *Das Postulat der Lernerzentriertheit: Rückwirkungen auf die Theorie des Fremdsprachenunterrichts. Arbeitspapiere der 2. Frühjahrskonferenz zur Erforschung des Fremdsprachenunterrichts*. Heidelberg: J. Groos 1982.

K.-R. Bausch/H. Christ/W. Hüllen/H.-J. Krumm (Hrsg.): *Inhalte im Fremdsprachenunterricht oder Fremdsprachenunterricht als Inhalt? Arbeitspapiere der 3. Frühjahrskonferenz zur Erforschung des Fremdsprachenunterrichts*. Heidelberg: J. Groos 1983.

K.-R. Bausch/H. Christ/W. Hüllen/H.-J. Krumm (Hrsg.): *Empirie und Fremdsprachenunterricht. Arbeitspapiere der 4. Frühjahrskonferenz zur Erforschung des Fremdsprachenunterrichts*. Tübingen: Gunter Narr Verlag 1984.

K.-R. Bausch/H. Christ/W. Hüllen/H.-J. Krumm (Hrsg.): *Forschungsgegenstand Richtlinien. Arbeitspapiere der 5. Frühjahrskonferenz zur Erforschung des Fremdsprachenunterrichts*. Tübingen: Gunter Narr Verlag 1985.

K.-R. Bausch/H. Christ/W. Hüllen/H.-J. Krumm (Hrsg.): *Lehrperspektive, Methodik und Methoden. Arbeitspapiere der 6. Frühjahrskonferenz zur Erforschung des Fremdsprachenunterrichts*. Tübingen: Gunter Narr Verlag 1986.

K.-R. Bausch/H. Christ/W. Hüllen/H.-J. Krumm (Hrsg.): *Sprachbegriffe im Fremdsprachenunterricht. Arbeitspapiere der 7. Frühjahrskonferenz zur Erforschung des Fremdsprachenunterrichts*. Tübingen: Gunter Narr Verlag 1987.

K.-R. Bausch/H. Christ/W. Hüllen/H.-J. Krumm (Hrsg.): *Fortschritt und Fortschritte im Fremdsprachenunterricht. Arbeitspapiere der 8. Frühjahrskonferenz zur Erforschung des Fremdsprachenunterrichts*. Tübingen: Gunter Narr Verlag 1988.

K.-R. Bausch/H. Christ/W. Hüllen/H.-J. Krumm (Hrsg.): *Der Fremdsprachenunterricht und seine institutionellen Bedingungen. Arbeitspapiere der 9. Frühjahrskonferenz zur Erforschung des Fremdsprachenunterrichts*. Tübingen: Gunter Narr Verlag 1989.

K.-R. Bausch/H. Christ/W. Hüllen/H.-J. Krumm (Hrsg.): *Die Ausbildung von Fremdsprachenlehrern: Gegenstand der Forschung. Arbeitspapiere der 10. Frühjahrskonferenz zur Erforschung des Fremdsprachenunterrichts*. Bochum: Brockmeyer 1990.

K.-R. Bausch/H. Christ/W. Hüllen/H.-J. Krumm (Hrsg.): *Texte im Fremdsprachenunterricht als Forschungsgegenstand. Arbeitspapiere der 11. Frühjahrskonferenz zur Erforschung des Fremdsprachenunterrichts*. Bochum: Brockmeyer 1991.

K.-R. Bausch/H. Christ/H.-J. Krumm (Hrsg.): *Fremdsprachenunterricht und Sprachenpolitik als Gegenstand der Forschung. Arbeitspapiere der 12. Frühjahrskonferenz zur Erforschung des Fremdsprachenunterrichts*. Bochum: Brockmeyer 1992.

K.-R. Bausch/H. Christ/H.-J. Krumm (Hrsg.): *Fremdsprachenlehr- und -lernprozesse im Spannungsfeld von Steuerung und Offenheit. Arbeitspapiere der 13. Frühjahrskonferenz zur Erforschung des Fremdsprachenunterrichts*. Bochum: Brockmeyer 1993.

K.-R. Bausch/H. Christ/H.-J. Krumm (Hrsg.): *Interkulturelles Lernen im Fremdsprachenunterricht. Arbeitspapiere der 14. Frühjahrskonferenz zur Erforschung des Fremdsprachenunterrichts*. Tübingen: Gunter Narr Verlag 1994.

K.-R. Bausch/H. Christ/F. G. Königs/H.-J. Krumm (Hrsg.): *Erwerb und Vermittlung von Wortschatz im Fremdsprachenunterricht. Arbeitspapiere der 15. Frühjahrskonferenz zur Erforschung des Fremdsprachenunterrichts*. Tübingen: Gunter Narr Verlag 1995.

K.-R. Bausch/H. Christ/F. G. Königs/H.-J. Krumm (Hrsg.): *Erforschung des Lehrens und Lernens fremder Sprachen. Zwischenbilanz und Perspektiven. Arbeitspapiere der 16. Frühjahrskonferenz zur Erforschung des Fremdsprachenunterrichts*. Tübingen: Gunter Narr Verlag 1996.

K.-R. Bausch/H. Christ/F. G. Königs/H.-J. Krumm (Hrsg.): *Fremdsprachendidaktik und Sprachlehrforschung als Ausbildungs- und Forschungsdisziplinen. Arbeitspapiere der 17. Frühjahrskonferenz zur Erforschung des Fremdsprachenunterrichts*. Tübingen: Gunter Narr Verlag 1997.

K.-R. Bausch/H. Christ/F. G. Königs/H.-J. Krumm (Hrsg.): *Kognition als Schlüsselbegriff bei der Erforschung des Lehrens und Lernens fremder Sprachen. Arbeitspapiere der 18. Frühjahrskonferenz zur Erforschung des Fremdsprachenunterrichts*. Tübingen: Gunter Narr Verlag 1998.

K.-R. Bausch/H. Christ/F. G. Königs/H.-J. Krumm (Hrsg.): *Die Erforschung von Lehr- und Lernmaterialien im Kontext des Lehrens und Lernens fremder Sprachen. Arbeitspapiere der 19. Frühjahrskonferenz zur Erforschung des Fremdsprachenunterrichts*. Tübingen: Gunter Narr Verlag 1999.

K.-R. Bausch/H. Christ/F. G. Königs/H.-J. Krumm (Hrsg.): *Interaktion im Kontext des Lehrens und Lernens fremder Sprachen. Arbeitspapiere der 20. Frühjahrskonferenz zur Erforschung des Fremdsprachenunterrichts*. Tübingen: Gunter Narr Verlag 2000.

K.-R. Bausch/H. Christ/F. G. Königs/H.-J. Krumm (Hrsg.): *Neue curriculare und unterrichtsmethodische Ansätze und Prinzipien für das Lehren und Lernen fremder Sprachen. Arbeitspapiere der 21. Frühjahrskonferenz zur Erforschung des Fremdsprachenunterrichts*. Tübingen: Gunter Narr Verlag 2002.

K.-R. Bausch/H. Christ/F. G. Königs/H.-J. Krumm (Hrsg.): *Der Gemeinsame europäische Referenzrahmen für Sprachen in der Diskussion. Arbeitspapiere der 22. Frühjahrskonferenz zur Erforschung des Fremdsprachenunterrichts*. Tübingen: Gunter Narr Verlag 2003.